ABITUR 2013

Prüfungsaufgaben
mit Lösungen

Kunst

Grund- und Leistungskurs
Gymnasium • Gesamtschule
Nordrhein-Westfalen

2009–2012

STARK

ISBN 978-3-8490-0006-6

© 2012 by Stark Verlagsgesellschaft mbH & Co. KG
5. neu bearbeitete und ergänzte Auflage
www.stark-verlag.de

Das Werk und alle seine Bestandteile sind urheberrechtlich geschützt. Jede vollständige oder teilweise Vervielfältigung, Verbreitung und Veröffentlichung bedarf der ausdrücklichen Genehmigung des Verlages.

Inhalt

Vorwort
Stichwortverzeichnis

Hinweise und Tipps zur Bearbeitung der Abituraufgaben
1 Ablauf der schriftlichen Prüfung I
2 Inhalte der schriftlichen Prüfung II
3 Operatoren im Fach Kunst V
4 Methoden der Werkerschließung VIII

Abiturähnliche Übungsaufgaben
Grundkurs
Aufgabe 1: Edward Kienholz, The State Hospital / Michelangelo, Gefangener bzw. Atlasklave 1
Aufgabe 2: Alberto Giacometti, Der Wald (Sieben Figuren und ein Kopf) 13

Leistungskurs
Aufgabe 1: Caspar David Friedrich, Klosterfriedhof im Schnee / Joseph Beuys, 7 000 Eichen 21
Aufgabe 2: Paul Cézanne, Mont Sainte-Victoire 32
Aufgabe 3: Cindy Sherman, Untitled #299 / Albrecht Dürer, Selbstbildnis im Pelzrock 41
Aufgabe 4: Otto Dix, Die Eltern des Künstlers II / Alberto Giacometti, Die Mutter des Künstlers 54
Aufgabe 5: Albrecht Dürer, Das große Rasenstück / Hieronymus Holzschuher 66
Aufgabe 6: Andreas Gursky, Bahrain I 75
Aufgabe 7: Gestalterische Aufgabe mit schriftlicher Stellungnahme 86

Original-Prüfungsaufgaben
2009 – Grundkurs
Aufgabe 1: Ernst Ludwig Kirchner, Sitzender Akt mit erhobenen Armen .... GK 2009-1
Aufgabe 2: Henry Moore, Zweiteilige Liegende Nr. 5 .... GK 2009-9

2009 – Leistungskurs
Aufgabe 1: Tom Wesselmann, Great American Nude # 98 /
            Ernst Ludwig Kirchner, Mädchen unterm Japanschirm .... LK 2009-1
Aufgabe 2: Pfingsten, romanische Buchmalerei /
            Emil Nolde, Pfingsten .... LK 2009-16

2010 – Grundkurs
Aufgabe 1: Hans Holbein d. J., Heinrich VIII., König von England /
            Andy Warhol, Mao .... GK 2010-1
Aufgabe 2: Franz Marc, Blauschwarzer Fuchs / Gregory Crewdson,
            Untitled aus der Serie „Natural Wonder" .... GK 2010-12

2010 – Leistungskurs
Aufgabe 1: Max Pechstein, Weiblicher Akt /
            Gregory Crewdson, Untitled aus der Serie „Twilight" ..... LK 2010-1
Aufgabe 2: Hans Holbein d. J., Mary, Lady Guildford /
            Cindy Sherman, Untitled Film Still # 14 .... LK 2010-12

2011 – Grundkurs
Aufgabe 1: Tullio Lombardo, Adam .... GK 2011-1
Aufgabe 2: Paul Cézanne, Bahndurchstich .... GK 2011-12

2011 – Leistungskurs
Aufgabe 1: Hans Holbein d. J., Christina von Dänemark,
            Herzogin von Mailand / Cindy Sherman, Untitled
            (Woman in Sun Dress) .... LK 2011-1
Aufgabe 2: Caspar David Friedrich, Eiche im Schnee /
            Joseph Beuys, Schneefall .... LK 2011-12

2012 – Grundkurs
Aufgabe 1: Hans Holbein d. J, Porträt des Erasmus von Rotterdam .... GK 2012-1
Aufgabe 2: Michelangelo Buonarroti, Gefangener (Sklave) .... GK 2012-12

2012 – Leistungskurs
Aufgabe 1: Hans Holbein d. J., Darmstädter Madonna /
            Cindy Sherman, Untitled # 223 .... LK 2012-1
Aufgabe 2: Paul Cézanne, Stillleben mit Äpfeln /
            Joseph Beuys, Capri-Batterie .... LK 2012-16

Jeweils im Herbst erscheinen die neuen Ausgaben
der Abiturprüfungsaufgaben mit Lösungen.

Autorinnen: Gerlind Wilkes (Übungsaufgaben GK 1 und 2, LK 1, 2, 3, 4, 6 und 7 sowie Lösungen zu den Prüfungsaufgaben LK 09), Katja Heckes (Übungsaufgabe LK 5 sowie Lösungen zu den Prüfungsaufgaben GK 09, LK 10, LK 11, LK 12), Christiane Seger (Lösungen zu den Prüfungsaufgaben GK 10 und GK 11) und Güdny Schneider-Mombaur (Lösungen zu den Prüfungsaufgaben GK 12).

Farbtafeln

Farbtafel 1:	Giacometti, Der Wald (Sieben Figuren und ein Kopf)
Farbtafel 2:	Friedrich, Klosterfriedhof im Schnee
Farbtafel 3:	Cézanne, Mont Sainte-Victoire
Farbtafel 4:	Skizze 1 zu Cézanne, Mont Sainte-Victoire
Farbtafel 5:	Skizze 2 zu Cézanne, Mont Sainte Victoire
Farbtafel 6:	Dürer, Selbstbildnis im Pelzrock
Farbtafel 7:	Sherman, Untitled #299
Farbtafel 8:	Dix, Die Eltern des Künstlers II
Farbtafel 9:	Giacometti, Die Mutter des Künstlers
Farbtafel 10:	Dürer, Das große Rasenstück
Farbtafel 11:	Dürer, Hieronymus Holzschuher
Farbtafel 12:	Gursky, Bahrain I
Farbtafel 13:	Cézanne, Bahndurchstich
Farbtafel 14:	Holbein, Christina von Dänemark, Herzogin von Mailand
Farbtafel 15:	Sherman, Untitled (Woman in Sun Dress)
Farbtafel 16:	Friedrich, Eiche im Schnee
Farbtafel 17:	Holbein, Porträt des Erasmus von Rotterdam
Farbtafel 18:	Holbein, Darmstädter Madonna
Farbtafel 19:	Sherman, Untitled #223
Farbtafel 20:	Cézanne, Stillleben mit Äpfeln

Vorwort

Liebe Schülerinnen, liebe Schüler,

das vorliegende Buch bietet Ihnen die Möglichkeit, sich optimal auf das **Zentralabitur 2013 im Fach Kunst** vorzubereiten.

Der Band enthält die **Original-Prüfungsaufgaben für Grund- und Leistungskurs** aus den Jahren **2009 bis 2012**. Somit gewinnen Sie einen Eindruck, wie Ihr eigenes Abitur aussehen kann.

Zusätzlich finden Sie **Übungsaufgaben im Stil des Zentralabiturs**, die die Vorgaben bis 2014 aufgreifen.

Zu jeder Aufgabe gibt es im Anschluss schülergerechte, sorgfältig ausgearbeitete **Lösungsvorschläge**, anhand derer Sie abschätzen können, was von Ihnen erwartet wird. Vor jedem einzelnen Lösungsvorschlag finden Sie zudem mit grauen Rauten markierte **Hinweise**, die Ihnen dabei helfen zu verstehen, worauf die Aufgabenstellung abzielt und wo die Ansätze für eine Lösung zu suchen sind.

Hinweise zur Prüfung

In der Prüfung werden den Schülerinnen und Schülern in NRW drei Aufgaben zur Wahl gestellt. Zwei sind zentral vorgegeben; die dritte jedoch, die gestalterische Aufgabe, wird vom Fachlehrer nach dem alten Verfahren vorbereitet (dazu müssen zwei Vorschläge bei der Behörde eingereicht werden, von denen einer ausgewählt und vorgelegt wird). Wegen dieser Besonderheit wird im vorliegenden Buch auch eine gestalterische Übungsaufgabe abgedruckt.

Die Benotung in NRW erfolgt nach einem vorgegebenen Punktesystem. Am Beginn aller Ausführungen soll der individuelle Zugang zu den vorgelegten Werken stehen und am Ende sollen Übereinstimmungen zwischen den ersten Eindrücken und den abschließenden Folgerungen, gestützt auf die werkimmanente Analyse, überprüft werden.

Jedem Aufgabenteil ist eine bestimmte Punktzahl zugeordnet. Zusätzlich zu den vorgegebenen Kriterien gibt es auf dem Bewertungsbogen für jede Aufgabe aber noch eine zusätzliche Spalte, welche lautet: „Der Prüfling erfüllt ein weiteres aufgabenbezogenes Kriterium". Hier können die beurteilenden Lehrer Sonderpunkte vergeben.

Aus diesem Grunde sind die im vorliegenden Buch abgedruckten Lösungen als Lösungs*möglichkeiten* zu verstehen. Je nach den im Unterricht oder privat erarbeiteten Stoffbereichen kann der Prüfling auch zusätzliches in die Aufgaben passendes individuelles Wissen, z. B. Details zum jeweiligen künstlerischen Arbeitsprozess oder selbstständige Vergleiche zu anderen Künstlern oder Epochen, einfügen.

Da die Lösungsvorschläge die Vorbereitung auf die Abiturprüfung erleichtern sollen und deshalb sehr ausführlich sind, ist es selbstverständlich, dass in der Prüfungssituation nicht alle der darin angeführten Aspekte berücksichtigt werden müssen.

Bis zu 10 von 100 möglichen Punkten sind am Ende der Bewertung jeder Prüfung für die Darstellungsleistung vorgesehen, d. h. für die klare Entwicklung der Gedanken, für die folgerichtige Gewichtung der Beobachtungen und für einen flüssigen Sprachstil. Diese Punkte werden in den Aufgabenstellungen nicht ausgewiesen.

Sollten nach Erscheinen dieses Bandes noch wichtige **Änderungen** in der Abitur-Prüfung 2013 vom Schulministerium in Nordrhein-Westfalen bekannt gegeben werden, finden Sie **aktuelle Informationen** dazu im Internet unter: www.stark-verlag.de/info.asp?zentrale-pruefung-aktuell

Bildnachweis

S. 14, F 1	The Giacometti Estate (Fondation Giacometti, Paris et ADAGP, Paris) 2012
S. 24	© VG Bild-Kunst, Bonn 2012
S. 55, F 8	© VG-Bildkunst, Bonn 2012
S. 56, F 9	Alberto Giacometti (1901-1966): "The Artist's Mother", 1950, Oil on Canvas © The Giacometti Estate (Fondation Giacometti, Paris et ADAGP, Paris) 2012; New York, Museum of Modern Art (MOMa). Oil on Canvas, 35 3/8×24' (89,9×61 cm). Acquired through the Lillie P. Bliss Bequest. Acc.n.: 15. 1953 © 2012 Digital Image, The Museum of Modern Art, New York/Scala, Florence
S. 76, F 12	© Andreas Gursky/VG Bild-Kunst 2012; Courtesy Sprüth Magers Berlin London
S. 77	© Google 2012 – Cnes/Spot Image, Digital Globe, Geo Eye, U.S. Geological Survey
LK 2009-3	© The Estate of Tom Wesselmann/VG Bild-Kunst, Bonn 2012
GK 2010-4	© 2010 Andy Warhol Foundation for the Visual Arts/ARS, New York
GK 2010-15	© Gregory Crewdson; American born 1962, Untitled, 1994, chromogenic print, image: 71,2×91,4 cm (28 1/16×36 in.), sheet: 76,1×101,5 cm (29 15/16×39 15/16 in.); frame: 89×108,8 cm (35 1/16×42 13/16 in.). Princeton University Art Museum. Museum Purchase, anonymous gift 1995–122. Photo: Bruce M. White
LK 2010-2	© 2010 Pechstein Hamburg/Tökendorf
LK 2010-3	© Crewdson, Gregory (b. 1962): "Untitled", 1998. Los Angeles (CA), Los Angeles County Museum of Art (LACMA). Photograph, Silver dye-bleach (Cibachrome) print, with laminate, image: 50×60 in. (127×152,4 cm), framed: 55×65 in. (139,7×165,1 cm). Ralph M. Parsons Fund (AC1999.71.1) © 2012 Digital Image Museum Associates/LACMA / Art Resource NY/Scala, Florence
LK 2011-15	© VG Bild-Kunst, Bonn 2012
LK 2012-19	© VG Bild-Kunst, Bonn 2012

Stichwortverzeichnis

Sachregister

Abbildhaftigkeit LK 2010-7, 8; LK 2012-12, 25
Abguss 7, 10
Abstraktion GK 2009-6, 15, 16; LK 2009-23; GK 2010-18; LK 2010-9, 10; LK 2012-26
- Abstraktionsgrad LK 2010-7
- formale Abstraktion LK 2009-27
Achse LK 2009-24; GK 2010-17
- Achsenparallelität GK 2012-17
- Bildachse GK 2012-5
- Blickachse GK 2009-15
- diagonale Achse 17; GK 2010-7; LK 2010-4, 18; GK 2011-15; GK 2012-6
- senkrechte Achse 17, 26, 47, 53, 61; GK 2009-5
- senkrechte Mittelachse/Längsachse/Symmetrieachse 36, 48, 49, 50, 60, 71; LK 2009-21, 23; LK 2010-17, 19; GK 2011-7, 15; LK 2011-5, 6, 17; GK 2012-5
- Statikachse GK 2012-17
- waagerechte Achse 61, 71; LK 2011-17
Akanthusblätter GK 2012-4
Aktion 30
Aktfigur GK 2012-16
Aktmalerei GK 2009-6
Akzent/Gegenakzent 82; LK 2009-7
Allegorie GK 2012-22
Analyse XI
Anatomie GK 2012-7, 17
Andachtsbild LK 2012-11
Anforderungsbereich IV

Anschnitt GK 2010-7, 8, 18
Antike 72
Aquarell 72
Arbeitsprozess 10, 11; LK 2009-22
archaisch GK 2009-13, 16
assoziative Ähnlichkeit 19
Ästhetisierung 73
Atmosphäre 10, 25, 50; LK 2010-10
Attribute 73; LK 2010-20; GK 2012-7
Aufbruchsstimmung LK 2009-14
Aufgabentyp III
Aufnahmestandpunkt 80
Aufsicht 35, 62, 80, 82; GK 2010-16
Auftragsarbeit/-werk LK 2011-9; GK 2012-7; LK 2012-10
Ausgeliefertsein 19
Ausschnitthaftigkeit LK 2009-7, 24
Authentizitätscharakter LK 2010-10

Baum 21
Bedeutung eines Werks VIII, XVI
Beschreibung IX
- akustische Bildbeschreibung XI
- nonverbale Skizze X
- verbale Skizze X
Bestandsdaten X
Betrachter GK 2012-8
- Betrachterstandpunkt 59; LK 2012-10
Bewegungsrichtung 26; GK 2009-15
Bewertung IV
Bild
- Bildaufbau 26, 61, 71; LK 2011-9; GK 2012-5; LK 2020-21
- Bildausschnitt 57, 58, 59, 85; GK 2010-16

- Bilddetails 47, 59
- Bildebene 35; LK 2010-7
- Bildfläche 35, GK 2011-15
- Bildformat 46, 69, 84; LK 2011-7, 8, 10
- bildfüllend GK 2012-5
- Bildgattung LK 2012-11
- Bildhintergrund GK 2010-16
- Bildkomposition 25, 49; GK 2009-5; LK 2010-6
- Bildkonstruktion 35, 50
- Bildmittelpunkt GK 2010-17
- Bildmontage 83; LK 2009-7
- Bildmotiv LK 2010-9
- Bildöffnung LK 2010-22
- Bildordnung, malerische 37
- Bildraum LK 2009-26; LK 2010-5, 17, 19, 21; GK 2012-7
- Bildschärfe 35, 48; LK 2010-7
- Bildstruktur 38, 39
- Bildtiefe 35, 62, 80; LK 2012-21
- Bildtypus LK 2012-11
- Bildzentrum 70

bildhauerischer Prozess 8
Binnenformen GK 2010-6
biografischer Zusammenhang XVII
Blauer Reiter GK 2010-18, 20
Blick
- Blick ins Freie LK 2010-21
- Blickrichtung 60, 71; GK 2010-17; GK 2012-5
- Blickwechsel GK 2009-16

Brücke (Künstlergruppe) GK 2009-6; LK 2009-13, 27; LK 2010-8
Bruststück/Brustporträt siehe „Porträt"
Buchmalerei LK 2009-20, 21, 22, 27
Büstenbild GK 2010-6

Detailgenauigkeit GK 2012-7
Detailtreue 71
Diagonalbewegungen 82
Dichte, malerische 36, 37
digitale Nachbearbeitung 82, 83
Divino artista 73
Dreiviertelprofil siehe „Porträt"
duplizieren 82
Durchbruch GK 2012-18

Dynamik 8, 11, 36, 81; GK 2009-5, 7; LK 2009-22, 24; LK 2010-19; GK 2011-15
Echo 37
Eiche 28, 29
Eindrücke, farbige 38
Einheit
- der Faktur 39
- der Kleinstruktur 39
- von Farbe und Form 39

Elemente, erzählerische LK 2010-22
Emotionalität LK 2010-8
emotionslos LK 2009-21
en face LK 2010-16, 17; LK 2011-4, 6
Environment 6, 7, 9, 10
Ersatzrealität LK 2009-12
Ersteindruck IX
Expressionismus GK 2009-5, 6, 7; LK 2009-13, 27; GK 2010-16, 17, 18; LK 2010-6
- Abstrakter Expressionismus 9; LK 2009-13

Farbe
- Ausdrucksfarbe LK 2009-26
- Eigenfarbe LK 2012-20
- Erscheinungsfarbe LK 2012-20, 22
- Farbakzent 83; LK 2010-4
- Farbauftrag 34, 88; LK 2009-9, 11; GK 2011-16
- Farbdominante LK 2010-7
- Farbfläche 37; GK 2010-7, 17; LK 2010-7
- Farbgestaltung LK 2010-18
- Farbigkeit LK 2010-4
- Farbinsel LK 2010-7
- Farbintensität GK 2012-7
- Farbkombinatorik LK 2012-26
- Farbkomposition 71; GK 2009-6; GK 2010-6, 18; LK 2010-6, 18, 19; LK 2011-7; GK 2012-6; LK 2012-9, 22
- Farbkontrast siehe „Kontrast"
- Farbkonzentration 36, 40
- Farbkorrespondenzen GK 2012-6
- Farbkreis nach Itten GK 2010-17

- Farbmodellierung 71; LK 2010-6
- Farbmodulierung GK 2009-6
- Farbnuancierung 86; GK 2009-15
- Farbpalette 35, 69, 71; LK 2009-25
- Farbperspektive LK 2009-9;
  LK 2010-18, 19
- Farbräumlichkeit 86; LK 2009-11
- Farbschattierung GK 2009-13
- Farbspuren LK 2010-4
- Gegenstandsfarbe 71; GK 2011-16
- Komplementärfarbe LK 2010-6
- Logik der Farbe 35
- Lokalfarbe 27, 71; LK 2009-8;
  GK 2010-6; LK 2010-18;
  GK 2012-7; LK 2012-20
- Primärfarbe 35; LK 2009-9;
  LK 2009-22
- Raumwertigkeit der Farbe 39
- Sekundärfarbe 35; LK 2009-9;
  LK 2009-22
- Symbolhaftigkeit der Farbe
  LK 2009-22; LK 2012-10
- Umgebungsfarbe GK 2010-17

Fauvismus GK 2010-20
Flächengliederung GK 2012-5
Figur
- figura serpentinata GK 2012-18
- Halbfigur LK 2010-16
- Ganzfigur LK 2010-16

figurativ GK 2009-15, 16
flächenbetonend LK 2009-9;
  LK 2010-18
Flächenverhältnis LK 2009-11, 25
Flächigkeit 59; LK 2010-7
Form
- Blockform GK 2012-8
- eines Werks VIII, XIII
- Formelement 16, 85; GK 2009-14
- Formfigur GK 2009-14
- Formkorrespondenz GK 2012-6
- Formvereinfachung LK 2009-11
- Formwiederholung 6, 26
- organisch 30; GK 2009-16

formatsprengend LK 2009-13
Fotocollage LK 2011-7

Fotografie 45–53, 78–84; GK 2010-8,
  16; LK 2010-22
Fragmentierung GK 2009-14, 15
frei im Raum 17
Frontalität 17; LK 2009-24;
  GK 2012-18
Froschperspektive 69

Gattung 73
Gebälk GK 2012-4
Geflecht 35, 38
Gegenstand eines Werks VIII, XI
Gegenständlichkeit GK 2010-16
- gegenständliche Malerei GK 2009-6

Gesamteindruck 5, 34, 41, 59, 66, 71;
  LK 2010-5
Geschichte
- deutsche Geschichte 28
- fiktive Geschichte LK 2010-20

Gesellschaftsdrama, inszeniertes
  LK 2010-22
Glaubwürdigkeit LK 2010-22
Gleichgewicht, optisches 37;
  LK 2009-23
Gold LK 2009-20, 22
Goldener Schnitt 71; LK 2010-17, 19;
  GK 2011-7; LK 2011-5; 17;
  GK 2012-5
Goldprägung GK 2012-4

Halbprofil LK 2012-5; LK 2012-6
Handschrift, malerische LK 2009-26
Harmonie, kompositionelle 36, 38
Harmonisierung 37
Hauptmotiv GK 2009-5
Hofmaler GK 2010-8; GK 2012-9
Höhlungen GK 2012-19
Horizont 26; LK 2011-5
Humanismus GK 2012-8, 19

idealtypisch LK 2010-21
Identität 51, 52
Ikonizitätsgrad 8, 38; GK 2009-6, 15;
  LK 2009-12; GK 2010-6, 7, 8, 17,
  18; LK 2010-7, 8, 18, 20;
  GK 2011-17; LK 2011-8, 10;
  GK 2012-7

Illusion
- Materialillusion GK 2010-18
- plastische Illusion 60, 61, 71
- räumliche Illusion 26, 81;
 GK 2012-7
- stoffliche Illusion 71, 72;
 GK 2010-6, 7, 8; LK 2010-18;
 LK 2011-6; GK 2012-7
Impressionismus 38; GK 2010-20;
 GK 2011-17
Individualität/Individuum 9, 63;
 LK 2009-9, 24, 25; GK 2012-8
Industrialisierung LK 2011-21
Inkarnat LK 2011-4, 6; GK 2012-6, 18
Instabilität LK 2010-19, 22
Inszenierung 48, 50, 51–53;
 GK 2010-19; LK 2010-5, 10, 20, 21;
 LK 2011-10
Interpretation eines Werks VIII
Interpretation von Orten 82
irreal 5, 7

Kapitell, korinthisches GK 2012-4
koloristisches Zusammenspiel 35
klassischer Kanon GK 2012-17
Klischee 50, 51, 53; LK 2009-12
Kombinatorik LK 2012-24
Komposition 26, 62, 72; LK 2009-22;
 LK 2011-18, 19, 20; LK 2012-22
- Achsialkomposition GK 2012-5
- asymmetrische Komposition
 LK 2009-25
- Dreieckskomposition LK 2010-17,
 21; LK 2011-6, 7, 17; GK 2012-5;
 LK 2012-8, 9, 22
- Farbkomposition siehe „Farbe"
- Formkomposition 71
- geschlossene Komposition
 GK 2012-6
- Idealkomposition LK 2010-17;
 LK 2011-5
- kalkulierte Komposition LK 2009-8
- Kompositionsgefüge GK 2009-5;
 LK 2010-6, 17
- Kompositionslinie 26, 49, 65, 71
- Kompositionsskizze 25, 26;
 LK 2011-6

- kompositorischer Aufbau
 LK 2012-7
- kontrastreiche Komposition
 LK 2009-24
- Kreiskomposition LK 2011-6
- lineare Komposition LK 2010-8
- Vielfarbkomposition LK 2011-7
Konservierung eines Moments 9
Konstruktionslinie 50, 53
Konstruktivismus GK 2009-16
Konsumgut LK 2009-12
Kontrapost 70; GK 2011-7;
 GK 2012-18
Kontrast LK 2010-21
- Farbkontrast 71; GK 2009-15;
 LK 2009-23; LK 2011-6
- Hell-Dunkel-Kontrast 8, 25, 26, 28,
 49, 61, 71, 80, 81, 88; GK 2010-6,
 17; LK 2009-9, 10, 23; GK 2011-16;
 LK 2011-6, 7, 18; LK 2012-7, 8, 22
- Komplementärkontrast GK 2009-6;
 LK 2009-10, 23, 25; GK 2010-6, 7,
 17; LK 2010-18; GK 2011-16;
 LK 2011-6, 7; GK 2012-6;
 LK 2012-22
- Materialkontrast 8
- Qualitätskontrast LK 2012-8
- Warm-Kalt-Kontrast GK 2010-17;
 LK 2009-9, 23; GK 2011-16
Kontur 28; LK 2009-8; LK 2010-7;
 LK 2012-6, 25
- Konturlinie 36; GK 2009-4, 5, 6;
 LK 2009-23; LK 2010-6
Konzept-Tableau 2, 7
Körper
- Körperausrichtung LK 2010-4
- Körperform 61; GK 2009-14
- Körperhaftigkeit LK 2010-6
- Körperhaltung 45, 62
- Körperlichkeit 72; LK 2011-18
Korrespondenz 35
Kubismus GK 2010-20
Kulisse LK 2009-12
kulturelle Phänomene 83

Landschaftsbild LK 2011-21

Lebenshaltung, antibürgerliche
GK 2009-6
Leinwandgrundierung 37
Lesrichtung GK 2010-18; GK 2011-7
Licht
- Lichteinfall 71
- Lichtführung 48
- Lichtquellen LK 2010-4
- Lichtreflektion LK 2009-9
linear LK 2010-18

Marmorblock 6, 7
Masse, farbige 39
Material 5
- Materialcollage 9
Mensch und Natur 21; LK 2010-10
Metapher LK 2012-26
Methode
- deskriptive Methode LK 2011-4
- ikonografische Methode XVII
- ikonologische Methode XVII
- stilgeschichtliche Methode XVII
Modellierung LK 2010-18
Modulation LK 2012-21
Momentaufnahme LK 2010-21
Multiple LK 2012-20
Mythologie 2, 11; GK 2012-8

Nachahmung, abbildhafte LK 2010-19
Nacktheit 9, 10, 51, 52
Natur 22, 27–30
- ungeordnete Natur LK 2010-9
Naturalismuskriterien LK 2010-9
naturalistisches Darstellungskonzept
GK 2012-7
Natürlichkeit 73; LK 2010-8
naturnah 69
Naturreligiosität 28
Naturstudie 69, 72
Naturvölker, afrikanische GK 2009-6;
LK 2010-8
Neuzeit 72
Non-finito GK 2012-21
Nuancierung 35

Oberfläche 7, 16
- Oberflächenbeschaffenheit
GK 2011-8

- Oberflächenstruktur 27, 60;
GK 2009-14; GK 2012-19
- Oberflächentextur 71
Objekt LK 2011-19
Operatoren V
Ordnungsstrategie 83

Panoramablick 83
paradox 51
Persönlichkeit des Dargestellten
LK 2010-21
Perspektive 17, 69, 82, 83;
GK 2009-14; GK 2011-16
- Bedeutungsperspektive LK 2010-9
- Betrachterperspektive LK 2010-4
- Perspektivbrüche LK 2010-20
- Zentralperspektive 72; LK 2011-8
Pfingstgeschehen LK 2009-17, 20
Pinsel
- Pinselduktus 36, 86; GK 2009-6;
LK 2010-7
- Pinselspuren 88
- pastos 36, 88; LK 2009-11, 26
Plastik
- Sehplastik 20
- Fühlplastik 20
plastisch 71
Plastizität siehe „Illusion, plastische"
Pilaster GK 2012-4
Pop-Art 9; LK 2009-12;
GK 2010-8
Porträt 57, 63, 69, 70, 72, 73;
GK 2010-9; GK 2012-4
- Bruststück / Brustporträt 70, 71;
LK 2011-7
- Dreiviertelprofil 70; GK 2012-4
- Einzelporträt GK 2010-8
- Familienporträt LK 2012-11
- Frauenporträt LK 2010-21
- Ganzkörperporträt / Ganzfigur
LK 2010-19; LK 2011-4, 5, 7, 8
- Halbkörperporträt / Halbfigur 46;
LK 2011-4, 6; GK 2012-4
- Herrscherporträt GK 2010-8
- offizielles Standesporträt
LK 2010-22
- Porträtierter 69, 70, 71

- Porträtmaler 72
- Profildarstellung GK 2012-9; LK 2012-5
- Selbstporträt 45–53
- serielles Porträt GK 2010-8
- Standesporträt GK 2012-9

Position 39, 60, 61
Postmoderne GK 2010-9
Präsentationsformen 51
Präzision 80
Profildarstellung siehe „Porträt"
Propagandabild GK 2010-9
Proportion 8, 11, 48, 71; GK 2009-6; LK 2009-12; LK 2010-7; GK 2011-7; GK 2012-7
- Proportionslehre GK 2012-21

Provokation LK 2010-9

Quadrat GK 2012-6

Rahmen 47; LK 2009-22
Raum
- Raumfläche GK 2009-5
- Raumillusion siehe „Illusion, räumliche"
- Raumgefüge GK 2009-5; LK 2010-19
- raumgreifend GK 2012-18
- Raum im Raum 9
- Raumperspektive GK 2009-4; LK 2010-19
- Raumstaffelung LK 2010-18
- Raumtiefe LK 2010-6; LK 2011-4
- Raumzerteilung LK 2010-6

Realisation 38
Realismus 5, 9
realistisch 69, 71
Realität GK 2010-19
Reflexlicht GK 2012-7
Reizkultur LK 2009-12
Reklameästhetik LK 2009-12
religiöse Haltung 27, 84
Renaissance 11, 50, 52, 63, 73; GK 2010-7; LK 2010-20, 21; GK 2011-8, 9, 10; LK 2011-7, 8; GK 2012-4

- Hochrenaissance GK 2010-8; GK 2012-16
- Renaissancemaler 72, 74; LK 2010-19
- Renaissance-Porträt 73; LK 2010-19

Repräsentationsfunktion LK 2011-9
Rezeption LK 2012-12
Richtung
- positiv aufsteigende Richtung LK 2009-10
- Richtungswechsel LK 2009-9

Rolle LK 2010-20
- der Frau LK 2010-10
- Rollenspiel LK 2010-22

Romantik, deutsche 28; LK 2011-21
Ruine 25–30

Sacra Conversazione LK 2012-11
Schatten
- Körperschatten GK 2012-7
- Schattenmodellierung LK 2011-6
- Schlagschatten 82; LK 2011-4, 5, 6; GK 2012-7

Schnee 25–27
Schnitt GK 2012-4
Schräge
- fallende Schräge GK 2012-6
- steigende Schräge GK 2012-6

Schriftzug 52
Sehnsucht, romantische 28
Seitenschärfe 82
Sexualität 51
Sfumatoeffekt LK 2010-7
Siebdruck GK 2010-6, 8
Signal LK 2009-10
Sinnlichkeit LK 2010-9
Skulptur GK 2012-16
Sockel 16, 17; GK 2009-14, 15, 16
Spannung 7, 18, 63; LK 2009-25
spirituell LK 2009-27
Spontanität LK 2010-8
Sprache der Massenmedien LK 2009-12
Staffelung LK 2009-8; GK 2011-15
standardisiert LK 2009-21
Standfläche GK 2012-19
Statik 17, 19, 36, 81, 83; LK 2010-19

Stilisierung 73; LK 2009-21, 27
Stillleben 69
Stofflichkeit siehe „Illusion, stoffliche"
Strukturierung 37, 39
Studie 72
subtraktives Verfahren GK 2012-16
Symbol 27, 28, 29, 30; LK 2009-27; LK 2011-20
Symbolwert GK 2010-18
symmetrisch LK 2010-17

Tiefenschärfe 82
Tiefenwirkung 35; LK 2010-7
Tiermotiv GK 2010-18, 19
Tod 25–28, 51
Ton-in-Ton-Malerei LK 2011-18
Torso GK 2012-19
Tradition, deutsche/germanische 29
transzendent 84; LK 2009-27
Typisierung LK 2009-12; LK 2009-23

Umrissanalyse GK 2012-18
Umrisslinie 17; LK 2010-4

Unmittelbarkeit des Augenblicks LK 2009-13
Unvollständigkeit LK 2010-8

Valeurmalerei 71; GK 2012-6
Vatikan 10
Verdrehung LK 2010-4, 5
Verflachung des Darstellungsinhalts LK 2009-11
Vergänglichkeit 25, 27
Verselbstständigung der künstlerischen Mittel 39, 63
Voyeur 9, 51

Wandpfeiler GK 2012-4
Weinblatt GK 2011-9
Weltbild, hierarchisches LK 2009-27
Werbung LK 2009-10
werkimmanenter Zusammenhang XVII
Wirklichkeit GK 2010-20; LK 2010-10
Wölbungen GK 2012-19

zeichenhaft 20; LK 2009-27
Zweidimensionalität GK 2010-7

Werkregister

7000 Eichen 22
Abtei im Eichenwald 88
Adam GK 2011-3, 4, 5
Atlasslave (Gefangener) 4
Bahndurchstich GK 2011-13
Bahrain I 76
Blauschwarzer Fuchs GK 2010-14
Capri-Batterie LK 2012-19
Christina von Dänemark, Herzogin von Mailand LK 2011-2
Darmstädter Madonna LK 2012-3
Das große Rasenstück 67
Der Wald (Sieben Figuren und ein Kopf) 14
Die Eltern des Künstlers 55
Die Mutter des Künstlers 56
Eichbaum im Schnee 27, 28
Eiche im Schnee LK 2011-14
Erasmus von Rotterdam GK 2012-3

Great American Nude # 98 (Großer Amerikanischer Akt Nr. 98) LK 2009-3
Heinrich VIII., König von England GK 2010-3
Hieronymus Holzschuher 68
Hünengrab im Schnee 27, 28
Klosterfriedhof im Schnee 23
Laokoon-Gruppe GK 2012-20
Large Two Forms GK 2009-15
Mädchen unterm Japanschirm LK 2009-5
Mao GK 2010-4
Mary, Lady Guildford LK 2010-14
Mont Sainte-Victoire 33
Montagne Sainte-Victoire, Blick von Lauves 88
Moses GK 2012-22
Pfingsten (Buchmalerei) LK 2009-18
Pfingsten (Nolde) LK 2009-19

Rebellischer Sklave (Gefangener)
  GK 2012-13–15
Schneefall LK 2011-15
Selbstbildnis im Pelzrock 44, 73
Sex Pictures 52
Sitzender Akt mit erhobenen Armen,
  Akt im Atelier GK 2009-3
Stillleben mit Äpfeln LK 2012-18
The State Hospital 2, 3
Untitled aus der Serie „Natural Wonder"
  GK 2010-15

Untitled aus der Serie „Twilight"
  LK 2010-3
Untitled Film Stills 46
Untitled Film Still # 14 LK 2010-15
Untitled # 223 LK 2012-4
Untitled # 299 43
Untitled (Woman in Sun Dress)
  LK 2011-3
Weiblicher Akt LK 2010-2
Winterlandschaft 28
Zweiteilige Liegende Nr. 5
  GK 2009-13

Personenregister

Beuys, Joseph 21; LK 2011-12;
  LK 2012-16
von Bismarck, Otto 22, 29
Bleyl, Fritz GK 2009-6
Cézanne, Paul 32, 86; GK 2011-12;
  LK 2012-16
Condivi, Ascanio GK 2012-22
Crewdson, Gregory GK 2010-12;
  LK 2010-1
Descartes, René 28
Dix, Otto 54
Dürer, Albrecht 41, 63, 66
Erasmus von Rotterdam GK 2012-1
Friedrich, Caspar David 21, 35, 37, 75;
  LK 2011-12
Giacometti, Alberto 13, 54
von Goethe, Johann Wolfgang 22, 29
van Gogh, Vincent 32, 38; LK 2009-13
Gursky, Andreas 75
Heckel, Erich GK 2009-6
Heinrich VIII. GK 2010-8; GK 2012-9
Holbein, Hans GK 2010-1;
  LK 2010-12; LK 2011-1;
  GK 2012-1; LK 2012-1
Julius II 22
Kandinsky, Wassily GK 2010-20
Kienholz, Edward 1

Kirchner, Ernst Ludwig GK 2009-1;
  LK 2009-1
Lichtenstein, Roy 9, 86; LK 2009-12
Lombardo, Tullio GK 2011-1
Marc, Franz GK 2010-12
de Medici, Lorenzo GK 2012-20
Michelangelo Buonarroti 1, 13, 20;
  GK 2012-12
Moore, Henry GK 2009-13
Munch, Edvard LK 2009-13
Nolde, Emil LK 2009-16
Oldenburg, Claes 9
Pechstein, Max LK 2010-1
Raffael 11
Rodin, Auguste 11, 20
Rosenquist, James 9; LK 2009-12
Schleiermacher, Friedrich 28
Schmidt, Georg LK 2010-9
Schmidt-Rottluff, Karl GK 2009-6
Schrade, Hubert 22
Sherman, Cindy 41; LK 2010-12;
  LK 2011-1; LK 2012-1
Vasari, Giorgio GK 2012-22
da Vinci, Leonardo 11, 72, GK 2012-22
Warhol, Andy 9, 84; LK 2009-12;
  GK 2010-1
Wesselmann, Tom 9; LK 2009

Hinweise und Tipps zur Bearbeitung der Abituraufgaben im Fach Kunst in NRW

1 Ablauf der schriftlichen Prüfung

Aufgabenarten
Haben Sie das Fach Kunst als Leistungskurs oder Grundkurs gewählt, erhalten Sie zur Abiturprüfung insgesamt drei Aufgaben zur Auswahl: eine der Aufgabenart I (Bildnerische Gestaltung mit schriftlicher Erläuterung), eine der Aufgabenart II (Analyse/Interpretation von bildnerischen Gestaltungen) und als dritte entweder eine weitere Aufgabe aus Aufgabenart II oder eine Aufgabe aus Aufgabenart III (Fachspezifische Problemerörterung gebunden an Bildvorgaben oder Texte).
Die Aufgabenarten II und III werden Ihrer Schule von der Schulaufsicht zentral vorgelegt (auch Ihre Prüfer sehen sie am Tag der Prüfung zum ersten Mal). Die praktische Aufgabenart I wird hingegen dezentral von Ihrem Lehrer gestellt. Er hat dazu der Schulaufsichtsbehörde zwei Aufgabenstellungen vorgelegt und die Behörde hat eine davon für Sie ausgewählt.

Zeit
Zur Auswahl Ihrer Prüfungsaufgabe aus den drei gestellten Aufgaben haben Sie sowohl im Leistungskurs als auch im Grundkurs 30 Minuten Zeit.
Im **Leistungskurs Kunst** dauert die Abiturprüfung viereinviertel Zeitstunden (exklusive der 30 Minuten für die Aufgabenwahl). Für die praktische Arbeit der Aufgabenart I kann Ihr Lehrer bei der Schulaufsichtsbehörde einen Antrag auf Verlängerung der Prüfungsdauer um maximal eine Stunde stellen. Normalerweise wird diesem Antrag vonseiten der Behörde aufgrund des gestalterischen Mehraufwands (Ideensammlung, Vorskizzen etc.) stattgegeben.
Zur Bearbeitung Ihrer Prüfungsaufgabe im **Grundkurs Kunst** stehen Ihnen drei Zeitstunden (exklusive der 30 Minuten für die Aufgabenwahl) zur Verfügung. Auch hier ist es möglich, dass Ihr Lehrer für den praktischen Aufgabentyp I einen Antrag auf Verlängerung der Prüfungsdauer von maximal einer Stunde stellt.
Am Ende der Prüfungszeit müssen Sie alle von Ihnen verfassten Texte und bearbeiteten Materialien abgeben. Grundlage für die Bewertung sind Ihre Reinschrift sowie Ihr als „gestalterisches Endergebnis" bezeichnetes Material. Bei offensichtlich aus Zeitmangel entstandenen Übertragungsfehlern kann der Entwurf zusätzlich zur Bewertung herangezogen werden (dies gilt für die theoretischen ebenso wie für die praktischen Aufgaben).

Arbeitsmittel
Als Arbeitsmittel stehen Ihnen die zur Bearbeitung der eingereichten Vorschläge zur Aufgabenart I erforderlichen Materialien sowie die Bild- und eventuell Textvorlagen für die Aufgabenarten II oder III zur Verfügung. Zusätzlich liegt ein deutsches Wörterbuch zur Nutzung bereit wie auch Skizzen- und Notizpapier.

Tipps zur Aufgabenauswahl und Zeiteinteilung in der schriftlichen Prüfung
- Im Grunde unterscheiden sich die schriftlichen Prüfungen nicht sehr von den bisherigen Klausuren der Oberstufe. Wie bei diesen gilt: Versuchen Sie, möglichst ruhig und konzentriert zu bleiben.
- Treffen Sie Ihre Entscheidung bei der Wahl der Klausur nicht zu schnell. Nehmen Sie sich die Zeit zur Begutachtung der Aufgaben und überlegen Sie, zu welchem Thema Sie die Inhalte gut kennen, Zusammenhänge und Hintergrundwissen parat haben etc.
- Legen Sie sich nach der Auswahl Ihrer Klausur einen groben Zeitplan an. Ausschlaggebend dafür sollte die zu erreichende Punktzahl sein, die hinter den einzelnen Aufgaben angegeben ist (siehe auch S. IV/V). Planen Sie für die Reinschrift der Klausur wie auch für das abschließende Durchlesen des gesamten Textes genügend Zeit ein.
- Es ist empfehlenswert, die Übungsaufgaben und Abiturklausuren des vorliegenden Bandes unter Abiturbedingungen (mit Stoppuhr) zu bearbeiten. So bekommen Sie ein Gefühl dafür, wie lange Sie für die einzelnen Aufgaben in etwa brauchen dürfen. Zudem zeigen Ihnen die Musterlösungen, wo noch Lernbedarf besteht, und Sie werden mit den Aufgabentypen und Operatoren (siehe auch S. III–VIII) vertrauter.

2 Inhalte der schriftlichen Prüfung

Die inhaltlichen Schwerpunktthemen beruhen auf dem Lehrplan für das Fach Kunst. Sie befassen sich themenübergreifend mit den Bereichen der Malerei, Plastik und – in geringerem Maße – auch der Architektur. Für das Zentralabitur 2013 und 2014 bildet das Thema **Natur- und Menschenbilder in der Kunst** den übergeordneten Rahmen für die folgenden Schwerpunkte:

2013
Konzeptionen des Natur- und Menschenbildes in der Bildhauerei und Installation
- Das Bild des Menschen in der Bildhauerei der italienischen Renaissance
- Mensch und Natur als Bezugsaspekte in Objekten und in den Installationen von Joseph Beuys (nur Leistungskurs)

Individuell geprägte Naturvorstellungen als Ausgangspunkt bildnerischer Konzepte
- Naturvorstellungen bei Caspar David Friedrich
- Auseinandersetzung mit der Natur im Werk Paul Cézannes

Bildnerische Gestaltungen als Spiegel und Reflexion gesellschaftlicher Normen und Vorstellungen
- Das neue Selbstbewusstsein des Menschen in der Malerei Albrecht Dürers
- Inszenierungen von Identitäten im Werk Cindy Shermans

2014
Das Bild des Menschen zwischen Wandel und Neuanfang in Plastik (GK, LK) und Zeichnung (nur LK)
- Im Übergang vom 15. zum 16. Jahrhundert im Werk von Michelangelo Buonarroti
- In der Mitte des 20. Jahrhunderts im Werk von Alberto Giacometti

Individuell geprägte Naturvorstellungen als Ausgangspunkt bildnerischer (hier: malerischer, zeichnerischer, fotografischer) Konzepte
Konstruierte Landschaftsdarstellungen und die Einbindung des Menschen in den dargestellten Raum im Werk von:
- Caspar David Friedrich
- Andreas Gursky

Das Bildnis als Spiegel gesellschaftlicher Normen und Vorstellungen
- Das neue Selbstbewusstsein des Menschen im malerischen und zeichnerischen Werk Albrecht Dürers
- Der Mensch im Spannungsfeld gesellschaftlicher und politischer Krisenerscheinungen im malerischen und grafischen Werk von Otto Dix: Porträt und Selbstporträt, im Leistungskurs zusätzlich komplexere Werke

Fachliche Methoden 2013 und 2014
Zur Lösung der Aufgaben werden die folgenden Methoden vorausgesetzt:
- Werkbezogene Form- und Strukturanalysen einschließlich Strukturskizzen
- Subjektorientierte Bildzugänge (perzeptorientierte Methoden)
- Werkexterne Zugänge zur Analyse und Interpretation (motivgeschichtlicher Vergleich, Hinzuziehung kunstgeschichtlicher Quellentexte / von Texten aus Bezugswissenschaften)

Allgemeine Fähigkeiten
Für die gestalterische Leistung in **Aufgabentyp I** wird von Ihnen verlangt, die Bildverfahren und -techniken sicher und adäquat einzusetzen. Ihre Ideenvielfalt und die Vielschichtigkeit der bildnerisch-gestalterischen Konzeption werden ebenso bewertet. In der Erläuterung wird eine konzentrierte, auf den Punkt gebrachte, anspruchsvolle sprachliche Form erwartet.
Bei der Bearbeitung der **Aufgabentypen II** und **III** zeigen Sie Ihre Fähigkeit zur umfassenden Werkerschließung, indem Sie beobachten und beschreiben, analysieren und schließlich in einer gedanklichen Reflexion zur Werkinterpretation gelangen. Dabei stellen Sie Ihre Kenntnisse und Beobachtungen in einer ganzheitlichen, qualitativ anspruchsvollen (fach-)sprachlichen Form schriftlich dar, die die Breite Ihrer Argumentationsbasis aufzeigt. Die Vielfalt der von Ihnen genannten Aspekte und

Bezüge wird in die Beurteilung einbezogen. Zur Veranschaulichung Ihrer schriftlichen Darstellung werden häufig verständliche Werk- und Konzeptskizzen verlangt, auf die sinnvoll im Text verwiesen werden soll.

Allgemeine Abituranforderungen
Drei Anforderungsbereiche strukturieren die Abiturprüfung:
- **Anforderungsbereich I:** Sie sollen Ihre grundlegenden wie auch spezifischen Kenntnisse zum Fach Kunst darstellen, indem Sie die im Unterricht geübten Arbeitstechniken und -methoden einsetzen und die Untersuchungsverfahren zur Bildanalyse und -interpretation fachsprachlich überzeugend anwenden.
- **Anforderungsbereich II:** Sie sollen Ihre Kenntnisse selbstständig im Hinblick auf Auswählen, Strukturieren und Darstellen anwenden.
- **Anforderungsbereich III:** Sie sollen zu einer selbstständigen, planmäßigen Lösung und Wertung gelangen, die argumentativ überzeugt und nachvollziehbar ist. Dazu sollen Sie möglichst logische Schlüsse aus komplexen fachlichen und gestalterischen Zusammenhängen ziehen.

Aufgabenstruktur und Materialien
Die präzise formulierten Aufgaben im schriftlichen Abitur Kunst sind so eingegrenzt, dass sie Ihnen keine unzulässigen Wahlmöglichkeiten im Hinblick auf Darstellungsmodus oder Technik geben. Die Aufgaben richten sich immer auf eine konkrete Problemstellung, die es für Sie neu zu erschließen gilt (keine bloße Wissensabfrage). Die gestalterisch-praktische Aufgabe (Typ I) ist so eingegrenzt, dass Sie in der zur Verfügung stehenden Arbeitszeit eine qualitätsvolle Lösung leisten können. Ihr Gesamtergebnis, die Beantwortung aller Aufgaben, muss letztlich eine Einheit darstellen. Die üblichen Aufforderungen (z. B. „Beschreiben Sie", „Analysieren Sie", „Interpretieren Sie") sollen Sie dafür zu einer umfassenden Auseinandersetzung mit dem Werk anhalten. Dazu müssen alle Ihnen zur Verfügung gestellten Materialien (siehe unten) ausgewertet und eingebracht werden. Ihre fundierte, fachsprachlich korrekte Meinung zum Sachverhalt muss nachvollziehbar und stimmig formuliert sein.
Zeigt die Struktur einiger Aufgaben im schriftlichen Abitur eine offene Aufgabenstellung, so gilt es auch hier, dass die Intention der Fragen von Ihnen erfasst werden muss und Ihre Darstellungen sich zu einer zielgerichteten Lösung entwickeln.
Die Materialien, die Ihnen zur Verfügung gestellt werden, sind ganz verschieden. Es kann sich dabei um Reproduktionen (Farbkopien) von Bildern, Kunstfotografien, Zeichnungen (Skizzen, Entwürfe), Grafiken, Skulpturen oder Architektur handeln, aber auch um Fotografien von Installationen, Performances und Happenings sowie um Textmaterialien (Künstlerzitate, Kunstrezensionen, Interpretationen etc.).

Bewertung
Die maximale Punktzahl, die Sie für eine Aufgabe erreichen können, steht immer hinter der jeweiligen Aufgabe. Die Gesamtbeurteilung Ihrer Leistungen setzt sich aus der Summe aller erhaltenen Punkte zusammen. Die maximal zu erreichende Punktzahl entspricht der höchstmöglichen Notenpunktzahl 15.

Es gibt verschiedene Anforderungsbereiche, die bewertet werden: Verständnis, Fähigkeit zur Analyse und Evaluation/Auswertung, kommentieren, selbstständig Hypothesen entwickeln.
Einen hohen Stellenwert in der Beurteilung nimmt auch Ihre sprachliche/fachsprachliche Darstellung ein. Damit einher geht die Einhaltung der Rechtschreibungs- und der Grammatikregeln. Bei großen sprachlichen Mängeln können bis zu zwei Notenpunkte in der Gesamtbewertung abgezogen werden.
Erst- und Zweitkorrektor orientieren sich bei der Bewertung Ihrer Arbeit an dem vom Kultusministerium erstellten sog. Erwartungshorizont, in dem die Leistungen, die die Prüflinge erbringen sollen, festgehalten sind.
Weicht Ihre schriftliche Prüfungsnote im Grund- oder Leistungskurs Kunst um 3,75 Punkte oder mehr von Ihrer Durchschnittsnote in diesem Fach während der vier Halbjahre der Jahrgangsstufen 12 und 13 ab, so müssen Sie eine zusätzliche mündliche Prüfung ablegen. Sie können sich aber auch freiwillig für eine mündliche Prüfung melden, um Ihre Note zu verbessern.

3 Operatoren im Fach Kunst

In der schriftlichen Abituraufgabe sind die Prüfungsaufgaben hinsichtlich des Arbeitsauftrages und der erwarteten Leistung eindeutig formuliert. Dazu werden sogenannte Operatoren (Schlüsselwörter) verwendet, die Ihnen bereits aus den Klausuren der Oberstufe bekannt sind.
Ein Operator ist ein Aufforderungsverb wie „nennen", „erklären", „entwickeln" oder „begründen", dessen Bedeutung im Fachkontext genau spezifiziert wird. Bei der Formulierung der Arbeitsanweisungen von Prüfungsaufgaben werden in der Regel nur die unten aufgelisteten Operatoren benutzt.
In der folgenden Tabelle sind die für das Fach Kunst wichtigsten Operatoren definiert und die zu erwartenden Leistungen beschrieben. Zudem verweist die Tabelle auf konkrete Abiturbeispiele, die Sie im vorliegenden Band nachschlagen können.

Operator	Beschreibung der erwarteten Leistung	Aufgabenbeispiel
Analysieren	*Eigenschaften und Charakteristika sowie Bezüge auf der Grundlage des festgestellten Bestands systematisch erschließen und darstellen, mit der Zielsetzung einer Interpretation.*	LK 2012, Aufgabe 1, 2 GK 2012, Aufgabe 1, 2 LK 2011, Aufgabe 1, 2 GK 2011, Aufgabe 1, 2
Belegen	*Schlussfolgerungen anhand der zur Verfügung gestellten Materialien und eingeforderten Kenntnisse nachweisen, argumentativ untermauern.*	

Benennen/ angeben	Eine Feststellung zu einem Sachverhalt treffen, wobei keine Begründungen gefordert sind.	LK 2009, Aufgabe 1, 1 GK 2009, Aufgabe 1, 1
Beschreiben	Bild- oder textbezogene Wahrnehmungen, Beobachtungen und Zusammenhänge strukturiert und fachsprachlich richtig mit eigenen Worten, in objektivierender Textform wiedergeben.	LK 2012, Aufgabe 2, 1 GK 2012, Aufgabe 2, 1 LK 2011, Aufgabe 2, 1 GK 2011, Aufgabe 2, 1
Beurteilen	Zu einem Sachverhalt ein selbstständiges Urteil unter Verwendung von Analyseergebnissen, Fachwissen und Fachmethoden formulieren und sachlich begründen.	LK 2009, Aufgabe 2, 4 GK 2009, Aufgabe 1, 4
Bewerten	Einen Sachverhalt an erkennbaren Wertkategorien oder an bekannten Beurteilungskriterien messen.	
Beziehung/ Bezug herstellen	Beziehungen zwischen verschiedenen Ebenen, Aufgabenteilen, Materialien, Objekten herstellen.	LK 2009, Aufgabe 1, 4
Darstellen	Sachverhalte, Zusammenhänge, Methoden etc. geordnet und (fach-)sprachlich korrekt wiedergeben.	
Diskutieren	Aussagen und Thesen einander gegenüberstellen und argumentativ abwägen.	
Einordnen	Einen oder mehrere Sachverhalte in einen Zusammenhang stellen.	
Entwickeln/ konzipieren	Nach vorgegebenen Bedingungen ein sinnvolles Konzept selbstständig erarbeiten.	LK 2010, Aufgabe 1, 3 GK 2010, Aufgabe 2, 3
Ergänzen/ verändern/ variieren	Eine vorgegebene Gestaltung erweitern/überarbeiten.	

Erklären/ erläutern	Einen Sachverhalt mithilfe eigener Kenntnisse in einen Zusammenhang einordnen und ihn nachvollziehbar verständlich machen.	LK 2012, Aufgabe 1, 2 GK 2012, Aufgabe 2, 3 LK 2011, Aufgabe 2, 3 GK 2011, Aufgabe 2, 2
Erörtern	Ein Beurteilungs- oder Bewertungsproblem erkennen und darstellen, Pro- und Kontra-Argumente abwägen und eine Schlussfolgerung erarbeiten und vertreten.	
Erstellen	Bekannte gestalterische Verfahren zur Lösung eines neuen Problems anwenden.	GK 2009, Aufgabe 2, 2
Hypothesen entwickeln	Eine Theorie auf der Grundlage von Kenntnissen und Erkenntnissen entwickeln, wobei diese in den Begründungszusammenhang sachlogisch einbezogen werden.	
Interpretieren	Ergebnisse einer Untersuchung/ Analyse im Hinblick auf eine gegebene Fragestellung zu einer begründeten Deutung zusammenführen.	LK 2012, Aufgabe 1, 3 GK 2012, Aufgabe 1, 3 LK 2011, Aufgabe 2, 3 GK 2011, Aufgabe 2, 3
(kritisch) Stellung nehmen	Zu einem Sachverhalt nach kritischer Prüfung und sorgfältiger Abwägung ein begründetes Urteil abgeben.	
Skizzieren	Zusammenhänge, Eindrücke oder Gestaltungsideen sprachlich/bildsprachlich reduzieren, sodass die damit wesentlich verbundenen Informationen prägnant transportiert werden.	
Überprüfen	Aussagen kriteriengeleitet anhand von Bild- oder Textmaterial untersuchen und eventuelle Widersprüche oder Lücken aufdecken.	
Vergleichen	Gemeinsamkeiten, Ähnlichkeiten und Unterschiede ermitteln und darstellen.	LK 2011, Aufgabe 1, 4 LK 2010, Aufgabe 1, 3

4 Methoden der Werkerschließung

Ganzheitlich betrachtet beinhalten die schriftlichen Abituraufgaben immer eine Werkerschließung, die von der ersten Beschreibung über die Analyse zur Interpretation verläuft. Ob diese im Werkvergleich stattfindet oder in der Konzentration auf das Einzelwerk – je nachdem, wie es in der Aufgabenstellung vorgegeben ist –, spielt keine Rolle. Letztlich geht es darum, dass Sie nachvollziehbar und strukturiert darstellen, dass Sie in der Lage sind, ein Werk formal und inhaltlich zu untersuchen und diese Untersuchungen letztlich interpretatorisch zu deuten.

Die drei Grundfragen, die zur Werkinterpretation führen, können Ihnen helfen, eine zu subjektive Darstellung bei der individuellen, werkimmanenten Erschließung zu vermeiden:

1. **WAS?**, die Frage nach dem **Gegenstand** des Werks. Hier soll der sichtbare Bestand erfasst und benannt werden. Der Ersteindruck sowie die Bestandsdaten gehören dazu.
2. **WIE?**, die Frage nach der **Form**. Die formale Struktur, aber auch Wesen und Wirkung der Gestaltungsmittel sollen untersucht und sachlich (objektiv, ohne Wertung) benannt werden.
3. **WARUM?**, die Frage nach der **Bedeutung**. Mit der Auswertung aller Ergebnisse unter Einbeziehung aller bedachten, relevanten Aspekte erfolgt die Bewertung und damit die **Interpretation** des Werks.

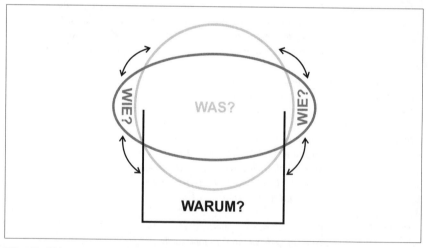

Wie die Skizze zeigt, bedingen sich alle drei Fragefelder gegenseitig und sind voneinander abhängig. Zur Erschließung eines Werks müssen darum stets alle drei Fragen gestellt und erfasst werden. In der Zusammenführung dieser gelangt man zur umfassenden Werkerschließung, zur Interpretation.

▶ Ersteindruck und Beschreibung

Die Frage nach dem Ersteindruck und der Beschreibung kann mit verschiedenen Operatoren gestellt werden (z. B. „benennen Sie", „stellen Sie dar"). Hier gilt es, dem Leser einen ersten Überblick zu geben. Am sinnvollsten ist es, mit der Nennung der **Bestandsdaten** (Künstler, Werktitel, Entstehungsjahr, Material, Maße und Ausstellungsort bzw. Werkbesitzer) zu beginnen.

Ersteindruck

Der Ersteindruck erlaubt Ihnen, Ihren **spontanen Eindruck**, Ihre **subjektive Empfindung** zum Werk wiederzugeben. Benennen Sie differenziert das erste Gefühl, das Sie bei der Betrachtung des Werks hatten (z. B. „Auf mich macht das Bild einen eher tristen, melancholischen Eindruck"; „Das Werk wirkt auf mich freundlich, es macht mich neugierig"; „Es spricht mich nicht an, ich finde keinen Fixpunkt"), oder auch frühe Überlegungen und Assoziationen, die es bei Ihnen auslöste („Es erinnert mich an einen Albtraum"; „Die Farben erinnern an eine Frühlingswiese"; „Die Geschlossenheit wirkt auf mich wie eine uneinnehmbare Festung"). Erinnern Sie sich daran, was Ihnen als Erstes ins Auge fiel. Wenn Ihnen das schwerfällt, kann eventuell auch der Titel dabei helfen, Gedanken und Ideen zum Werk bei Ihnen aufzurufen.

Beschreibung

Die Beschreibung stellt die **wesentlichen Gegenstände im Bild** dar. In diese erste Werkerfassung gehören weder die formale Analyse (Form-, Farb- sowie Kompositionsbezüge etc.) noch interpretatorische Aussagen und Mutmaßungen. Hier geht es vielmehr darum – im Gegensatz zum Ersteindruck – objektiv und sachlich die Werkgegenstände zu erfassen. Je klarer und strukturierter Ihre Beschreibung ausfällt, desto besser ist sie für den Leser nachvollziehbar.

Bei **gegenständlichen** Bildern gehen Sie immer vom Hauptmotiv aus und kommen dann zu den Nebenmotiven. In **ungegenständlichen** Bildern erinnern Sie sich an Ihren Ersteindruck und beginnen mit der Beschreibung des augenfälligsten Bilddetails. Ist dies nicht auszumachen (z. B. bei monochromen Bildtafeln), „bewegen" Sie sich von links nach rechts und oben nach unten durchs Bild.

Die Übersetzung eines bildnerischen Werks in Sprache, in einen verständlichen Text, ist häufig schwieriger als zuerst angenommen. Schnell passiert es, dass man sich sprachlich im Detail verliert, bestimmte Bildmerkmale zu stark betont oder Akzente setzt, die in eine falsche Richtung weisen und schließlich in eine Sackgasse führen. Im Folgenden werden **drei Methoden** genannt, die helfen können, diese Fehler zu vermeiden. Probieren Sie alle drei zu einem selbst gewählten, Ihnen noch nicht weiter bekannten Werk aus und wählen Sie anschließend die für Sie beste Methode aus. Üben Sie diese Methode mehrfach, sodass Sie sie in der Abiturprüfung für die Werkbeschreibung sicher einsetzen können.

- **Die „nonverbale Skizze"**
Betrachten Sie das Werk, das Sie beschreiben sollen. Dieses liegt Ihnen üblicherweise als Farbkopie vor. Werden mehrere Abbildungen gereicht, die z. B. eine Skulptur aus unterschiedlichen Perspektiven zeigen, entscheiden Sie sich für die Hauptansicht des Objekts und legen Sie die übrigen Abbildungen erst einmal zur Seite. Dieser Hinweis gilt für alle drei Methoden.
Mit einem roten Stift **skizzieren** Sie nun auf einem leeren Notizblatt das oder die Hauptmotive/-elemente. Nehmen Sie anschließend einen grünen Stift und fügen Sie die Nebenmotive/-elemente in Ihre Skizze ein. Weitere Auffälligkeiten im Bild markieren Sie nun mit Schwarz. Für die Ausführung Ihrer „nonverbalen Skizze" benötigen Sie weder ein Lineal noch einen Radiergummi. Die Abzeichnung der verschiedenen Bildmotive kann auch mit einfachen Formen (Kreisen etc.) vorgenommen werden. Wichtig ist nur, dass die Reihenfolge der farbigen Zeichnungen oder Zeichen der Ihrer Wahrnehmung folgt. Um die dafür nötige Ruhe und Konzentration zu bekommen, kann es hilfreich sein, die Vorlage des bildnerischen Werks kurz, aber intensiv zu betrachten und anschließend einige Sekunden lang die Augen zu schließen, bevor Sie mit der Übung beginnen.
Die Ausführung Ihrer „nonverbalen Skizze" sollte auf keinen Fall mehr als fünf Minuten betragen, da ansonsten die Gefahr besteht, dass Sie zu viele Details aufnehmen und Ihre Werkbeschreibung zu ausführlich gerät.
Beginnen Sie mit der Beschreibung, indem Sie Ihre Skizze von Rot über Grün nach Schwarz in Worte fassen. Die Strukturierung wird Ihnen so viel leichter fallen.

- **Die „verbale Skizze"**
Im Ansatz ist diese Methode vergleichbar mit dem Mindmapping, jedoch folgen Sie in der „verbalen Skizze" weniger Ihren Assoziationen als vielmehr der vor Ihnen liegenden Abbildung des zu beschreibenden Werks. Anstatt die Bildmotive zeichnerisch festzuhalten wie in der „nonverbalen Skizze", **schreiben** Sie nun die Begriffe für die entsprechenden Haupt- und Nebenmotive/-elemente auf ein Notizblatt. Orientieren Sie sich dabei am vorliegenden Bild und setzen Sie die Begriffe an die entsprechende Bildposition. Einzelne Begriffe können dabei übergeordnete Funktionen einnehmen (z. B. „Nachthimmel", „Sommerwiese"), indem Sie diese gleich mehrfach an den entsprechenden Bildstellen notieren. Einzeichnungen der Verbindungen der Motive/Elemente zueinander in Form von grafischen Hilfsmitteln (z. B. Pfeile) helfen, die übergeordnete Bildstruktur zu verdeutlichen. Die Ausübung der „verbalen Skizze" sollte nicht mehr als fünf Minuten in Anspruch nehmen, ansonsten besteht die Gefahr der begrifflichen Unübersichtlichkeit.
In der anschließenden Werkbeschreibung sollten alle Begriffe der „verbalen Skizze" wieder auftauchen. Die eingezeichneten grafischen Verbindungen dienen als Leitfaden zur Strukturierung der Werkbeschreibung.

- **Die „akustische Bildbeschreibung"**
  Stellen Sie sich vor, Sie müssten das Ihnen vorgelegte bildnerische Werk einer Person am Telefon so eingängig beschreiben, dass diese in der Lage ist, dazu eine Skizze anzufertigen. Bevor Sie mit dem **Gedankenspiel** beginnen, betrachten Sie das Bild intensiv und beantworten Sie für sich die folgenden Fragen: Was ist mir als Erstes aufgefallen? Auf welches Bilddetail wandert mein Blick immer wieder? An welchen Bildstellen verharrt mein Blick, welche streift er nur flüchtig? Was bleibt vor meinem geistigen Auge stehen, wenn ich die Augen schließe? Suchen Sie nun, unabhängig vom eigentlichen Werktitel, einen eigenen Titel, der das Bild für Sie auf den Punkt bringt. Versuchen Sie darüber hinaus, das Bildthema eindeutig zu benennen. Notieren Sie sich die Antworten zu allen Fragen. Führen Sie nun in Gedanken das Telefonat, in dem Sie Ihre Notizen noch einmal konzentriert durchgehen. Länger als fünf Minuten sollte auch diese Übung nicht dauern.
  Alle Notizen sowie die Reihenfolge der in Gedanken genannten Bildmotive/-elemente fließen nun in die Reinfassung der Werkbeschreibung ein. Das fiktive Telefonat hilft insbesondere den Überblick zu wahren bei der Erfassung des bildnerischen Ganzen.

Alle drei Methoden ermöglichen eine strukturierte Erschließung der Werkeinheit, wobei auch die Details nicht aus den Augen verloren werden. Erfahrungsgemäß fällt die anschließende Ausformulierung der Werkbeschreibung nun wesentlich leichter, da durch die Erfassung des Gesehenen die gedankliche Arbeit zu einem Teil schon umgesetzt ist.

Tipp: Üben Sie anhand der folgenden Aufstellungen mit verschiedenen Werken aus der Bildenden Kunst (Malerei, Plastik, Architektur, Neue Medien etc.) die **Beschreibung, Analyse** und **Interpretation.**

▶ **Der Gegenstand eines Werkes (WAS?)**
Schon der Ersteindruck und die Beschreibung benennen den Gegenstand des Werkes. Die folgende Zusammenstellung hilft, die Angaben zum Werk noch zu präzisieren, damit der Bestand möglichst vollständig wiedergegeben wird.

Für alle Gattungen der Bildenden Kunst müssen erfasst werden:
- die Bestandsdaten**:**
  - Künstler-/Architektenname
  - Werktitel
  - Entstehungsjahr bzw. Entstehungszeitraum
  - Standort bzw. Verbleib
- das Thema (Genre, Gattung), die Motivbestimmung
  gegenständlich:
  - Malerei: menschliche Figur (Porträt), Tierfigur, Landschaft, Stillleben, Historie, Stadtvedute, Genre etc.
  - Plastik/Skulptur: figuratives Standbild/Denkmal, Statue, Klein-/Großplastik, Einzelfigur, Gruppe, Büste, Torso, Reiterstandbild, Freiplastik, Relief, Bauplastik, Objekt (Ready-made) etc.

- Installation / Environment
- Architektur: Profanbau (weltlicher Bau: Wohngebäude, öffentliches Gebäude, Herrschaftsgebäude, Industriegebäude etc.), Sakralbau (geistlicher Bau: Kirchen, Moscheen, Synagogen, Tempel, Mausoleum etc.)

ungegenständlich:
- freies Formenspiel: abstrahiert, abstrakt; organische Formen, kristalline Formen
- tektonische Formen, geometrische Formen, stereometrische Formen

Malerei / Grafik / Fotografie (WAS?)
– *Material:*
- Leinwand
- Holz
- Papier (z. B. Fotografie, Buchmalerei)
- Pappe
- Metall
- Glas
- Porzellan
- Haut (z. B. Bodypainting)
- Wand (Fresko, Graffiti)

– *Format:*
- Hochformat, Querformat, Quadrat, Tondo, Ovalformat
- architekturgebundenes Format (Wand-, Deckengemälde etc.)
- gegenstandsgebundenes Format (Kirchenfenster, Vase etc.)

– *Verfahren / Techniken:*
- Malerei in Öl-, Acryl-, Tempera-, Aquarell-, Gouache-, Wachsfarbe
- Zeichnung mit Tinte, Tusche, Kreide, Bleistift, Buntstift, Silberstift, Filzstift, Kugelschreiber, Fineliner
- Hochdruck: Holzschnitt, Holzstich, Stempeldruck, Materialdruck, Linolschnitt
- Tiefdruck: Kupferstich, Radierung
- Flachdruck: Lithografie, Steindruck, Offsetdruck
- Durchdruck: Siebdruck (Seriegrafie)
- Lasur-, Tintenstrahldruck; Fotografie (analog / digital); Fotokopie

Skulptur / Plastik / Objekt (Installation / Environment) (WAS?)
– *Material:*
- Metall (z. B. Bronze, Stahl), Holz, Ton, Stein (z. B. Marmor), Gips, Keramik, Porzellan, Glas, Wachs, Beton, Kunststoff, Textilien, Papier (z. B. Papiermaschee) etc.
- organisches Material: Blut, Haare, Fett, Pflanzen (z. B. Blüten, Früchte), Tiere (bzw. Tierteile)
- Sonstiges: Feuer (z. B. auch Asche, Kohle), Wasser (Flüssigkeiten allgemein), Erde (z. B. Sand), Schrott, Abfall, Naturraum etc.

- *Verfahren/Techniken:*
  - Skulptur, subtraktives Verfahren (aus einem bestehenden Material wird etwas herausgearbeitet): schnitzen, meißeln, sägen, spalten, brechen etc.
  - Plastik, additives Verfahren (aus bestimmten Materialien wird etwas geformt bzw. zusammengesetzt): formen, modellieren, hinzufügen, gießen (sämtliche Gussverfahren) etc.
  - Objekt (Ready-made, Land Art, Installation, Environment, Assemblage etc.), diverse Verfahren: bauen/montieren (z. B. schrauben, nageln, schweißen, kleben), nähen, sammeln, sägen, ausstellen etc.

Architektur (WAS?)
- *Material:*
  - Stein (z. B. Backstein, Ziegelstein, Schiefer, Kiesel, Marmor), Holz, Metall (z. B. Aluminium, Stahl, Eisen, Blech, Zink, Kupfer), Beton, Glas, Spiegel, Kunst- und Verbundstoffe (z. B. Planen, Zelte, Folien), Erde (z. B. Lehm, Ton), Eis/Schnee, organische Stoffe (z. B. Filz, Stoff, Blätter, Gras)
- *Konstruktionen/Techniken:*
  - Massenbau (Material: Ziegel, Stein), z. B. Pyramide
  - Massivbau oder Gewölbebau (Bauelement/Material: Blockbau/Vollmauerwerk aus Holz, Ziegel, Stein), z. B. Burg, romanische Kirche, Palast
  - Gliederbau (Bauelement/Material: Pfeiler und Säulen, Stabtragewerk u. a. aus Stein), z. B. griechischer Tempel
  - Skelettbau (Bauelement/Material: Pfosten, Strebepfeiler, -bögen, Kreuzrippengewölbe aus Eisen, Stahl, Beton), z. B. Fachwerkhaus, gotische Kathedrale, Glaspalast, Eisenbrücke, Hochhaus
  - Raumtragewerk (Bauelement/Material: Schalenbau aus Beton, Stahlseilnetze, Membranen aus Glas oder Textilstoffen, z. B. Eventhalle, Sportstadium, Flughafen)

Neue Medien (Video etc.)/Performance (WAS?)
- *Material:*
  - diverse elektronische Medien: TV, PC, Projektor, Laser, Lichtprojektion, Hologramm, Musikanlage, Lautsprecher, Mikrofon etc.
  - Mensch (Künstler/Besucher/Zuschauer), Tier, Stimme etc.
  - Außenraum, Innenraum, Naturraum
- *Verfahren/Techniken:* diverse, z. B. filmen, aufnehmen, singen, sprechen, aufführen, schauspielern, tanzen, handwerken

▶ Die Form eines Werks (WIE?)

Im Folgenden geht es um die Werkanalyse. Die Frage nach dem **WIE**, also „Wie ist das Werk beschaffen?", fragt nach der Gestaltung. Die folgende Zusammenstellung hilft dabei, ein Werk im Hinblick auf seine bildnerischen/plastischen Mittel objektiv, präzise und vollständig zu untersuchen. Die formale Analyse bereitet die Deutung/Interpretation des Werks vor.

Malerei / Grafik / Fotografie (WIE?)
- *bildnerische Mittel: Form*
  - Linie/Strich: vertikal, horizontal, waagerecht, diagonal, gerade, durchgehend, unterbrochen, gebogen, gekrümmt, parallel, kreuzend, frei, überlagernd, an-/abschwellend, verdichtend, ungeordnet, Umriss-/Konturlinie etc.
  - Punkt: geordnet (Reihung, Muster, Raster etc.), ungeordnet (Streuung, Verdichtung etc.)
  - Fläche/Form: geometrisch, organisch, frei, amorph, eine Figur/Gegenstand bildend, begrenzend, unbegrenzt etc.
- *bildnerische Mittel: Farbe*
  - Farbkonzept: reinbunte Farben (Primär-, Sekundär-, Tertiärfarben), gebrochene/getrübte Farben, unbunte Farben (Schwarz, Weiß, Grau)
  - Farbverwandtschaft, Farbkontrast (Komplementär-, Quantitäts-, Qualitäts-, Kalt-Warm-, Hell-Dunkel-Kontrast etc.)
  - Farbcharakter: koloristisch, monochrom etc.
  - Farbmodulation: Mischung einer reinbunten Farbe mit einem anderen Farbton, gestufter Farbübergang
  - Farbmodellierung (Valeurmalerei, Ton-in-Ton-Malerei): fein abgestufte oder stufenlose Hell-Dunkel-Übergänge eines Farbtons
  - Farbfunktion: Darstellungswert (Beziehung von Farbe und Gegenstand, z. B. Gegenstands-/Lokalfarbe, Erscheinungsfarbe, Ausdrucksfarbe); Eigenwert (Ausdrucksfarbe, Symbolfarbe, autonome Farbe)
- *bildnerische Mittel: Körper und Raum*
  - Figur-Grund-Verhältnis, Darstellung: naturnah, realistisch, abbildhaft, idealisiert, stilisiert, deformiert, abstrahierend, abstrakt
  - Proportion (stimmig, verkürzt, überlang, verzerrt etc.)
  - Plastizität durch Hell-Dunkel (Farbmodellierung), Nuancierung (Farbmodulation), Lichtführung (Schlag-, Glanz-, Eigen-, Fremdlicht, Lichtspot)
  - Figur-/Gegenstandsposition im Raum: Überdeckung/Staffelung, Größenverhältnis, Perspektive (Linear-, Farb-, Luftperspektive, Sfumato), Betrachterstandpunkt
  - Komposition: Goldener Schnitt, Zentralperspektive, Dreieckskomposition, geometrische/gebundene Struktur, symmetrisch, asymmetrisch, freie/zufällige Formgebung/-findung, statisch, dynamisch, kontrastreich, streng, offen etc.
  - Blickführung: geleitet, zentrisch, gleitend, kreisend, ruhig, spannungsvoll, sprunghaft, frei, verwirrend
- *Malweise/Farb-/Materialauftrag:*
  - dünn, dick, deckend, pastos, gespachtelt, reliefartig, lasierend, verwischt, stufenlos, modelliert, gestuft, moduliert, gesprayt, getröpfelt, geschüttet, manuell, maschinell, glatt, gedruckt, geschichtet, geklebt, gewischt, gerieben, frottiert, geprägt, glänzend, matt, fein, grobkörnig etc.

Skulptur/Plastik/Objekt (Installation/Environment) (WIE?)
– *plastische Mittel:*
- Form: organisch, stereometrisch, frei, amorph, kristallin, kubisch, groß-/kleinteilig, fest, schlaff, schwer/massig, dünn/leicht/fragil etc.
- Oberfläche: glatt, rau, weich, hart, rissig, porös, poliert, samtig, stumpf, spiegelnd, matt etc.; Licht (Reflexion, Absorption, Transparenz, Licht/Schatten)
- Materialtextur (naturbelassen, bearbeitet)
- Bearbeitung (Faktur): Gussgrate, Werkzeugspuren, Handabdrücke (Ton, Wachs)
- Farbe (monochrom/polychrom): Eigen-/Materialfarbe (belassen oder negiert, verfremdet), Farbfassung (bemalt, Form betonend, auflösend etc.)
- plastische Elemente: Linie/Kante (z. B. Draht, Faden, Schnur, Lichtstrahl), Fläche (z. B. eben, konkav, konvex, gewölbt, gehöhlt), verbindend (z. B. Falte, Spalte, Kante, Überbrückung) etc.
- Volumen-Raum-Verhältnis: Kernplastik (Raum verdrängend, durchdringend: Massevolumen); Raumplastik (Dominanz der Durchbrüche, Schalen-, Hohlformen, Raumzeichen: Raum bildend/greifend/erzeugend/verbindend/verzahnend)
- Statik/Bewegung: stabil, labil, indifferent, rhythmisch, Position des Betrachters (statisch, bewegt/verändert)
- Komposition: Größe/Dimension (z. B. Klein-, Groß-, Monumentalplastik, Denkmal, Land-Art-Projekt), Gesamtgestalt (siehe auch Unterpunkt „Form"; Kontrapost, Struktur: symmetrisch, ausgewogen, statisch, ruhig, dynamisch, veränderlich/vergänglich, beunruhigend etc.), Proportion/Ponderation (Verhältnis der Teilvolumina zum Gesamtvolumen), Richtungen/Achsen (Beziehungen zum/im Raum), Blickachsen, Ansichtigkeit/Bezug zum Betrachter (z. B. gerichtet, mehransichtig, allansichtig)
- Darstellung: naturnah, realistisch, abbildhaft, idealisiert, stilisiert, deformiert, abstrahierend, abstrakt

– *Aufstellung/Präsentation:*
- Standort: ortsgebunden (z. B. Denkmal, Land-Art-Projekt), frei/zufällig, architekturgebunden (Bauplastik) etc.
- Fundament: Sockel, Postament, Plinthe (Standplatte), sockellos etc.
- Sonstiges: reale Bewegung (Kinetik), aktive Einbindung des Betrachters, Bewegungsillusion, Illumination (aktive Lichtführung: betonende Ausleuchtung, Spotlight, Lichtintegration etc.; passive Lichtführung: natürliche Beleuchtung) etc.

Architektur (WIE?)
– *Baukörper:*
- Quader: meistverwendete Architekturform, horizontale Richtungstendenz
- Würfel (Kubus): kompakt, ohne Richtungstendenz
- Zylinder: stabil, erhaben, vertikale Richtungstendenz
- Kugel/Kugelsegment: symmetrisch, zentriert, auf die Mitte bezogen
- Pyramide: lastend mit Aufwärtstendenz

- *Gebäudetyp:* freistehend, gruppiert, gebunden (zusammengesetzt, durchdringend), sich frei entwickelnd, eingefügt, angepasst, axial, symmetrisch etc.
- *Umschließungselement/Decke:* Tonnengewölbe, Flachdecke, Kreuzgratgewölbe, Kuppel, Tambour, Pendentif
- *Dach:* Flachdach, Satteldach, Pultdach, Kuppeldach, Faltdach, Mansarddach, Pyramidendach, Tonnendach, Zeltdach, Zwiebelhelm etc.
- *Fassade:*
  - Vorhangfassade (Baudekor): dekorativ, verblendend, verziert, vortäuschend
  - bewusste Offenlegung der Baukonstruktion: funktional, technisch
  - Betonung der Baugliederung: sachlich, zurückgenommen, betont klar
- *Baukörperelemente:*
  - Wand: Fenster(-band), Tür (Portal), Sockel, Arkade, Triforium, Empore, Risalit, Giebel, Erker, Turm, Strebepfeiler, Fiale, Wimperg, Dienst, Fries, Band, Gesims, Lisene
  - Säule (Basis, Schaft, Kapitell), Halbsäule, Pfeiler, Pilaster
  - sonstige: Balken, Träger, Bogen, Gewölbe, Strebepfeiler/-bögen
- *Raumgliederung*
  - Innenraum: Raumabfolge, -durchdringung, -form, -grundriss, -größe, Hauptraum/-schiff, Nebenraum/-schiff, Querraum/-schiff, Raumfunktion: Flur/Gang (Kreuzgang, Umgang), Treppe, Empore, Atrium etc.
  - Außenraum: Vorhof (Narthex), Terrasse, Loggia, Garten, Park etc.
  - Raumeinrichtung (Verzierung/Schmuck), Raumnutzung

Neue Medien (Video etc.)/Performance (WIE?)
- *bildnerische/plastische Mittel:*
  - Fläche: begrenzt, unbegrenzt, regelmäßig, unregelmäßig, geordnete/freie Anordnung etc.
  - Farbe
  - Akustik/Video: rhythmisch, laut/leise, Sprache, Sound, schnell/ruhig, klar/unklar etc.
  - Körper-Raumgefüge, Körper-Raumbeziehung
  - Darstellung: naturnah, realistisch, abbildhaft, idealisiert, stilisiert, deformiert, abstrahierend, abstrakt etc.
- *Aufstellung/Präsentation:* geordnet, raumgebunden, frei konzipiert, wuchtig, zurückhaltend, einladend, einnehmend, ausgrenzend, interaktiv, bedrückend, verwirrend, auffallend, vorführend, begehbar, unbegehbar etc.

▶ **Die Bedeutung eines Werks (WARUM)**
Im Folgenden geht es um die Interpretation. Dazu werden alle bisherigen Ergebnisse, die des Ersteindrucks, der präzisen Beschreibung (**WAS**) und der Analyse (**WIE**), mit einbezogen und bedacht. Dazu kommen weitere Aspekte und Untersuchungsfelder, die hilfreich für die Bewertung des Werks sein können.

Die folgenden Untersuchungsfelder dienen als Anregungen und beziehen sich auf alle Bereiche der Bildenden Kunst (Malerei, Plastik, Architektur, Neue Medien). Sie sind nicht unabhängig voneinander zu sehen, sondern vermögen erst in ihrer Gesamtsumme das zu betrachtende Werk zu erfassen/zu erklären.

Werkimmanenter Zusammenhang/ikonografische Methode
Hier geht es um einen Vergleich zwischen Form und Inhalt: Wie und warum wählte der Künstler die künstlerischen Gestaltungsmittel (siehe auch die Fragen nach dem **WIE**) zur inhaltlichen Darstellung seines Werks? Da diese Befragung sich vordergründig nur auf die formalen Werkaspekte richtet, wird mithilfe des **ikonografischen Ansatzes** nun auch nach den Motiven und deren Bedeutung, dem Symbolgehalt, gefragt.

Biografischer Zusammenhang
Leben und Werk des Künstlers werden hier in Beziehung zueinander betrachtet: Handelt es sich um ein Früh- oder Spätwerk? Fügt es sich in sein Œuvre ein? Ist es eine Auftragsarbeit? Unter welchen persönlichen Umständen schuf er es (Lebenskrise, ökonomisch unabhängig/abhängig etc.)?

Gesellschaftlicher Zusammenhang/ikonologische Methode
In welcher Zeit wurde das Werk hergestellt/gebaut (soziale Verhältnisse, politische Ideen, Einfluss durch Auftraggeber etc.)? Eine historische Betrachtung im Hinblick auf Werk- und Lebensumfeld führt hier die Untersuchung an. Der **ikonologische Ansatz** (nach Erwin Panofsky) geht dabei noch über die Symbolbestimmung hinaus, indem er auch geschichtlich-geistige Zusammenhänge (Kulturbedingungen, Kunstkreise, -richtungen etc.) aufdeckt. Hierzu werden u. a. historische Textquellen untersucht. Es wird auch gefragt, für wen das Werk geschaffen wurde, welche soziale, politische Funktion es evtl. einnahm. Verfolgte das Werk einen bestimmten politischen oder religiösen Zweck? Manchmal waren Bedeutung und Wirkung (Symbolgehalt) eines Werks vor dem jeweiligen historischen Hintergrund dem Künstler bewusst, manchmal auch nicht.

Kunsthistorischer Zusammenhang/stilgeschichtliche Methode
Zur Untersuchung des kunsthistorischen Zusammenhangs können z. B. motivgleiche Werke verglichen werden – aus einer Zeit oder epochal übergreifend. Der typologische Zusammenhang des Werks ist immer auch im Hinblick auf seine Rezeptionsgeschichte zu sehen. Wie ist die Bewertung des Werks heute und wie war sie damals zur Entstehungszeit? Auch die Werkentstehungsgeschichte sollte im Hinblick auf die Entwicklung der Kunst allgemein betrachtet werden: Welche Rolle nimmt das Werk hier ein? Eine Vorreiterfunktion? Entspricht es den stilistischen Ausprägungen seiner Zeit? Fügt es sich ein? Fällt es heraus? Etc.

Abiturprüfung NRW – Kunst Grundkurs
Übungsaufgabe 1

Bezüge zu den Vorgaben 2013:
Natur und Menschenbilder in der Kunst
- *Konzeptionen des Natur- und Menschenbildes in der Bildhauerei und Installation: Das Bild des Menschen in der Bildhauerei der italienischen Renaissance*

Bezüge zu den Vorgaben 2014:
Menschen und Natur in der Bildenden Kunst
- *Das Bild des Menschen zwischen Wandel und Neuanfang in der Plastik: Im Übergang vom 15. zum 16. Jahrhundert im Werk von Michelangelo Buonarroti*

Fachliche Methoden
- *Werkbezogene Form- und Strukturanalysen einschließlich Strukturskizzen*
- *Subjektorientierte Bildzugänge (perzeptorientierte Methoden)*
- *Werkexterne Zugänge zur Analyse und Interpretation (motivgeschichtlicher Vergleich)*

Aufgabenstellung

1. Formulieren Sie nacheinander Ihren spontanen subjektiven Eindruck der beiden Darstellungen des nackten männlichen Körpers. Achten Sie bei der anschließenden Beschreibung des Environments von Kienholz und der Skulptur von Michelangelo auch auf die Materialangaben und Anmerkungen. Versuchen Sie einen ersten vorläufigen Vergleich. 20 Punkte

2. Analysieren Sie nacheinander die formale Gestaltung. Gehen Sie dabei besonders auf die unterschiedliche Technik ein. Fertigen Sie Skizzen zur Verdeutlichung Ihrer Ausführungen an. 30 Punkte

3. Stützen Sie sich bei der Interpretation und beim Vergleich auf Ihre Beobachtungen bei der Analyse und auf Ihr Wissen über die Zeit, in der Kienholz und Michelangelo gearbeitet haben. Vergleichen Sie, welches Bild vom Menschen und welches von der Rolle der Kunst hinter den beiden Darstellungen sichtbar wird. 40 Punkte

Materialgrundlage
Bildmaterial:
Abb. 1 und 2: Außen- und Innenaufnahme von Edward Kienholz, „The State Hospital", 1966, Figuren aus gegossenem Gips und Fiberglas, Krankenhausbetten, Bettschüssel, beleuchtete Goldfischgläser mit je zwei lebenden schwarzen Goldfischen, Neonröhre, Stahl, Holz, Farbe, Geruch von Desinfektionsmitteln, 240×360×300 cm, Moderna Museet, Stockholm
Abb. 3 und 4: Zwei Ansichten von Michelangelo, „Gefangener" bzw. „Atlasklave" (unvollendet), 1519, Marmor, Höhe 277 cm, Accademia, Florenz

Zugelassene Hilfsmittel
– Wörterbuch zur deutschen Rechtschreibung
– Skizzenpapier, Bleistifte

Anmerkung zu Kienholz
Der Betrachter kann in das „State Hospital", einen kahlen Raum, der nur an der Rückwand möbliert ist, nur von außen durch das Gitterfenster über der Tür (siehe Abb. 1) hineinsehen. Schon bevor Kienholz das „State Hospital" ausführte, existierte davon ein von ihm sog. Konzept-Tableau, eine Metallplatte, in die er seine Vorstellung, wie der Gesamtraum aussehen sollte, in allen Details eingraviert hatte. In Fachbüchern aus den 60er-Jahren wurden Räume, wie Kienholz sie entwarf und baute, durchweg als „Environment" bezeichnet.

Anmerkung zu Michelangelo
Die wahrscheinlich unvollendet gebliebene Skulptur des Atlassklaven gehörte zu einer Gruppe von 12 Sklaven, die ursprünglich für die Eckpunkte des von Papst Julius II in Auftrag gegebenen Grabmals geplant waren. Sie wurden wahrscheinlich im Jahr 1519 begonnen. Aufgrund des langen Zeitraumes, in dem Michelangelo wegen vieler erzwungener Unterbrechungen an diesem Grabmal arbeitete, sind die Zeitangaben dazu sehr unterschiedlich.
Atlas ist in der griechischen Mythologie ein Riese, der Bruder des Prometheus, der im Westen der Welt das Himmelsgewölbe trägt.

Abb. 1: Außenaufnahme von Edward Kienholz, „The State Hospital", 1966, Figuren aus gegossenem Gips und Fiberglas, Krankenhausbetten, Bettschüssel, Goldfischgläser, lebendige Goldfische, Neonröhre, Stahl, Holz, Farbe, 240 × 360 × 300 cm, Moderna Museet, Stockholm
Foto: Moderna Museet / Stockholm © Nancy Reddin Kienholz

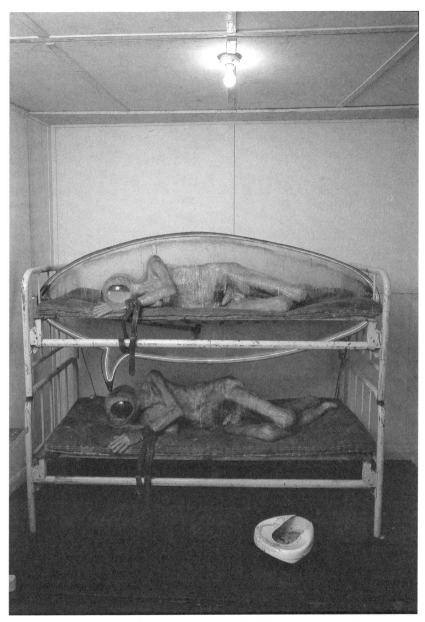

Abb. 2: Innenraum von Edward Kienholz, „The State Hospital", 1966, Figuren aus gegossenem Gips und Fiberglas, Krankenhausbetten, Bettschüssel, Goldfischgläser, lebendige Goldfische, Neonröhre, Stahl, Holz, Farbe, 240 × 360 × 300 cm, Moderna Museet, Stockholm
Foto: Moderna Museet / Stockholm © Nancy Reddin Kienholz

Abb. 4: Michelangelo, „Atlassklave", 1519, Marmor, Höhe 277 cm, Accademia, Florenz
© picture-alliance / akg-images / Rabatti-Domingie

Abb. 3: Michelangelo, „Atlassklave", 1519, Marmor, Höhe 277 cm, Accademia, Florenz
© picture-alliance / akg-images / Andrea Jemolo

Lösungsvorschläge

1. *Hinweis: Hier sollen Sie spontane Einfälle zum Gesamteindruck beider Werke notieren und mit der Beschreibung des sichtbaren Bestandes verknüpfen. Verbinden Sie Ihre Ausführungen auch mit einem ersten vorläufigen Vergleich.*

Im Museum wird der Betrachter des „State Hospital" von **Edward Kienholz**, das 1966 fertiggestellt wurde, zunächst mit einem abweisenden, riesigen weißen Kasten konfrontiert, der einer **Container-Box** ähnelt. Über einer verschlossenen Tür ist ein vergittertes Fenster zu sehen. In der Annahme, dass dieser Kasten etwas in sich birgt, wird sich vermutlich jeder Interessierte bemühen, dort hineinzuschauen. Es zeigt sich dann ein überaus abstoßend wirkender, fast quadratischer, kahler, steriler, geschlossener Innenraum, an dessen Stirnseite zwei übereinander gesetzte weiße Krankenhausbetten aus Stahlrohr stehen und darunter eine weiße Bettschüssel. Auf den Betten liegen zwei fast identisch aussehende **lebensgroße** nackte alte Männer, die an den linken Händen mit einem Lederriemen ans Bett gefesselt sind. Ohne Bettlaken, Kopfkissen oder Decken liegen sie direkt auf einer blaugestreiften Matratze.

Erst auf den zweiten Blick bemerkt man, dass vom Kopf des Mannes auf dem unteren Bett eine seltsam unrealistische Form in einer Spitze ausgeht, die als parallel zum Betrachter aufgerichtete, transparente, mit einer rotfarbigen Leuchtstoffröhre umrandete Fläche den Mann im oberen Bett umschließt. Das irreale Licht der Neonröhre kombiniert mit dem Licht aus der nackten Glühbirne an der Decke gibt dem Raum den unangenehmen Charakter von etwas Zwielichtigem. Die elliptische Form erinnert an eine Denkblase aus Comiczeichnungen. Als nächstes fällt die ungewöhnliche Kopfform der Männer mit dem noch ungewöhnlicheren Gesichtsbereich auf. Wie aus den Materialangaben zu entnehmen ist, handelt es sich bei beiden Köpfen um ein transparentes Fischglas, in das von Kienholz lebendige schwarze Fische eingesetzt wurden. Weiterhin geht aus den Materialangaben hervor, dass Kienholz offensichtlich einen klinischen Geruch von Desinfektionsmitteln als dem Ganzen zugehörig konserviert hat. Auffällig zeigen sich auch ein unnatürlicher, speckiger Glanz und seltsame Spuren auf den vollkommen abgemagerten Körpern, aus denen die Gelenke hervortreten.

Der gesamte Raum wirkt durch seinen extremen Realismus (in den Gegenständen sowie in den Proportionen der menschlichen Körper), der im Gegensatz steht zu den überraschenden Elementen wie Fischglas und „Denkblase", überaus unangenehm. Der Betrachter fühlt sich sehr plötzlich und sehr direkt mit Hilflosigkeit, Ausgeliefertsein und Elend konfrontiert, das er sofort mit Unrecht assoziiert.

Auch die Männerfigur, die **Michelangelo** im Jahr 1519 in **überlebensgroßem Maßstab** (Höhe 277 cm) in Marmor gehauen hat und die unvollendet geblieben ist, zeigt einen gefangenen, nackten Menschen. Dieser Mann jedoch wirkt kraftvoll, es sieht so aus, als wolle er den Steinblock sprengen, in dem er festgehalten wird. Die Figur des Atlassklaven präsentiert sich dem Betrachter als Torso, von dem nur ein muskulöser, etwas gedrungen wirkender Körper, zwei Beine mit nur angedeuteten Füßen und ein kräftiger Oberarm mit angedeutetem Unterarm aus dem Marmorblock herausgearbeitet wurden. Oberhalb, unterhalb und hinter dem Körper sowie zwischen den Beinen wurde der unbehauene Stein stehen gelassen. Das rechte Bein ist angewinkelt; Michelangelo hatte dafür eine erhöhte Position mit einer Stütze vorgesehen.

Im Gegensatz zu **Kienholz** wählte **Michelangelo** einen jüngeren Mann, dessen kräftige Muskeln an Brust und Gliedmaßen **klar und detailliert** herausmodelliert hervortreten. Sie stehen in starkem Kontrast zu den **unbearbeiteten** Stellen, die in der Oberfläche rau und unregelmäßig aussehen.

Man kann sich vorstellen, wie Michelangelo den gebeugten Kopf in dem äußerst knapp bemessenen Material positionieren wollte, denn es ist neben dem Handgelenk der linken Hand die leichte Andeutung eines dem Betrachter zugewandten Gesichts zu sehen.

Die Figur ist in einer heftigen **Bewegung** verfangen, da die Brust-, Oberarm- und Oberschenkelmuskulatur stark angespannt wirken.

Der Gefangene wirkt auf den heutigen Betrachter schon auf den ersten Eindruck nicht unfertig, obwohl Michelangelo ihn vielleicht ursprünglich anders geplant hatte. Dadurch, dass der schwere Steinklotz noch auf den Schultern lastet, sieht es so aus, als versuche sich ein Mensch gegen einen starken Widerstand zu befreien, was ihn unmenschliche Kraft zu kosten scheint.

Im Gegensatz zu den absolut **passiven**, zur Untätigkeit verurteilten, angeschnallten alten Männern von Kienholz wirkt Michelangelos „Gefangener" aktiv, als ob er sich auflehnt und seine Fesseln zu sprengen versucht.

2. *Hinweis: Gehen Sie hier nacheinander auf die formale Gestaltung des Environments von Edward Kienholz und der Skulptur von Michelangelo ein und nutzen Sie Skizzen zur Verdeutlichung.*
Erläutern Sie genauer, welche Auswirkungen die Arbeitsprozesse beider Künstler auf die Gesamtwirkung haben.

Der Außen- sowie der Innenraum des „State Hospital" von **Kienholz** erweisen sich als klar und **rational geplant**, da hier bewusst **mit Gegensätzen gespielt** wurde. Der **nüchternen Form** der Außenbox und deren steriler weißer Farbe, die der Besucher zunächst wahrnimmt, ehe er durch das Gitterfenster sieht, steht der in einen unerwarteten Rosa-Braun-Ton getauchte Innenraum entgegen, in dem die **Leere**, das Kahle mit der **Ballung von Formen** an der Rückwand **kontrastiert**. Hier wiederum werden die technisch wirkenden, sterilen weißen Stahlrohrgestelle den organischen Körpern gegenübergestellt, bei denen ein starker Gegensatz zwischen der **Passivität** der angeketteten Männer und ihrem toten Material und der **Aktivität** der lebendigen Fische besteht, die in ihren „Köpfen" herumschwimmen. Tierisches kontrastiert, durch die Beleuchtung der Fischgläser betont, auf diese ungewöhnliche Weise mit Menschlichem.

Formwiederholungen wie hier die übereinander gesetzten Betten und die daran gefesselten, identisch aussehenden alten Körper wirken normalerweise beruhigend. Zudem bilden die Betten an der Raumrückwand eine zwar komplexe, aber

klar geordnete Gesamtform, in deren **Symmetrie** sich die „Denkblase" einfügt (siehe Skizze 1). **Störfaktoren** bilden dabei aber die diagonal angewinkelten Gliedmaßen und besonders die aggressiv auf den Kopf des unteren Mannes gerichtete Spitze des Neonrandes der „Denkblase" sowie die Lederriemen, mit denen die Handgelenke an den Bettrahmen gefesselt wurden. Als weiterer Faktor, der **Spannung in die Ordnung** bringt, wirkt die Bettpfanne mit ihrem harten Weiß. Sie setzt sich als deutlich ausgerichteter Kontrast auch gegen die übrige Farbigkeit ab und bildet somit einen Blickfang, der auf erniedrigende Vorgänge schließen lässt (siehe Skizze 2). Mit schmutzigen Rändern und innen ungereinigt ist sie, neben den abgeblätterten Stellen auf der Lackierung der Betten, Zeichen für die unhygienischen Bedingungen in diesem Anstaltsraum.

Beunruhigend, weil sie nicht der sonstigen realistischen Gestaltung der alten Männer entspricht, wirken die übermäßige, unnatürliche **Glätte** der Hautoberfläche und die unregelmäßigen Spuren, die darüberlaufen. Diesen unnatürlichen Eindruck hat Kienholz durch das moderne künstliche Material Fiberglas erzeugt. Auch über die Fläche der Denkblase laufen ähnliche unregelmäßige Spuren, die wie herunterfließendes Kondenswasser wirken.

Formal erzielte Kienholz die **Einheit der Gegensätze** mit der durch das Neonlicht einheitlich rosa-braun getönten **Farbigkeit** und mit der einheitlichen **Lackierung** der Körper.

Um seinen Figuren so viel **Wirklichkeitsnähe** zu geben wie möglich, nahm Kienholz mithilfe von Gipsbinden **Abgüsse von lebenden Personen** vor, ein Verfahren, dessen sich gleichzeitig auch **George Segal** erstmals bediente. Ähnlich wie Segal, der die Negativ-Schalen des Abformverfahrens anschließend zusammensetzte und die Wirkung seiner Figuren aus gespenstischem Weiß und einer gröberen Struktur auf den Außenseiten der Abgussschalen erzielte, erzeugte Kienholz diesen Effekt, nämlich die unruhige, irreale Wirkung der Oberfläche seiner Positivabgüsse in Gips, durch die grobe Verstärkung mit Fiberglas. So sehen die entstandenen Formen in ihrem **Umriss realistisch**, in ihrer **Oberfläche** aber **befremdlich** aus.

Trotz aller **Realitätstreue**, die Kienholz mit den Lebendabgüssen und den aus dem Alltag entnommenen Gegenständen suggeriert, handelt es sich bei „The State Hospital" also **nicht um eine bloße Imitation der Wirklichkeit**. In Verbindung mit den **surrealen** Elementen, wie den Fischgläsern, die den Kopf der Männer ersetzen, und der in Farbe, Form und Positionierung irreal erscheinenden **abstrakten Fläche** der „Denkblase", die den oberen Mann mit dem unteren verbindet, entlarvt Kienholz sein Environment als **gedankliches Konstrukt**. Das wird auch daran deutlich, dass Kienholz immer schon vor Beginn seiner Materialsuche und vor Beginn aller handwerklichen Arbeiten bereits eine fertiggestellte, von ihm „Konzept-Tableau" genannte Metallplatte vorlegte, in die alle genaueren Angaben, wie er sich die Ausgestaltung des **Environments** mit allen Details ausgedacht hatte, eingraviert worden waren.

Michelangelos Arbeitsweise, so lange vor einem Marmorblock zu brüten, bis vor seinem inneren Auge visionär die **in diesem Stein optimal enthaltene** Figur quasi aufleuchten würde, wird besonders bei dieser Skulptur mit ihren noch sicht-

baren Außenmaßen des Marmors deutlich. Hier ist außerdem abzulesen, wie Michelangelo sich von den am stärksten vorgewölbten Stellen vorgearbeitet hat oder vorarbeiten wollte, bis das ganze Volumen von allen Seiten in gleicher Weise gestaltet ist. Am Ellbogen und Unterarm ist auf beiden Abbildungen eine raue Kante zu bemerken, die auf die noch zu bearbeitende Armunterseite hinweist.
Auch Michelangelos weiterer spezieller bildhauerischer Prozess ist an der Figur des Gefangenen abzulesen. Er begann in der Mitte des Steins und arbeitete sich sorgsam nach oben und unten weiter, was auch an den stehengebliebenen Kanten und den noch sichtbaren äußeren Grenzen des ursprünglichen Steinblocks deutlich wird (siehe Skizze 3).
Michelangelos Vorstellung, dass eine gebildhauerte Form so beschaffen sein sollte, dass man sie, ohne dass sie Schaden nähme, einen Berg herunterrollen könnte, zeigt sich hier in der **Kompaktheit** der **blockhaften Form** mit den weitgehend an den Körper angelegten Gliedmaßen und den voluminösen Einzelformen. Hier stehen keine Teile ab, die gefährdet wären.
Die **Dynamik** der Skulptur Michelangelos kommt nicht nur durch die **Muskelkontraktionen** zum Ausdruck, sondern auch durch die vorbereitete Kopfdrehung, die Eindrehung des rechten Oberschenkels im Verhältnis zum statischeren linken und durch die **Drehung** des linken Oberarmes im Verhältnis zum etwas statischer erscheinenden Ober- und Unterkörper (siehe Skizze 3). Auf der zweiten Abbildung ist noch klarer zu sehen, dass die stärkste Bewegung vom linken Oberschenkel ausgeht. Ellenbogen und Knie zeigen dabei in **gegenläufiger Richtung** in den sie umgebenden Raum.
In dem Zustand, in dem Michelangelo die Form belassen hat, trägt auch das unbehauene Material zur Gesamtwirkung bei, denn das Auge des Betrachters wird sehr stark geführt durch geradere **Materialkanten** wie zwischen den Beinen, am Rücken und am Steinblock oben (siehe Skizze 4). Die Bruchkanten des lastenden, noch unbearbeiteten Blockes über der Figur leiten den Blick besonders stark in den Umraum. In Angrenzung an die ausgearbeiteten Formen schaffen tiefe Einkerbungen außerdem einen starken Hell-Dunkel-Kontrast. Für den Eindruck starker Dynamik sind also besonders die wechselnden Richtungsbetonungen, die Material- und die Hell-Dunkel-Kontraste verantwortlich.
In den **der Natur abgeschauten Proportionen** und der Ausarbeitung von Details wie den deutlich sichtbaren Muskeln und Sehnen findet sich ein **hoher Ikonizitätsgrad**. In der **Vergrößerung** der Gesamtmaße und den **Materialkontrasten**, also im Belassen des halbfertigen Stadiums, was das Gefangensein umso stärker verbildlicht, zeigt sich eine über das Naturvorbild hinausführende, **zugrunde liegende Idee**.

3. *Hinweis: Bei der Darstellung der künstlerischen Ziele sollten Sie die Ergebnisse Ihrer Beobachtungen aus Aufgabe 2 zur äußeren Form der Arbeiten mit Ihren Kenntnissen über die beiden Künstler und die Zeit, in der sie lebten, verknüpfen. Daraus ist anschließend das jeweilige Bild vom Menschen und die jeweilige Vorstellung von der Rolle der Kunst zu entwickeln.*

Das Leid, das sich in State Hospitals hinter verschlossenen Türen finden lässt, wird von **Kienholz** durch die abweisende Box verdeutlicht, die man nur – wie ein **Voyeur** – durch das vergitterte Fenster einsehen kann. Der unmenschliche, würdelose Zustand, dem alte, verwirrte Menschen in Anstalten ausgeliefert sind, wird mit der **Kahlheit** des Raumes, den Fesseln, der fehlenden Bettwäsche und der **schutzlosen Nacktheit** vor Augen geführt. Menschen wie die hier vorgeführten können sich nichts anderes mehr vorstellen als eben diese ausweglose Situation, in der sie dahinvegetieren, was durch die „Denkblase" verdeutlicht wird. Dort, wo normalerweise Individualität und differenziertes Denken beheimatet sind, nämlich im Kopf, findet sich bei diesen Männern eine glatte, dinghafte Form, deren Inhalt auf die **bloße animalische Existenz** beschränkt ist.

Kienholz war der erste, der es wagte, in einem Museum einen vollständigen Raum im Raum zu präsentieren. In einer Zeit, als in Amerika der **abstrakte Expressionismus** noch dominant die Kunstszene beherrschte, waren der gewagte **Realismus** von Kienholz wie auch sein provokantes Konzept etwas vollkommen Unerwartetes und Neues. Kienholz wird wegen seiner **Materialcollagen** aus **Alltagsobjekten** allgemein der **Pop-Art** zugerechnet, die gleichzeitig mit ihrem **neuen Wirklichkeitsbezug** für Verwunderung sorgte. Was aber nicht zu den Künstlern wie Warhol, Lichtenstein, Wesselmann, Rosenquist oder Oldenburg passt, ist das **gesellschaftspolitische Engagement**, das die Arbeiten von Kienholz auszeichnet. Kienholz prangerte direkt und ohne Umwege an, während die anderen Pop-Künstler scheinbar ihre Zustimmung zur Wirklichkeit der 60er-Jahre in Amerika zum Ausdruck brachten und nur indirekt – über die wahllos erscheinenden Motive und die aus den Medien entlehnte unpersönliche Technik und Präsentation – eine Art Antisensibilität, die die Gesellschaft der damaligen Zeit prägte und bis heute noch prägt, sichtbar machten. Durch die unmittelbare und unerwartete Konfrontation mit sich aufdrängenden unliebsamen **Tabus** wollte Kienholz den Betrachter so überrumpeln, dass dieser sich einer gefühlsmäßigen Stellungnahme nicht entziehen kann. Dazu waren ihm alle Mittel recht. Er attackierte den Betrachter nicht nur mit komplexen **optischen Eindrücken**, sondern, wie hier, auch mit **Gerüchen**. In anderen Arbeiten, wie z. B. dem transportablen Kriegerdenkmal, wurden auch akustische Elemente zugefügt. Bei der „Beanery" etwa hatte Kienholz geplant, dass der Betrachter beim Betreten dieser Bar sich auch später noch die Getränke, die es zum Zeitpunkt ihrer Fertigstellung dort zu kaufen gab, erwerben könnte. Dieser Zeitpunkt ist auf den Tageszeitungen am Eingang abzulesen wie auch auf den vielen Uhren, die den Figuren in dieser Bar statt Gesichtern eingesetzt worden waren. Die Uhren sind alle auf die gleiche Uhrzeit eingestellt. Solche speziellen Zutaten (hier: Fische, Geruch), die es den Konservatoren erschweren, die Environments in ihrem Originalzustand zu erhalten, hatte Kienholz als erster durchgesetzt. Sie sind ein Hinweis darauf, wie wichtig es für ihn war, einen ganz bestimmten **Moment zu konservieren**, also bewusst den **Zeitfaktor** zu thematisieren. Trotzdem sind seine Arbeiten auf Zukunft ausgerichtet, denn er zielte auf eine Veränderung der gesellschaftlichen Zustände ab, die er selbst als Pfleger in einer derartigen Anstalt auf abschreckende und ihn wohl verstörende Weise erlebt hatte.

Nur mit der **Übertreibung**, der **Steigerung ins Groteske** und der Einfügung abstrakter, zeitgemäßer **Bildzeichen** (Denkblase) glaubte Kienholz wohl den abgebrühten Besucher überhaupt noch erreichen zu können. Hier aber liegt auch die inhaltliche Überfrachtung und Gefährdung mancher seiner Arbeiten, wie z. B. des Environments „Der Tag der Geburt".

Ein Abgussverfahren von lebenden Objekten muss den Bildhauern der traditionellen Schule als Schlag ins Gesicht erschienen sein, denn hiermit stellte sich die Frage nach der künstlerischen und handwerklichen Qualifizierung. Solche Vorwürfe konnten Kienholz aber nicht treffen, denn die neue künstlerische Qualität lag für ihn nicht allein in den plastischen Körpern oder den Gegenständen, mit denen er diese kontrastierte, sondern in der **Zusammenstellung vieler Details** zu einer **Gesamttraumatmosphäre**, deren Eindringlichkeit und Überzeugungskraft für ihn im Vordergrund stand. Sein **Arbeitsprozess** bestand also zunächst aus der Suche nach einem passenden Modell für die Abgüsse, nach sprechenden, aussagekräftigen Details und nach angemessen proportionierten Raumformaten.

Mit seinem **Engagement** bei der **Aufdeckung gesellschaftlicher Missstände** hat Kienholz in den frühen 60er-Jahren die Form von Kunst bereits vorbereitet, die in den letzten z Jahren als „politically correct" in Amerika vorrangig gefragt war.

Während **Kienholz** mit „The State Hospital" seine Zeit mit Lebendabgüssen von Menschen schockierte, die er in entwürdigenden Situationen vorführte, stieß zu Beginn des 15. Jahrhunderts **Michelangelo** mit der **Nacktheit von Männerfiguren**, die ihre Nacktheit nicht wie Adam im Paradies oder der gesteinigte heilige Sebastian aus der religiösen Thematik ableiten konnten, auf Unverständnis und Gegenwehr. Angeblich bestanden z. B. tonangebende Personen im Vatikan darauf, dass die nackten Geschlechtsteile der Figuren, die Michelangelo in der sixtinischen Kapelle gemalt hatte, von anderen Künstlern mit gemalten Lendentüchern überdeckt wurden.

Michelangelos „Atlasklave" präsentiert sich als ein **im Stein Gefangener**. Er muss sich erst daraus befreien, sowohl als Sklave als auch, was seine Nacktheit betrifft. Es ist kaum vorstellbar, dass die Arbeit an Überzeugungskraft gewinnen würde, wenn Michelangelo sie fertiggestellt hätte. Vielleicht war das Etikett „unvollendet" für ihn auch ein Schutz, um diese Skulptur, bei der er mit dem Kontrast von bearbeitetem und unbearbeitetem Material eine höchstmögliche Ausdruckskraft erreicht hatte, nicht fertigstellen zu *müssen*, wodurch sie, auch in seinen Augen, an Qualität eingebüßt hätte. Denn die Plastik steht so, wie sie in diesem Zustand erscheint, genau für die Kraft, mit der Menschen und auch Künstler sich um 1500 von Fesseln zu befreien versuchten, ohne dass es ihnen vollständig gelang. Es ist u. a. bekannt, dass Michelangelo unter größter Gefahr im Geheimen Tote sezierte, um den nackten Körper nicht nur von außen betrachten zu können, sondern um auch zu verstehen, warum sich Muskeln und Sehnen in der Form im Außen zeigen, wie sie hier bildhauerisch freigelegt wurden. Auch er blieb trotz seiner Bemühungen um individuelle Freiheit und größere persönliche Einsichten in den Fesseln des Vatikans verhaftet, der sein größter **Auftraggeber** war. Auch andere wohlwollende Gönner Michelangelos wurden vom Vatikan

immer wieder zur Gefolgschaft gezwungen, wenn es darum ging, wessen Aufträge an den Künstler zuerst ausgeführt wurden.
Mit dem Versuch, die **optische Wirklichkeit** genau zu erfassen und darüber hinaus seinen Figuren **sinnbildhaften Charakter** zu verleihen und nicht nur die von der Kirche vorgegebenen Themen auszuführen, erwies sich Michelangelo als einer der wichtigsten Vertreter der **Renaissance**. Obwohl der Auftrag zur vorliegenden Plastik von einem Papst erteilt wurde, hat Michelangelo hier bereits eine sehr subjektive Interpretation eines Menschen und eines Themas begonnen, das aus der griechischen Mythologie stammt. Das neu erwachte Interesse an der griechischen Kultur findet sich auch in der Vorstellung vom Einzelmenschen, seiner Kraft und seiner Rolle in Gesellschaft und Politik sowie in der Vorstellung, dass Kunst in der Lage sein könnte, in der Demonstration dieser Kraft ihren Beitrag zum Umdenken in der Gesellschaft zu leisten. Nur hierin trifft sich **Michelangelos** Vorstellung mit der von **Kienholz**.
Das **neu erwachte Bewusstsein** der Wissenschaftler und der Künstler der Renaissance für Freiheit ist auch an den anderen Sklaven, die für das Grabmal von Julius II. begonnen worden waren, ablesbar.
Wie in der Figur des Gefangenen, der seine Fesseln im nächsten Moment zu sprengen scheint, findet sich das **neue Selbstwertgefühl** auch in der Figur des **David**. Auch bei ihm ist mit der übertriebenen, nicht dem menschlichen Maß entsprechenden Größe eine gigantische Kraft spürbar. Während sich die Philosophie und Kunst der Renaissance eindeutig auf die **griechische** Antike bezog, unterscheiden sich einige Skulpturen Michelangelos hierin von ihr, denn für die Griechen war der Mensch das Maß aller Dinge. Während die griechischen Bildhauer unindividuelle Menschen mit Idealkörpern und -gesichtern entwickelten, finden sich in einigen Arbeiten Michelangelos individuelle, von **innerer Gestimmtheit geprägte Gesichtszüge** und **ausdrucksgeladene Proportionierungen** (z. B. die zusammengezogenen Brauen und die überdimensionierten Hände Davids). Damit und auch mit der Kontrastierung der Stadien des Arbeitsprozesses wie bei der vorliegenden Skulptur weist Michelangelo weit über seine Zeit hinaus.
Rodin nahm mit seinen rund 400 Jahre später entstandenen Torsi und mit dem von ihm genauso ausdruckssteigernd eingesetzten Gegensatz von bearbeitetem und unbearbeitetem Material wie auch mit der Dynamik von Körperdrehungen und der Ausdruckskraft stark ausmodellierter Volumina (Muskeln, Sehnen) das wieder auf, was Michelangelo schon so früh als Idee entwickelt hatte. In der Zwischenzeit war diese Freiheit in der bildhauerischen Präsentation wieder vollständig in Vergessenheit geraten.
Michelangelo wurde trotz zahlreicher Anfeindungen von vielen seiner Zeitgenossen als „**göttlicher** Michelangelo" verehrt, als einer, der in der Lage ist, dem toten Gestein **Leben einzuhauchen**. Für diese Lebendigkeit legt die Figur des „Gefangenen" deutliches Zeugnis ab.
Dass **Raffael**, **Leonardo da Vinci** und **Michelangelo** so sehr bewundert wurden, zeigt, welche Hochachtung den genialen Leistungen in verschiedenen künstlerischen Bereichen wie Malerei, Plastik und Architektur sowie den unermüdlichen **übermenschlichen Kraftanstrengungen** Michelangelos, bis ins hohe Alter hi-

nein, zugemessen wurden. Michelangelos Beharren, seine Vorstellungen von Kunst auch gegen die Mächtigsten seiner Zeit durchzusetzen, trotz aller Kompromisse, zu denen seine Auftraggeber ihn zwangen, macht deutlich, dass auch er an die Macht seiner „Eingebungen" glaubte. Dieses trotzige Aufbegehren zeigt sich in der Figur des Gefangenen.

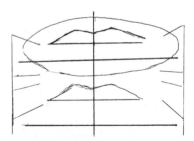

Skizze 1: Strenger, fast symmetrischer Aufbau in der Grundkomposition bei Kienholz.

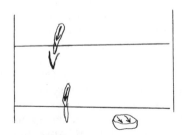

Skizze 2: Elemente, die Kienholz als störenden Blickfang genutzt hat.

Skizze 3: Soll verdeutlichen, dass Michelangelo durch die gegenläufige Drehung von rechtem Oberarm und linkem Knie einen Augenblick starker Dynamik eingefangen hat.

Abiturprüfung NRW – Kunst Grundkurs
Übungsaufgabe 2

Bezüge zu den Vorgaben 2013:
Natur- und Menschenbilder in der Kunst
– Konzeptionen des Natur- und Menschenbildes in der Bildhauerei und Installation:
  Das Bild des Menschen in der Bildhauerei der italienischen Renaissance
Bezüge zu den Vorgaben 2014:
Menschen und Natur in der Bildenden Kunst
– Das Bild des Menschen zwischen Wandel und Neuanfang in der Plastik:
  * *In der Mitte des 20. Jahrhunderts im Werk von Alberto Giacometti*
  * *Im Übergang vom 15. zum 16. Jahrhundert im Werk von Michelangelo Buonarroti*
Fachliche Methoden
– Werkbezogene Form- und Strukturanalysen
– Subjektorientierte Bildzugänge (perzeptorientierte Methoden)

Aufgabenstellung

1. Formulieren Sie die subjektiven ersten Eindrücke, die sich Ihnen beim Betrachten der Figurengruppe Giacomettis aufdrängen. 15 Punkte
2. Beschreiben Sie die bemalte Bronze. 15 Punkte
3. Analysieren Sie die formale Gestaltung. Berücksichtigen Sie dabei das Ausgangsmaterial, den Umgang mit den gegenständlichen Formen und den Volumina, die Oberflächengestaltung, die Komposition, die Position im und den Bezug zum Raum sowie die gewählte Farbigkeit. 30 Punkte
4. Interpretieren Sie Giacomettis Figurengruppe. Stützen Sie sich bei Ihrer Interpretation auf Ihre Analyseergebnisse und nutzen Sie in diesem Zusammenhang auch Ihr erworbenes Wissen. Interpretieren Sie das sichtbar werdende Lebensgefühl.
Gehen Sie abschließend darauf ein, welche Schwerpunkte Giacometti gegen die bei Michelangelo (und auch in den Jahrhunderten danach) geltende Vorstellung setzte, dass Plastik etwas mit Volumen, mit tastbarer Körpermasse zu tun haben müsse. 30 Punkte

Materialgrundlage
Bildmaterial:
Alberto Giacometti, „Der Wald" („Sieben Figuren und ein Kopf"), 1950, Bronze bemalt, 58,4×60×48,3 cm, Metropolitan Museum, New York

Zugelassene Hilfsmittel
– Wörterbuch zur deutschen Rechtschreibung
– Skizzenpapier, Bleistifte

Anmerkung
Diese Formengruppe Giacomettis wurde schon bei der ersten Ausstellung mit dem doppelten Titel vorgestellt. Es gibt mehrere Ausführungen in verschiedenen Museen. Die meisten von ihnen sind reine Bronzeabgüsse, während Giacometti die hier abgebildete noch abschließend bemalt hat.

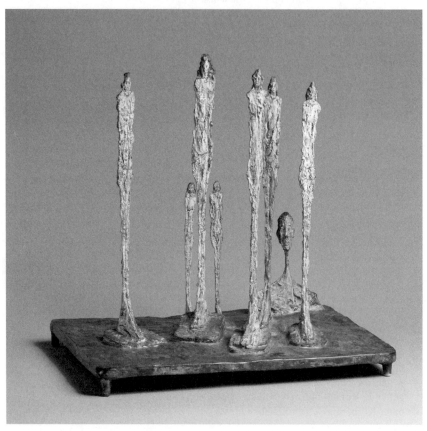

Alberto Giacometti, „Der Wald" („Sieben Figuren und ein Kopf"), 1950, Bronze bemalt, 58,4 × 60 × 48,3 cm, Metropolitan Museum, New York © bpk / Metropolitan Museum of Art

Lösungsvorschläge

1. *Hinweis: Sammeln Sie zunächst alle spontanen Eindrücke, die sich Ihnen beim ersten Ansehen der plastischen Gruppe aufdrängen. In dieser Aufgabe dürfen auch ganz individuelle Assoziationen ausgesprochen werden.*

   Alberto Giacomettis plastische Formengruppe, die er im Jahr 1950 in den Maßen 58,4×60×48,3 cm modelliert und nach dem Bronzeguss noch bemalt hat, erinnert nicht nur wegen des zweiten Titels entfernt an Menschen. Sie erscheinen skizzenhaft, fast unfertig, sehr reduziert, sehr karg. Die Gruppierung wirkt fremdartig und beklemmend. Adjektive wie „rudimentär", „ruinenhaft", „wie angenagt" drängen sich auf. Die einzelnen, zerbrechlichen Figuren, die aufgrund verschiedener, nur angedeuteter Details als Frauen wahrgenommen werden, sehen aus, als würden sie frieren. Sie erscheinen säulenhaft und wirken in ihrer starken Überlänge auch in der Gruppe nackt und schutzlos, wie ausgemergelt, wie ausgesetzt. Ohne persönliche Charakterisierung, jede für sich, scheinen sie keine Notiz voneinander zu nehmen, sie starren nur blicklos gerade vor sich hin. Die klobigen Füße lassen den Eindruck entstehen, als seien die Einzelfiguren am Boden fixiert. Die gleiche Wirkung erzeugen die Sockel, die jede von ihnen an die Untergrundfläche bannen. Im Gegensatz zu den Figuren erscheint der sehr viel niedrigere Kopf mit seinen ausmodellierten Gesichtszügen weit naturnäher, obwohl auch er dem Betrachter auf einem viel zu langen, dünnen Hals über einem zu voluminösen Oberkörper gegenübergestellt wird. Nach Art einer Büste ragt der Kopf in der hinteren Ecke über der Bodenplatte auf. Seine Gesichtszüge erinnern an Diego, den Bruder Giacomettis, den der Künstler in vielen anderen Varianten als Einzelkopf modelliert hat. Im Gesicht glaubt man einen freundlichen, offenen Ausdruck wahrzunehmen, der im Gegensatz steht zur negativen Ausstrahlung der trostlosen anderen Wesen.

2. *Hinweis: Beschreiben Sie neben dem Aussehen der plastischen Formen, wie Giacometti sie in der Gruppe positioniert und welche Form der Aufstellung er gewählt hat.*

   Sieben unterschiedlich große, sehr dünne, weibliche Formen stehen aufrecht, wie zufällig angeordnet, auf je einem Sockel, der sich von den anderen Sockeln in der Größe unterscheidet. Diese Frauenfiguren sowie ein männlicher Kopf sind alle fast in die gleiche Richtung ausgerichtet. Im Gegensatz zu den weiblichen Formen, die überaus zerbrechlich gestaltet und kalkweiß angemalt sind, hat Giacometti dem Kopf wesentlich mehr Volumen und eine leicht rötliche, natürlichere Farbe gegeben. Außerdem zeigt der Kopf stärker ausgearbeitete, individuelle Gesichtszüge.

   Die weiblichen Figuren sind stark abstrahiert und in ihrer spärlichen, skizzenhaften Modellierung zunächst nur wegen ihrer aufrechten Haltung als Menschen erkennbar. Bei näherem Hinsehen werden Spalten zwischen den überlängten „Beinen" sichtbar. Diese Beine enden unten in einem proportional sehr stark verdickten „Fuß". Zudem glaubt man, an den Körper angelegte Arme wahrzunehmen. Außerdem kann eine Verbreiterung über den Beinen als Hüften und eine in ähnlicher Breite verstärkte Ausprägung über einer leichten, taillenartigen Verengung als Schultern gedeutet werden. Diese Proportionierung sowie verschiedene „Frisuren" auf winzigen, kopfähnlichen Gebilden über halsartigen Einschnürungen lassen auf Frauenfiguren schließen. Bei einigen hat Giacometti diese Wirkung mit einer Nabelmarkierung an leicht vorgewölbten Bäuchen verstärkt, und geringe Verdickungen bei den beiden hinteren Figuren wirken ein wenig wie Brüste. Steht der Betrachter so vor der Gruppe, dass er den Kopf auf sich gerichtet sieht (siehe Abbildung), ragt die zweite Frauenfigur von links etwas mehr in die Höhe. Vier geringfügig kleiner gestaltete Figuren sind leicht vor und leicht hinter dieser angeordnet. Zwei viel kleinere befinden sich – aus dieser Position gesehen – im Hintergrund. Dahinter streckt sich am rechten Rand der im Gegensatz zu den weiß bemalten Figuren leicht rötlich getönte Kopf auf noch niedrigerem Niveau in die Höhe. Giacometti hat ihm einen sehr langen Hals über einem im Verhältnis dazu zu massigen Oberkörper gegeben. Der Kopf erhebt sich an der hinteren Kante direkt aus der ziemlich dünnen Bodenplatte, die für alle Formen, trotz der Einzelsockel, eine verbindende, zusätzliche Sockelform bildet. Sie ist in der Mitte leicht nach unten gebogen und fast rechtwinklig begrenzt, wobei die Ecken abgerundet wurden. Giacometti hat ihre Oberfläche unregelmäßig ausmodelliert und die gesamte Platte an den Ecken auf vier fußartigen Spitzen gelagert. Die Bodenplatte wurde nicht mit weißer Farbe überarbeitet.

3. *Hinweis: Analysieren Sie in dieser Aufgabe die formale Gestaltung der plastischen Gruppe. Gehen Sie auf das Ausgangsmaterial ein und untersuchen Sie, unter Einbeziehung Ihrer in Aufgabe 1 erläuterten ersten subjektiven Eindrücke, Giacomettis Umgang mit den gegenständlichen Formen und den Details. Gehen Sie auch auf die Zusammenstellung der Formen, die Oberflächengestaltung und den Bezug zum Umraum ein. Erklären Sie, welche Rolle die anschließende Bemalung der Gruppe nach dem Guss in Bronze für die Gesamtwirkung spielt.*

Giacometti muss die plastische Gruppe zuerst in Ton oder vielleicht auch in sehr feuchtem Gips modelliert haben. Dafür spricht der **lockere, wie unfertig erscheinende Antrag des Materials**. Giacometti setzte hier nur ganz wenig Ton (oder noch flüssigen Gips) auf das stützende Metallgerüst und beließ die groben Spuren dieses flüchtig erscheinenden Antrags in einem Stadium, das bei früheren Bildhauern höchstens als erste Skizze galt. Das **Wachsen der Arbeit von innen nach außen**, also das Modellieren im Gegensatz zum Bildhauern, lässt sich an dem groben, **skizzenhaften** Vorgehen deutlich ablesen.

Durch diesen speziellen Arbeitsprozess ist eine **zerklüftete, zerfurchte Oberfläche** entstanden, die im ersten Eindruck die Wirkung erzeugt, als stünden die Figuren wie angefressen da. Ihr säulenhafter Eindruck kommt dadurch zustande, dass **keine detaillierten Formen** ausmodelliert wurden und keine Formelemente aus den streng aufrechten Einzelfiguren herausragen. Die Arme erscheinen dicht an den Körper angelegt, die durchgestreckten Beine sind eng zusammengepresst und würden wie nur ein einziges Bein wirken, wenn Giacometti ihre Trennung nicht durch einen feinen, gekehlten Grad in der senkrechten Mitte angedeutet hätte. Trotz der strengen **Betonung der Senkrechten** ist wegen der unregelmäßigen Oberflächengestaltung **keine klare Umrisslinie** der Einzelformen entstanden. Giacometti hat die **Körpermassen auf ein Minimum reduziert**. Deshalb stehen die menschenähnlichen Formen wie dünne Stelen da, wodurch der Eindruck von Zerbrechlichkeit entsteht.

Die Gruppe hat einen **statischen Charakter**, zum einen durch die genannte Betonung der Senkrechten auf der Grundfläche, zum anderen dadurch, dass **Diagonalverbindungen fehlen**, wie sie durch Armbewegungen, eine Schrittstellung oder eine Körperdrehung zustande kommen könnten. Außerdem sind die Einzelfiguren durch ihre Haltung in der senkrechten Achse **symmetrisch** angelegt, was den Eindruck ihrer Bewegungslosigkeit verstärkt. Nur in der lebendiger wirkenden Unregelmäßigkeit der Oberfläche gibt es leichte Unterschiede. Zudem ist jede Figur mit einem **eigenen Sockel** versehen, der sie zu zwingen scheint, in dieser Stellung zu verharren. Die Sockel sondern die Einzelfiguren voneinander ab. Der statische Charakter der Einzelformen wird auch durch die Zunahme an schwerer Masse im unteren Bereich unterstützt.

Zugleich aber entsteht dadurch, dass Giacometti die kompaktere Masse nach unten verlagert hat und die Figuren nach oben hin immer dünner werden, der **entgegengesetzte Eindruck**, nämlich, dass die Formen nach oben zu wachsen scheinen. So, wie Bäume in den Himmel wachsen, mit breiten Wurzeln und einem dicken Stamm, der nach oben hin immer schlanker wird. Wie Baumstämme stehen Giacomettis Formen frei in dem sie umgebenden Raum und streben nach oben in ihn hinein. Damit wird eine Wechselwirkung zwischen Formen und Umraum deutlich. Der **Raum dringt** in die Zwischenräume zwischen den langgezogenen Strukturen ein und so wird die **Leere**, die die Formen umgibt, als **spürbarer Raum** zum Ausdrucksträger. Zudem lässt die zerklüftete Oberfläche die Formen wirken, als seien sie vom Raum angefressen. Nicht nur weist der Umriss jeder der stehenden Figuren keine geschlossene Form auf, auch die Plastik als Gesamtheit hat keinen geschlossenen Umriss. Diese **Offenheit des Gesamtumrisses** ist dafür verantwortlich, dass die Gesamtformation ruinenhaft wirkt und dass die Gruppe von Menschen so ausgesetzt erscheint. Die beklemmende Wirkung wird besonders durch die Situation, in die Giacometti die Einzelfiguren gestellt hat, hervorgerufen. Obwohl in Gesellschaft, erscheinen die Menschen zusammenhanglos, weil sie alle fast **gleich ausgerichtet** sind und sich nicht ansehen. Durch die angelegten Arme und das **Fehlen verbindender, waagerechter Formen** wird die Kommunikation zusätzlich formal unterbunden.

Obwohl die Gesamtplastik rundum ansehbar ist, ist sie wegen der Ausrichtung der Einzelformen, besonders der des Kopfes, auf **Frontalität** angelegt. Aus dieser Sicht erscheint die extreme Verkleinerung der beiden hinteren Figuren wie eine **bühnenähnliche, auf Perspektive angelegte Anordnung**. Durch diese künstliche Perspektive wird der Raum als noch weiter erlebt und der Eindruck von Öde verstärkt. Nur der Kopf widersetzt sich in Größe und Deutlichkeit der Details dieser Sichtweise. So holt Giacometti durch seine Präsenz die Gruppe als Ganzes wieder zusammen.

Auch wenn die nur 60 cm hohen Figuren erhöht ausgestellt sind (siehe Abbildung) und der Betrachter sie in Augenhöhe aus geringem Abstand anschaut, wirken sie entfernt, wie **in weiter Distanz zum Betrachter** gehalten, weil Giacometti sie so stark abstrahiert, mit so wenigen Details ausgestattet und ihre plastische Masse so extrem reduziert hat. Aus noch größerer Nähe verlieren die Formen ihre Ähnlichkeit mit Menschen vollkommen und werden als rein abstrakte, unregelmäßige Stelen erlebt.

Obwohl die Figuren und der Kopf isoliert voneinander stehen, wird die Gruppe doch insgesamt als **Einheit** empfunden. Diese Einheit zwischen den Einzelformen kommt dadurch zustande, dass alle weiblichen Figuren in der Oberflächenbehandlung ähnlich aussehen, **ähnlich proportioniert**, überlängt und naturfremd dargestellt sind. Außerdem stehen sie alle freigestellt und sind mit nur geringen Abweichungen gleich ausgerichtet. Das gilt auch für den Kopf. Obwohl dieser individueller und detailreicher modelliert und in der Farbgestaltung durch Rottöne hervorgehoben wurde, zeigt er **dasselbe Prinzip des Wachsens**, da auch bei ihm die kompaktere Masse als großer Oberkörperansatz im unteren Bereich liegt. Der Kopf dient wohl als **Spannungs- und Kontrastelement**, wirkt aber insgesamt nicht als Störfaktor, weil er sich mit den Figuren auf **gleichem Grund** befindet. Die gemeinsame, sehr dünne, leicht unregelmäßig modellierte und in der Mitte von der Schwere der Einzelsockel nach unten leicht eingedrückte Bodenplatte wird durch die vier stabilisierenden Füßchen an den vier Ecken trotz der stärkeren Gewichtung des Kopfes in der **Balance** gehalten. Giacometti hat ihre Oberfläche im Gegensatz zu den aufrechten Formen nicht bemalt, nicht so schrundig gestaltet und stärker geglättet, wodurch die Leere der Ebene um die Figuren herum noch deutlicher wird.

Der Kopf wurde trotz seiner rötlichen Akzentuierung auch durch die **Farbmischung und Akzentuierung mit viel Weiß** in die Gesamtkomposition eingebunden. Im Gegensatz zur glänzenden Oberfläche der Bronze verstärkt die „kalkig" erscheinende, **glanzlose Farbmaterie** den distanzierten, befremdlichen Charakter der Gruppe.

4. *Hinweis: Stützen Sie sich bei Ihrer Interpretation sowohl auf Ihre Beobachtungen aus den Aufgaben 2 und 3 als auch auf Ihr im Unterricht erworbenes Wissen über Giacometti und Michelangelo (ggf. im Vergleich zu anderen Bildhauern).*

Im Verzicht auf jedes Detail, das eine individuelle Charakterisierung der Einzelfiguren bedeuten könnte, hat Alberto Giacometti mit seiner Figurengruppe gezeigt, dass es ihm nicht um Individuen ging. Er zeigt seine Sicht der Situation des Menschen allgemein auf. Mit der Fragilität der Einzelformen weist er auf dessen unsichere Existenz hin. Außerdem verdeutlicht er, dass der Einzelne auch in der Gesellschaft einsam sein kann. Durch das Bannen jeder Figur an ihren Sockel und die nicht überbrückten Zwischenräume macht er eine unverrückbare Distanz zum

Nächsten sichtbar. Alle gezeigten Menschen sind voneinander abgesondert, können in ihrer Statik keine Initiative ergreifen, können die festgelegte Richtung nicht ändern. Fixiert an den eigenen Standpunkt und ohne verbindende Formen, streben alle Figuren allein nach oben. Dass damit die Selbstverwirklichung des Einzelnen gemeint ist, zu der er gezwungen erscheint, könnte sich als Interpretationsmöglichkeit anbieten. Das Wachstumsprinzip dieser aufsteigenden, senkrechten Formen und die vergleichbare Ausgangsposition auf gemeinsamem Grund verbinden den individuelleren Kopf mit den unindividuell erscheinenden Anderen. Ob Giacometti mit dieser Individualisierung eine Art „Anfangsstadium" charakterisieren wollte, in dem junge Menschen noch hoffnungsvoller in die Welt blicken, muss offen bleiben, ebenso, weshalb er hier Frauenfiguren einem Männerkopf gegenübergestellt hat. Dass hiermit die Distanz der Geschlechter gemeint sein könnte, scheint zu gewagt. Wahrscheinlicher ist, dass Giacometti der Öde der Formen doch einen formalen Kontrast gegenüberstellen wollte.

Im Titel „Der Wald" hat Giacometti aufgrund des Wachstumsprinzips eine assoziative Ähnlichkeit gesehen, denn auch Bäume wachsen immer nach oben zum Licht, ohne Rücksicht auf die Umstehenden.

Wenn es Giacometti um das Erlebnis der Situation des Einzelnen in der Gesellschaft oder, wie in anderen Plastiken, um das grundsätzliche existenzielle Ausgeliefertsein des Menschen ging, dann scheint es nicht abwegig, Parallelen zwischen seinen Plastiken und der Philosophie und Weltsicht der mit ihm befreundeten Existenzialisten herzustellen. Für Jean-Paul Sartre und Albert Camus galt die paradoxe These, dass der Mensch zur Freiheit verurteilt sei, und zwar zur Freiheit, er selbst sein zu müssen. Die in die Leere gestellten, menschenähnlichen Formen bei Giacometti zeigen Ähnliches auf. Die „Sieben Figuren und ein Kopf" erscheinen durch ihre Distanz zueinander, durch ihre klobigen Fußbereiche und die Einzelsockel bzw. die überproportionierte Oberkörperpartie des Kopfes dazu verdammt, bei aller Ähnlichkeit miteinander ohne wirkliche Kommunikationsmöglichkeit zu bleiben. Daneben aber ist das Streben jeder Einzelfigur nach oben deutlich ablesbar.

Die plastische Gruppe ist charakteristisch für Giacomettis späte Menschendarstellungen. Nach seiner surrealistischen Phase reduzierte er alle seine Figuren in einer unverwechselbar individuellen Darstellungsweise immer weiter, legte sie immer statuarischer und gegenstandsferner an, längte sie immer mehr und ließ ihre Dimensionen in der Körpermasse zunehmend schrumpfen. Besonders deutlich wird diese Tendenz bei den Köpfen, die schließlich in der Frontalansicht fast so dünn aussehen wie eine Messerschneide. Giacometti behauptete von sich allerdings, er habe sich bei allen seinen Arbeiten immer ernsthaft bemüht, die Wirklichkeit darzustellen, aber seine Figuren wären ihm in Bezug auf ihre Realität immer nur dann richtig erschienen, wenn er ihnen zunehmend mehr von ihrer Masse genommen hatte.

Als die Gruppe „Der Wald" („Sieben Figuren und ein Kopf") entstand, beschäftigte sich die Mehrzahl der Bildhauer um die Jahrhundertmitte mit ungegenständlichen Formen. Giacometti blieb in allen seinen Arbeiten der menschlichen Figur treu, aber in seinem spürbaren Interesse, den Raum als gleichwertiges Ausdrucksmittel zu den plastischen Formen zu nutzen, zeigen sich gemeinsame Absichten. So ist der Raum bei „Sieben Figuren und ein Kopf" nicht nur als Distanz zwischen den Formen zu spüren, sondern der Umraum wird auch als Kraft erlebt, die die Figuren – wie nach einem Sandsturm – von außen an der Oberfläche zerstört zu haben scheint. Paradox dazu wird aber auch das Wachsen der Figuren von unten nach oben in den Raum hinein als entgegengesetzte Bewegung spürbar.

Giacomettis locker angetragene, nicht anschließend verstrichene Materialpartikel erinnern an den Arbeitsprozess **Rodins**. Dieser glättete bereits 60 Jahre früher bei seinen Tonplastiken die Oberfläche vor der Fertigstellung nicht mehr vollständig, sondern ließ kaum vertriebene Buckelchen oder Knötchen, ohne konkreten Bezug zur gegenständlichen Wirklichkeit eines Kopfes oder eines Körpers, bewusst als Ausdrucksmittel stehen. Auf diesen leicht erhöhten Unregelmäßigkeiten wird das Licht reflektiert, und solche Reflexionen bieten sich neben den Schattenpartien in den angrenzenden Bereichen vorwiegend den Augen dar, nicht den fühlenden Händen.

Giacometti hat diese Art der **„Sehplastik"** noch weiter getrieben, indem er durch die Reduktion der Körpermasse fast eine „Zeichnung im Raum" präsentiert hat. Die **Zeichenhaftigkeit** dieser im Entstehungsprozess modellierten Plastiken steht im Gegensatz zur Jahrhunderte lang favorisierten „Fühlplastik", z. B. bei Michelangelo. Dessen gebildhauerte Formen können sich dem Blinden allein durch Betasten erschließen.

Bei Giacometti wird darüber hinaus durch die so extrem reduzierten Formen ein existenzielles Weltbild sichtbar gemacht, das dem Michelangelos konträr entgegensteht. Während Michelangelos Plastiken selbstbewusste, kraftvolle Menschen zeigen, die sich mit ihrer Körpermasse deutlich gegen den Raum um sie herum behaupten, finden sich bei Giacometti verletzliche Figuren, die in ihrer Überlänge und ihrer Zerbrechlichkeit verloren in der Leere stehen.

Möglicherweise gab es aber einen Bezug Giacomettis zu Plastiken aus der Vorzeit. Die vorliegende Figurengruppe und auch die meisten seiner Einzelfiguren erinnern in ihrer statuarischen, gegenstandsfernen Strenge an Stelen aus Frühkulturen.

> **Abiturprüfung NRW – Kunst Leistungskurs**
> **Übungsaufgabe 1**

Bezüge zu den Vorgaben 2013:
Natur und Menschenbilder in der Kunst
– Konzeptionen des Natur- und Menschenbildes in der Bildhauerei und Installation: Mensch und Natur als Bezugsaspekte in Objekten und in den Installationen von J. Beuys
– Individuell geprägte Naturvorstellungen als Ausgangspunkt bildnerischer Konzepte: Naturvorstellungen bei C. D. Friedrich
Bezüge zu den Vorgaben 2014:
Mensch und Natur in der Bildenden Kunst
– Individuell geprägte Naturvorstellungen als Ausgangspunkt bildnerischer Konzepte. Konstruierte Landschaftsdarstellung und die Einbindung des Menschen in den dargestellten Raum im Werk von: Caspar David Friedrich
Fachliche Methoden
– Werkbezogene Form- und Strukturanalysen einschließlich Strukturskizzen
– Subjektorientierte Bildzugänge
– Werkexterne Zugänge zur Analyse und Interpretation (motivgeschichtlicher Vergleich; Hinzuziehung kunstgeschichtlicher Quellentexte/von Texten aus Bezugswissenschaften)

Aufgabenstellung

1. Beschreiben Sie das vorliegende Bild von Caspar David Friedrich, kombiniert mit Ihren ersten subjektiven Eindrücken.   15 Punkte

2. Analysieren Sie die formale Gestaltung, die für den Gesamteindruck verantwortlich ist. Gehen Sie dabei besonders auf die Bildkomposition ein. Stützen Sie Ihre Ausführungen hierzu durch erklärende Skizzen.   25 Punkte

3. Entwickeln Sie auf Basis Ihrer vorangegangenen Beobachtungen und unter Einbezug Ihres im Unterricht erworbenen Wissens eine begründete Interpretation des Bildes.   20 Punkte

4. Vergleichen Sie abschließend die Rolle des Baumes (stellvertretend für die Natur), wie sie im beigefügten Text deutlich wird, mit der Rolle der Eichen im Bild von C. D. Friedrich und bei Joseph Beuys in seiner Aktion „7 000 Eichen".   30 Punkte

Materialgrundlage
Bildmaterial:
Abb. 1: Caspar David Friedrich, „Klosterfriedhof im Schnee", um 1810 (im 2. Weltkrieg verbrannt), 121 × 170 cm

Abb. 2 und 3: Joseph Beuys, „7 000 Eichen – Stadtverwaldung statt Stadtverwaltung", Aktion, beginnend auf der 7. documenta in Kassel, 1982, mit 7 000 in Keilform auf dem Friedrichsplatz abgelegten, 1,20 m hohen, unbearbeiteten Basaltblöcken
Textmaterial:
Hubert Schrade: „Baum und Wald in Bildern deutscher Maler", Albert Langen/ Georg Müller Verlag, München, 1937

Zugelassene Hilfsmittel
– Wörterbuch zur deutschen Rechtschreibung
– Skizzenpapier, Transparentpapier, Bleistifte

Werkexterne Quelle
Auszug aus „Baum und Wald in Bildern deutscher Maler":

In seinen Gedanken und Erinnerungen schreibt Bismarck über Herrn von Caprivi: „Ich kann nicht leugnen, dass mein Vertrauen in den Charakter meines Nachfolgers einen Stoß erlitten hat, seit ich erfahren habe, dass er die uralten Bäume von der Gartenseite seiner, früher meiner Wohnung hat abhauen lassen ... Kaiser Wilhelm I.
5 wird im Grabe keine Ruhe haben, wenn er weiß, dass sein früherer Gardeoffizier alte Lieblingsbäume, die ihresgleichen in Berlin und Umgebung nicht hatten, hat niederhauen lassen, um *un poco più di luce* zu gewinnen. Aus dieser Baumvertilgung spricht nicht ein deutscher, sondern ein slavischer Charakterzug ... Ich würde Herrn von Caprivi manche politische Meinungsverschiedenheit eher nachsehen, als die
10 ruchlose Zerstörung uralter Bäume."
   Von je sind Bäume den Germanen heilig gewesen, ist Baumfrevel mit schweren, oft grausamen Strafen gesühnt worden. Einen Baum niederschlagen konnte dem Morde an einem Menschen gleich erachtet werden. So empfindet noch Bismarck. Und so empfand auch der junge Goethe. Werther, als er hörte, dass die beiden hohen
15 Nussbäume des Pfarrhofs auf Befehl der neuen Pfarrerin abgehauen worden waren, konnte sich nicht fassen. „Abgehauen! Ich möchte toll werden, ich könnte den Hund ermorden, der den ersten Hieb daran tat ..." In dem leidenschaftlichen Ausbruch des jungen Goethe klingen noch der Zorn und das Entsetzen über die Untat nach, die es für unsere Vorväter war, wenn die Sendboten des neuen Gottes die heiligen Bäume
20 und Haine umschlugen. Denn „wer ist nicht beim Eintritt in den heiligen Wald von Schauer überfallen worden?" Schon den Knaben hatte, wie Dichtung und Wahrheit erzählt, das heilige Geheimnis des Waldes angezogen, und als er das einem älteren Freund gestand, war es ihm eine Offenbarung zu hören, dass die Germanen ihre Götter in Wäldern wohnend gedacht, Bäume ihren Göttern geweiht hatten. „Gewiss,
25 es ist keine schönere Gottesverehrung als die, zu der man kein Bild bedarf, die bloß aus dem Wechselgespräch mit der Natur in unserem Busen entspringt."

Hubert Schrade: „Baum und Wald in Bildern deutscher Maler", Albert Langen/Georg Müller Verlag, München 1937

Anmerkungen

Z. 7   un poco più di luce: ein bisschen mehr Licht
Z. 1   Otto von Bismarck (1815–1898)
Z. 14 Johann Wolfgang von Goethe (1749–1832)

Caspar David Friedrich (1774–1840)

Abb. 1: Caspar David Friedrich, „Klosterfriedhof im Schnee", um 1810 (im 2. Weltkrieg verbrannt), 121 × 170 cm
© bpk / Nationalgalerie, SMB

Abb. 2: Joseph Beuys, „7 000 Eichen", Aktion, beginnend auf der 7. documenta in Kassel, 1982 (Basaltblöcke auf dem Friedrichsplatz) © picture-alliance / akg-images / Niklaus Stauss

Abb. 3: Joseph Beuys, „7 000 Eichen", Aktion, beginnend auf der 7. documenta in Kassel, 1982 (Basaltblock und gepflanzter Baum) © picture-alliance / akg-images / L. M. Peter

Anmerkung
Beuys hatte zur Auflage gemacht, dass für jeden vom Friedrichsplatz entfernten Basaltblock ein Baum in Kassel gepflanzt werden musste, mit dem Stein als Stütze.

Lösungsvorschläge

1. *Hinweis: Beschreiben Sie den Bildbestand und verknüpfen Sie diesen zugleich mit den ersten subjektiven Eindrücken. Fassen Sie die deutlich werdenden Hinweise auf Friedrichs Thematik zusammen.*

Gleich auf den ersten Blick drängt sich das Thema des Bildes „Klosterfriedhof im Schnee" auf, das Caspar David Friedrich 1819 im Querformat in den Maßen 121 × 170 cm gemalt hat. Der Tod ist gegenwärtig in verschiedenen **Motiven der Vergänglichkeit**, in der kalten, tristen, melancholischen Atmosphäre, den starken Hell-Dunkel-Kontrasten und der vorwiegend von Weiß-Braun-Schwarztönen geprägten, etwas schwermütig wirkenden Farbigkeit. Zu den Motiven zählen zahlreiche Hinweise wie der Friedhof, umgestürzte Kreuze, ein ausgehobenes Grab, an dem noch die Schaufeln stehen, der Winter mit Schnee und unbelaubten Bäumen, das fahle Licht und die Klosterruine, auf die eine dunkle Formation von Mönchen zustrebt. Auch das Schwarz der Kutten derer, die dem Leben entsagen, stützt diesen Eindruck. Die Gruppe von Mönchen geht in langer Reihe, von links im Bild kommend, auf die Reste einer hohen **gotischen Kirchenruine** zu, in deren Innerem ein Licht brennt. Die Menschen erscheinen im Verhältnis zu den anderen Bildmotiven sehr klein. Sie gehen paarweise und sehen wegen ihrer einheitlichen Kleidung und ihrer abgewandten Gesichter normiert und unindividuell aus. Der stehengebliebene, hoch aufgerichtete Chorabschluss der Ruine wird links und rechts von zwei kahlen, gegenüber der Schneelandschaft sehr dunkel abgehobenen Eichen flankiert, die etwas weiter im Vordergrund stehen. Die Bäume geben den Blick auf die Ruine frei und scheinen sich ihr zuzuneigen. Insgesamt ist eine natürliche, realistisch wirkende Winterlandschaft zu sehen, die dennoch etwas gekünstelt erscheint. Es sind statische Elemente zu sehen, aber auch dynamische.

Trotz des eindeutigen Themas strahlt die Landschaft aber nicht nur Trost- und Auswegslosigkeit aus, wie manche Bilder der expressionistischen Maler.

2. *Hinweis: Analysieren Sie ausführlich alle am Bild ablesbaren Fakten, die für die Gesamtwirkung verantwortlich sind. Untersuchen Sie dabei in besonderem Maße die Bildkomposition, die Farbigkeit, den Umgang mit dem Licht und den Ikonizitätsgrad des gegenständlichen Bestandes. Nutzen Sie klärende Kompositionsskizzen.*

Die oberen Äste der dunklen, flankierenden Eichen bilden eine Art Baldachin über der Ruine, so, als neigten sich die Bäume zu ihr hin, obwohl die Stämme nach außen gerichtet sind, von ihr weg. Die Stämme und Äste der anderen Bäume links und rechts wiederholen die **Bewegung** zur Kirche hin (siehe Skizze 1). Durch diese **zentrierende Bildkomposition** entsteht der Eindruck, das Bild sei trotz der realistischen Wirkung **konstruiert** worden. Gefördert wird dieser **Eindruck kompositioneller Strenge** durch den **Gegensatz** zwischen den **Vertikalen** der aufstrebenden Kirchensäulen und der **Horizontalen** der tief gelegten Horizontlinie, auf der sich zusätzlich ein starker **Kontrast** zwischen dem hellen Schneebereich und dem unten sehr dunklen Hintergrundbereich ergibt. Beide Bereiche treffen auf der senkrechten Bildachse genau an der Stelle aufeinander, an der sich das Licht auf dem Altar befindet (siehe auch Skizze 1). Darüber hinaus bildet die Basis der Baumstämme am rechten und linken Bildrand auf dem verschneiten Boden den unteren Bogen einer **Hyperbel**, als deren oberer Bogen im Hintergrund der rötliche Schimmer im Himmel erscheint. Die Kirchenruine bildet die Klammer zwischen dem irdischen und dem himmlischen Bereich, wobei sie noch etwas stärker in den Himmel hinein weist (siehe Skizze 2). Die Hyperbelkomposition findet sich in vielen Bildern Friedrichs wieder und ist ein Hinweis darauf, dass auch „Klosterfriedhof im Schnee" trotz aller natürlichen Wirkung nicht in freier Natur, sondern im **Atelier** nach einer genauen, klar geordneten **Kompositionsskizze** entstanden ist. Wie auch in anderen Bildern scheint Friedrich hier das zuerst gezeichnete lineare Bildgerüst erst anschließend mit Farbe gefüllt zu haben. Durch die Kompositionsstrukturen, die der Geometrie entnommen sind, wird ein Gefühl der **Stabilität** vermittelt. Diese wird besonders durch die senkrechte Achse betont, die mitten durch die Kirchenruine verläuft und das Bild **fast symmetrisch** aufteilt. Unruhe in die **statische Bildaufteilung** bringen der Zug der Mönche und die gekippten dunklen Kreuze im linken Vordergrund. Die **Balance** wird aber durch die Gehrichtung der Mönche, die „zeigenden" Äste der mittleren Bäume und die stärkere Neigung des rechten Eichenstammes wieder annähernd hergestellt. Das Ziel der stärksten **Bewegungsrichtung** ist der Altar, auf dem das ewige Licht steht. Dieser Bereich liegt nicht nur auf dem Schnittpunkt der horizontalen und vertikalen **Hauptkompositionslinien**, sondern weist auch noch einen besonderen **Hell-Dunkel-Kontrast** auf. Friedrich hat hier außerdem mehrfach den oberen Bogenabschluss der Ruine wiederholt: durch den Rand des dunklen Bereiches oberhalb des Durchgangs, den hellen Durchblick und die dunkle Person des gerade eintretenden Mönches. So wird der Blick des Betrachters außer durch den zentralen Bildaufbau auch durch die **Formwiederholungen** und die Zielrichtung der dunklen Menschenformation zum Eingang gelenkt. **Irdischer und himmlischer Bereich** werden also in der **Blickführung** miteinander verknüpft.

Der **tief gelegte Horizont** gibt dem Betrachter das Gefühl, er könne auf gleicher Ebene direkt in das Bild Richtung Altar eintreten. Nur das geöffnete Grab und einige quer gelegte Balken bilden ein Hindernis. Auf diese Weise werden die beiden **Pole** „Vergehen" und „Werden", „**Tod**" und „**mögliches Leben danach**", direkt miteinander verbunden.

Das Bild erhält in der Komposition seine ambivalente Wirkung dadurch, dass einerseits eine sehr konstruierte Anordnung der Bildmotive, andererseits ein **hoher Ikonizitätsgrad** vorliegt. Friedrich hat die **Illusion räumlicher Tiefe** malerisch suggeriert, indem er im Vordergrund alle Details penibel wiedergegeben, die Formen nach hinten kleiner und unschärfer gemalt und Überschneidungen zugelassen hat.

Auch durch die **Lokalfarben** und durch die **charakteristischen Oberflächenstrukturen** (z. B. an den Rinden der Bäume im Vordergrund) wirkt das Bild so realistisch. Durch die daneben aber deutlich sichtbar werdende **künstliche Bildkonstruktion** weist das Bild also neben dem hohen Ikonizitätsgrad zugleich auf ein zugrunde gelegtes **abstraktes, gedankliches Konstrukt** hin.

3. *Hinweis: Versuchen Sie hier, aus dem sichtbaren Bildbestand und aus Ihrer Kenntnis der Arbeiten Friedrichs und der romantischen Maler heraus auf Friedrichs Ziele zu schließen. Hinterfragen Sie die Bildmotive nach ihrem doppelten Symbolgehalt. Gehen Sie dann auf Friedrichs Bezug zur Natur ein.*

Ebenso **ambivalent** wie der Ikonizitätsgrad des Bildes wirken einige Motive, die sowohl Vergänglichkeit symbolisieren als auch ein Potential tröstlicher Vorstellungen bergen. Für Forstwirtschaft und Gartenbau z. B. bedeutet der kaltweiße Schnee zugleich Schutz, unter dem sich neues Leben entwickeln kann. Ebenso ist die gotische Kirche zwar eine Ruine, aber zugleich auch ein stolz aufgerichtetes religiöses **Zeichen** und ein **Zeugnis aus vergangener Zeit**, das dem Auslöschen Trotz geboten hat. In ihrem Inneren birgt die Ruine den Altar mit dem ewigen Licht; hinter ihr öffnet sich ein im Gegensatz zur übrigen düster-kalten Farbigkeit wärmer erscheinender **Lichtbogen** dem Himmel entgegen, für Friedrich ebenfalls ein Zeichen der **Hoffnung**. Die kahlen Bäume werden im Rhythmus der Jahreszeiten wieder ausschlagen – ein weiterer Hinweis auf neues Leben.

Friedrich zeigte in diesem Bild, dass seine Intention über die sichtbaren Fakten hinausging. Er wollte ein Lebensgefühl und eine **religiöse Haltung** vermitteln und wies mit diesem Bild darauf hin, dass trotz aller Trostlosigkeit des Todes, die sich auch in der Natur zeigt, eben diese Natur doch auch mit ihren ewigen Rhythmen und ihrem verheißungsvollen Licht Schutz und Hoffnung verspricht. In der Kombination von Natur und Religiosität in diesem Bild zeigt sich der tiefe Wunsch Friedrichs, seine Überzeugung von einem Leben nach dem Tode an den Betrachter weiterzugeben. Mit dem „Licht im Dunkeln" (der Helligkeit, die vom düsteren unteren Teil der Ruine umrahmt und hervorgehoben wird) lässt sich diese Interpretation stützen.

Obwohl Friedrich sich ständig in der Natur aufhielt und dort auch viele Skizzen machte, ging es ihm nicht um die realistische Wiedergabe einer natürlichen Landschaft, sondern er fügte in der Natur beobachtete Elemente zu Kompositionen zusammen, die „**Botschaften übermitteln**" sollten. Darauf weist in diesem Bild besonders die Stellung der Bäume hin, die in fast symmetrischer Anordnung den Blick freigeben auf die so bedeutend betonte Bildmitte. Zudem setzte Friedrich dieselbe Ruine der Klosterkirche Eldena bei Greifswald in verschiedene landschaftliche Umgebungen und seine kahlen Eichensilhouetten sind in verschiedenen Bildzusammenhängen fast identisch wiederzufinden. Kennt man mehrere Bilder Friedrichs, so entdeckt man den linken Baum aus „Klosterfriedhof im Schnee" mit seinem ausladenden Ast links unten und seinem gefiederten Astgeflecht rechts oben auch im Bild „Hünengrab im Schnee", im Bild „Eichbaum im

Schnee" und im 1931 verbrannten Bild „Winterlandschaft". Bei all seiner Achtung vor der Natur, für die Friedrich bekannt war (er soll Alleebäume aufgekauft haben, damit ihnen nicht länger die Zweige beschnitten würden), benutzte er doch Teile von ihr, um sie wie Schachfiguren oder **Versatzstücke** von einem Bild ins andere zu verschieben. Damit wollte er die Bildaussage steigern. Friedrichs Auffassung, dass der Tod nicht abschreckt, sondern einen **Übergang** zum „**Licht**", zum ewigen Leben, darstellt, erschließt sich mit dem Licht auf dem Altar. Die Bäume und die Natur **dienen** in diesem Bild zur Hinführung dorthin. Um Friedrichs Naturgefühl gerecht zu werden, auch bei Landschaftsbildern, in denen keine Hinweise auf die christliche Religion zu finden sind, bedarf es zusätzlicher Kenntnisse über ihn und seine Zeit.

Der Sinn der bei Friedrich so häufig vorzufindenden Hyperbelkomposition, in Kombination mit dem **Übergang vom Dunklen ins Helle**, von düsterer Kontrastfarbigkeit zu helleren, weicheren Tönen, vom **scharf Konturierten zum undeutlicher Werdenden**, vom **Schweren ins Leichtere**, ist in der **romantischen Sehnsucht** begründet. Diese verbindet Friedrichs **gefühlsbetonte** Landschaften mit den Dichtern und Denkern der Romantik. Wenn der Philosoph **Schleiermacher** den Satz von **Descartes** „Ich denke, also bin ich" umkehrt zu „Ich fühle, also bin ich", wird darin eine übergreifende Vorstellung deutlich. Die Grundstimmung der Romantik ist eine Sehnsucht, die nicht gestillt werden kann, eine Sehnsucht nach Zielen, die in diesem Leben nicht zu erreichen sind. Nur im **Gefühl** scheint eine **Verbindung zu tieferen Bereichen** möglich. Nicht das **Augenblickliche**, die **Gegenwart** wird bevorzugt, sondern die **Ferne**, sowohl die **räumliche** als auch die **zeitliche**. Im vorliegenden Bild von Friedrich zeigt sich dies in der Wahl von Motiven, die **Zeugen der Vergangenheit** sind, sowie in dem Zug der Mönche, der in betonten Kontrast zur starren Komposition gesetzt ist. Sie streben zu einem Ziel, das eine Verheißung erst nach dem Tode verspricht. Sowohl die politischen Bedingungen im von Frankreich besetzten Deutschland als auch Friedrichs individuelles Schicksal können die Ursache für eine solche Abkehrung vom als unerträglich empfundenen Hier und Jetzt und für eine so starke Zuwendung zu **Naturreligiosität** sein. Es ist bekannt, dass Friedrichs Mutter sehr früh starb und dass sein Bruder, der ihn nach einem Einbruch im Eis gerettet hatte, vor seinen Augen dann selbst im Eis versank.

Dem heutigen Betrachter sind einige **Bildsymbole** nicht mehr in der von Friedrich beabsichtigten Bedeutung geläufig und er braucht auch dafür zusätzliche Informationen. Der nach oben gebogene Lichtstreifen am Horizont als Ziel der Sehnsucht nach Erlösung gehört dazu und ebenso die Vorstellung, dass sich im **Wechsel der Jahreszeiten** das Dauerhafte, das immer **Beständige, Gott**, zeigt. Auch verstand Friedrich z. B. die alten Eichen nicht nur als Zeichen für Dauer, sondern auch als Symbol für die *deutsche* Geschichte, genauso wie die *gotische* Ruine. Dass Friedrich deutschnational gesinnt war und dies in seinen Bildern nicht verhehlte, geht auch daraus hervor, dass er immer wieder seine Rückenfiguren in der Tracht der „Deutschtümler" mit schwarzem Samtbarett und Samtjacke gemalt hat.

4. *Hinweis: Vergleichen Sie in diesem Aufgabenteil Friedrichs Beziehung zur Natur und zu den Bäumen mit der, die im vorgelegten Text deutlich wird. Untersuchen Sie dann vergleichend, ob es Gemeinsamkeiten zwischen den Intentionen von C. D. Friedrich und denen von Joseph Beuys bei seiner wesentlich späteren Aktion „7 000 Eichen" gibt.*

Im vorgelegten Text wird deutlich, dass Friedrich mit der **so stark inhaltsüberfrachteten Seite** der Bilder im Bezug auf sein Verhältnis zu **deutscher Tradition, Natur und Religion** um 1800 nicht isoliert dastand. Die Worte des Politikers Bismarck gleichen in ihrem Überschwang klanglich und inhaltlich denen von Goethe. Bei beiden wird der Charakter von Menschen in Frage gestellt, die Bäumen nicht mit tiefer Achtung gegenüberstehen, sondern sie „niederhauen", „umschlagen," „ruchlos zerstören" ließen. Bei Bismarck, natürlich begeistert aufgenommen vom Verfasser des Textes von 1937, wird der Baumfrevel mit einer politischen Haltung in Verbindung gebracht: „Aus dieser Baumvertilgung spricht nicht ein deutscher, sondern ein slavischer Charakterzug" (Z. 7/8). Aus den Worten des jungen Goethe: „Ich könnte den Hund ermorden…" (Z. 16/17) wird deutlich, wie sehr solche Vordenker des romantischen Naturgefühls mit Bäumen verbunden waren und wie stark sie diese Gefühle in der germanischen Tradition verankert sahen. Diese für den heutigen Betrachter nicht mehr so intensiv nachfühlbaren leidenschaftlichen Plädoyers und die **Ergriffenheit vor der Natur** waren also offensichtlich zeitgemäß.

Der Bezug zu Werten aus fernen Zeiten findet sich in vielen Kompositionen Friedrichs wieder, ebenso wie der Wunsch, in der Natur Ruhe zu finden. Friedrich versuchte, den Betrachtern mit seinen romantischen Landschaftsbildern die Möglichkeit zu eröffnen, die Größe der Natur (im vorliegenden Bild verdeutlicht durch das Größenverhältnis zu den sehr kleinen Menschen) zu sehen und sie genauso empathisch nachzuempfinden:
– „Der Künstler soll nicht nur das malen, was er vor sich sieht, sondern auch das, was er in sich sieht. Sieht er aber nichts in sich, so unterlasse er auch, das zu malen, was er vor sich sieht."
– „Ich will zum Herzen anderer sprechen."

Friedrich setzte sich mit der Entwicklung seiner **religiös-symbolischen** Landschaftsbilder, in der Betonung **subjektiver, gefühlsmäßiger Zugänge zur Natur**, sogar gegen starke Anfeindungen über die **erstarrten Regeln der klassizistischen Landschaftskompositionen** hinweg.

In dem **ganzheitlichen Verständnis** vom Menschen in der ihn umgebenden Natur, in dem Wunsch, die Augen zu öffnen für deren Werte, und in den **pädagogisch-politischen** Bemühungen lassen sich **Parallelen finden zwischen C. D. Friedrich und Joseph Beuys** in Bezug auf dessen Aktion „7 000 Eichen".

Die 7 000 in Keilform angeordneten Basaltblöcke, die Beuys 1982 **provokant** in Kassel vor dem Fridericianum auftürmen ließ, haben wie die Motive in Friedrichs Bildern **stellvertretenden symbolischen Wert**. Beuys wies damit noch mehr als Friedrich darauf hin, dass das Gezeigte nicht immer das eigentlich Gemeinte ist, sondern nur als **Auslöser für einen gedanklichen Prozess** im Kopf des Betrachters dient. Während dieser sich in Friedrichs Bilder einfühlen und in sich gehen soll, soll er bei Beuys dagegen selbst tätig werden. Die Folge, die eigentliche Aktion, das Pflanzen eines Baums in Kombination mit der Entfernung eines Steins vom Friedrichsplatz und damit der Dezimierung des Steinkeils, dieser Weg ist das eigentliche Ziel der Aktion. Beuys verstand seinen Steinhaufen als Einladung zur Teilnahme an einer umfangreichen **ökologischen Aktion** und an einem städtebaulichen **Umdenkungsprozess**. Aus der zunehmenden Deformation des Keils, aus der **Abnahme des toten Materials**, sollte ein stetiges **Wachstum an lebendigen, organischen Formen** (gepflanzte Eichen mit den Steinen als Stütze), ein Mehr an Natur entstehen. Nicht Beuys selbst wollte der Natur Raum zurückgeben, sondern er wollte mit seiner Aktion Vorstellungsbilder beim Betrachter evozieren, die ihn zum Handeln anregen. Mit dieser Form seiner „**sozialen, ökologischen Plastik**" wollte Beuys den **Kunstbegriff erweitern**. Auch er verließ mit seiner provokanten Aktion den traditionellen Bereich, in dem Kunst stattfand. Er erschloss damit einen längerfristigen **Prozess**, an dessen Anfang die **Vision** einer besseren Zeit stand, in der der momentane urbane Zustand um eine zukünftige, Jahr für Jahr immer weiter wachsende Lebensqualität bereichert werden sollte.

Sowohl für Beuys als auch für Friedrich standen unorganische, die Zeiten überdauernde Elemente (bei Friedrich die Ruine) in Kontrast zu natürlichen Lebensformen. Bei Beuys sollte das extrem harte Material Basalt in organisches Material **transformiert** werden, nämlich in **Eichen**, deren Widerstandsfähigkeit und Lebensdauer auch für Friedrich **symbolhaften Wert** hatten. Auch bei Beuys sollten **Vergangenheit, Gegenwart** und **Zukunft** miteinander verknüpft werden; auch bei Beuys stand dahinter die Hoffnung auf eine bessere Welt. Beide Künstler verbanden außerdem mit Kunst die messianische Vorstellung, dass diese in der Lage sei, die Welt zu verändern.

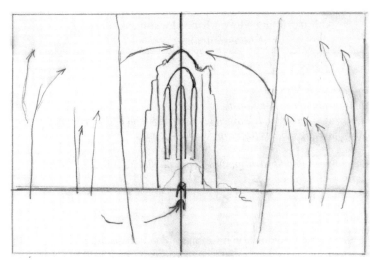

Skizze 1

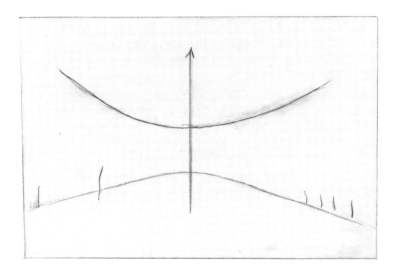

Skizze 2

Abiturprüfung NRW – Kunst Leistungskurs
Übungsaufgabe 2

Bezüge zu den Vorgaben 2013:
Natur- und Menschenbilder in der Kunst
- *Individuell geprägte Naturvorstellungen als Ausgangspunkt bildnerischer Konzepte: Auseinandersetzung mit der Natur im Werk Cézannes*

Fachliche Methoden
- *Werkbezogene Form- und Strukturanalysen einschließlich Strukturskizzen*
- *Subjektorientierte Bildzugänge*

Aufgabenstellung

1. Geben Sie Ihren ersten Eindruck von Cézannes Landschaftsbild wieder und beschreiben Sie zusammenfassend, was Sie auf dem Bild sehen. 20 Punkte

2. Analysieren Sie die formale Gestaltung mit Bezug auf die spontan von Ihnen konstatierten Wirkungen des Bildes. Berücksichtigen Sie dabei besonders den Gegenstandsbezug, die Verwendung der Farben, den Farbauftrag, die Bildkomposition und den Umgang mit Bildraum und Bildfläche. Erläutern Sie die Komposition und den Malprozess mithilfe farbiger Skizzen. 30 Punkte

3. Setzen Sie das vorgelegte Bild in Bezug zu Bildern von Cézannes Zeitgenossen. Stellen Sie dabei dar, was Cézanne im Gegensatz zur traditionellen Malerei, zu Claude Monet oder zu Vincent van Gogh, nicht interessierte, und versuchen Sie, aus der Gegenüberstellung Cézannes Ziele bei diesem Bild herauszuarbeiten. 30 Punkte

4. Beziehen Sie Ihr Wissen über weitere Bilder Cézannes ein, um begründet zu verdeutlichen, weshalb Picasso über Cézanne gesagt hat: „Er ist unser aller Vater". 10 Punkte

Materialgrundlage
Bildmaterial:
Paul Cézanne, „Mont Sainte-Victoire" (ohne Jahresangabe), Kunsthaus Zürich

Zugelassene Hilfsmittel
- Wörterbuch zur deutschen Rechtschreibung
- Transparentpapier, Buntstifte, Bleistifte

Paul Cézanne, „Mont Sainte-Victoire", o. J., Kunsthaus Zürich © bpk/Scala

Lösungsvorschläge

1. *Hinweis: Formulieren Sie hier Ihren spontanen subjektiven Gesamteindruck und versuchen Sie, den sichtbaren Bildbestand kurz zu erläutern, ohne bereits Beobachtungen zur Analyse der formalen Gestaltung vorwegzunehmen.*

   Auf den ersten Blick scheinen sich die Assoziationen zu widersprechen, die spontan von Cézannes Bild „Mont Sainte-Victoire" ausgelöst werden, dessen Entstehungsjahr nicht bekannt ist. Durch die Farbigkeit glaubt man sofort, eine südländische Landschaft vor sich zu sehen, die eigentlich mit Wärme und fröhlicher Urlaubsstimmung verbunden wird, aber die Landschaft wirkt zugleich distanziert und abweisend. Es handelt sich um ein statisches Motiv: eine weite, vorwiegend flache Ebene mit Häusern und Baumbestand, dominiert von einem Bergmassiv, darüber ein blauer Himmel, über den einige wenige dunkle Wolken ziehen. Trotzdem wirkt das Bild unruhig.

   Obwohl ein kleiner ockerfarbiger Quader im unteren Bildbereich, links von der Mitte, als Haus assoziiert wird, ist kein einziges wirkliches Haus, keine realistische Ansammlung von Bäumen oder Sträuchern zu erkennen – und doch sieht das Bild so aus, als handle es sich vor dem Berg um bewohntes Gebiet, da man verschiedene Häusergruppierungen zwischen aufgelockertem Baum- und Strauchbestand wahrzunehmen glaubt.

   Darüber hinaus wirkt das Bild zugleich räumlich und doch flächig. Deckt der Betrachter den oberen Bildbereich mit Berg und Himmel ab, fühlt er sich darunter an ein flaches, ungegenständliches, stellenweise sehr lockeres Gewebe, eine Art Flickenteppich, erinnert. Das Bergmassiv liegt aber deutlich hinter dieser Ebene. Cézanne hat es außerdem klar vom Himmelsbereich abgehoben.

   Die Farbtöne der Ebene, die als Gefüge aus stellenweise nur flüchtig aufgesetzten Farbflecken erlebt werden und die auch von anderen Bildern Cézannes bekannt sind, wirken sehr natürlich. Dagegen sehen die grünen Flecken am Himmel, die man spontan als Wolken ansieht, und die blaue Färbung des dominierenden Berges unnatürlicher aus.

2. *Hinweis: Hier sollen Sie den Umgang Cézannes mit den Formen, die ihn in der Natur umgeben, untersuchen und seine Farbwahl, seinen Farbauftrag, seinen Malprozess, seine besondere Art der Bildkomposition sowie die in seinem Bild sichtbar werdende Beziehung zwischen Bildraum und Bildfläche analysieren. Hierbei ist es sinnvoll, dass Sie Ihre ersten Eindrücke zu den von Ihnen beobachteten Fakten in Bezug setzen. Zum besseren Verständnis Ihrer Beobachtungen sollen Sie erläuternde Skizzen anfertigen, auf die Sie sich im Text beziehen.*

   Der südländisch-freundliche Charakter einer **natürlichen Landschaft** rührt daher, dass das Bild „Mont Sainte-Victoire" durchweg **aus Farbfeldern** besteht, in denen im charakteristischen Ocker-Orange-Ton der Bebauung, mit dazwischen gestreuten Feldern aus kontrastierenden grüntonigen Bereichen, die Wärme des Südens gespeichert scheint.

Cézanne hat bei der vorliegenden Variante des Berges Sainte-Victoire wie auch bei vielen anderen dieses Motivs seine **Farbpalette beschränkt**. Er hat die **Nuancierungen** zu den **Sekundärfarben** Grün und Orange und zur **Primärfarbe** Blau der Natur abgeschaut. All seine Landschaftsbilder sind – wie auch die der impressionistischen Maler – im Freien entstanden.

Der spontane Eindruck von **Distanz**, von Nicht-Vertrautheit, ist darauf zurückzuführen, dass Cézanne den Horizont im vorliegenden Bild sehr hoch gesetzt hat, was eine **weite Aufsicht** auf die Landschaft ermöglicht. Auffällig ist dabei, dass eine Rahmung durch nähere Objekte fehlt und der Blick des Betrachters darüber hinaus nicht eindeutig geführt wird, etwa durch einen Weg in die Bildtiefe oder durch sehr nah zu sehende gegenständliche Formen wie Häuser, Grünflächen, Bäume oder Sträucher. Allein die als geometrischer Körper erscheinende ockertonige Form im linken vorderen Bildbereich erinnert an ein Gebäude und suggeriert eine höhere Bildschärfe (hervorgehoben in Skizze 2). Aber auch bei dieser Form hat Cézanne die Imitation eines Hauses vermieden; er erweckt allein eine **Assoziation**.

Insgesamt erscheinen alle Bildelemente bereits am unteren Bildrand wie aus der Distanz gesehen, so, als stünde der Betrachter etwas entfernt auf einer Anhöhe.

Die **Tiefenwirkung** in diesem Bild entsteht fast ausschließlich durch die Farbe. Weil Cézanne wie die Maler vor ihm (die Landschaftsmaler des 17., 18. und frühen 19. Jahrhunderts, speziell C. D. Friedrich) Hellblau, eine kühle Farbe, für den Berg und den Himmel gewählt hat, erscheint dieser Bereich weiter entfernt als die wärmeren Ockertöne in der unterhalb des Berges zu sehenden Ebene. Aber auch der anfangs konstatierte Eindruck einer **Einebnung der Bildfläche**, also einer insgesamt flächigen Wirkung des Gesamten, beruht ausschließlich auf Cézannes Verteilung der Farben im Bild. Dadurch, dass er das kalte Grün in allen Bildteilen (ganz unten vorne im Bild, in der Mitte und sogar im Himmel) verwendete, schob er die dazwischen liegenden Bereiche wieder in eine Bildebene zusammen.

Wie das Grün verknüpft auch das Weiß des durchscheinenden Malgrunds die Bildteile miteinander und bedeutet nicht mehr nur „vorne" und „hinten", sondern auch „oben" und „unten". Zugleich bezeichnet es eine gleichwertige räumliche Ebene. So entsteht eine **farbige Logik**, die nicht der naturalistischen Darstellung dient, sondern einer kontrollierten **Bildkonstruktion aus Farbflecken** als sensibel angelegtes Farbgeflecht. Das Auge des Betrachters entschlüsselt keine gegenständliche Anordnung von Häusern in einer Landschaft mit einem in der Ferne zu sehenden Berg, vielmehr glaubt der Betrachter durch farbliche Ähnlichkeiten und **Korrespondenzen**, durch das **koloristische Zusammenspiel**, eine ihm bekannt vorkommende Landschaft zu assoziieren.

Im vorliegenden Bild ist die Farbigkeit etwas dunkler ausgefallen als in anderen Versuchen Cézannes vor dem gleichen Motiv. Bis auf die des Gebirges sind die Farben weitgehend nicht an die Details, die der Maler vor sich sah, gebunden, sondern erscheinen locker und großzügig auf die Leinwand aufgetragen. Dunkle Partien, die hier bei völligem **Verzicht auf Schwarz** durch ein dunkles Grün erzeugt wurden, geben demzufolge kaum Schatten an, sondern **Akzentuierungen** auf der Bildfläche. Sie wechseln sich **rhythmisch** ab mit helleren Farbbereichen, vorwiegend aus Ockertönen. Dadurch, dass dunkle Partien an hellere angrenzen, entstehen **lebhafte Kontraste**. Diese sind unter anderem verantwortlich für den Eindruck von **Dynamik**, den das Bild trotz des statischen Motivs erweckt. Cézanne verwendete keine kleinen Striche wie die impressionistischen Maler, sondern kurze, breite „**Farbpäckchen**", die durch den Auftrag der Farbe mit einem Borstenpinsel entstanden sind. Hierbei sind die **Spuren des Pinsels** in der recht trocken aufgetragenen Farbe besonders in den Grünbereichen in ihrer farblichen Abtönung sehr deutlich zu erkennen, was wiederum den Eindruck von Bewegung steigert. Zudem wird Unruhe dadurch erzeugt, dass diese Spuren nicht in die gleiche **Richtung** weisen (z. B. so, als würde ein Sturm durch die Landschaft gehen), sondern mal mehr nach rechts, mal mehr nach links tendieren. In den ockertonigen Bereichen, die den Betrachter an Häuser erinnern, erscheint der **Pinselduktus** dagegen weicher, nicht so stark farbig abgestuft und meist großzügiger. Wie v. a. im unteren Bildbereich, aber auch in der dunklen **Farbkonzentration in der Bildmitte** zu beobachten ist, wurde die Farbe stellenweise in mehreren Ansätzen pastos übereinandergesetzt. Dabei übermalte Cézanne dunklere mit helleren Partien und umgekehrt. Da die Farbe ganz offensichtlich ihren **eigenen Gesetzen** folgt und nicht zur Gegenstandsbeschreibung dient, wird sie auch nur an wenigen Stellen durch farbige Linien begrenzt. So ist nur bei dem geometrischen Element „Haus" im unteren Bildteil eine gewisse Konturierung zu erkennen sowie an einigen Stellen, an denen der Berg durch ein dunkleres Blau, nicht aber durch eine durchgehende Konturlinie akzentuiert und gegen den Himmel abgesetzt wurde.

Der Eindruck von **Statik** kommt dadurch zustande, dass das **Hauptschwergewicht** des Bildes auf der **senkrechten Mittelachse** liegt. Diese Gewichtung erzielt Cézanne, indem er den Blick des Betrachters so lenkt, dass er auf dem zentral gelegenen, nur leicht nach rechts weisenden Profil des Bergmassivs als einziger, wirklich erkennbarer gegenständlicher Form haften bleibt. Außerdem scheinen sich darunter die dunklen Grüntöne in einer Art spinnenartiger Anordnung zu kreuzen, was für eine gewisse **Klarheit und Ordnung** der Komposition sorgt, da der Kreuzungspunkt das Bild in der Waagerechten mittig teilt und in der Senkrechten genau das untere Drittel markiert. Dieses Kompositionsprinzip soll mit Skizze 1 verdeutlicht werden. Die dunkel umrahmten, schwach als kleine ockerfarbige Flächen erscheinenden Farbflecken links und rechts von der Mittelachse markieren zusätzlich diese Stelle der Farbkonzentration und stärken den Eindruck kompositioneller Harmonie (Skizze 1). Der Eindruck von Statik wird mit einer die Waagerechte betonenden Häufung dunkelgrüner Farbflecken am unteren Bildrand unterstrichen, die als Parallele zum Horizont wahrgenommen wird und zusätzlich stabilisiert (Skizze 1). Auch einige bogenförmig angeordnete Ockerbereiche, die in der Zone der größten malerischen Dichte aufeinandertreffen, und speziell der Bogen im linken unteren Bildbereich, der eine Verwandtschaft zum Umriss des Berges aufweist (Skizze 2), zeugen von Ordnungstendenzen im Bild. Dadurch, dass die Farben unabhängig von ihrer gegenständlichen Naturvorlage als Mittel zur Bildordnung eingesetzt werden, schaffen sie sowohl Abstände als auch **Beziehungen**. So findet sich z. B. das Ockerorange des „Hauses" im unteren

Bildteil als abgeschwächtes **Echo** auf der rechten Seite am Fuße des Berges wieder und bildet eine ausgleichende Diagonale (siehe Skizze 2).

Mit den dunkleren unteren Kanten der grünen, an Wolken erinnernden Farbformen am Himmel und dem schnellen, kurzen blauen Strich rechts daneben betonte Cézanne die Waagerechte (parallel zu dem dunklen Streifen an der unteren Bildkante) und beruhigte damit den sonst zu heftig erscheinenden Duktus dieses malerischen Geschehens am Himmel. Je länger man sich das Bild anschaut, desto mehr fällt auf, dass Cézanne für jede farbliche Gewichtung, für jede Richtungstendenz an anderer Stelle der Bildfläche ein Gegenüber gesetzt hat – wie bei einer Waage –, wodurch die Komposition ins **Gleichgewicht** gebracht wurde. Dieses Prinzip der **Harmonisierung** haben Braque und Picasso in ihren kubistischen Bildern aufgenommen und es findet sich auch bei Matisse wieder. Die etwas asymmetrische Lagerung des Bergmassivs hat Cézanne z. B. durch eine sehr starke Richtungsbetonung nach rechts durch die drei parallelen dunkelblauen Akzentuierungen verstärkt. Allerdings lagern letzere in der linken Bildhälfte (siehe Skizze 2). Dagegen hat Cézanne rechts unten die senkrecht aufgerichtete Anordnung größerer blautoniger Farbformationen als bremsenden „Block" gesetzt und malte dazu wiederum auf der linken Seite ein entsprechend schwächeres Echo in Form eines kleineren aufgerichteten Blocks. Diese Beispiele dafür, wie Farbformen und ihre Richtungen aufeinander „antworten", sollen anhand von Skizze 2 verdeutlicht werden.

Während die größte **malerische Dichte in der Bildmitte**, im unteren Bilddrittel, liegt (siehe auch Skizze 1), sieht es so aus, als habe Cézanne zu den Bildrändern hin immer lockerer gemalt. An vielen Stellen hat er dabei sogar die **Leinwandgrundierung** stehen gelassen. Das ist ein deutlicher Hinweis auf seinen **Arbeitsprozess**. Im Gegensatz zu anderen Künstlern ging Cézanne nicht von einem zeichnerischen Konstruktionsgerüst aus, das dann mit Farbe gefüllt wurde – wie etwa Caspar David Friedrich es tat. Cézanne setzte auch nicht im ersten Schritt klar umrissene Formen auf die Bildfläche, sondern trug stattdessen die Farben direkt auf die Leinwand auf. Er fügte sein Bild, **von der Mitte ausgehend** (siehe auch Skizze 1), aus einzelnen, kleinen Farbflächen zusammen und ließ dabei zu den Bildrändern hin unregelmäßig große (vermeintliche) **Leerstellen** frei. Aber auch diese fügen sich, **ausgewogen verteilt**, in die **malerische Bildordnung** ein. Während Maler der Jahrhunderte davor abschließend Lichter mit weißer Farbe aufsetzten, um Formen möglichst plastisch erscheinen zu lassen, nutzte Cézanne das Weiß an den freigelassenen Stellen als **lichterfüllte Flecken**. Er bezeichnete keines seiner Bilder als fertig. Trotzdem wirken gerade die Leerstellen nicht als Hinweise auf Unfertigkeit, sondern gehören offensichtlich zur individuellen Gestaltung des Bildes, denn auch sie fügen sich, ausgewogen in allen Bildbereichen wiederkehrend, in die **Strukturierung der Gesamtfläche** ein.

Cézannes Arbeitsprozess war, wie dieses Bild deutlich zeigt, nicht Detaillieren und Differenzieren, sondern Aufbau, Fügung, langsames Wachsen des Bildes von Innen nach Außen, mit zu den Rändern hin immer lockerer werdenden Farbeinheiten. Cézannes Bildkomposition birgt folglich allein in der Verteilung der Farbfelder ein Ordnungsprinzip.

3. **Hinweis:** *Führen Sie in diesem Aufgabenteil an, was beispielsweise in der jahrhundertealten Tradition der Landschaftsmalerei vorrangig interessierte, was die impressionistischen Maler mit ihren Bildern einzufangen versuchten, und welche Schwerpunkte etwa van Gogh in seinen Landschaften setzte. Arbeiten Sie vor diesem Hintergrund heraus, welchen künstlerischen Ansatz Cézanne dagegenstellte.*

Während die traditionelle Malerei, die der Linearperspektive verpflichtet war, mit Beleuchtung und Umrissgestaltung arbeitete und die Dinge in ihren besonderen Eigenschaften und Oberflächen voneinander unterschied, sieht der Betrachter der vorliegenden Landschaft ein **Geflecht farbiger Eindrücke** mit **niedrigem Ikonizitätsgrad**, die dennoch einen naturnahen Kontext ergeben. War die Landschaftsmalerei der Jahrhunderte vor Cézanne noch bemüht, auf der flachen Leinwand einen dreidimensionalen Bildraum vorzuspiegeln, gelang es Cézanne hingegen, Bildraum und Bildfläche nicht gegeneinanderzustellen, sondern in einem Bild gleichzeitig zum Ausdruck zu bringen. Er opferte die optische „Richtigkeit" zugunsten der **Geschlossenheit und Folgerichtigkeit einer eigenständigen Bildstruktur**, die dabei trotzdem die Züge der Landschaft, besonders aufgrund der Farbe, beibehielt.

Zwar beobachteten die impressionistischen Maler ebenfalls die Farbnuancen in der freien Natur, sie versuchten aber vorrangig, die zufälligen Konstellationen unter bestimmten Beleuchtungssituationen zu einer bestimmten Tages- oder Jahreszeit einzufangen. Cézannes Landschaft jedoch lässt keine Bestimmung solch spezieller Augenblicke zu, sondern bleibt ganz allgemein. Van Gogh zum Beispiel spiegelte seine subjektive Gestimmtheit in den vor ihm liegenden objektiven Landschaften, wohingegen Cézanne davon absah, seine persönliche Stimmung in seinen Bildern wiederzugeben. Zwar sah auch er die Natur, die er als einzigen Maßstab gelten ließ, durch eine subjektive Brille, aber seine Sicht der Welt zeigt das Allgemeine, **das alle Dinge Verbindende, das von allem Zufälligen und von subjektiven Stimmungen Befreite**, das Gesetzmäßige. Cézanne versuchte, gegen das „entfesselte Chaos" ein geordnetes Weltbild zu setzen. Diesen Vorgang, durch künstlerische Gestaltung eine neue Wirklichkeit zu schaffen, nannte er „**Realisation**". Die harmonischen Beziehungen gewann er aus der Natur selbst. Alle Dinge sind gleichwertig da, sind beieinander im Raum, unabhängig vom zufälligen Standpunkt des Betrachters (wie in der perspektivischen Malerei, die die nahe liegenden Objekte hervorhebt), unabhängig von zufälliger Beleuchtung (wie im Impressionismus), unabhängig von subjektiven Stimmungen, ohne Pathos, ohne Anteilnahme am jeweiligen Einzelschicksal (wie in der expressiven Malerei). Cézanne selbst, seine in sich gekehrte Persönlichkeit, spiegelt sich aber in der Distanz, in der die Landschaften zum Betrachter stehen. Im vorliegenden Bild ist allerdings z. B. auch in den Pinselhieben, die stellenweise ungestüm ausgefallen sind, etwas von der Spannung, die den Charakter Cézannes seit seiner Jugend, speziell auch in den frühen Bildern prägte, wiedererkennbar.

Die **Verzahnung aller Bildteile**, das **In-Bezug-Setzen** aller Dinge, die in allem wirkende **Harmonie** wurde formal verwirklicht durch:

- die Verschränkung von Vorder- und Hintergrund (viele von Cézannes Bildern erscheinen noch mehr als das hier vorliegende nicht in vorne und hinten getrennt, sondern es wird alles in eine Ebene gerückt),
- den bewussten Einsatz der **Raumwertigkeit der Farben**,
- die sich im ganzen Bild wiederholenden Farbklänge,
- die Reduktion aller Formen auf eine Grundform (entstanden aus dem Auftrag der Farbe),
- die im ganzen Bild **einheitliche Faktur** bzw. die **einheitliche Kleinstruktur**,
- die Wiedergabe von Formen allein aus der Farbe (eine Linie würde trennen).

Cézanne entwickelte die Dinge als **farbige Massen im Raum**. Die Wiederkehr von Farben bedeutete für ihn nicht materielle Ähnlichkeit, sondern eine bestimmte **Position im Raum**. Er verzichtete auf die stofflichen Unterschiede, zeigte nicht das „Sosein", sondern das „Dasein". Die unter Aufgabe 1 konstatierten gegensätzlichen Eindrücke wurden also in Cézannes malerischem Bildsystem zu einer neuen Einheit ausgewogen miteinander verbunden.

Es könnte verwundern, dass Cézanne, der sich bei diesem Landschaftsbild doch so weit von der optisch sichtbaren Realität entfernt hat, bis zu seinem Tod immer wieder draußen in der Natur gemalt hat. Von diesem Bergmotiv gibt es aus den letzten Arbeitsjahren über 90 so vielfältige Variationen und Neuansätze, dass er die Landschaft eigentlich hätte auswendig malen können. Diese einander ähnelnden Varianten mit ihren weiträumigen Fernsichten zeigen aber, dass Cézanne immer noch mehr erreichen wollte. Er sah jedes Bild als Teil eines stets unvollendeten, nie abgeschlossenen malerischen Prozesses an, was besonders auch durch die immer neuen Ansätze bei den Aquarellskizzen deutlich wird.

4. *Hinweis: Hier sollten Sie versuchen herauszustellen, was vor allem Picasso an Cézannes Malerei so beeindruckend fand, dass er den zu seiner Zeit von Kritikern so unverstandenen, von verschiedenen Künstlern aber bewunderten Maler als „unser aller Vater" bezeichnete.*

Für viele Maler hatte Cézannes Einsatz der Raumwerte der Farben, seine Wiederentdeckung des Bildes als Fläche, seine Entwicklung einer einheitlichen Bildstruktur (durch Reduzierung aller Formen auf wenige „Bausteine") und die **Tendenz zur Verselbstständigung der künstlerischen Mittel** eine Vorbildfunktion. Besonders Braque und Picasso leiteten von Cézanne ihre ersten kubistischen Bilder ab. So gibt es in deren Landschaften und auch in den wenigen Porträts von Picasso aus der frühen kubistischen Phase eine große Ähnlichkeit in den gewählten Farben und es wird darin auch deutlich, dass die Verschränkung von Vorder- und Hintergrund, die Durchdringung der Ebenen, der Einsatz des Hell-Dunkels zur Strukturierung der Bildfläche sowie die Ausbalancierung aller Bildelemente von Cézanne abgeschaut wurden.

Cézanne bereitete die Verselbstständigung der künstlerischen Mittel anders vor als etwa die impressionistischen Maler, bei denen nur die Farbe zum Selbstzweck wurde. Bei Cézanne wurde die **Farb-Form-Einheit**, die gleichzeitig „Farbfleck" als auch „Form" bedeutete, zu einem eigenständigen künstlerischen Mittel, „parallel zur Natur". Er wollte nicht *nach* der Natur malen, sondern *wie* die Natur ein **System von Gesetzmäßigkeiten** aufzeigen. Die kleinen Farb-Form-Einheiten bedeuten als solche nichts. In ihrem Zusammenspiel, ihrer Verknüpfung aber schaffen sie eine neue Realität, die der Betrachter wieder als natürlich wahrnimmt.

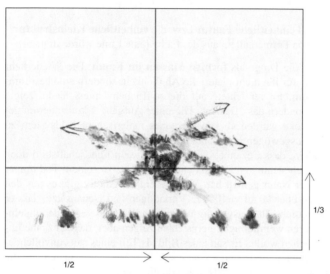

Mit **Skizze 1** soll besonders der Malvorgang verdeutlicht werden (aus einer Farbkonzentration in der Bildmitte zu den Rändern hin).

Mit **Skizze 2** wurden die mehrfach erwähnte „Form" im unteren Bildbereich sowie Farb- und Formflecken und Stabilisierungsmaßnahmen hervorgehoben.

Abiturprüfung NRW – Kunst Leistungskurs
Übungsaufgabe 3

Bezüge zu den Vorgaben 2013:
Natur- und Menschenbilder in der Kunst
- *Bildnerische Gestaltungen als Spiegel und Reflexion gesellschaftlicher Normen und Vorstellungen:*
  - *Inszenierungen von Identitäten im Werk Cindy Shermans*
  - *Das neue Selbstbewusstsein des Menschen in der Malerei Albrecht Dürers*

Bezüge zu den Vorgaben 2014:
Menschen und Natur in der Bildenden Kunst
- *Das Bildnis als Spiegel gesellschaftlicher Normen und Vorstellungen: Das neue Selbstbewusstsein des Menschen im malerischen Werk Albrecht Dürers*

Fachliche Methoden:
- *Werkbezogene Form- und Strukturanalysen einschließlich Strukturskizzen*
- *Subjektorientierte Bildzugänge (perzeptorientierte Methoden)*
- *Werkexterne Zugänge zur Analyse und Interpretation (motivgeschichtlicher Vergleich)*

Aufgabenstellung

1. Formulieren Sie den subjektiven ersten Eindruck, den die beiden Selbstporträts, die im Abstand von rund 500 Jahren entstanden sind, auf Sie machen.   15 Punkte

2. Beschreiben Sie, ausgehend von der Fotografie Cindy Shermans, was auf den beiden Bildern zu sehen ist.   15 Punkte

3. Erläutern Sie nacheinander in einer Form- und Strukturanalyse, welche ablesbaren bildnerischen Mittel für den Gesamteindruck verantwortlich sind. Gehen Sie dabei besonders auf den Umgang mit den Bilddetails, die Komposition, die Farbigkeit und die Lichtführung ein. Verdeutlichen Sie Ihre Ausführungen zur jeweiligen Bildkomposition mithilfe von Skizzen.   35 Punkte

4. Interpretieren Sie begründet die Darstellungsschwerpunkte der vorliegenden Porträts von Sherman und Dürer. Stützen Sie sich bei der Interpretation auf Ihre Beobachtungen bei der Analyse, aber nutzen Sie in diesem Zusammenhang auch Ihr Hintergrundwissen. Erläutern Sie im Vergleich, welche Aussagen sich über die jeweilige Künstlerpersönlichkeit und ihre Auffassung von der Rolle des Künstlers in der jeweiligen Zeit machen lassen.   25 Punkte

Materialgrundlage
Bildmaterial:
Abb. 1: Cindy Sherman, „Untitled #299", 1994, Farbfotografie, 122×81 cm
Abb. 2: Albrecht Dürer, „Selbstbildnis im Pelzrock", 1500, Öl auf Holz, 67×49 cm, Alte Pinakothek, München

Zugelassene Hilfsmittel
− Wörterbuch zur deutschen Rechtschreibung
− Transparentpapier, Bleistifte

Anmerkung
Auf Dürers Bild sind links neben seinem Kopf sein Monogramm (sein Markenzeichen) und die Jahreszahl der Bildentstehung zu sehen. Die Übersetzung der lateinischen Inschrift rechts lautet: „So malte ich, Albrecht Dürer aus Nürnberg, mich selbst mit den mir eigentümlichen Farben im Alter von 28 Jahren."

Abb. 1: Cindy Sherman, „Untitled #299", 1994, Farbfotografie, 122×81 cm, Edition 6 + 1 AP, Courtesy Sammlung Goetz, Foto: Raimund Koch, New York

Abb. 2: Albrecht Dürer, „Selbstbildnis im Pelzrock", 1500, Öl auf Holz, 67×49 cm, Alte Pinakothek, München
© www.visipix.com

Lösungsvorschläge

1. *Hinweis: Sammeln Sie zunächst alle Eindrücke, die sich Ihnen spontan beim ersten Ansehen der Fotografie von Cindy Sherman und des gemalten Selbstporträts von Albrecht Dürer aufdrängen.*

Das Foto von **Cindy Sherman** zeigt auf den ersten Blick die Darstellung einer Frau, die eher zum unteren Rand der Gesellschaft zählt. Dieser Eindruck wird durch viele Details hervorgerufen, die mit Menschen aus dieser sozialen Schicht oder auch mit Süchtigen verbunden werden, z. B. die Lippen- und Nasenpiercings in einem teilnahmslosen, „stumpf" wirkenden Gesicht mit verquollenen Augen, die brennende Zigarette in der Hand, die passive Haltung mit den nachlässig-undamenhaft gespreizten Oberschenkeln und das provokante, transparente Kleid, das an einen Unterrock erinnert. Es lässt Ausblicke auf einen nackten Körper mit diversen Tattoos auf den so zur Schau gestellten Körperbereichen zu. Bei genauerem Hinsehen wirken die Tätowierungen im Bauchnabelbereich, aber v. a. an den Innenseiten der Oberschenkel grotesk, wie eine wuchernde, sich ausdehnende Behaarung. Dies und die Körperhaltung scheinen einer erotischen Ausstrahlung der Dargestellten zuwiderzulaufen. Im Gegensatz zur demonstrativen Zurschaustellung der Tattoos werden die Brüste und der Schambereich von dem um die Schultern gehängten Tuch und von der rechten Hand verdeckt.

Spontan stempelt man die gezeigte Person als „ordinär" ab. Dagegen spricht jedoch ihre rätselhafte, gepflegte Kostümierung. In den hellen, grüntonigen Farben wirkt diese wohlabgestimmt und in der Materialbeschaffenheit vornehm, was nicht zur zusammengesackten Haltung, den gespreizten Beinen und dem durchsichtigen Kleid der Frau passt.

Der selbstaggressive Akt – die wie eine Pistole auf den Kopf gerichtete Hand –, der auf den ersten Blick zur Gesamtsituation zu passen scheint, mutiert auf den zweiten Blick durch das überdeutliche Zeigen mit dem Finger ein wenig zu humoresker Clownerie. Auch mit dem großen, gefältelten Halstuch werden Assoziationen an ein Clownskostüm geweckt. Zudem zieht die befremdende Führung der ungewöhnlichen Tätowierung am Hals den Blick des davon leicht amüsierten Betrachters auf sich und lässt den ersten Eindruck der Szenerie ein wenig kippen.

Das Foto wirkt also zunächst leicht makaber in seiner detaillierten Beschreibung einer Person, die sich in einer anscheinend ausweglosen Situation befindet; auf den zweiten Blick ist jedoch auch eine gewisse geschauspielerte Komik auszumachen.

Albrecht Dürers gemaltes Selbstporträt wirkt fast ebenso realistisch wie Shermans Fotografie.
Die von ihm gewählten Farben erscheinen vor dem dunklen Hintergrund warm. Das gesamte Bild sieht harmonisch und statisch aus.
Zugleich wirkt die Darstellung aber ernst, fast starr und etwas stilisiert. Dürer schaut das Gegenüber zwar in direkter Konfrontation an, der ernste Blick aus seinen hellbraunen Augen aber scheint durch den Betrachter hindurchzugehen. Trotz der Nähe sieht es so aus, als wolle die dargestellte Person Distanz wahren. Spon-

tan erinnern die Positionierung im Bildformat, die Haartracht und der Gesichtsausdruck an die Würde früherer Christusdarstellungen.
Das Bild wirkt, als habe der Maler sich hier genau kalkuliert in Szene gesetzt.
Die vornehm aussehende Kleidung lässt auf einen Künstler schließen, der bereits eine bestimmte gesellschaftliche Position erreicht hat.

2. *Hinweis: Nacheinander sollen zuerst Shermans Foto und dann Dürers Bild in sinnvoller Reihenfolge und sachlich schlüssig beschrieben werden.*

Cindy Shermans 1994 als „Untitled #299" vorgestelltes Farbfoto (122×81 cm) zeigt im Hochformat eine sitzende junge Frau, die das Bildformat nach oben und unten gänzlich ausfüllt. Am unteren Rand endet die Darstellung mit den Knien, am oberen ist sie an der Kopfbedeckung leicht vom Bildrand abgeschnitten. Im Gegensatz zur frühen Serie „Untitled Film Stills" hat Sherman die hier dargestellte, vielleicht knapp über 20 Jahre alte Frau nicht in Schwarz-Weiß, sondern in einer dezenten Farbigkeit fotografiert.
Sie ist dem Betrachter frontal zugewandt und genau in der Bildmitte positioniert. Die Augen in ihrem leicht nach unten gesenkten, fahlen Gesicht starren ins Leere, die Mundwinkel des ziemlich großen Mundes sind leicht nach oben gezogen. Sie trägt ein Lippenpiercing im rechten Mundwinkel und ein Nasenpiercing im linken Nasenloch. Die Frau ist, im Gegensatz zu ihrer sonstigen aufwändigen Aufmachung, ungeschminkt, aber sorgfältig frisiert und mit einem großen, dunklen Hut mit Spitzenrand geschmückt. Sie trägt überlange hellgrün-weiß karierte, stark geraffte Stulpenhandschuhe und ein in zwei Farbtönen abgesetztes großes Halstuch, das gefältelt über die Schultern gelegt wurde. Ein transparentes, tief ausgeschnittenes Kleid gibt den Blick auf einen nackten Körper und diverse, nicht farbige Tätowierungen frei. Diese werden am Hals, zwischen den Brüsten, am Bauchnabel und auf den gespreizten Oberschenkeln zur Schau gestellt. Während die restlichen Tattoos die gängigen, ausladend schwingenden Motive zeigen, bildet das ungewöhnliche Tattoo am Hals die Speiseröhre nach. Auffälligerweise wird es nicht nach unten, sondern in einem Bogen nach hinten über die Schulter weitergeführt.
In der rechten Hand, die im Schoß liegt, hält die „Dame" eine brennende Zigarette. Ihre linke Hand ahmt die Geste einer an die Schläfe geführten Pistole nach.
Im Hintergrund sind keine Gegenstände zu sehen, wohl aber Schattierungen von im Kontrast abgeschwächten Farben des Feuers, die auf eine links und rechts von der Person zu sehende geraffte Gardine projiziert erscheinen.

Albrecht Dürers Selbstporträt wurde im Jahre 1500 mit Ölfarben auf Holz im Hochformat in der Größe 67×49 cm gemalt. Als Halbkörperporträt, dem Betrachter frontal zugewandt, hebt sich der Dargestellte hell von einem dunkelbraunen, undifferenzierten, flächigen Hintergrund ab. Ein ebenmäßiges Gesicht mit kurzem Kinnbart und sorgfältig nach unten gezwirbeltem Oberlippenbart wird umrahmt von langen, links und rechts über die Schultern fallenden und gleichmäßig gedrehten braunen Locken, die über der Stirn gestutzt wurden.

Dürer ist vornehm mit einem mittelbraunen Gewand mit Pelzkragen bekleidet. An den Oberarmen wurde es nach Art der Zeit mit eingesetzten, modisch fächerartig geschlitzten, hellen Stoffstreifen kontrastreich abgesetzt. Unter dem Pelzbesatz ist das kleine, ebenso hell kontrastierte Dreieck der weißen Unterbekleidung dem Blick freigegeben.

Dürers rechte Hand ist mit ausgestrecktem Zeigefinger unten an den übereinandergeschlagenen Pelzbesatz gelegt. Sein linker Unterarm, von dem nur ein kleiner Stoffteil des Ärmels zu sehen ist, liegt auf einer Art Brüstung, die aber vom unteren Bildrand abgeschnitten wird.

Auf beiden Seiten des Kopfes, deutlich sichtbar vor der dunklen, ebenmäßigen Fläche des Hintergrundes, sind Schriftelemente frei schwebend positioniert. Auf der linken Seite findet sich die Jahreszahl der Bildentstehung und darunter Dürers stilisierte Signatur: die Anfangsbuchstaben A und darunter, kleiner, D. Rechts, in hellem Gelb, steht in derselben, mit feinem Pinsel aufgetragenen Art ein Text, in dem der Maler erläutert, dass er, Albrecht Dürer, geboren in Nürnberg, dieses Bild im Alter von 28 Jahren gemalt hat.

3. *Hinweis: Analysieren Sie in dieser Aufgabe zuerst die formale Gestaltung des Fotos und des Gemäldes. Untersuchen Sie dabei – im Bezug zu den von Ihnen in Aufgabe 1 erläuterten ersten subjektiven Eindrücken – den Umgang mit den Bilddetails, die kompositionelle Bildaufteilung, die Farbigkeit und die Lichtführung. Fertigen Sie zur Verdeutlichung der Komposition Skizzen an, auf die Sie sich in Ihren Ausführungen beziehen.*

Für den ersten Eindruck von **Cindy Shermans** Foto – dass darauf eine in Ausweglosigkeit und Selbstaufgabe versunkene junge Frau vom Rande der Gesellschaft gezeigt wird – ist in erster Linie die deutliche **Zurschaustellung bestimmter Details** verantwortlich: Piercings; Tattoos; die auf einen Trancezustand hinweisende, nach innen orientierte Mimik; die gleichgültige, nicht aufrechte, etwas zusammengesackte Haltung und die eindeutige Gestik des auf die Schläfe gerichteten Fingers. Diese Reihung von Indizien wirkt umso deutlicher auf den Betrachter, weil die Aufnahme aus allernächster Nähe gemacht wurde und so zu der den **Bildrahmen ausfüllenden** Person eine sehr **intime Nähe** provoziert wird. Durch die leichte Neigung des Kopfes nach unten sieht der Betrachter zudem ein wenig auf die junge Frau herab.

Allerdings wird ihre Positionierung genau in der **senkrechten Bildachse** (siehe Skizze 1) allgemein als **harmonisch** wahrgenommen, genauso wie die **dezente Farbigkeit**, in die die gesamte Person getaucht ist. Die Kleidung zeigt aufeinander abgestimmte, helle Graugrüntöne. In diesen Gesamtton wurden auch die Hautbereiche von Gesicht und Hals einbezogen. Hierbei wird allerdings einer der **Brüche** bemerkbar, die bereits unter Aufgabe 1 spontan wahrgenommen wurden. Eine solche Gesichtsfarbe wird mit umkippenden, alles andere als harmonischen Gemüts- oder Gesundheitszuständen assoziiert. Auch die zeigende Geste verändert die harmonisch wirkende, **statische**, auf **Symmetrie** angelegte Grundkomposition und stört, denn mit dieser Handbewegung geht die ansonsten passiv-resigniert erscheinende Frau in **Aktivität** über (siehe Skizze 2). Mit den Skizzen 1 und 2 soll auch verdeutlicht werden, an welch bedeutsamer Stelle im Foto die brennende Zigarette positioniert wurde.

Sherman verstärkt die **Bildschärfe** durch eine helle **Beleuchtung**, die von links auf die Figur fällt. Diese Lichtführung verhindert neben der Gegenbewegung des rechten Armes (siehe Skizze 2), dass die aktive Geste auf der anderen Bildseite die Komposition zum Kippen bringt.

Mithilfe der Bildschärfe macht Sherman die **Stofflichkeit** der auffälligen, ausgewählten, neuwertig wirkenden Kleidungsstücke sichtbar. Durch die Transparenz des Kleides eröffnet sie den Blick auf die Tätowierungen, die dabei aber an Schärfe verlieren.

Mit der Bildschärfe erzielt Sherman auch eine Gegenüberstellung von Vorder- und Hintergrund, der im Unscharfen versinkt. Ebenso wird die warme, „feurige" Farbigkeit des Hintergrundes als Kontrast zur kühlen Farbigkeit der Figur erlebt. Als Verbindung zwischen den beiden Bereichen dienen die dunklen Haare und die schwarze Kopfbedeckung, die einen Bezug zu den dunklen Schatten am unteren und oberen Bildrand schaffen. Der so zwar abgeschwächte, aber noch vorhandene Kontrast von Figur und Bildgrund in Farbe und Schärfe könnte von Sherman als Mittel zur Ausgrenzung oder Isolation der Figur eingesetzt worden sein, aber die Unschärfen und die Farbe im Hintergrund wirken erstaunlicherweise nicht so bedrohlich, wie man erwarten könnte.

Dass die Darstellung auf den zweiten Blick **doppelbödig** erscheint und einen leicht grotesken Humor aufweist, wird in erster Linie durch zwei aus der Symmetrieachse ausbrechende Besonderheiten bewirkt, die Sherman deutlich in Szene gesetzt hat. Einmal sieht der übergroße, auf die Schläfe zielende linke Zeigefinger übertrieben theatralisch aus. Zum anderen geht die tätowierte Speiseröhre am Hals, die in so zentraler Position die Aufmerksamkeit des Betrachters auf sich zieht, seltsamerweise nach hinten.

Mit all diesen geschickt in Szene gesetzten Details macht Sherman deutlich, dass es sich bei ihrem Foto nicht um einen Schnappschuss, sondern um eine gezielt mehrdeutige **Inszenierung** handelt.

Der Eindruck sehr starker Naturnähe, den das Selbstporträt von **Albrecht Dürer** auf den Betrachter macht, basiert einmal auf den **natürlichen Proportionen** und auf der **Detailtreue**, zum anderen auf der realistisch wirkenden **Lokalfarbigkeit**, mit der die Haut, Haare und Bekleidung wiedergegeben wurden. Sie basiert außerdem auf der Sorgfalt, mit der Dürer die Farben mit feinen Pinseln, **differenziert abgestuft**, aufgetragen hat, sodass die **Formen plastisch modelliert** vor dem flachen Hintergrund hervortreten. Auch die **Lichtführung**, mit deren Hilfe Dürer einige Partien auf der linken Bildseite mit helleren Reflexen deutlicher hervortreten ließ, unterstützt den Eindruck von Plastizität und Realitätsnähe. Zuletzt liegt der natürliche Eindruck an der differenziert herausgearbeiteten **Stofflichkeit** aller Oberflächen, die in ihrer Verschiedenartigkeit fast **tastbar** erscheinen. Deutlich wird dies z. B. bei den Haaren: Die gedrehten Locken werden mit Lichtreflexen zum Leuchten gebracht und sind anders gemalt als die weniger beleuchteten und damit stumpfer wirkenden kurzen Fransen auf der Stirn und die in einem Wirbel nach oben etwas abstehenden Haare darüber. Sie sind wiederum anders wiedergegeben als die Härchen auf dem Pelzbesatz des Gewandes. Weiches lässt sich dadurch deutlich z. B. von leicht Borstigem unterscheiden. Ebenso wurde in der übrigen Bekleidung beim Malen Wert auf eine Unterscheidung der Materialien gelegt. Die Rauheit des Mantelstoffes und die Glätte des glänzenderen, eingesetzten Materials sind an den Ärmeln deutlich sichtbar.

Harmonisch erscheint die sorgfältig abgestimmte, warme **Brauntonigkeit** in vielen **Farbabstufungen** und Nuancen, bis hin zu einem helleren Goldgelb. Keine auffällige Farbakzentuierung stört den Gesamtton. Als einzige Kontraste sind bei der Farbgestaltung **Hell-Dunkel-Kontraste** auszumachen, wie zwischen Figur und Grund, zwischen dem Weiß im Ausschnitt bzw. am rechten Ärmel des Mannes und der übrigen Farbigkeit und zwischen dem nicht abgestuften, flächigen, dunkelbraunen Grund und den sich deshalb klar davor abhebenden hellgelben Schriftelementen.

Der Eindruck einer **streng in Szene gesetzten Darstellung** basiert in erster Linie auf der sehr klar **geordneten**, fast durchgängig **statischen Bildkomposition**. Sie erinnert zugleich mit der aufrechten Haltung, der Undurchdringlichkeit des Gesichtsausdruckes und der zusätzlich auf **Symmetrie** angelegten langen Haartracht an die Tradition von Christusdarstellungen. Mit der starken **Beleuchtung** von links, die den Dargestellten klar vom Hintergrund abhebt, erscheinen das ernste Gesicht und die Hand besonders hell betont.

Gesicht und Oberkörper werden von der **senkrechten Mittelachse** in zwei gleich viel Platz einnehmende Bildbereiche geteilt. Auch die seitlich auf die Schultern fallenden, kunstvoll gedrehten und geordneten Locken bilden eine fast identische Formation auf beiden Gesichtshälften. Nur die kurz geschnittenen Haarfransen auf und über der Stirn weisen eine leichte Unregelmäßigkeit in der sonst konsequenten Ausrichtung des Gesichtes auf die Achse auf.

Dürer hat sein Bild mithilfe **geometrischer** Formen nach einem **strengen Schema** aufgebaut. Wichtige Kompositionslinien dazu sollen mit Skizze 3 verdeutlicht werden. Auf der Mitte der Bildkante über dem Kopf liegt die Spitze eines Dreiecks, das aus den Seitenbegrenzungen der Haare gebildet wird und dessen Hypotenuse in den fast geraden Linien, mit denen die Haare auf den Schultern enden, zu finden ist. Ein ebenso gleichseitiges, nach unten gespiegeltes Dreieck wird wiederum von den Haarkanten als Hypotenuse gebildet. Die Spitze dieses Dreiecks trifft genau in der senkrechten Mittelachse auf die Mitte der Unterkante des Bildes. Eingeschoben hat Dürer ein weiteres nach unten gespiegeltes Dreieck, zu sehen in den Begrenzungen des Pelzkragens, mit einem winzigen eingeschlossenen weißen Dreieck, das in der Unterbekleidung zu finden ist. Die Grundseite des gespiegelten Dreiecks ist eine Linie, die über das Kinn zu den Haarbegrenzungen zu ziehen ist (siehe Skizze 3). Darüber hinaus lässt sich ein größeres Dreieck mit einer aus der Oberkante der Schriftelemente gebildeten Hypotenuse ausmachen, auch hervorgehoben mit Skizze 3.

Wenn der Betrachter sich auf das Gesicht konzentriert, findet er auch dort ganz ebenmäßige, an die Mathematik angelehnte Maße. So lassen sich auf der Mittellinie gleiche Abmessungen finden, die das Gesicht unterteilen. Diese – auch wieder in ein gleichschenkliges Dreieck eingefügt – wurden mit Skizze 4 hervorgehoben. Mithilfe solcher **zeichnerischer Konstruktionslinien**, in die Dürer sein gemaltes Selbstporträt eingefügt hat, hat er die Ruhe und Harmonie erzeugt, die es ausstrahlt. Das Wohlproportionierte, Ausgewogene hatte Dürer auf seinen Reisen nach Italien kennengelernt. Die italienischen Maler der Renaissance beriefen sich dabei auf den Schönheitskanon, der bereits in der griechischen Plastik entwickelt worden war. Die ausgeklügelte Bildkonstruktion des vorliegenden Porträts ist aber auch verantwortlich für den Eindruck von Strenge und Pose. Als geringfügige Auflockerungen in der so präzise ausgewogenen Komposition sind die erhobene rechte Hand, die stärkere Beleuchtung der Person von der linken Seite und die Asymmetrie in der Schriftgestaltung links und rechts des Kopfes zu nennen. Durch den mehr Platz einnehmenden Schriftzug rechts und den nach unten rechts ausladenden Strich unter dem A von „anno" hat Dürer aber eine Balance zur aufzeigenden Bewegung der Hand auf der linken Bildseite erzielt.

4. *Hinweis: Stützen Sie sich bei der Interpretation sowohl auf Ihre Beobachtungen aus den Aufgaben 2 und 3 als auch auf Ihr Hintergrundwissen über Dürer und Sherman. Erläutern Sie, darauf Bezug nehmend, welche Absicht Sherman und Dürer bei der Aufnahme des Fotos bzw. beim Malen des Selbstporträts verfolgt haben könnten. Begründen Sie, ob sich Aussagen machen lassen zu den Persönlichkeiten Shermans und Dürers, zum Wandel im Umgang mit dem eigenen Selbst und zur Auffassung von der Aufgabe des Künstlers in seiner Gesellschaft.*

Wie bei all ihren früheren Fotos hat **Cindy Sherman** sich auch hier selbst als Modell genutzt und in einer besonderen Rolle inszeniert. Diese **Inszenierung** wird besonders deutlich in der Wahl des **Aufnahmestandpunktes**, der den Betrachter direkt aus der Nähe konfrontiert, und der gezielten Positionierung der dargestellten Person in der Bildmitte. Durch die Anhäufung vieler (in Aufgabe 1 und 2 bereits angeführter) Details, die mit dem allgemeinen Vorurteil über gesellschaftliche Randerscheinungen übereinstimmen, wird ein bestimmtes Betrachterurteil in die Wege geleitet. Während der zu nahe Standpunkt des Betrachters den Eindruck einer privaten Atmosphäre zwischen ihm und der jungen Frau aus der Subkultur herstellt, schafft das allzu deutlich inszeniert erscheinende, verschwenderische **Spiel mit den Details**, die einem bürgerlichen Klischeeurteil entsprechen, wiederum Distanz.

Mit der frontalen Positionierung der jungen Frau in der senkrechten Mittelachse und der harmonisch abgestimmten Farbigkeit zitiert Cindy Sherman als kulturellen Rahmen vertraute Beispiele der kunstgeschichtlichen Auseinandersetzung mit der Porträtdarstellung (siehe auch Dürers Selbstporträt). Dabei wurden die Personen, meist dem Auftrag gemäß, so vorteilhaft wie möglich präsentiert. Sherman jedoch hat **subtile Brüche** als Fallstricke für die Wahrnehmung des Betrachters eingebaut. Ihre fotografische Inszenierung der eigenen Person führt deutlich das bewusst nicht ganz Authentische vor. Das zeigt sich auf der einen Seite in dem Gegensatz zwischen der gepflegten Bekleidung und den sonstigen Details, auf der anderen Seite in der nur **ungefähren Aneignung der traditionellen Präsentationsformen**. So wurde z. B. das gewohnte Format bis auf Kniehöhe nach unten verlängert und eine für die Dargestellte unvorteilhafte Haltung gewählt. Deshalb fehlt ihr, trotz der Nacktheit unter ihrer transparenten Bekleidung, jegliche erotische Anziehungskraft. Der Betrachter, dem so viel Haut und ein Einblick auf sonst verborgene, tätowierte Zonen dargeboten werden, bekommt das Wesentliche nicht zu sehen, weil die eigentlichen weiblichen Reize geschickt durch den Umhang und die im Schoß liegende Hand verborgen bleiben. Die Tattoos machen zwar neugierig, aber der so nah herangeführte Betrachter kann durch ihre Unschärfe wenig erkennen, wodurch der unter 1. schon konstatierte Eindruck von sich ausbreitenden, wuchernden Haaren entsteht.

Der Betrachter kann sich doppelt an der Nase herumgeführt fühlen. Einmal, weil Sherman hier „hautnah" eine verzweifelte Situation präsentiert, diese aber auf den zweiten Blick deutlich als Schauspielerei entlarvt. Zum anderen, weil sie den Betrachter in eine voyeuristische Haltung drängt, aber seine im Hinblick auf die Nacktheit geschürte Erwartungshaltung nicht erfüllt, da sie ihm das eigentlich Erwartete vorenthält. Sherman spielt hier mit Realität und Theater, mit Sexualität und angedeutetem Tod, präsentiert aber bei der Ernsthaftigkeit der Thematik zugleich eine gewisse Komik. Es entsteht die **paradoxe Situation**, dass die auf technischer Seite scharf sichtbare und so präsente Fotografie doch nur inkompatible, unklare Deutungsebenen eröffnet. Sie wirft Fragen auf wie:

– Was hat es mit der aufwendigen Verkleidung auf sich? Einerseits erinnert sie an Festivitäten, andererseits lässt sie die Frau so schamlos nackt erscheinen.
– Warum wurden die speziell weiblichen Körperteile schamhaft verdeckt, obwohl die obszöne Haltung und der umnebelte Zustand der Frau eine solche Rücksichtnahme nicht erwarten lässt?
– Wollte Cindy Sherman hier eine doppelbödige, etwas boshafte Kommentierung vornehmen? Wenn ja, weshalb?
– Warum inszeniert Sherman solche Rollen, die sie schauspielerisch überzeugend ausführt? Geht es um das Statement, dass in der heutigen Gesellschaft keiner mehr er selbst ist, sondern jeder nur einem Rollenklischee folgt und an diesen widersprüchlichen Rollen zerbricht? Dagegen spricht die ironische Komponente, die hinter der Inszenierung sichtbar wird.
– Warum wählte Sherman gerade diese Art von Rolle, die sie hier so ausgeklügelt inszeniert hat? Soll das vielleicht unter den vielen Rollen, die sie in anderen Fotos übernommen hat, eine sein, die sie selbst sich als Künstlerin zuteilt? So, wie sie selbst sich sieht, als Ausgeschlossene, obwohl sie als Fotografin doch bereits so hochdekoriert wurde?

In Shermans Fall liegt also eine weitere Erwartungshaltung, die erzeugt, aber nicht bedient wird, darin, dass jeder Betrachter in der Einheit von Künstlerin und Modell etwas über Shermans vielleicht unterschwellig vorfindbare Identität in Erfahrung bringen möchte, es aber nicht kann. Man weiß von ihr, dass sie sich schon als kleines Mädchen immer von der Hässlichkeit angezogen fühlte. Auch in ihren späteren „Sex Pictures" spielt sie mit makabren Situationen. Aber bei der vorliegenden Fotografie bleibt die Mischung aus der schlimmen Situation der Frau, der Betonung kaum verdeckter Nacktheit und der Harmonisierungstendenz (in der Schönheit der für die Bekleidung gewählten Materialien, in der Farbigkeit und in der Komposition) stehen, ohne dass eine klare Interpretation provoziert wird. Man weiß nicht, welcher Darstellungsschwerpunkt ihr der Wichtigste ist. Außer dass Sherman wohl Kontraste und Widersprüche liebt, lässt sich kaum eine Aussage über sie als Person machen.

Bei **Albrecht Dürers** Selbstporträt scheint die Frage nach seiner Künstleridentität zunächst leichter zu beantworten. Im Gegensatz zu Sherman, aber auch zu den Malern des dem seinen vorausgegangenen Jahrhunderts, hält Dürer sich in diesem Porträt nicht bescheiden im Hintergrund, sondern demonstriert ein ungeheures Selbstbewusstsein. Er präsentiert sich als angesehene, gesellschaftlich hochstehende Persönlichkeit, deren schöpferische Fähigkeiten zusätzlich die Teilhabe an einer anderen, über die Wirklichkeit hinausgehenden Welt zu garantieren scheinen. Offensichtlich will er in der strengen Frontalansicht bewusst an Christusdarstellungen aus der Vergangenheit erinnern. Das lässt sich als überhebliche Übersteigerung des künstlerischen Selbstverständnisses deuten. Auch die Haltung des rechten Zeigefingers kann so ausgelegt werden, dass Dürer selbstsicher auf seine eigene Person hinweisen möchte. Diesen Eindruck verstärkt der Schriftzug oben rechts, „Ich, Albrecht Dürer". Ebenso könnte die exakt auf Augenhöhe positionierte und für das sonst natürlich wirkende Bild unrealistisch schwebend und auffällig vor dem dunklen Grund angebrachte Signatur (symmetrisch zum Schriftzug auf der anderen Seite) Hinweis auf eine ziemlich anmaßende Einschätzung der Rolle des Künstlers in seiner Zeit sein. Das Bild könnte aber auch die zu Dürers Zeit typische Auffassung verdeutlichen, dass Gott den Menschen „ihm zum Bilde" geschaffen hat. Dann erscheint die Vorstellung, dass Gott dem Künstler auch seine Schöpferkraft eingegeben hat, nicht mehr ganz so überheblich.

Während Dürer in früheren Selbstporträts noch deutlicher als Individuum nach außen trat, gibt er sich hier in der Gesamtkomposition viel strenger. Seine eigene Persönlichkeit mit ihren individuellen Gefühlen bleibt in der ausgeklügelten Inszenierung so versteckt, dass man als Betrachter im Unklaren gelassen wird.

Dürers Selbstporträt zeigt eine der Tradition entgegenstehende, erst in seiner Zeit, der Renaissance, entwickelte Vorstellung von der Rolle des Künstlers. Künstler der Romanik und Gotik suchten die vorwiegend religiösen Motive ihrer Auftraggeber handwerklich perfekt in Bilder umzusetzen. Ihre eigene Person trat hinter den Botschaften der Bibel, die sie zu vermitteln hatten, völlig zurück. Dürer hingegen hat hier ohne Auftrag, aus eigenem Antrieb, ein Selbstporträt gemalt und sich dabei, klar wie vor ihm niemand, so dargestellt, wie er als Persönlichkeit gerne gesehen werden wollte.

Aus Cindy **Shermans** Fotografie von sich selbst wird dagegen kein Hinweis ablesbar, in welcher Rolle sie persönlich gesehen werden möchte. Im Gegenteil verhindert ihre facettenreiche Schauspielerei bewusst den Blick auf sie selbst als Person. Aus der Kenntnis vieler Fotos von Sherman lässt sich allerdings ableiten, dass sie ihre persönliche Aufgabe als Künstlerin darin zu sehen scheint, die vielen divergierenden, in ihren Fotos aber wiedererkennbaren Rollenklischees, hinter denen sich die heutige Gesellschaft versteckt, aufzuzeigen und in ihrer jeweiligen Inszenierung häufig auch mit ein wenig ironischem Spott zu kommentieren.

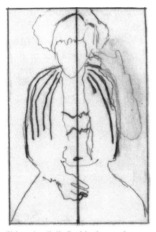

Skizze 1 soll die Positionierung der Figur auf Shermans Foto genau mittig auf der senkrechten Bildachse verdeutlichen.

Skizze 2 hebt die Bedeutung der gegenläufigen Richtungen der Arme und Hände hervor (Zigarette an wichtiger Stelle auf der senkrechten Bildachse / zeigender Finger als aktivste Bewegung).

Skizze 3 macht die Konstruktionslinien sichtbar, die in Dürers Gemälde gleichschenklige Dreiecke bilden, und verdeutlicht zudem die gezielte Positionierung des auf sich selbst hinweisenden Fingers.

Skizze 4 hebt die regelmäßigen Abstände zwischen Stirn und Bartunterkante hervor.

> **Abiturprüfung NRW – Kunst Leistungskurs**
> **Übungsaufgabe 4**

Bezüge zu den Vorgaben 2014:
Menschen und Natur in der Bildenden Kunst
- *Das Bild des Menschen zwischen Wandel und Neuanfang in der Zeichnung: In der Mitte des 20. Jahrhunderts im Werk von Alberto Giacometti*
- *Das Bildnis als Spiegel gesellschaftlicher Normen und Vorstellungen. Der Mensch im Spannungsfeld gesellschaftlicher und politischer Krisenerscheinungen in Porträts im malerischen und grafischen Werk von Otto Dix: Porträt und Selbstporträt*
Fachliche Methoden
- *Werkbezogene Form- und Strukturanalysen einschließlich Strukturskizzen*
- *Subjektorientierte Bildzugänge (perzeptorientierte Methoden)*

Aufgabenstellung

1. Formulieren Sie nacheinander Ihren ersten Eindruck von den Bildern von Otto Dix und Alberto Giacometti. Stellen Sie dabei, wie auch in den folgenden Aufgaben, erste Vergleiche an. 15 Punkte

2. Beschreiben Sie beide Bilder. 15 Punkte

3. Analysieren Sie die formale Gestaltung. 30 Punkte

4. Interpretieren Sie die Bilder auf der Grundlage Ihrer Ausführungen aus den Aufgaben 1–3. Vergleichen Sie, welche Aspekte für Otto Dix bei der Porträtierung seiner Eltern im Vordergrund standen und welche für Alberto Giacometti bei der Darstellung seiner Mutter wichtig waren. Setzen Sie beide Porträtdarstellungen in Bezug zu gleichzeitigen künstlerischen Bestrebungen. 30 Punkte

Materialgrundlage
Bildmaterial:
Abb. 1: Otto Dix, „Die Eltern des Künstlers II", 1924, Öl auf Leinwand, 118×130,5 cm, Sprengel Museum, Hannover
Abb. 2: Alberto Giacometti, „Die Mutter des Künstlers", 1950, Öl auf Leinwand, 89,9×61cm, Museum of Modern Art, New York

Zugelassene Hilfsmittel
- Wörterbuch zur deutschen Rechtschreibung
- Skizzenpapier, Bleistifte

Abb. 1: Otto Dix, „Die Eltern des Künstlers II", 1924, Öl auf Leinwand, 118 × 130,5 cm, Sprengel Museum, Hannover © Sprengel Museum Hannover, Foto: Michael Herling/Aline Gwose

Anmerkung
Der Text auf dem Zettel in der rechten, oberen Ecke des Bildes lautet „Mein Vater 62 Jahre, meine Mutter 61 Jahre alt, gemalt im Jahre 1924".

Abb. 2: Alberto Giacometti (1901–1966), „The Artist's Mother", 1950, Oil on Canvas, 35 3/8 × 24' (89,9 × 61 cm), New York, Museum of Modern Art (MoMA). Acquired through the Lillie P. Bliss Bequest. Acc. n.: 15. 1953

Lösungsvorschläge

1. *Hinweis: Notieren Sie an dieser Stelle nacheinander alle subjektiven Eindrücke, die sich Ihnen spontan beim Betrachten der Bilder aufdrängen. Notieren Sie dabei auch erste grundsätzliche Vergleiche.*

Das von **Otto Dix** im Jahre 1924 mit Ölfarben im Querformat relativ groß (118×130,5 cm) auf Leinwand gemalte Porträt seiner Eltern wirkt auf den ersten Blick schonungslos realistisch. Dix hat sowohl seinen Vater als auch seine Mutter so dargestellt, dass sie ärmlich, verbraucht und resigniert erscheinen. Versteinert, teilnahmslos und abweisend sitzen die beiden in ihrer Sofaecke. Trotz der Nähe zum Betrachter sehen sie diesen nicht an, sondern starren an ihm vorbei. Neben den verschlossenen Gesichtern fallen besonders die überdimensionierten, überarbeiteten, groben Hände des Mannes und die hilflos-ungeschickt positionierten Hände der Frau auf. Obwohl die beiden dicht nebeneinander sitzen, geht von ihnen keinerlei liebevolle Beziehung zueinander aus. Auch die gesamte Darstellung wirkt trotz des nahen Bildausschnittes distanziert, ohne psychologische Einfühlung in das doch schwer erscheinende Schicksal der beiden Personen.

Alberto Giacomettis im Hochformat gemaltes, wesentlich kleineres Bild aus dem Jahre 1950, das seine Mutter zeigt, wird im Gegensatz zur Betrachternähe beim Elternporträt von Dix als weit entfernt erlebt. Wegen der räumlichen Distanz, die Giacometti zwischen der Person auf dem Bild und dem Betrachter geschaffen hat, erscheint diese klein, zerbrechlich und einsam in einer ihr fremden Umgebung. Auf Charakteristika ihrer äußeren Erscheinung, auf eine daran ablesbare individuelle Persönlichkeit lässt sich wegen fehlender Detailinformationen nicht schließen. Einen größeren Gegensatz als den zum Elternporträt von Dix kann es, was die Malweise angeht, auf den ersten Blick kaum geben. Giacomettis Bild wirkt eher wie eine skizzenhafte Zeichnung. Es sieht so aus, als könne mit der von ihm gemalten Person ebenso gut ein ganz anderer Mensch gemeint sein als seine Mutter. Der Raum um sie herum scheint eine wichtige Rolle zu spielen, denn der Betrachter bekommt spontan den Eindruck, als hätten hier – im Gegensatz zu Dix' realistischer Wiedergabe – eher Phänomene wie Klaustrophobie im Vordergrund des Interesses gestanden. Beim Betrachten von Giacomettis Bild drängt sich die Redewendung „jemandem fällt die Bude auf den Kopf" auf. Irgendetwas scheint für die Frau bedrohlich zu sein, denn viele Linien richten sich wie Pfeile auf sie. Von ihr geht der Eindruck angespannter Ruhe aus, vom Raum eher der Eindruck von Hektik.

2. *Hinweis: Unter Aufgabe 2 sollen Sie nacheinander beide Bilder beschreiben und auch hier erste Vergleiche einfügen. Bei Dix werden Sie dabei v. a. auf die wenigen Beobachtungen zur Raumbeschreibung und die zahlreichen zu den Details der äußeren Erscheinung beider Elternteile eingehen, bei Giacometti mehr auf die Raumbeschreibung und die wenigen Details, die bei der Mutter erkennbar sind.*

Otto Dix zeigt seine Eltern dicht nebeneinander in der Ecke eines dunklen Samtsofas sitzend, das sich durch eine geschwungene Holzumrandung, reichlich Dekor auf der Polsterung von Armlehnen und Rückwand und durch die als Schutz aufgelegte Fransendecke als ein ehemals „gutes Stück" ausweist. Die türkisgrüne, mit einem etwas dunkleren Dekorstreifen versehene Tapete hinter dem Sofa ist wenig professionell gestrichen.

In einem dem Betrachter sehr nahen Bildausschnitt werden die beiden Personen unterhalb der Knie vom Bildrand abgeschnitten, während über ihren Köpfen und an den Seiten ein breiter Bereich stehen geblieben ist.

Auf der weißen, rechts oben an die Wand gehefteten, handschriftlichen Notiz ist zu lesen, dass Dix' Vater 62 Jahre alt sein soll, seine Mutter ein Jahr jünger. Das Paar sieht jedoch viel älter aus. Die harten, zerfurchten Gesichtszüge der Eltern, ihr tumber, starrer Blick, ihre einfache Kleidung, vor allem aber ihre überdeutlich im Bildvordergrund positionierten, abgearbeiteten, sehr großen Hände weisen sie als Menschen aus, die in ihrem Leben hart gearbeitet haben. Während die Hände der Mutter etwas verkrampft auf ihren Oberschenkeln liegen, ist die linke, besonders große Hand des Vaters auf dem Sofa neben ihm abgelegt, die rechte ruht auf seinem Knie. Seine grauen Haare wachsen nur noch spärlich, üppig ist allerdings sein grauer, struppiger Schnurrbart, der weit bis über die Oberlippe reicht. Er sitzt in angespannter Haltung etwas zusammengesunken mit verschlossener Mimik da. Seine Nase ist auffällig gerötet und sein starrer, leicht schielender, harter und kompromissloser Blick aus stahlblauen Augen geht durch den Betrachter hindurch. Die großen, abstehenden Ohren sind auffallend sorgfältig wiedergegeben. Als besonders grobschlächtig hat Dix die stark geäderten Hände des Vaters charakterisiert, denn die dicken Finger mit ihren schmutzigen Nägeln drängen sich regelrecht in den Vordergrund. Das blau-weiß gestreifte Hemd des Mannes sieht sauber gewaschen aus, nur auf der Weste zeigt ein beleuchteter Bereich an der Schulter, dass das Kleidungsstück durch häufiges Tragen schon etwas „speckig" geworden ist. Auch die dunkelblaue Hose weist an den Knien Glanzstellen auf.

Das zerfurchte Gesicht der Frau ist mager und eingefallen, was durch die hervorstehenden Wangenknochen und eine exponierte, große Nase betont wird. Mit misstrauischem Blick sieht auch sie hart, abweisend und resigniert am Betrachter vorbei. Die im Verhältnis zur dünnen Oberlippe sehr ausgeprägte, scharf konturierte, stark vorgeschobene rote Unterlippe und die nach unten weisenden Mundwinkel unterstützen diese Mimik. Der in der Gesamtwirkung nicht gerade intellektuelle Gesichtsausdruck, die schlecht gemachte, strähnige, kleinlockige Dauerwelle, die über dem vorgewölbten Bauch leicht eingeknickte Haltung, der grobschlächtige Körperbau und die wenig weiblichen, stark geäderten, kräftigen und doch hilflos verkrampften Hände zeichnen auch die Frau als einfache Arbeiterin aus. Darüber hinaus ist sie äußerst schlicht gekleidet mit einer schmucklosen, verwaschenen, ehemals roten Bluse und einer blau-weiß gestreiften Halbschürze, die auffällig hoch direkt unter dem Brustbereich zugebunden wurde.

Außer dem Bordürenmuster auf der türkis gestrichenen Wand hinter dem geschwungenen Samtsofa sind keine Informationen über das Zimmer, in dem die beiden sich befinden, abzulesen. Auffällig ist allerdings der genannte weiße Zettel mit umgebogener Ecke rechts oben an der Wand, den der Maler selbst mit einem Heftzweck dort befestigt haben muss, um darauf handschriftlich das Alter seiner Eltern und das Entstehungsjahr des Bildes zu notieren. Statt einer Unterschrift befindet sich auf diesem Zettel ein merkwürdiger, dunkler Kringel.

Alberto Giacometti hat seine Mutter nicht wie Dix in ihrem persönlichen Umfeld, sondern in seinem Atelier porträtiert. Hinten im Bild sitzt die Frau auf einem Stuhl, die Hände in den Schoß gelegt und die Beine übereinandergeschlagen. Im Gegensatz zu Dix' detaillierter Beschreibung der äußeren Erscheinung seiner Eltern lässt Giacometti in Bezug auf das Äußere seiner Mutter kaum Aussagen zu. Der Betrachter sieht nur, dass es sich offensichtlich um eine sehr zierliche Person handelt, deren schmalen Kopf eine helle Schleife ziert, und dass sie ein hochgeschlossenes, langärmeliges Kleid trägt. Gesicht und Körper sind zu wenig detailliert, um ein Individuum identifizieren zu können. Weder lässt sich das Alter schätzen noch können klare Aussagen über den Gesichtsausdruck gemacht werden. Es ist aber möglich, diverse Einzelheiten des Raumes, in dessen Mitte sie sitzt, aufzulisten. Giacometti zeigt hier einen hohen Atelierausschnitt, in dem auf der linken Seite ein großer Tisch oder eine Werkbank und an der linken Rückwand eine Art Schreibtisch zu sehen sind. Auf letzterem wurden einige kleine Plastiken deponiert. Sonst ist die hintere Wand oben mit Regalen bestückt, wie auch die rechte Seitenwand. Hinten in der Bildmitte, genau hinter der sitzenden Frau, ist zwischen der Fülle an Abstell- und Lagerbereichen eine glatte, freie Fläche ausgespart, vielleicht die Eingangstür, vor der sich die Figur der Mutter deutlich abhebt.

Der gesamte Raum (Boden, Decke, Rück- und Seitenwände) ist einheitlich in einen rosa Farbton getaucht. Nur die Person und die offenen und geschlossenen Regale sind in Weiß und Schwarz, hektisch gezeichnet, auf diesen farbigen Grund gesetzt. Unten auf dem Atelierboden löst sich die Zeichnung von der dort zu erwartenden Flächigkeit und bildet auf der linken Bildseite im Vordergrund eine nicht eindeutig zuzuordnende, dachartige Pyramidenform, die möglicherweise eine darunterliegende Kellerluke abdeckt.

Der rosafarbene Raum wurde innerhalb der bemalten Bildfläche durch eine lineare **Rahmung** begrenzt. Auf allen Seiten darum heben sich unregelmäßig breite Flächen in abgestuften Grautönen vom eigentlichen Bildraum ab.

3. *Hinweis: Analysieren Sie unter Aufgabe 3 die formalen Gegebenheiten, die für den Gesamteindruck verantwortlich sind. Beobachten Sie insbesondere den Betrachterstandpunkt, die Bildkonstruktion, den Umgang mit den Bilddetails, die Farbe, den Bildraum sowie den Ikonizitätsgrad.*

Durch die Wahl des **Bildausschnittes** hat **Otto Dix** dem Betrachter seine Eltern auf **Augenhöhe** so nah gegenübergesetzt, dass jede Falte ihrer zerfurchten Gesichter, jedes Haar und jede Ader auf den Händen registriert werden kann. In einer sehr **statischen Komposition**, in der mit dem Wandornament und der Sofakante die **Waagerechte** und mit der Sitzposition die **Senkrechte** betont wird,

sitzen die Eltern aufgerichtet und starr fast genau in der **Bildmitte**. Die **senkrechte Mittelachse** verläuft genau zwischen den beiden (siehe Skizze 1).
Dix hat sich akribisch bemüht, den Materialcharakter und die **Oberflächenstruktur** aller Details genauestens wiederzugeben, sodass der Betrachter glaubt, einzelne Bereiche ertasten zu können. Das wird deutlich in der Wiedergabe der Muster und der Bordüren an dem Biedermeiersofa, ganz besonders aber in der Betonung der Falten in den Gesichtern, Hälsen und Händen der beiden Elternteile.
Auch in seiner **Lokalfarbigkeit** wirkt das Bild **wirklichkeitsnah**. Die vorherrschende, düstere Farbe des Sofas wird durch das Rosa der Bluse und das Blau-Weiß von Hemd und Schürze unterbrochen. Diese Farben sind als **Kontrast** besonders wirksam und lenken den Blick auf die beiden Personen. Durch die **Parallelität** in der Armhaltung, besonders aber durch die Parallelität der blau-weißen Streifen auf Hemd und Schürze, werden die Elternteile als zusammengehörig präsentiert. Diese linearen Elemente entfalten im Vordergrund eine besonders starke Wirkung. Sonst ist Lineares nur untergeordnet als Ornament auf der Wand und als Dekor auf dem Sofa zu sehen sowie als Schrift auf dem Zettel an der Wand. Die **gewellten Streifenformationen** und die schräge Haltung der Arme und Beine (in Skizze 2 hervorgehoben) bringen **etwas Lebendigkeit** in das sonst so steif wirkende Bild. Die betont abgewandte Kopfhaltung und Blickrichtung der Frau „stabilisiert" allerdings die angegebene Schrägrichtung wieder, sodass die Strenge der Gesamtwirkung nicht allzu sehr infrage gestellt erscheint.
Mithilfe der **Lichtführung**, eines starken **Seitenlichtes**, hat Dix die **Plastizität** von Gesicht und Körper der Elternteile hervorheben können. Einzelne Bereiche werden durch farbliche Aufhellung betont, sodass dadurch die Aufmerksamkeit auf die Details gelenkt werden kann. Das Licht unterstützt also den **hohen Ikonizitätsgrad** des gesamten Bildes. Auffällig ist dabei allerdings, dass die eigentlich im Schatten liegenden linken Gesichtshälften ebenfalls beleuchtet erscheinen. Durch diesen Trick konnte Dix auch auf dieser Seite die Formen überdeutlich und differenziert wiedergeben, was besonders die ziemlich großen Ohren betont. Allerdings ist der Maler hiermit über die reine Abbildung der Wirklichkeit hinausgegangen. Ebenso führen die Betonung der Grobschlächtigkeit der Hände durch ihre **Überproportionierung** und die **Positionierung** so nah am Betrachter sowie die recht **übertrieben** wirkende Anspannung der Haut um den Kehlkopf des Vaters herum **über die Realität hinaus**. Auch die Informationen auf dem weißen Zettel passen nicht in ein sonst so realistisches Bild.

Giacomettis Umgang mit der Realität unterscheidet sich sehr von dem von Dix. Durch die gemalte, sich grau abhebende Rahmung schaut der Betrachter in einen hohen Raumausschnitt, in dem die Frau genau in der **Bildmitte** vor der hinteren Wand positioniert wurde. Durch die räumliche **Distanz** zum Betrachter **entfallen Details** und **Oberflächenstrukturen**, wie sie bei Dix zu sehen sind.
Stilles Ausharren gehört zwar in der Regel zur speziellen Aufgabe von Modellen, aber auf diesem Bild hat Giacometti mit der **geschlossenen, frontal dem Betrachter zugewandten Haltung** der Frau, mit ihrer **zentralen Position** auf den **senkrechten** und **waagerechten Bildachsen** (siehe Skizze 3) und mit der fast

symmetrischen Ausrichtung aller Raumlinien auf ihren Körper und Kopf (siehe Skizze 4) im **Bildaufbau** ganz offensichtlich Wert auf die Wirkung einer dadurch erzeugten klaren, geordneten, **statischen Grundkomposition** gelegt.
Ganz im **Gegensatz** dazu steht die **verwirrende Vielzahl von Linien**, die den **Umraum** um die Frau charakterisieren. Die mit einem dünnen Pinsel hektisch aufgetragenen Linien betonen nicht klar die Umrisse der Möbelstücke, sondern wirken, als hätte sich Giacometti, immer wieder neu ansetzend, langsam **skizzenhaft** an die gewollten Formen herangetastet. Das trifft auch für die Körperform der Frau zu, deren **Plastizität** erst durch ein **Umschreiben** mit vielen schwarzen und weißen Linien entstanden ist. Während für die Charakterisierung des **Raumes** nur starre, **geradere Linien** verantwortlich sind, werden als starker **Kontrast** dazu am Oberkörper der Frau die Formen mit weichen, **gerundeten Linien** hervorgehoben. Für den Betrachter entsteht der Eindruck, als würde er mit den Linien die unruhigen Bewegungen von Giacomettis zeichnender Hand miterleben, die das Bild nach und nach so lange mit immer dichter werdenden schwarzen und weißen Strichen überzieht, bis der geschlossene Bildraum mit der figürlichen Akzentuierung entstanden ist.

Aufgrund von zuletzt gesetzten **helleren Strichakzenten** erscheinen die Formen von Giacomettis Mutter ebenso wie die Regalkanten hell beleuchtet. Das **Licht** spielt auch in der hervorgehobenen, beleuchteten, hellen Fläche auf dem Boden hinter dem Stuhl, auf dem seine Mutter sitzt, eine wichtige Rolle. Durch den dadurch zustande gekommenen Kontrast zur Dunkelheit von Rockkante und Beinen wird der Blick wiederum auf die Person gerichtet. Die unregelmäßige Form des auf der rechten Seite breiteren Lichtkegels bildet ein Gegengewicht zu der durch Hell-Dunkel-Kontraste hervorgehobenen Pyramidenform im Vordergrund.

Während das Elternbild von Dix u. a. durch seine Farbigkeit lebt, zeigt **Alberto Giacomettis** Bild seiner Mutter eine **sehr stark reduzierte Farbigkeit**. Außer einem rosafarbenen, flächig aufgetragenen Grundton sind nur Weiß, Schwarz und Grau als Linien und als Rahmung zu sehen. Das Rosa wurde der Raumfläche zugeordnet, die **Unfarben** wurden hingegen für die Zeichnung vorgesehen, die den Hauptcharakter des Bildes ausmacht.

Die Farbe, deren Ton großzügig einheitlich über alle Raumteile hinweg gemalt wurde, also vorne und hinten fast gleich aussieht, schiebt die eigentlich weiter hinten im Raum sitzende Person optisch nach vorne. Trotz ihrer Zierlichkeit hat Giacometti sie auch dadurch als wichtigstes Element im Raum hervorgehoben, dass er das **Oval** ihres Kopfes mit viel Weiß von der klaren, rechtwinklig begrenzten statischen Fläche (siehe auch Skizze 3) dahinter abgehoben hat. Darüber hinaus bildet ihr Körper eine Besonderheit, weil er mit starken Hell-Dunkel-Kontrasten betont wurde und weil nur er im gesamten Raum **plastisch** erscheint. Dies erreichte Giacometti mit den genannten gerundeten linearen Umschreibungen. Auch durch ihre zentrale Position und die starke Beleuchtung bildet die Frau einen deutlich sichtbaren Fixierungspunkt. Allein einige wenige kleine Rundformen wie das weiße Zifferblatt der Uhr auf dem Regal oben an der Rückwand oder die kleinen, gezeichneten Kreise (siehe auch Skizze 3) schaffen neben den hellen und dunklen Linien einen formalen Bezug zwischen Frau und Raum.

Trotz aller Betonung des Menschen in dieser **zentralperspektivisch angelegten Komposition** bleibt der Eindruck bestehen, dass der Gesamtraum den Menschen erdrückt. Eine derart zwiespältige Wirkung kommt dadurch zustande, dass die **starren, geraden, perspektivisch in die Bildtiefe führenden Linien** auf die Frau **gerichtet** sind und wie Spitzen auf ihre gerundeten Formen zielen, was mit Skizze 4 hervorgehoben werden soll. Auch kommt der bedrückend wirkende **Bezug zwischen Raum und Mensch** durch den Atelierboden zustande. Dieser ist in starker **Aufsicht** gemalt worden, was den Eindruck hervorruft, als würde er nach vorne aus dem Bild rutschen. Dafür, dass der Betrachter der Person auf Augenhöhe gegenübersteht, ist der Boden viel zu kippend wiedergegeben.

Nicht zuletzt hat Giacometti den Eindruck der Verunsicherung der in diesem sonst zentralperspektivisch angelegten Umfeld sitzenden Mutter dadurch gesteigert, dass die leere, rechtwinklig begrenzte Fläche um den Kopf der Frau wie ein einengender Kasten wirkt (siehe Skizze 3). Einen ähnlichen Effekt hat auch die Tatsache, dass der umrahmende, linear abgesetzte graue Bildstreifen rund um den rosafarbenen Raum zwar einerseits wie eine Art Bildfenster wirkt, durch das man in den Raum hineinschaut, andererseits aber wie eine **Einengung** des Menschen darin.

4. *Hinweis: Stützen Sie sich bei Ihrer Interpretation der jeweiligen Darstellungsschwerpunkte sowohl auf Ihre Beobachtungen aus den drei vorangegangenen Aufgaben als auch auf Ihr zusätzliches Wissen über Otto Dix und Alberto Giacometti. Vergleichen Sie, worauf die beiden Maler besonderen Wert gelegt haben, und setzen Sie sie mit ihren Bildern in Bezug zu den jeweiligen Zeitgenossen.*

Otto Dix wollte offensichtlich kein Repräsentationsporträt seiner Eltern malen, mit dem er sie geschönt in Szene hätte setzen können. Stattdessen hat er als unbestechlicher, sachlicher Beobachter die Lebensumstände, die in Gesicht, Mimik und Körperhaltung beider Elternteile Spuren hinterlassen haben, in allen Details wiedergegeben. Sentimentalität oder Mitleid mit der offensichtlichen Härte ihres schweren, arbeitsreichen Lebens ist bei ihm aber nicht zu finden. Mit der genauen Schilderung des Materialcharakters der Wand, mit den düsteren Farben, den Ornamenten des Sofas sowie der einfachen Kleidung lässt Dix auf den Status und auf das Milieu schließen, aus dem seine Eltern wohl stammen. In der minuziösen Auflistung aller Falten und Äderungen wird darüber hinaus mit unbarmherziger Schonungslosigkeit auf die geringe Anziehungskraft in der äußeren Erscheinung des Paares hingewiesen. Dix klammert als Beobachter aber seine persönlichen Gefühle als Arbeitersohn gänzlich aus. Mit seiner objektiven Schilderung der Wirklichkeit entlarvt sich Otto Dix als Mitstreiter der Maler, die sich in den 20er-Jahren des vergangenen Jahrhunderts unter der Bezeichnung „**Neue Sachlichkeit**" oder auch „**Verismus**" einen Namen gemacht hatten. Diese Malergruppe wandte sich bewusst gegen alle zeitgleichen Kunstströmungen, für die die Verselbstständigung der künstlerischen Mittel im Vordergrund stand.

Die während des Ersten Weltkrieges gesammelten Erlebnisse hatten bei Dix die ernüchterte Haltung gefördert, dass auch das Hässliche in der Kunst einen Platz haben müsse. Er wollte nach dem Krieg das Wahrhaftige gegen das rein Künstlerische setzen. Dazu ging er in diesem Bild und in vielen anderen sogar einen Schritt über die sachliche Beobachtung hinaus und übersteigerte Einzelheiten, was sich z. B. hier in der Vergrößerung der Hände und den fast schon grotesk betonten Halsfalten zeigt.

Trotz der distanzierten Darstellungsweise von sonst hohem Ikonizitätsgrad wird auf einer anderen Ebene doch ein persönliches Engagement deutlich, und zwar auf der sozialen. Indem Dix den Alltag, hier das schwere, entbehrungsreiche Leben einer **unterprivilegierten sozialen Schicht** für darstellungswert erachtet, rückt er genau solche Lebensumstände ins Bewusstsein.

Für die realistische Darstellungsweise, besonders für die sachlichen Informationen auf dem handschriftlichen Zettel an der Wand, die über die reine Abbildung des optisch Sichtbaren hinausgehen, hat Dix sich wahrscheinlich auf ein berühmtes Vorbild bezogen: **Albrecht Dürer** hatte rund vierhundert Jahre früher in einer Porträtzeichnung seiner 64-jährigen Mutter ebenso sachlich und schonungslos in deren Gesicht und Hals auf die Spuren eines entbehrungsreichen Lebens hingewiesen. Auch er hatte handschriftlich oben auf der Zeichnung das Alter der Frau und das Entstehungsjahr der Kohlezeichnung angegeben. Der hohe Ikonizitätsgrad, wie er in der Renaissance angestrebt wurde, ist auch in vielen Bildern von Dix Ziel der Darstellung. Aber die fast schon groteske Überzeichnung rückt das Porträt der Eltern wie etliche andere seiner Bilder – im Gegensatz zu Dürer – in den Bereich der Sozialkritik.

Anders als Dix interessiert sich **Giacometti** bei der Darstellung seiner Mutter weder für ihr individuelles Aussehen noch für ihre soziale Stellung. Stattdessen gibt er in diesem Bild deutliche Hinweise auf eine allgemeine **Befindlichkeit** und ein bestimmtes **Lebensgefühl**. Das gesamte Bild „lebt" von einer einheitlich gedrückten Stimmung. Über die individuelle Person „Mutter" hinaus ist hier offensichtlich die **Situation des Menschen allgemein** zum Thema geworden, denn in der Ungenauigkeit der Zeichnung bezieht er sich nicht auf ihre Individualität. Die Mutter ist nur ein Modell wie andere auch, die Giacometti dazu dienten, eine innere Spannung und einen Wechselbezug zwischen Mensch und Raum, der ihm offensichtlich wichtig war, herzustellen.

Mit den **Kontrasten** im Bild zwischen **Ruhe** und **Bewegung**, zwischen **statischer Haltung** und **hektischen, zielgerichteten Strichen**, zwischen aufrecht sitzender Figur und diagonal angelegten Raumlinien, zwischen **Farbe** und **Unfarbe**, zwischen **Hell** und **Dunkel**, zwischen der **Leere** um den Kopf und der **Fülle** des Lineaments, das den Raum charakterisiert, gibt Giacometti kein positives Lebensgefühl wieder. Das **Uneins-Sein des Menschen mit seinem Umfeld** spiegelt sich bei ihm aber nicht in Gestik und Mimik wie etwa bei den expressiven Malern, sondern im Gegensatz und in der Spannung zwischen Mensch und Raum. Die Person ist im vorliegenden Bild der Unruhe um sie herum ausgeliefert, aber zugleich auch der Leere.

„Könnte ich die Leere um einen Kopf spürbar machen, so hätte ich gewonnen". Dieses Ziel Giacomettis wird hier überdeutlich, indem er den Kopf seiner Mutter hell vor der einzigen leeren Stelle im Raum positioniert hat. Die Leere wird aber gleichfalls bei seinen modellierten Köpfen spürbar. Die Wechselbeziehung zwischen Figur und Raum charakterisiert also auch Giacomettis Plastiken und seine reinen Zeichnungen beinhalten dieselbe Grundtendenz. Seine als **Erweiterung der Zeichnung anzusehende Malerei** lässt sich – wie seine Plastiken – keiner der Strömungen seiner Zeit zuordnen. Seine Figuren sind ganz individuelle Erfindungen, die sich von den Zielsetzungen seiner Zeitgenossen deutlich abgrenzen. Während Dix sich nach seinen schrecklichen Erfahrungen im Ersten Weltkrieg von den meisten seiner europäischen Malerkollegen absetzen wollte, um mehr Wahrhaftigkeit zu erreichen, war es bei Giacometti wohl das Zeitgefühl nach dem Zweiten Weltkrieg mit all seinen existenziellen Ängsten, das dazu führte, dass er nicht wie seine Zeitgenossen in die ungegenständliche Kunst auswich, weil er das Entsetzliche so nicht hätte ausdrücken können. Er wollte stattdessen eine **Existenzangst** sichtbar machen, die er zwar an jedem individuellen Modell wieder neu zu erleben glaubte und sichtbar zu machen versuchte, die aber über deren individuelle Erscheinung hinausging. Über das Gefühl, einsam seiner Umgebung ausgeliefert zu sein, gibt dieses Bild von Giacomettis Mutter deutlich Auskunft.

Skizze 1 hebt die für den Eindruck von Erstarrung verantwortlichen horizontalen und vertikalen Kompositionslinien hervor.

Skizze 2 betont die Parallelitäten in der Armhaltung und den geschwungenen, blau-weißen Linien der Kleidung. Sie zeigen die Zusammengehörigkeit der beiden Personen und sorgen für eine gewisse Lebendigkeit im Bild.

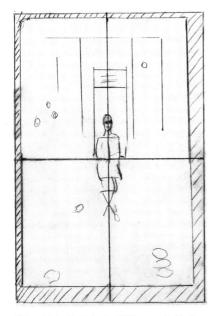

Skizze 3 hebt die Linien im Bild hervor, die für die statische Grundkomposition verantwortlich sind. Die andersfarbige Rahmung wiederholt das ausgesparte Feld um den Kopf herum.

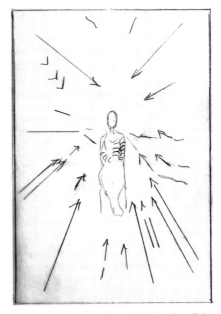

Skizze 4 betont die zentralperspektivischen Raumlinien, die dynamisch auf die statisch sitzende Person gerichtet sind.

Abiturprüfung NRW – Kunst Leistungskurs
Übungsaufgabe 5

Bezüge zu den Vorgaben 2013/2014:
Menschen und Natur in der Bildenden Kunst
- *Das Bildnis als Spiegel gesellschaftlicher Normen und Vorstellungen: Das neue Selbstbewusstsein des Menschen im malerischen Werk Albrecht Dürers*

Fachliche Methoden
- *Werkbezogene Form- und Strukturanalysen einschließlich Strukturskizzen*
- *Subjektorientierte Bildzugänge (perzeptorientierte Methoden)*
- *Werkexterne Zugänge zur Analyse und Interpretation (motivgeschichtlicher Vergleich)*

Aufgabenstellung

1. Geben Sie den ersten Eindruck wieder, der bei Ihnen beim Anblick der beiden Dürer-Bilder entsteht. 10 Punkte

2. Beschreiben Sie das „Große Rasenstück" von Albrecht Dürer. 10 Punkte

3. Beschreiben Sie nun das Bild „Hieronymus Holzschuher" von Albrecht Dürer und erklären Sie anschließend mithilfe der Form- und Strukturanalyse die bildnerischen Mittel, die für den Gesamteindruck entscheidend sind. Gehen Sie strukturiert vor und untersuchen Sie das Bild im Hinblick auf Farb- und Formkomposition. Fertigen Sie eine Skizze zur Verdeutlichung Ihrer Ausführungen an. 30 Punkte

4. Interpretieren Sie nun beide Werke und belegen Sie darin, inwieweit sie charakteristisch für die Zeit ihrer Entstehung, die Renaissance, sind. Beziehen Sie dabei auch Ihre bisher gemachten Erkenntnisse aus den vorherigen Aufgaben mit ein sowie Ihr Wissen zur Epoche. 40 Punkte

Materialgrundlage
Bildmaterial:
Abb. 1: Albrecht Dürer, „Das große Rasenstück", 1503, Aquarell und Deckfarben auf Karton, 40,8 × 31,5 cm, Albertina, Wien
Abb. 2: Albrecht Dürer, „Hieronymus Holzschuher", 1526, Öl auf Holz, 48 × 36 cm, Staatliche Museen zu Berlin, Gemäldegalerie

Zugelassene Hilfsmittel
- Wörterbuch zur deutschen Rechtschreibung
- Skizzenpapier, Bleistifte

Abb. 1: Albrecht Dürer, „Das große Rasenstück", 1503, Aquarell und Deckfarben auf Karton, 40,8 × 31,5 cm, Albertina, Wien, Wikimedia Commons: http://de.wikipedia.org/w/index.php?title=Datei:Duerer_the_large_turf.jpg &filetimestamp=20060807132031; gemeinfrei

Abb. 2: Albrecht Dürer, „Hieronymus Holzschuher", 1526, Öl auf Holz, 48 × 36 cm, Staatliche Museen zu Berlin, Gemäldegalerie © www.visipix.com

Anmerkung
Der Schriftzug am oberen Bildrand besagt „HIERONYMUS HOLTZSCHUHER – IM JAHRE 1526 – IN SEINEM 57. LEBENSJAHR".

Lösungsvorschläge

1. *Hinweis: Notieren Sie sich zur Beantwortung der Frage alle Eindrücke, die Ihnen spontan zu den Bildern in den Kopf kommen. Im zweiten Schritt sortieren Sie diese und schreiben sie dann geordnet auf.*

Das „**Große Rasenstück**" von **Albrecht Dürer** zeigt auf den ersten Blick genau das, ein Stück Rasen im **Hochformat**. Wobei das „groß" zu dem eher kleinen Bildformat eigentlich nicht passen will. Es sei denn, man bezieht es auf die Art und Weise der detaillierten Gestaltung der gezeigten Gräser, Knospen, Blütenstängel, Blätter, Erd- und Gesteinsbrocken in „Großaufnahme". Die diversen Gräser, Kräuter- und Pflanzenarten sind so **naturnah** gemalt, dass man fast den Eindruck hat, man betrachte eine Fotografie aus der Botaniklehre. Gesteigert wird diese Vorstellung noch von dem ungewöhnlichen Ausschnitt des Rasenmotivs: Unbegrenzt und aus der **Froschperspektive** gemalt, wirkt das Bild eher wie eine Naturstudie und weniger wie ein selbstständiges Bildmotiv. Versucht man eine Zuordnung, so gehört es zur Gattung des **Stilllebens**.

Die Farbpalette ist sehr zurückgenommen. Differenzierte Grüntöne bestimmen das Aquarell insbesondere in der Bildmitte. Nach unten hin vermischen sich diese mit Braun- und Beigetönen, die den Erdgrund darstellen. Im oberen Bildteil ist ein trüber Himmel zu sehen, in den die Gräser – sich kontrastreich deutlich absetzend – hineinragen. Das so fein ausgestaltete Bild deutet auf die reiche Naturkenntnis und die genaue Beobachtung des Künstlers hin.

Das Porträt von **Hieronymus Holzschuher** von **Albrecht Dürer** ist so **realistisch** gemalt, dass man sich fast ertappt fühlt vom strengen, direkten Blick des **Porträtierten**. Obwohl er uns ernst anschaut, verleihen die warmen Farbtöne, die das Bild bestimmen, sowie der große, flauschige Pelzkragen, den man aufgrund seiner gekonnten **illusionistischen** Darstellung fast zu fühlen meint, dem Bild etwas sehr Harmonisches. Auch das weich fallende Haar und der bauschige Bart tragen zu diesem Eindruck bei. Durch den skeptischen, durchdringenden Blick des Porträtierten werden wir unmittelbar ins Bildgeschehen einbezogen. Seine leichte Wendung nach rechts sowie sein schwerer, geschlossener Mantel erzeugen jedoch auch Distanz. Diese wird durch die vornehme Erscheinung des Mannes unterstrichen, der, seiner kostbaren Kleidung zufolge, wohl einem höheren gesellschaftlichen Personenkreis angehört. Der Porträtierte scheint vor einer hellen Zimmerwand zu stehen, am oberen, linken Bildrand erkennt man in goldenen Lettern verfassten einen Schriftzug.

2. *Hinweis: Gehen Sie strukturiert vor, d. h. finden Sie eine schlüssige, sinnvolle Reihenfolge und bleiben Sie sachlich in der Beschreibung.*

Das Aquarell „**Großes Rasenstück**", welches Albrecht Dürer 1503 im **Hochformat** mit den Maßen 41×31,5 cm malte, befindet sich heute in der Albertina in Wien. Es zeigt ein Stück Wiese mit verschiedenen Gräsern und Kräutern (u. a. Löwenzahn) vor niedrigem **Horizont**. Im Vordergrund erkennen wir sumpfiges

Erdreich mit Moospartien, aus dem das zartgliedrige Wurzelwerk der Pflanzen seine Feuchtigkeit zieht. Das **Bildzentrum** liegt nicht in der Mitte, sondern in der linken Bildhälfte: Auf der rechten Seite im Bildmittelgrund breitet eine Pflanze ihre Blätter aus, bestehend aus zwei hellen Blattpaaren sowie einem größeren, das dunkel gen Himmel ragt. Unter diesen, fast an die Erde gedrückt, befindet sich das noch junge Blattwerk einer anderen Pflanzenart, wie die Blattform verrät. Überdeckt wird es von einem schmalen, feingliedrigen Fächerblatt, das sich schräg zur Bildmitte streckt. Es mündet an einer weiteren Blattrosette. Von diesem sowie von den flächigen Blättern ausgehend wird der Blick nach links in einen undurchdringlichen Pflanzenwuchs gelenkt. In dem dichten Wuchs sind die zackigen Blätter des Löwenzahns auszumachen. Zum linken Bildrand hin folgen diesem paarig geordnete Blätter. Als **Kontrapost** zum verdichteten Gewirr wie auch zur dunklen Erdscholle im unteren Bildteil wachsen mehrere hohe, unterschiedlich entwickelte Grashalme in den oberen Bildteil, der höchste ragt sogar über den oberen Bildrand hinaus. Mit ihnen heben sich auch drei rötlich verblasste Löwenzahnstängel mit verblühten Köpfen in den Himmel. Am rechten Bildrand erkennt man noch ein kleines Stück Bodenbegrenzung. Nach links hin verdichtet sich dann der Wuchs.

3. *Hinweis: Beschreiben Sie erst in sinnvoller Reihenfolge sachlich das Dargestellte. Gehen Sie dabei vom „Großen" ins Detail. Analysieren Sie anschließend die formale Gestaltung des Bildes, indem Sie die Formkomposition, Farbigkeit und Lichtführung verständlich darstellen. Ihre angefertigten Skizzen sollen Ihre strukturierte Darstellung verständlich veranschaulichen. Beziehen Sie dies in Ihre Ausführungen ein.*

Das Porträt „**Hieronymus Holzschuher**" malte Albrecht Dürer 1526 in Öl auf Holz im **Hochformat** von 48×36 cm. Als **Bruststück** im **Dreiviertelprofil** blickt der Dargestellte den Betrachter direkt an. Sein blondes Haar hebt sich nur geringfügig von dem hellen, flächigen Hintergrund ab. Das rosig-fleischige Gesicht wird umrahmt von hellblondem, lockigem Haar, dessen Fülle die Ohren verdeckt, im Stirnbereich jedoch schon ausgedünnt erscheint, sowie einem bauschigen, gepflegten weißen Backenbart. Der **Porträtierte** ist vornehm mit einem dunklen Gewand mit breitem Pelzkragen bekleidet. Der hellbraun-rötliche Pelz setzt sich deutlich von dem schwarzen Stoff ab. Am geraden Halsausschnitt bildet ein feiner weißer Stoffstreifen (vermutlich vom Unterkleid) einen **kontrastreichen** Abschluss. Der leicht nach rechts gedrehte Körper wendet sich zum Licht hin: In den Pupillen des Porträtierten spiegelt sich das Fenster, aus dem das Licht in den Raum fällt. Während die linke Bildhälfte bis zur Mitte hin gut ausgeleuchtet ist (und damit auch die gesamte Gesichtspartie), liegt die rechte im Schatten: Haare und Schulterpartie sind stark abgedunkelt, der pelzige Mantelkragenabschluss ist nur noch zu erahnen. Der Porträtierte steht vor einer ebenmäßigen, hellen Fläche. Am oberen Bildrand verrät uns ein Schriftzug in goldenen

Lettern, wen Albrecht Dürer hier dargestellt hat: „HIERONYMUS HOLTZ-SCHUHER – IM JAHRE 1526 – IN SEINEM 57. LEBENSJAHR".
Durch die natürlichen **Proportionen** sowie die große **Detailtreue** wird der **realistische** Eindruck des Bildes hervorgerufen. So malte Dürer z. B. mit vielen kleinen Pinselstrichen Bart, Haare und Pelzkragen in natürlichen, fein abgestuften **Lokalfarben**. Insbesondere die Darstellung der Haut im Gesicht zeigt, wie durch die feine, differenzierte **Farbmodellierung** einzelne Partien **plastisch** hervortreten. Zusätzlich dazu ist es die gekonnte **Lichtführung**, die Licht- und Schatten ins Bild bringt und damit die **Plastizität** der Figur vor dem flachen Hintergrund betont. Der **Lichteinfall** unterstützt auch die Wendung des Dargestellten nach rechts und suggeriert somit den Eindruck von Bewegung, Lebendigkeit. Lichtreflexe auf den Haarlocken, im Bart und auf dem Pelz rufen eine fast haptische Wahrnehmung der **Oberflächentexturen** hervor. Beim Malen versuchte der Künstler die **Stofflichkeit** so herauszuarbeiten, dass man weiches (Fell), flauschiges (Barthaar), stumpfes (Haar), borstiges (Backenbart) und grob-festes Material (Mantel) mit den Augen zu ertasten vermag. Die dadurch verursachte Unterscheidung der Strukturen trägt zur Natürlichkeit des Bildes bei.
Besonders fein aufeinander abgestimmt ist auch die **Farbpalette** im Bild: Die **Valeurmalerei** der **Gegenstandsfarben** ist entsprechend ihrer Ausrichtung zum Licht mit sanft abgestuften Hell-Dunkel-Übergängen angelegt. Große **Farbkontraste** hat Dürer zugunsten eines harmonischen Gesamteindrucks vermieden. Vielmehr bestimmen Farbnuancen in warmen Gold-Braun-Gelb-Tönen das Bild. Zwar zeigt sich ein **Hell-Dunkel-Kontrast** von der unteren zur oberen Bildhälfte, er wird aber durch den Lichteinfall und die hellen Reflexe auf dem Fellkragen abgemildert. Kompositorisch wirkt sich diese Hell-Dunkel-Farbgestaltung jedoch auf die Bildwirkung aus, indem sie das Bild nach oben hin öffnet und unten abschließt.
Der bereits erwähnte lebendige Eindruck, verursacht durch den imaginativen Bewegungsimpuls nach links im Bild (vom Betrachter aus gesehen), wird gesteigert durch die Blickrichtung des **Porträtierten:** Er schaut im Gegensatz dazu nach rechts. Dennoch ist das **Brustporträt** in der Anlage an der senkrechten Mittelachse (sMA, siehe Skizze 1) ausgerichtet. Der Abschluss des Kragens liegt zudem auf der waagerechten Mittelachse (wMA), und die Augen befinden sich auf Höhe des **Goldenen Schnitts** (GS). Durch die schräg dazu verlaufenden Ausrichtungen der erwähnten Körperdrehung und der Blickrichtung sowie durch die das Bild durchschneidenden Diagonalen (Kragen, Schulterpartie, Bart) vermied Dürer jedoch einen statischen **Bildaufbau**. Der flächige, ungestaltete Hintergrund wie die lineare Inschrift am oberen Bildrand bringen die Komposition ins Gleichgewicht. Dürer ist es so gelungen, sein Bild mithilfe sich durchkreuzender **Kompositionslinien** und geometrischer Formen (Dreiecke) harmonisch und dennoch spannungsreich aufzubauen. Skizze 1 verdeutlicht dies.
Die formale **Farb-** und **Formkomposition** trägt damit auch zur ambivalenten inhaltlichen Bildaussage bei: Wohlhabend und selbstbewusst, aber auch kritisch und skeptisch stellt Dürer Hieronymus Holzschuher dar.

Wie all seine Porträts zeichnet auch dieses eine ausgewogene, wohlproportionierte Gestaltung aus. Studiert hatte Dürer diese harmonische Bildkomposition bei den **Porträtmalern** der **Renaissance** in Italien. Diese griffen in ihren **Kompositionen** auf den klassischen Schönheitskanon der **Antike** zurück.

4. *Hinweis: Beziehen Sie in Ihre Interpretation Ihre Erkenntnisse aus den Aufgaben 2 und 3 mit ein. Bringen Sie darüber hinaus geordnet Ihr Hintergrundwissen ein. Stellen Sie dafür verständliche Bezüge zu den Bildern her und verknüpfen Sie stets Ihre Aussagen. Ihre Vermutungen begründen Sie nachvollziehbar. Gehen Sie zielgerichtet und strukturiert vor. Finden Sie einen folgerichtigen Abschluss.*

Das „**Große Rasenstück**" Dürers stellt – anders als der erste Blick vermuten lässt – kein reales Stück Rasen dar. Der Blickpunkt liegt dafür viel zu tief; so kann das Bild nicht in der Natur auf der Wiese entstanden sein. Es ist vielmehr anzunehmen, dass die **Studie** im Atelier gemalt wurde. Der Künstler wird dazu Pflanzen und Gräser einzeln studiert und gezeichnet haben. Für die exakte, detaillierte Ausarbeitung der verschiedenen Pflanzenarten tönte Dürer nicht nur die Farben vielfältig ab, sondern er fügte zudem mit spitzem Pinsel (vermutlich auch mit der Feder) grafische Strukturen mit feinen Linien ein. An den Adern der großen Blätter ist dies gut zu erkennen. Der Naturausschnitt zeigt nicht nur Details der verschiedenen Pflanzen und Gräser, sondern manche auch als ganze Pflanze, z. B. Löwenzahn und Wegerich, die von der Wurzel bis zur Spitze (Blüte) zu sehen sind. Neben diesen Arten lassen sich auch alle anderen Pflanzen botanisch eindeutig bestimmen wie die Schafgarbe, das Gänseblümchen, der Breitwegerich etc. Dabei hat Dürer den Entwicklungsstand der Pflanzen so exakt beobachtet, dass Botaniker das Wiesenstück sogar datieren konnten: Im Monat Juni muss Dürer vermutlich mit dem Spaten ein großes Stück Wiese abgelöst und zu den Zeichenstudien in sein Atelier gebracht haben.

Das **Aquarell** gehört zu einer Reihe von **Naturstudien**, die der deutsche **Renaissancekünstler** nach seiner ersten Italienreise, auf der er Bilder von da Vinci, Mantegna und Bellini sah, anfertigte. Durch die Herauslösung der Pflanzen aus ihrer natürlichen Umgebung gelang ihm die Konzentration auf ihre **Stofflichkeit** und **Körperlichkeit**. Der präzise Blick Dürers gleicht dem eines Naturforschers und zeigt, wie sich das Kunstverständnis seit dem Mittelalter gewandelt hatte. Wurde die Natur im Mittelalter lediglich als Beiwerk gemalt und war als eigenständiges Thema nicht denkbar, verdeutlicht das „Große Rasenstück" das in der Renaissance erwachte wissenschaftliche Interesse an der Welt. Spiegelt sich dieses überwiegend in astronomischen, anatomischen und geografischen Forschungen dieser Zeit wider, ist es in der Bildenden Kunst in den naturgenauen Darstellungen und der Erfindung der **Zentralperspektive** (Dürer lernte diese auf seiner zweiten Italienreise kennen) anzutreffen. Überdies stellt es motivisch auch eine Innovation für die Gattung des Stilllebens dar.

Der Mensch in der **Neuzeit** sah sich nun selbstbewusst im Mittelpunkt der Schöpfung. Demnach orientierte sich auch das Interesse der Renaissancekünstler an der exakten Wiedergabe menschlicher Wahrnehmungen. Malte sich Dürer in seinem berühmten „Selbstbildnis im Pelzrock" von 1500 bereits selbstbewusst in Christus-Pose als Ebenbild des Schöpfers, so zeigte er mit dem „Großen Rasenstück", dass Gott ihn befähigte, als Künstler eine zweite Wirklichkeit zu schaffen. Er schöpfte die Natur im Bild nach. Dürer verstand sich darum als **„Divino artista"**.

Auch das **Porträt** von **Hieronymus Holzschuher** ist charakteristisch für die Zeit der **Renaissance**. Mit dem Porträt stellte Dürer erneut sein großes Können zur Schau. Schonungslos studierte er Gesicht und Haar Holzschuhers, der der Sohn einer angesehenen Nürnberger Patrizierfamilie war und wie Dürer im Nürnberger Stadtrat saß. (Für kurze Zeit war er sogar zweimal Oberbürgermeister der Stadt.) Es ist zu vermuten, dass sich beide mehrfach persönlich begegneten und eventuell sogar befreundet waren; sie waren beinahe gleichaltrig. (Wie die Inschrift verrät, war Holzschuher 57 Jahre alt, als das Porträt entstand, und Dürer nur zwei Jahre jünger als er.) Die **Gattung** des Porträts erfreute sich in dieser Zeit großer Beliebtheit. Die reichen Kaufleute und erfolgreichen Handwerker demonstrierten damit ihren hohen gesellschaftlichen Status. So ließ sich auch Holzschuher stolz verewigen, und zwar als reicher Bürger ohne jegliche **Attribute** oder gar heiligen Figuren, wie es im Mittelalter noch der Fall gewesen wäre. Es kam nun nicht mehr auf eine **Stilisierung** und **Ästhetisierung** der Person an, wie es noch üblich war in den Porträts früherer Jahre, sondern auf die **individuelle Natürlichkeit** in der Darstellung. Im Ausdruck des Porträtierten steckt der Kern seiner Persönlichkeit: Mit dem ruhigen, skeptischen und klugen Blick, der fast zögerlichen Hinwendung zum Betrachter, hielt Dürer viel mehr als nur das reine Äußere des Mannes fest. Darüber hinaus stellt das Porträt in seiner Unaufgeregtheit und vornehmen Zurückhaltung in Gestik und Kleidung auch ein Musterbeispiel des Renaissanceporträts dar. Es zeigt einen Prototypen des selbstbewussten, würdevollen, frei bestimmten Humanisten der Neuzeit und fasst Dürers reifes Können zusammen: Der kraftvolle Männerkopf spiegelt einen klaren Geist und festen Willen sowie ein sicheres Gefühl für den eigenen Wert wider.

Holzschuher unterstrich mit dem Porträt seinen gesellschaftlichen Stand und bewahrte diesen mit dem Bildnis nach seinem Ableben für die Nachwelt auf. Auch die Inschrift Dürers spricht dafür: Sie steht gegen das Vergessen des Dargestellten, wir sollen uns an ihn erinnern.

Wir können davon ausgehen, dass das Porträt nicht für jeden sichtbar an der Wand hing, da Dürer Holzschuher ohne Hut darstellte. (Es war auch üblich, einen Deckel für Porträtbilder mitzuliefern – um sie so vor ungewollten Blicken schützen zu können.)

Zusammenfassend lässt sich feststellen, dass beide Werke absolut charakteristisch für die Zeit ihrer Entstehung, die Renaissance, sind: das Porträt Holzschuhers, indem es den Menschen als Einzelperson, als schöpferisches, selbstbestimmtes Individuum zeigt, und das „Große Rasenstück", indem es die Flora in wissenschaftlicher Klarheit darstellt und sich damit gegen die geistig orientierte Formensprache des Mittelalters wendet.

Die Werke stellen damit ein beeindruckendes Zeugnis des größten deutschen Renaissancekünstlers Albrecht Dürer dar.

Skizze 1

Abiturprüfung NRW – Kunst Leistungskurs
Übungsaufgabe 6

Bezüge zu den Vorgaben 2014:
Menschen und Natur in der Bildenden Kunst
– Individuell geprägte Naturvorstellungen als Ausgangspunkt bildnerischer (hier malerischer, fotografischer) Konzepte. Konstruierte Landschaftsdarstellungen und die Einbindung des Menschen in den dargestellten Raum im Werk von:
- *Andreas Gursky*
- *Caspar David Friedrich*

Fachliche Methoden:
– Werkbezogene Form- und Strukturanalysen einschließlich Strukturskizzen
– Subjektorientierte Bildzugänge (perzeptorientierte Methoden)

Aufgabenstellung

1. Formulieren Sie Ihren ersten Eindruck von der Reproduktion des Fotos „Bahrain I" von Andreas Gursky, das die Formel-1-Autorennstrecke im arabischen Inselstaat Bahrain zeigt. 10 Punkte

2. Beschreiben Sie das Foto in der Übersicht und, soweit möglich, in den Details. Vergleichen Sie anschließend Gurskys Foto mit der Ansicht der Rennstrecke in Bahrain aus Google Earth. Fertigen Sie dazu eine Skizze an. 15 Punkte

3. Analysieren Sie die formale Gestaltung von „Bahrain I". Gehen Sie dabei besonders auf den Aufnahmestandpunkt, den Umgang mit dem Motiv, den Arbeitsprozess, die Komposition und die Farbe ein. 30 Punkte

4. Interpretieren Sie das Foto auf der Grundlage Ihrer Ausführungen unter den Aufgaben 1–3. 20 Punkte

5. Vergleichen Sie den Arbeitsprozess von Caspar David Friedrich bei seinen gemalten, realistisch wirkenden Landschaften mit dem Arbeitsprozess Gurskys. Erläutern Sie bei diesem Vergleich anschließend die verschiedenen Intentionen im Umgang mit der Wirklichkeit. 15 Punkte

Materialgrundlage
Bildmaterial:
Abb. 1: Andreas Gursky, „Bahrain I", 2005, 302,2 × 219,6 × 6,2 cm
Abb. 2: Satellitenbild der Rennstrecke in Bahrain aus Google Earth

Zugelassene Hilfsmittel
– Wörterbuch zur deutschen Rechtschreibung
– Skizzenpapier, Bleistifte

Abb. 1: Andreas Gursky, „Bahrain I", 2005, C-Print, 302,2 × 219,6 × 6,2 cm

Abb. 2: Google Earth, Rennstrecke Bahrain

Anmerkung
Zum Vergleich mit Gurskys Aufnahme müssen Sie das Satellitenbild um 90° nach rechts drehen.

Lösungsvorschläge

1. *Hinweis: Formulieren Sie Ihren ersten Eindruck, wenn Sie die Fotografie von Andreas Gursky als Reproduktion vor sich sehen.*

Auf den ersten Blick glaubt man als Betrachter kein Foto, das Realität bannt, sondern eher ein abstraktes Bild vor sich zu sehen. Die unruhigen schwarzen Schleifen auf einem fast monochromen Grund lassen zunächst keinen Bezug zu etwas Bekanntem zu. Nur durch die hellblaue Fläche am oberen Bildrand entstehen dann Assoziationen an Landschaftliches, zumal auch die schwarzen, kurvenden Streifen unterschiedlicher Breite nach hinten hin schmaler und dichter werden, was den Eindruck von perspektivischem Tiefenraum erzeugt. Ohne die Zusatzinformation allerdings könnte man allein aufgrund des Titels auf den ersten Blick nicht darauf schließen, dass hier eine Formel-1-Rennstrecke fotografiert wurde, weil in der Übersicht, die die Reproduktion bietet, kaum etwas daran erinnert. Die erwartete Gesamtwirkung eines farbenfrohen, turbulenten Geschehens fehlt gänzlich, die Rennstrecke sieht vollständig ausgestorben und entmenschlicht aus. Nur der Ort, an dem die schwarzen Bahnen aufgenommen wurden, wirkt charakteristisch für die endlos erscheinende Wüste, in die die Anlage gebaut wurde.
Die Distanz, aus der die merkwürdig unterbrochen erscheinenden Straßenverläufe mehr an heftige Aktionsmalerei als an eine funktionstüchtige Rennstrecke erinnern, vermittelt etwas von der unpersönlichen Sicht z. B. aus einem Flugzeug heraus.

2. *Hinweis: Beschreiben Sie unter Aufgabe 2, was auf der Reproduktion von Gurskys Fotografie zu sehen ist. Vergleichen Sie anschließend das Satellitenbild damit.*

Andreas Gursky hat für sein 2005 veröffentlichtes Foto ein riesiges, leicht überlängtes Hochformat von 302,2 × 219,6 × 6,2 cm Höhe gewählt.
Von einem sehr stark erhöhten Standpunkt aus überblickt der Betrachter auf der Reproduktion einen Ausschnitt aus einer sich weit in die Ferne erstreckenden Wüstenlandschaft, in der es keinen Baum und keinen Strauch zu sehen gibt. In hartem Kontrast aber hebt sich die kurvenreiche Straßenführung der Rennstrecke mit Haupt- und Nebenstrecken und breiten Auslaufzonen schwarz vor dem hellockerfarbenen Grund ab. Gursky hat zu einem Zeitpunkt fotografiert, wo auf der Rennstrecke keine Veranstaltung stattfand, weshalb sie menschenleer ist. Flankiert von schmaleren schwarzen Streifen, die sich teilweise auch neben der Strecke zu verselbstständigen scheinen, winden sich die Bahnen durch den Wüstensand, mal in weiten, mal in engeren Kurven verlaufend, mal weich geführt, mal hart abgeschnitten, mal andere überlagernd. Was die eigentliche Rennstrecke ist und wie diese durchgängig geführt sein könnte, ist allerdings im wiedergegebenen Ausschnitt – zumindest für einen Laien – nicht sofort nachvollziehbar. Vergleicht man den gesamten Verlauf der Rennstrecke aus der Google Earth-Satellitenaufnahme mit Gurskys Foto, so zeigt sich, dass die bei Gursky abgebildete

Strecke in Wirklichkeit auf beiden Seiten außerhalb des Bildes weitergeht und dann wieder ins Bild zurückführt. Außerdem entdeckt man, dass Gursky eigene Erfindungen hinzugefügt hat, z. B. am unteren Bildrand einen breiten Straßenverlauf und rechts darüber eine detaillierte Kurve mit spitz endender Auslaufstrecke. Ebenso wurden die Gebäudeteile im oberen Bilddrittel, wohl die Tribünen, auf ein einziges, langes, durch den Schwarz-Weiß-Kontrast stark abgehobenes Gebäude reduziert. Auf Skizze 1 werden der von Gursky ausgewählte Ausschnitt aus dem Verlauf der Rennstrecke ebenso wie die besonders auffälligen Veränderungen, die er ganz offensichtlich unabhängig von der Realität vorgenommen hat, hervorgehoben.

Nimmt man als Betrachter einzelne der aus so weiter Ferne winzig erscheinenden Teilflächen ins Visier, so entdeckt man links neben dem genannten schwarzen Gebäudeblock mit weißem Dach, der wie ein störender Klotz am Rande der waagerecht verlaufenden Spur im oberen Bilddrittel steht, zwei rote Kreise, in die auf weißem Grund ein Plus-Zeichen eingesetzt wurde. Sie markieren Landeplätze für Hubschrauber. Einige regelmäßig unterbrochene, zierliche rot-weiße Streifenbänder sichern die Rennstrecke am Rand ab. An verschiedenen Stellen um die Bahnen herum stehen skurril dünn aussehende, unregelmäßig verteilte Beleuchtungskörper. Im unteren Mittelbereich sind drei weiße „Vodafone"-Werbeschriften auf rotem Grund zu sehen, im oberen Bereich weitere starre, ähnlich gestaltete Werbebanner in schwarz-weiß, blau-weiß und gelb-rot. Am unteren Bildrand befinden sich an beiden Fahrbahnseiten der großzügig gerundeten Kurve, die von der rechten zur linken unteren Bildecke führt, einige extrem kleine Gebäudeteile und winzige Striche, die vereinzelte Menschen abbilden könnten. Bei genauem Hinsehen sind auch einzelne Fahrzeuge am Rande der Strecke zu entdecken. Die Funktionen des schwarzen kleinen Blockes links unten am Bildrand und die des langen, dünnen, schräg gestellten Stabes etwas höher am rechten Bildrand können nicht erläutert werden.

Parallel zum fernen Horizont verläuft eine helle Straße jenseits der Rennstrecke. Links dahinter liegen Gebäudekomplexe, die als strenge Formation in den Wüstensand gebaut wurden. Rechts oben im Bild sind Hinweise auf eine lockere Besiedelung zu finden. Ganz hinten am Horizont verändert sich die flache Sandebene zu einigen berghähnlichen Sanddünen. Einige Farbtonvarianten im ockerfarbenen Grund sind auf Unregelmäßigkeiten im Boden, besonders aber auf Abbruchkanten im Wüstensand zurückzuführen. Die Bahnen wurden also nicht durchgängig auf die ganz flache Ebene gesetzt, sondern stellenweise in leichte Erhebungen eingefräst.

Verschiedene Brücken, die die Fahrbahnen überqueren, wirken, wie auch Tribüne und Werbeschriften, wie winzige, störend starre Elemente in der vorwiegend fließenden Struktur der schwarzen Streckenwindungen.

3. *Hinweis: Analysieren Sie den Aufnahmestandpunkt, den Umgang mit den Details aus der Fern- und aus der Nahsicht, die Bildkonstruktion, die Farbgestaltung sowie den Arbeitsprozess, soweit er ablesbar ist. Versuchen Sie sich auch vorzustellen, was der Betrachter sieht, wenn er direkt vor dem Originalfoto steht.*

Gursky hat für sein **riesiges Hochformat** einen nicht alltäglichen, sehr **stark erhöhten Aufnahmestandpunkt** gewählt, der darauf schließen lässt, dass er von einem Hubschrauber aus – jedenfalls aus der Luft – fotografiert hat. Durch die dem Betrachter aufgezwungene Sicht von oben entsteht sofort eine weite **Distanz zum Geschehen**. Er erlebt sich nicht als Teil des Ganzen und kann im Vordergrund keinen direkten Zugang finden, selbst wenn er vor dem großen Originalfoto steht. Im Gegenteil, auch die Gebäudeelemente im Vordergrund scheinen in weiter Ferne zu liegen, weil sie im Größenvergleich zur Rennstrecke viel zu klein sind. Der lang gestreckte, starre, schwarz-weiße Block im oberen Bildteil wirkt im Verhältnis dazu **überdimensioniert**.

Steht der Betrachter direkt vor dem riesigen Originalfoto, kann er die kleinen Bildelemente mit Ausnahme derjenigen im Vordergrund nur als winzige, starre Linien wahrnehmen, da sie außer Augenreichweite liegen. Direkt vor dem Foto stehend, wird man primär von den riesigen Ausmaßen und der präzisen Schärfe beeindruckt sein. Die verwirrende Streckenführung wird noch rätselhafter erscheinen, denn nur auf der verkleinerten Reproduktion ist das gesamte Foto als **Übersicht** für den Betrachter verfügbar, und nur dort kann er sich **nacheinander** alle Details genauer ansehen.

Rätsel gibt nicht nur der Streckenverlauf auf, sondern auch der **Standpunktwechsel** im Foto. Die **direkte Aufsicht** im unteren Bildbereich, die stark an eine Satellitenaufnahme erinnert, dürfte nicht zugleich eine **tiefenräumliche** Weitsicht ermöglichen, bei der der Horizont viel tiefer liegen müsste. Die Bildtiefe, in der die Bahnen schmaler und ihre Abstände gestaucht erscheinen, muss deshalb aus einem anderen Aufnahmewinkel entstanden sein. Dafür spricht auch, dass das Tribünengebäude von vorne, nicht von oben, zu sehen ist.

Auch in der **Bildferne** und an den **Seitenrändern** sind die winzigen **Details** noch **scharf abgebildet**, was mit einer normalen Kamera, die wie das menschliche Auge funktioniert, nicht erreicht werden könnte. Diese **hohe Präzision** kennzeichnet **alle Bildbereiche**, besonders die im starken **Hell-Dunkel-Kontrast** vor dem hellen Wüstensand abgehobenen Straßen zeigen scharfe Randkanten, in der Nähe wie in der Ferne. Dadurch, dass die Rennstrecke und fast alle Neben- und Auslaufstrecken statt des grauen Asphalttones den **gleichen Schwarzton**, ohne jede Strukturierung, aufweisen, ist es so schwer, zu erkennen, wo die eigentliche Rennstrecke verläuft. Im Schwarz der Straßen sind außerdem kaum **Abschwächungen zum Horizont** hin zu registrieren. Der Ton hellt sich nur hinter der Tribüne ganz geringfügig in der Ferne auf, sonst behält er vorne wie hinten seine **einheitliche, die Fläche betonende „Farbe"**, sodass der übertrieben starke Kontrast unrealistisch erhalten bleibt. Auch der Untergrund, die Wüstenlandschaft, zeigt vorne wie hinten im Bild den gleichen hellen, nur wenig variierten ockerfarbigen Grundton des Sandes. Dadurch wird der **Tiefenraum**, der durch die **Ver-**

ringerung der Abstände zwischen den Bahnen und deren schmaler werdende Streifen in der Ferne als **Illusion** erzeugt wird, **wieder aufgehoben.**
Der Fluss der schwarzen, kurvenden Bildelemente wird immer wieder jäh unterbrochen von entgegengesetzt verlaufenden Straßenführungen (siehe Skizze 2), was dem Ganzen einen hektischen und bizarren Charakter verleiht. Diese **Dynamik** steht in starkem **Kontrast** zur absoluten **Stille und Leere** der Wüstenlandschaft. Die von Menschen an diesem lebensfernen Ort gebaute Rennstrecke steht zusätzlich durch den harten **Farbe-Unfarbe-Kontrast** im **Gegensatz zur Landschaft.** Als Störfaktoren wirken auch die Gebäude, besonders der so statisch neben die Strecke gesetzte Tribünenbau im oberen Bilddrittel. Diesen hat Gursky offensichtlich bewusst, entgegen den auf dem Satellitenbild zu sehenden realen Gegebenheiten, als einzige und hart betonte, starre Form als Blickfang eingesetzt. **Unterbrechungen im Bewegungsfluss** des Streckenverlaufes bilden auch die geraden Flächen der Werbeschriften. Diese heben sich trotz ihrer Winzigkeit durch die rote und blaue Farbe von dem sonst so **farbreduzierten** Bild ab, genauso wie die vereinzelt zu sehenden winzigen Schilderbrücken.
Das Foto als Gesamtes lebt also von vielfältigen **Kontrasten:** vom perspektivisch fluchtenden Raum gegen den flächigen Eindruck der alle Distanzen verbindenden, gleichtonigen Straßen und deren gleichtonigem Untergrund, vom **Farbe-Unfarbe-Kontrast,** vom **Hell-Dunkel-Kontrast** und vom Eindruck von **Statik** neben dem von **Dynamik.**
Konzentriert sich der Betrachter auf die Bildmitte, dominiert die Dynamik, wobei die **Fülle an kurvenden und wieder unterbrochenen Formverläufen** dem Auge des Betrachters ein ständiges **Springen von Teilfläche zu Teilfläche** abverlangt. Diese **vielfältigen Bewegungsabläufe** hauchen dem Ganzen Leben ein. Sie ballen sich als differenzierteste, abwechslungsreichste Flächenformationen in einem **diagonal** von links oben nach rechts unten durch das Bild verlaufenden Bereich (siehe auch Skizze 3). Innerhalb des rechten Teils dieses Ballungsbereiches sind einige Flächen heller wiedergegeben als die außerhalb des Streckenverlaufes. Damit wird ein noch härterer Kontrast erzeugt, und weil auch dieser schräg angelegt ist, wird der Eindruck der schnell kurvenden Bewegung verstärkt.
Die Dynamik im Springen des entdeckenden Auges steht dem ersten Eindruck eines klar überschaubaren, ungegenständlichen Gesamtbildes konträr entgegen. Diese **Klarheit des Gesamtbildes** ergibt sich besonders aus den **Gewichtsverteilungen.** Auf dem von Gursky wiedergegebenen Streckenausschnitt liegen die meisten Hell-Dunkel-Kontraste im mittleren Bereich, während die Randbereiche im Verhältnis dazu weniger Formen aufweisen und ruhiger wirken. Besonders durch die beiden großen freien Sandflächen links unten und rechts weiter oben wird ein Bildgleichgewicht erzeugt. Sie liegen diagonal entgegengesetzt zum Hauptbewegungsstrom (in Skizze 3 auch vereinfachend als kleinere, ovale Formen wiedergegeben). Diese Gegendiagonale wird unterstützt durch zwei ebenfalls diagonal angelegte, graublau eingefärbte Streckenflächen unten links und oben rechts. Die heller getönte oben rechts drängt sich dabei in den Vordergrund.
Mit dieser **Kreuzung von Diagonalbewegungen** beim Springen des Betrachter-

auges von Fläche zu Fläche hat Gursky die Dynamik der rechtslastigen, nach unten führenden Schleifenformen ausgeglichen. Möglicherweise ist die kleine, unerklärbare, sich so stark abhebende schwarze Form links unten deshalb in die freie Fläche eingefügt worden, damit sie einen zusätzlichen Gegenakzent zur Rechtslastigkeit bildet. Außerdem hat Gursky durch den unten im Bild eingefügten starken Straßenbogen für einen statischeren Abschluss gesorgt. Er hat dem waagerecht verlaufenden, geraden Streckenverlauf oben im Bild, an dem der Tribünenaufbau liegt, unten einen klaren Gegenpart gegeben. Oben strahlen die Parallelitäten von Straßen und Horizont Ruhe aus (siehe Skizze 3).

Dreht man die Reproduktion des Fotos um 90 Grad nach links, so fällt auf, dass Gursky die der tatsächlichen Strecke zugefügten Bereiche unten im Bild nicht völlig frei erfunden hat. Er hat stattdessen, wie auch bei anderen seiner Fotos, Teileelemente **dupliziert** und leicht verändert an anderer Stelle im Bild wieder eingefügt. Hier hat Gursky wohl die breite Kurve auf der linken Bildseite um 90 Grad nach rechts gedreht, im Bogen gedehnt, im mit duplizierten Dreieck gestaucht und dann unten im Bild noch einmal angesetzt.

Auch in der **Tiefen- und Seitenschärfe**, die weder mit dem menschlichen Auge noch mit einem Standardfoto zu erreichen ist, liegt ein Hinweis auf eine **Nachbearbeitung des Fotos am Computer** vor. **Nachträglich** muss Gursky diese **Schärfung der Randbereiche** vorgenommen haben. Auch die Tatsache, dass sich die Farben in der Bildtiefe nicht verändern, spricht für eine digitale farbliche Nachbearbeitung.

Nur an zwei kleinen Stellen sind auf dem Foto Schlagschatten zu sehen, sonst sind alle Bereiche gleich ausgeleuchtet. Durch ein starkes Seitenlicht würde das Bild eine Stimmung vermitteln, die hier offensichtlich nicht gewollt ist. Der Schatten des schrägen Stabes rechts unten könnte als Gegengewicht zu der schwarzen Klotzform links unten gesetzt worden sein.

Gursky hat „Bahrain I" vermutlich **mehrere Aufnahmen zugrunde gelegt**, denn sonst wäre nicht zu erklären, wie die Perspektive des Bildes von steiler Aufsicht zu einer schrägeren Perspektive wechseln kann. Zudem erscheint die auf die Bildmitte ausgerichtete Konzentration an dynamischen Formverläufen gestellt und zu ausgeglichen, um dokumentarisch sein zu können.

Erst durch die Erfindung digitaler Bearbeitungstechniken wurden derartige Manipulationen überhaupt möglich.

4. *Hinweis: Interpretieren Sie das Foto „Bahrain I" auf der Grundlage Ihrer Beobachtungen aus den Aufgaben 1–3 und unter zusätzlicher Berücksichtigung Ihres Wissens über Gurskys Arbeitsweise und seine Konzepte bei anderen Fotos.*

Andreas Gursky geht es also auch bei diesem Riesenformat nicht um die Abbildung von Wirklichkeit, auch wenn er Aufnahmen dafür vor Ort gemacht hat. „Meine Bilder sind **Interpretationen von Orten**", hat er selbst über seine Fotos gesagt.

Vermutlich hat Gursky ein Dokumentarfoto oder eine Luftaufnahme der Rennstrecke gesehen und die Fremdheit der künstlich vom Menschen in die lebensfeindliche Wüste gebauten Formen hat ihn gereizt. Erst dann wird er, wie bei anderen Projekten auch, dorthin gereist sein, um aus dem Flugzeug oder aus dem Hubschrauber eigene Fotos zu machen. Gursky fotografierte wohl, wie die traditionellen Fotografen, bereits von ihm ausgewählte Ausschnitte, allerdings in einer Perspektive, die der normale Betrachter so nicht sehen könnte. Im Atelier oder Studio wird er dann, zusammen mit seinen Helfern, verschiedene dieser Bilder so zusammengesetzt haben, dass ein derart ungegenständlich erscheinendes Bild mit kurvenden, schwarzen Formen auf monochromem Grund entstanden ist. In diesem Foto macht Gursky kein Hehl aus seinem Arbeitsprozess, der **Bildmontage**, obwohl auch hier die Übergänge perfekt retuschiert wurden.

Gurskys Bildraum erscheint in „Bahrain I" durch das Zugrundelegen tatsächlicher Fotos sowohl **realistisch** (siehe besonders die Wüstenlandschaft) als auch so **irritierend**, dass der Betrachter die Manipulationen unbedingt herausfinden möchte.

Auch in anderen, früheren Landschaftsaufnahmen Gurskys lag der Hauptakzent meist auf den für ihn charakteristischen ungewöhnlichen Aufnahmestandpunkten und auch in anderen Aufnahmen wählte er einen erhöhten **Panoramablick**, aber dieses Bild strahlt trotz der Menschenleere eine viel stärkere Dynamik in den bildbestimmenden Strukturen aus als andere. Das Foto „Bahrain I" geht über etliche seiner früheren Landschaftsaufnahmen hinaus, weil es sich sehr weit von den Vorlagen entfernt. Ähnliches sieht man nur auf späteren Fotos von ihm, beispielsweise auf denen vom Zivilisationsmüll.

Wenn auch Gurskys Bilder auf vor Ort gemachten Aufnahmen beruhen, so arbeitet er beim Zusammensetzen und bei der anschließenden digitalen Nachbearbeitung kaum noch wie ein traditioneller Fotograf, dem es in erster Linie um etwas dokumentarisch Festgehaltenes geht. Gursky arbeitet eher wie ein **Maler**, der Farben und Formen nach seinem Gutdünken setzt, um zu einer **schlüssigen Bildkomposition** zu gelangen. Schlüssig ist bei diesem Bild das ausbalancierte Gefüge aus den genannten Kontrasten zwischen Bildtiefe und Bildfläche, zwischen Statik und Dynamik, zwischen Hell und Dunkel, zwischen eingestreuten, willkürlich gesetzten winzigen **Farbakzenten** und **sonstiger Farbreduktion**, zwischen wiedererkennbaren Elementen und rätselhaften Formen.

Auch Gurskys andere Arbeiten sind keine Dokumentarfotografie, wie es auf den unbefangenen ersten Blick manchmal scheinen könnte, sondern Produkte seiner Konstruktionen. Es ist bekannt, dass Gursky außergewöhnlich lange an der Choreografie seiner Fotos feilt. Gegenstände, Formen und Farbakzente werden so lange verschoben, bis die Szenerie formal reduziert ist und einer groß angelegten, manchmal auch sehr strengen Ordnungsstrategie folgt.

Dass das vorliegende Foto trotz der heftigen Dynamik in der Straßenführung eine starke ästhetische Klarheit ausstrahlt, zeigt, dass es Gursky auf der einen Seite um die Herstellung fast freier, künstlerischer Kompositionen geht. Auf der anderen Seite weist seine Auseinandersetzung mit überall auf dem Globus zu findenden Motiven, die bestimmte kulturelle Phänomene und Strukturräume widerspiegeln, auf ein Interesse hin, über das Foto hinaus indirekt doch Aussagen zu machen. Ähnlich wie bei Andy Warhol leuchten diese wegen der unpersönlichen Präzision und der Distanz der Darstellung nicht sofort auf. Die Aussage könnte sich hier auf den Kontrast zwischen der eigentlich lebensfeindlichen Landschaft und dem als Repräsentationsprojekt einer neuen Geldmacht mit riesigem finanziellem Aufwand aus dem Boden gestampften „Event-Treffpunkt" für die Prominenz aus aller Welt beziehen.

5. *Hinweis: Vergleichen Sie, mit welchem Ziel Caspar David Friedrich seine Landschaften konstruierte und welche Absichten bei Gurskys Bildkonstruktionen sichtbar werden.*

Wie in vielen von Caspar David Friedrichs Landschaftsbildern, so wird auch in Gurskys Foto „Bahrain I" eine überwältigende Naturlandschaft gezeigt. Ähnlich wie Friedrich setzt Gursky einzelne Bildelemente nach seinem Gutdünken in einen neuen Kontext. Auch Gursky lässt Menschen in seinen Landschaften so winzig erscheinen, dass sie oft nur mit Lupe ausgemacht werden können.

Der Fotograf und der Maler unterscheiden sich aber nicht nur im künstlerischen Medium und in den so unterschiedlich groß gewählten Bildformaten. Während sich in Friedrichs Bildern der Mensch der Natur unterordnet, haben Menschen auf Gurskys Fotografie „Bahrain I" der Natur gewaltige Spuren aufgezwungen, die so gar nicht zu dieser Landschaft gehören. Die Gewalttätigkeit dieses Prozesses spiegelt sich in der sich so stark aufdrängenden, immer wieder abrupt unterbrochenen Dynamik des Kurvenverlaufes.

Während Friedrich den Motiven seiner Heimat verpflichtet war, nie weite Reisen unternahm und stille Räume für die Kontemplation suchte, deckt Gursky mit seinen Aufnahmen aus aller Welt ein breites Spektrum unterschiedlicher spektakulärer Räume und Ereignisse ab. Wie beispielsweise bei seinen Panoramen von Rockkonzerten, so zeigt sich auch in diesem Bild ein starkes Interesse für moderne, globale Massenphänomene, zu denen u. a. Autorennen gehören.

Während Friedrichs Bilder Zeichen einer religiösen Haltung sind, drängt sich im vorliegenden Foto Gurskys trotz der Menschenleere und des Weltallblickes nichts Transzendentes auf.

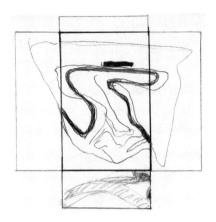

Skizze 1:
- Das dunkel markierte Ausschnittfeld hebt aus der daruntergelegten Google-Earth-Ansicht den Streckenverlauf schwarz hervor, den Gursky fast genauso wiedergegeben hat.
- Unten außerhalb des markierten Feldes sind die Streckenelemente einskizziert, die Gursky bei der digitalen Nachbearbeitung dazuerfunden hat.
- Gursky hat die Gebäudeblöcke am Rande der geraden Strecke im oberen Bildbereich auf einen einzigen reduziert, der dunkel im markierten Feld hervorgehoben wurde.
- Durch den Perspektivwechsel konnte er zudem das Bild in der Tiefe nicht nur stauchen, sondern auch die starke Kurve rechts oben in seinen Bildausschnitt integrieren.

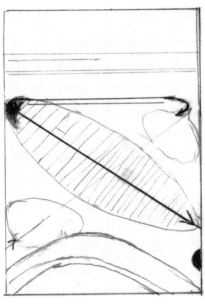

Skizze 2 hebt mithilfe von Pfeilen die Stellen auf dem Foto hervor, an denen der Bewegungsfluss durch aufeinanderstoßende Richtungen unterbrochen erscheint.

Skizze 3 betont die Bildelemente, die für die Ausgewogenheit der Gesamtkomposition verantwortlich sind.
- Durch das schraffierte Oval soll vereinfacht dargestellt werden, dass die dichtesten dynamischen Formelemente (Streckenverlauf) diagonal durch das Bild geführt sind. Zwei ruhigere, ausgesparte Bereiche im hellen Wüstensand bilden ein ausgleichendes Gegengewicht dazu, weil das Auge des Betrachters, diagonal entgegengesetzt, von einer hellen Stelle zur anderen springt
- Zudem sind die statischeren, waagerecht im oberen Bereich parallel zum Horizont verlaufenden Linien hervorgehoben und, als ruhiges Pendant dazu, der erfundene große Streckenbogen im unteren Bildbereich.

> **Abiturprüfung NRW – Kunst Leistungskurs**
> **Übungsaufgabe 7**

Aufgabentyp: Gestalterische Aufgabe mit schriftlicher Stellungnahme

Bezüge zu den Vorgaben 2013:
- *Individuell geprägte Naturvorstellungen als Ausgangspunkt bildnerischer Konzepte: C. D. Friedrich und Paul Cézanne*
- *Bildnerische Gestaltungen als Spiegel und Reflexion gesellschaftlicher Normen und Vorstellungen*

Weitere Voraussetzungen:
Themen
- *Bildnerische Gestaltungen als Spiegel und Reflexion gesellschaftlicher Normen und Vorstellungen in der aktuelleren Landschaftsmalerei (z. B. bei Roy Lichtenstein, Anselm Kiefer, Peter Doig)*
- *Die Funktion des Bildtitels (z. B. bei Friedrich und Cézanne im Gegensatz zu z. B. Max Ernst, Anselm Kiefer, Timm Ulrichs, Martin Kippenberger)*

Gestaltungsaspekte
- *Dreidimensionale Bildräume auf der zweidimensionalen Bildfläche (Linearperspektive, Farbräumlichkeit)*
- *Hell-Dunkel-Kontraste, Farbkontraste, Farbnuancierung, Kontraste im Pinselduktus*

Arbeitsverfahren
- *Zeichnerische Ideenskizzen von 11,1–13,2*
- *Schriftliche Stellungnahmen zu eigenen gestalterischen Arbeiten von 11,1–13,2*

Aufgabenstellung

Die individuelle Zwiesprache mit der Natur, so, wie sie auf ganz unterschiedliche Weise in den Arbeitsprozessen und in den Landschaftsbildern von C. D. Friedrich und Cézanne sichtbar wird, scheint in einer Welt der schnellen Fortbewegungsmöglichkeiten nicht mehr zeitgemäß. Bei Auto-, Zug- oder Flugreisen ziehen Landschaftsbilder als kurze, ständig wechselnde Eindrücke vorüber.

1. Versuchen Sie eine derartige flüchtige Landschaftswahrnehmung in eine malerische Bildkomposition zu bannen, die auf der kontrastreichen Gegenüberstellung von Bildern im Bild bzw. von Räumen im Raum basiert. Nutzen Sie dazu zusätzlich den Pinselduktus.
   Fertigen Sie zunächst zeichnerische Ideenskizzen zu verschiedenen räumlichen Situationen an, die einen – nicht zwangsweise vollkommen realistischen – Blick auf Landschaften ermöglichen. Versehen Sie die Skizzen mit kurzen Kommentaren.   25 Punkte

2. Wählen Sie eine der aufskizzierten Ideen aus und setzen Sie diese auf dem festeren Papier in Farbe um. Als motivische Hilfe können Sie sich Anregungen aus dem Reisekatalog holen. 45 Punkte

3. Finden Sie einen Titel für Ihr Bild, der sich von den Bildunterschriften unter den Bildern von C. D. Friedrich und Cézanne unterscheidet, und begründen Sie ihn. 10 Punkte

4. Begründen Sie abschließend, weshalb Sie sich bei der malerischen Ausführung für die eine Idee entschieden haben und welche Blattaufteilung und Farbgestaltung Ihnen adäquat erschien. Zeigen Sie eventuell mögliche Alternativen auf, falls Sie mit Ihrer Bildlösung nicht ganz zufrieden sind. 20 Punkte

Zugelassene Hilfsmittel
Bleistifte, Skizzenpapier, festes Malpapier DIN A2, Abtönfarben, Borstenpinsel verschiedener Stärke, Reisekatalog

Lösungsvorschläge

Aufgabe 1
In diesem Aufgabenteil sollen lockere Ideenskizzen die Auseinandersetzung mit dem geforderten Kompositionsprinzip „Bild im Bild" in mehreren unterschiedlichen motivischen Zusammenhängen und kompositionellen Ansätzen verdeutlichen (z. B. der Blick aus dem Abteil eines Schnellzuges; divergierende Landschaftsausschnitte während der Autofahrt, im Seitenspiegel, im Innenspiegel und durch die verschiedenen Fenster; wie Spielkarten aufgefächerte Fotos schneller Eindrücke auf dem Tisch, der Wand etc.). Es wird erwartet, dass hier kurze Kommentare das Motiv, die Ansicht oder die Gewichtungen in der Skizze erläutern.

Aufgabe 2
In Aufgabe 2 sollen Sie eine farbig adäquate Lösung zur ausgewählten Bildidee finden sowie verschiedene bildnerische Entscheidungen fällen, z. B.:
– welches Format (Hoch- oder Querformat)
– welche Größe das Bild/die Bilder im Bild haben, ob sich Ausschnittfelder oder Bildelemente wiederholen sollen
– ob die Gesamtkomposition, was den Innenraum betrifft, in sich ausgewogen erscheinen soll oder bereits spannungsgeladen
– ob eine bestimmte Tageszeit darin ablesbar sein soll
– wie das jeweilige Landschaftsbild sich in dem übrigen Bildraum abheben soll (Hell-Dunkel-Kontrast, Groß-Klein-Kontrast, Farbe-Unfarbe-Kontrast, Schärfe-Unschärfe-Kontrast, Kontrast im Farbauftrag; Letzterer könnte z. B. im Innenraum ohne Pinselspuren eher flächig, dicht und bei den Landschaftsausschnitten dynamisch, leicht pastos mit heftigen Pinselspuren oder dort auch lasierend mit waagerecht verlaufenden Spuren des Farbauftrags ausfallen)
– ob das Gesamtbild im Farbton eher einheitlich oder in heftigen Farbgegensätzen (siehe Kontrast) erscheinen soll
– ob es bei den Landschaftsfeldern Akzentuierungen geben soll, z. B. Schranken oder Verkehrszeichen, oder ob es sich um einen monoton verlaufenden Fluss von nicht genau identifizierbaren Farbfeldern handeln soll

Aufgabe 3
Im schriftlichen Aufgabenteil soll zunächst der gewählte Titel erklärt, begründet und gegen die Bildunterschriften unter Cézannes und Friedrichs Bildern abgesetzt werden (z. B.: Während Friedrich meist die sichtbaren Besonderheiten von Landschaften und Jahreszeiten als Unterscheidung zwischen einzelnen Werken benennt, wie „Hünengrab im Schnee" oder „Abtei im Eichenwald", ist es bei Cézanne oft schwierig, die vielen Ansichten desselben Motivs vom Titel her zu unterscheiden, da manchmal nur der Betrachterstandpunkt als Bildunterscheidung gewählt wurde, wie bei „La Montagne Sainte-Victoire, Blick von Lauves".).
Der eigene Titel könnte z. B. ein ironischer Kommentar oder ein Interpretationshinweis für den Betrachter sein, der diesem eine zusätzliche Lesbarkeit eröffnet. Letzteres sollte begründet werden.

Aufgabe 4
Bei der Stellungnahme zu den eigenen bildnerischen Entscheidungen sollten Sie Ihre bevorzugte Bildidee kommentieren und klar und folgerichtig begründen, welche Wirkung Sie durch die gewählte Blattaufteilung erzielt haben und durch welche Kontraste Sie die Landschaftsräume vom Gesamtbildraum abgehoben haben. Auch auf die geforderte Flüchtigkeit der Erscheinung der Landschaftsbilder sollte eingegangen werden.
Falls Sie mit Ihrem Bild nicht ganz zufrieden sind, können Sie abschließend Verbesserungsmöglichkeiten anführen.

Abiturprüfung NRW 2009 – Kunst Grundkurs
Aufgabe 1

Bezüge zu den Vorgaben:
Abstraktion als Grundkonzept bildnerischer Gestaltung – vom Gegenstand zur Abstraktion (bezogen auf die Bereiche Rezeption, Reflexion und Produktion)
- *Abstraktion als Methode der formalen Reduktion des Ikonizitätsgrades in Malerei und Grafik, z. B. gemäß den Naturalismuskriterien nach G. Schmidt*
- *Abstraktion als Methode der Ausdruckssteigerung im Sinne expressiver Tendenzen in Malerei, Grafik und Plastik am Beispiel des Expressionismus („Die Brücke")*
Kunstwissenschaftliche Methoden
- *Werkimmanentes Rezeptionsverfahren als Basis einer Interpretation*
- *Praktisch-rezeptive Verfahren als Methoden der Bildanalyse (Perzeptbildung, Kompositionsskizzen und andere Strukturskizzen)*

Aufgabenstellung

1. Benennen Sie den ersten Eindruck, den Sie von dem Bild gewonnen haben. 6 Punkte

2. Beschreiben Sie den Motivzusammenhang des Bildes.
   Analysieren Sie danach die formale Gestaltung des Bildes, indem Sie besonders
   – die Komposition und dabei besonders die Form- und Farbgestaltung
   – den Ikonizitäts-/Abstraktionsgrad
   berücksichtigen.
   Erstellen Sie in diesem Zusammenhang analysierende und den Text unterstützende Skizzen. 50 Punkte

3. Interpretieren Sie das Bild unter besonderer Berücksichtigung der Darstellung des weiblichen Körpers. Beziehen Sie sich hierbei sowohl konkret auf Ihre eigenen Untersuchungsergebnisse als auch auf kunstgeschichtliche Kenntnisse. 28 Punkte

4. Beurteilen Sie abschließend, inwiefern der in 1 genannte erste Eindruck des Werks durch Ihre Analyse und Interpretation bestätigt oder verändert wurde. 6 Punkte

Materialgrundlage
Bildmaterial
Ernst Ludwig Kirchner, „Sitzender Akt mit erhobenen Armen", Akt im Atelier, 1910/1926, Öl auf Leinwand, 93,5 cm×93 cm. Staatliche Museen zu Berlin – Preußischer Kulturbesitz, Neue Nationalgalerie.
Quelle: Ernst Ludwig Kirchner. Das innere Bild. Essen: Folkwang Museum 1999, S. 36.

Anmerkung
Das Bild ist 1910 entstanden. 1926 hat Kirchner leichte Veränderungen vorgenommen.

Zugelassene Hilfsmittel
– Wörterbuch zur deutschen Rechtschreibung
– Skizzenpapier, Buntstifte, Bleistift

Ernst Ludwig Kirchner, „Sitzender Akt mit erhobenen Armen", Akt im Atelier, 1910/1926, Öl auf Leinwand, 93,5 cm × 93 cm. Staatliche Museen zu Berlin – Preußischer Kulturbesitz, Neue Nationalgalerie.
© bpk / Nationalgalerie, SMB / Jörg P. Anders

Lösungsvorschläge

1. *Hinweis: In dieser Aufgabe sollen Sie Ihren subjektiven ersten Eindruck sprachlich adäquat und differenziert, unter verständlicher Bezugnahme auf das Bild und im Kontext der im Unterricht vorbereiteten Methode der Beschreibung wiedergeben.*

   Das Bild „Sitzender Akt mit erhobenen Armen", Akt im Atelier, welches Ernst Ludwig Kirchner 1910/1926 in Öl auf Leinwand (93,5×93 cm) malte und das sich heute in der Nationalgalerie in Berlin befindet, verwirrt auf den ersten Blick: Es wirkt aufreizend, aber angestrengt zugleich. Eine nackte Frau sitzt in stark verdrehter Haltung mit nach oben gereckten Armen etwa in der Bildmitte. Ihre offene, eigentlich verführerische Pose wirkt durch die Verbiegung ihres Körpers fast etwas gequält. Durch diese Haltung werden ihre weiblichen Rundungen aber auch betont: Ihr Körper beschreibt eine S-Kurve und sticht durch seine warme, gelbe Farbigkeit trotz der reinen, grellen Farben des Hintergrundes hervor. Eine schwarze **Konturlinie** grenzt ihn zusätzlich gegen diesen ab und betont außerdem die Körperformen. Der Blick der Frau wirkt ebenfalls recht angestrengt: Sie schaut zur Seite, wobei ihre schwarzen Augen rot umrandet sind. Ihre Lippen haben den gleichen kräftigen Rotton wie der überwiegende Teil des Bildhintergrundes. Die leichte Öffnung der Lippen suggeriert die klassische Vorstellung von Sinnlichkeit und Erotik, wie auch ihre rotlackierten Fußnägel.

   Neben dem Akt gerät auch schnell das Interieur des Bildes ins Blickfeld des Betrachters: Die reinen, leuchtenden Farben drängen sich regelrecht auf und durch die ovalen Formen der mit Blumen verzierten Kissen auf der rechten Bildseite verschmelzen der Akt und der ihn umgebende Raum fast zu einer formalen Einheit. Boden und Wände sowie die Gegenstände im Raum lassen sich nicht eindeutig bestimmen. Im linken Bildhintergrund erkennt man Bilder, die überwiegend Tiere auf weißem Farbgrund zeigen. Sie werden zusammengehalten durch eine schwarz-weiße Rahmenleiste, die auch auf der rechten Bildhälfte wieder auftaucht und verschiedene Farbflächen gegeneinander abgrenzt. Sie betonen, neben den diagonal angelegten Farbflächen im unteren Bildteil, die kippende **Raumperspektive**.

   Alles in allem hinterlässt das Bild auf den ersten Blick einen beunruhigenden Eindruck beim Betrachter.

2. *Hinweis: Diese Aufgabe stellt den Hauptteil dar. Sie sollen das Bild systematisch analysieren. Ausgehend vom zentralen Hauptmotiv und der Erfassung der räumlichen Situation gilt es nun, Bildkomposition sowie Farbgestaltung des Bildes strukturanalytisch zu erfassen. Dabei sollen Sie schließlich auch den Abstraktionsgrad des Bildes herausarbeiten sowie den Grad der Ikonizität. Ihre dazu angefertigten Skizzen müssen Ihre Aussagen sinnvoll belegen und zur Veranschaulichung angemessen in Ihren Text eingebracht werden.*

Ernst Ludwig Kirchners Bild „Sitzender Akt mit erhobenen Armen", Akt im Atelier von 1910/1926 weist eine große Spannung auf. Das **Hauptmotiv** des verdrehten Frauenaktes zeigt nicht die zu erwartende Leichtigkeit und Sinnlichkeit einer erotischen Szene, wie der Titel des Bildes vermuten lässt. Der Betrachter erblickt vielmehr eine nackte Frau, die sich bemüht, ihren Körper betont aufreizend und vorteilhaft zur Schau zu stellen und dabei doch sehr verkrampft wirkt. Ihre körperliche Verdrehung – vom rechten, etwas ungelenk gedrehten Fuß an bis hin zur steifen Kopfhaltung – wirkt in der Bewegung erstarrt. Sie scheint die Pose gerade noch auszuhalten. Ihre linke Brust ist dem Betrachter frontal zugewandt, die Oberschenkel drückt sie zusammen und verbirgt damit den direkten Blick auf ihren Schoß. Ihr Blick ist starr auf einen Punkt außerhalb des Bildraums gerichtet.
Der Raum, der die Frau umgibt, wirkt ungeordnet. Er ist mit grellen Farben gestaltet. Hinter dem Akt ist ein leuchtend rotes Liegesofa zu erkennen, auf dem zwei große, ovale Kissen liegen. Das Sofa wie auch der Akt scheinen nach links unten wegzurutschen, wie überhaupt der ganze Raum eine perspektivische Instabilität aufweist. Er lässt sich nicht erfassen: Die Bilderrahmen und die an prähistorische Zeichnungen erinnernden Bildmotive – links und rechts vom Akt – zerteilen den Bildraum in ein unklares **Raumgefüge**. Auch die Gestaltung des unteren Bildrandes, die einen bunten Teppich suggeriert, vermittelt den Eindruck eines schiefen Raumbodens und verstärkt damit den „haltlosen" Gesamteindruck des Bildes. Das **Hauptmotiv** selbst betont diesen noch zusätzlich, indem die Figur angeschnitten ist: Die rechte Fußspitze sowie die nach oben gestreckten Hände befinden sich außerhalb des Bildraums. Die Frau erscheint in dem fast quadratischen Bild wie eingespannt.
Hervorgerufen und unterstützt werden diese Eindrücke durch die spezifische **Bildkomposition:** Die **Dynamik** des Bildes wird nicht nur durch die Raumzerteilung mittels der die Fläche zerschneidenden Diagonalen hervorgerufen. Auch die lebendige Form des Aktes, der mit konkaven und konvexen Linien geformt ist, unterstreicht den spannungsreichen Bildaufbau. Dadurch, dass die senkrechte Achse, die durch den Körper der Frau läuft, nach links verschoben ist und in sich leicht kippt, wird jegliche statische Wirkung der Komposition aufgehoben. Skizze 1 veranschaulicht dieses – zwischen runden und geraden **Konturlinien** – wechselnde **Kompositionsgefüge**. Die skizzenhafte Kombination von Farbflächen und Linien, die mittels des flüchtigen, losen Pinselstrichs erzeugt wird, lässt einige Bildmotive nur erahnen und unterstützt den unruhigen, sich in Bewegung befindlichen Eindruck. Der angeschnittene, in die Komposition „eingehängte" Frauenkörper erzeugt eine Spannung, die sich in der **Raumfläche** ausbreitet und den Bildgesamteindruck bestimmt. Auch die wiederkehrenden runden Formen des Bildes – das runde Hinterteil, die Brüste, das Gesicht, der ovale Haarkranz der Hochsteckfrisur sowie die Kissen – korrespondieren miteinander und ergeben eine blickführende Einheit. Dieses Formspiel wird in Skizze 2 verdeutlicht.
Weist schon das **Kompositionsgefüge** der Formen und Linien deutlich die charakteristischen Merkmale des **Expressionismus** auf, werden diese durch die Wahl der Farben noch stärker sichtbar. Das weiche Liniengerüst des Aktes betont mithilfe der eingeschriebenen weichen **Farbmodulierungen** der Flächen seine

plastische Wirkung. Diese Körperhaftigkeit wird durch die farbigen Schatten und **Konturlinien** der Figur noch betont; sie findet sich sonst im Bild jedoch nirgendwo wieder. Die **Farbkomposition** des umgebenden Raums gliedert sich in stark kontrastierende Farbflächen, die ganz im Gegensatz keine Tiefe erzeugen, sondern den Raum flächig erscheinen lassen. Dominant treten dabei die Farben Rot und Schwarz auf, Mischfarben sind kaum auszumachen. So wirken die schwarzen Augen der Frau durch ihre rote Umrandung trotz der stark vereinfachten Ausführung sehr ausdrucksstark. Die Farbe Weiß erscheint nur im oberen Bilddrittel; sie drängt sich nicht nur dem Betrachter auf, sondern scheint auch den Frauenkörper zusätzlich noch von der Seite einzuzwängen. Vermögen schon die großen grellen Farbflächen in ihrer zum Teil **komplementären Kontrastwirkung** keine Ruhe in das Bildgeschehen zu bringen, so sind es gerade auch die kleinen bunten Farbinseln – die Kissen, die Bilder im Hintergrund, der Fußboden –, die den **expressionistischen** Ausdruck des Bildes noch steigern.

Die durch die formale Bildkomposition sowie Farbwahl spezifische Ausprägung von **Abstraktion** beschreibt den Grad der **Ikonizität** des Bildes: Die Betonung der Fläche, die starke Konturierung des Körpers, der nur durch Farbflächen angedeutete Raum und die kaum vorhandene Tiefenwirkung und Reduktion durch Flächigkeit der Formen erzeugen eine verfremdete Abbildhaftigkeit (Bild – Realität), die den **expressionistischen** Bildcharakter ausmacht. Dazu tragen insbesondere auch die dynamische Strichführung und der grobe **Pinselduktus** bei. Und schließlich zeigt das Hauptmotiv des Aktes mit seinen verschobenen **Proportionen**, dass der Künstler auf eine natürliche Abbildhaftigkeit keinen Wert legte.

3. *Hinweis: In Ihre abschließende Interpretation des Bildes beziehen Sie alle bisher gemachten Erkenntnisse ein und stellen darüber hinaus auch Ihr kunstgeschichtliches Wissen dar. Sie ordnen den Künstler epochal ein und verbinden die vorliegende Darstellung mit Ihren Kenntnissen über seine Kunstauffassung.*

Ernst Ludwig Kirchner ist eine der herausragendsten Künstlerpersönlichkeiten des deutschen **Expressionismus** und um 1905 Mitbegründer der Dresdener Künstlergemeinschaft „Brücke", der neben ihm noch die Künstler Erich Heckel, Karl Schmidt-Rottluff sowie Fritz Bleyl angehörten. Mit ihrem Malstil wandten sie sich gegen die konventionelle, traditionell **gegenständliche Malerei**, die zu dieser Zeit an den Akademien gelehrt wurde. Kirchner malte bewusst keine naturgetreuen Abbildungen von Dingen oder Menschen, sondern er verstand seine Bilder als Gleichnisse, hinter denen mehr als nur das offensichtlich Abgebildete steckt.

Die starke Farbigkeit im vorliegenden Bild sowie die Vereinfachung in der Darstellung zeigen die Spontaneität und Emotionalität, aus der heraus der Künstler dieses Bild malte. Der Akt spiegelt mit seinen groben Linien, klaren Flächen und grellen Farben eine sinnliche, unmittelbare Natürlichkeit wider, die Kirchner zum Teil in der Kunst der **afrikanischen Naturvölker** entdeckte und die sich mit seiner Auffassung von Mensch und Natur vereinte. Das Bild zeigt keine „klassische Schönheit", sondern die Frau in einer für Kirchner unverfälschten Darstellung der Natur. Das Bild drückt **Dynamik** und Unvollständigkeit aus und lehnt sich damit gegen die Ruhe, Ausgeglichenheit und Symmetrie der klassischen **Aktmalerei** auf. In der Anspannung der Frau und dem perspektivisch gebrochenen Bildraum verbirgt sich Unruhe wie Auflehnung. Diese kennzeichnen indirekt auch Kirchners **antibürgerliche Lebenshaltung**. Die formalen Mittel, der grobe Pinselstrich, die Flüchtigkeit der Motivgestaltungen und die reinen, kräftigen Farbakzentuierungen machen die expressive Ausdruckskraft des Bildes aus.

Gerade in der etwas ungelenken, verdrehten Pose der Frau mag sich für Kirchner die Natürlichkeit und Schönheit des weiblichen Körpers ausgedrückt haben. Er rief damit aber auch eine bewusste Irritation gegenüber dem klassischen Motiv des Aktes mit seinen bürgerlichen Schönheitsvorstellungen hervor. Diesen gegenüber verhält sich der Künstler eher ambivalent bis ablehnend, ganz zugunsten seiner persönlichen Auffassung von Schönheit und Wirklichkeit. Der ungeordnete Raum, die halbfertigen, archaisch anmutenden Bilder an der Wand unterstreichen diesen Eindruck der natürlichen Unvollständigkeit noch. Sie verleihen dem ganzen Bildgeschehen etwas sehr Ursprüngliches. In dieser ungeschönten Einfachheit fand Kirchner sein Frauenbild wieder. In seiner für ihn unmittelbaren Darstellung der Natur drückte er seine individuelle Sinnlichkeit aus und befreite sich damit von der bis dahin üblichen Darstellung der Realität. Dies war ein inneres Bedürfnis der **Expressionisten**, dem Kirchner, ungeachtet der Tatsache, dass ihr Stil vom offiziellen Kunstmarkt anfangs wenig geachtet wurde, mit diesem Aktbild nachging.

4. *Hinweis: In dieser Aufgabe sollen Sie schlüssig darlegen, inwieweit Ihre unter Aufgabe 2 und 3 gemachten Erkenntnisse Ihren ersten, unter Aufgabe 1 dargestellten Eindruck des Bildes relativieren oder verstärken.*

Der erste Eindruck des Bildes, der sich zugespitzt mit den genannten Begriffen „verwirrend" und „beunruhigend" zusammenfassen lässt, wird von der in Aufgabe 2 und 3 vollzogenen Bildanalyse und Interpretation noch gestützt. Die Deutung der dargestellten Unruhe und Bewegung in Kirchners Bild geht jedoch weit über den ersten werkimmanenten Bildeindruck hinaus. Die Komplexität der Bildaussage, die letztlich auch ein Ausdruck der **antibürgerlichen**, spontanen **Lebenshaltung** Kirchners ist, übersteigt die erste Wahrnehmung des Bildes. Kirchners sehr individuelle Darstellung von Sinnlichkeit, wie sie in der spontanen, direkten Malweise des Aktes zum Ausdruck kommt, widerspricht letztlich nicht der zu Beginn gemachten Äußerung des verbogenen, „fast gequält" erscheinenden Körpers. Denn neben dieser persönlichen Darstellung von unverfälschter Natürlichkeit steckt hinter dem Bild eben auch das Aufbegehren – eine Form der Provokation mithilfe der formalen Bildcharakteristika. Demnach wird der erste Bildeindruck, die subjektive Wahrnehmung des Aktes, bestätigt. Das wiederum spricht für die bis heute anhaltende, unverbrauchte, ursprüngliche Ausdruckskraft des Bildes.

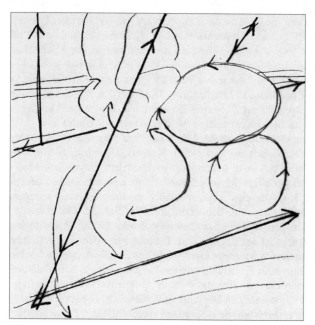

Skizze 1

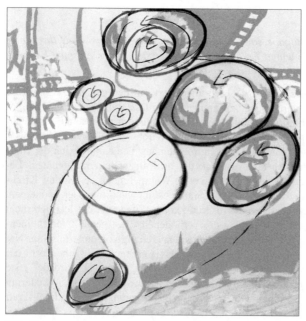

Skizze 2

GK 2009-8

Abiturprüfung NRW 2009 – Kunst Grundkurs
Aufgabe 2

Bezüge zu den Vorgaben:
Abstraktion als Grundkonzept bildnerischer Gestaltung – vom Gegenstand zur Abstraktion
– *Abstraktion als Veranschaulichung von individuell als wesentlich erkannten Merkmalen der sichtbaren Wirklichkeit im Bereich der Plastik: Henry Moore*
Kunstwissenschaftliche Methoden
– *Werkimmanentes Rezeptionsverfahren als Basis einer Interpretation*
– *Praktisch-rezeptive Verfahren als Methoden der Bildanalyse (Perzeptbildung, Kompositionsskizzen und andere Strukturskizzen)*
– *Methoden der Kunstbetrachtung unter Nutzung werkexterner Quellen*

Aufgabenstellung

1. Benennen Sie den ersten Eindruck, den Sie von der Plastik „Zweiteilige Liegende Nr. 5" von Henry Moore gewonnen haben. 6 Punkte

2. Beschreiben und analysieren Sie die Plastik Henry Moores unter besonderer Berücksichtigung
   – der Gestaltungsmittel,
   – der Komposition und
   – des Ikonizitäts-/Abstraktionsgrads.
   Erstellen Sie hierzu analysierende und den Text unterstützende Skizzen. 48 Punkte

3. Erläutern Sie die Besonderheiten der vorliegenden Plastik vor dem Hintergrund Ihrer werkgeschichtlichen Kenntnisse. Stellen Sie dabei eine schlüssige Beziehung zwischen dem Zitat und der Plastik her. 30 Punkte

4. Beurteilen Sie abschließend, inwiefern der in 1 genannte erste Eindruck durch Ihre Untersuchungsergebnisse bestätigt oder verändert wurde. 6 Punkte

Materialgrundlage
Bildmaterial
Henry Moore, „Zweiteilige Liegende Nr. 5", 1963–64, Bronze, Länge 373 cm.
   Louisiana Museum für Moderne Kunst, Humlebæk, Dänemark.
   Quelle: Vom Verfasser der Aufgabe fotografiert

Textstelle
Originaltext von Henry Moore
   Quelle: Philip James (Hrsg.): „Henry Moore über die Plastik. Ein Bildhauer sieht seine Kunst", Piper, München, 1972, S. 298.

Zugelassene Hilfsmittel
- Wörterbuch zur deutschen Rechtschreibung
- Skizzenpapier, Bleistift

Material 1

Zitat

„Es war mir klar geworden, was durch eine zweiteilige Komposition für die Beziehung der Figuren zur Landschaft gewonnen werden konnte. Knie und Brüste sind Berge. Sobald diese beiden Teile voneinander getrennt sind, erwartet man nicht, dass es eine naturalistische Figur wird; es lässt sich daher rechtfertigen, dass man sie wie
5 eine Landschaft oder wie einen Felsen gestaltet. Wenn es sich um eine Einzelfigur handelt, kann man erraten, wie sie aussehen wird. Sind es zwei Teile, dann ist die Überraschung größer, man hat mehr unerwartete Blickwinkel […]."

*Zitiert nach: Philip James (Hrsg.): „Henry Moore über Plastik. Ein Bildhauer sieht seine Kunst",
Piper, München, 1972, S. 298.*

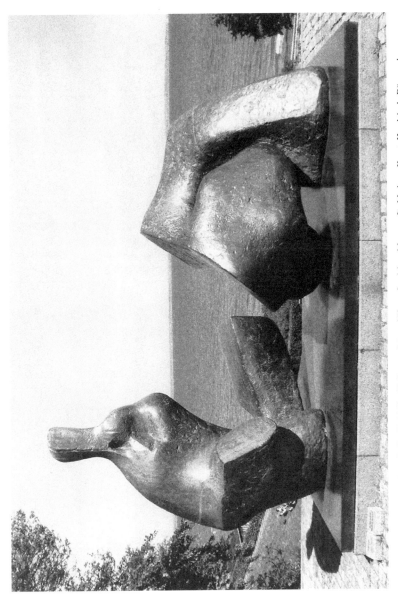

Henry Moore, „Zweiteilige Liegende Nr. 5", 1963–64, Bronze, Länge 373 cm. Louisiana Museum für Moderne Kunst, Humlebæk, Dänemark. Reproduced by permission of the Henry Moore Foundation.

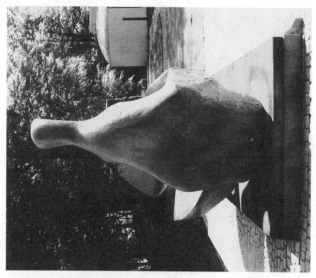

Henry Moore, „Zweiteilige Liegende Nr. 5", 1963–64. Bronze, Länge 373 cm. Louisiana Museum für Moderne Kunst, Humlebæk, Dänemark. Reproduced by permission of the Henry Moore Foundation.

Lösungsvorschläge

1. *Hinweis: In dieser Aufgabe sollen Sie Ihren subjektiven ersten Eindruck sprachlich adäquat und differenziert, unter verständlicher Bezugnahme auf die Plastik und im Kontext der im Unterricht vorbereiteten Methode der Beschreibung wiedergeben.*

   Die Bronzeplastik „Zweiteilige Liegende Nr. 5", die der Künstler Henry Moore 1963–64 schuf und die sich im Louisiana Museum für Moderne Kunst in Dänemark befindet, ist mit einer Länge von 373 cm deutlich überlebensgroß. Ausgestellt ist sie in dem zum Museum gehörigen Skulpturenpark. Dort steht sie auf einem flachen Sockel auf einer leichten Anhöhe, hinter der man weit auf die Nordsee, die unmittelbar an den Museumspark angrenzt, hinausblickt.
   Ohne den Titel der Plastik wäre es schwer, in diesen zwei wuchtigen, organisch geformten Bronzestücken eine liegende Figur zu erkennen. Dennoch meint man, in Kenntnis des Titels schließlich auch eine weibliche Figur in den Formen zu entdecken: Der runde, kegelförmige Abschluss der linken, aufrecht stehenden Hälfte der Plastik erinnert an den schmalen Kopf einer Frau und die konvexen Auswölbungen an weibliche Körperrundungen. Den massiven Formen haftet etwas **Archaisches** an und man wird an eine weibliche Urform erinnert. Zu diesem prähistorischen Eindruck mag auch die Wirkung des Unvollständigen, „Zerstörten", das die Figur durch ihre Zerlegung erhält, beitragen. Die zum Teil glatt abgeschnittenen Ausformungen der Plastik rufen das Gefühl von Verletzung und Verwundbarkeit hervor, welches erst einmal im Widerspruch zur eigentlichen Monumentalität der Plastik steht. Durchbrochen wird dieser massive Eindruck aber auch durch den spannungsreichen, bewegten Aufbau der Formen: Geht man um diese herum, scheinen sie sich zu strecken, nach links und rechts zu neigen und selbst in ihrer „aufrecht sitzenden" Position meint man eine bewegte Anspannung wahrzunehmen. Durch dieses Formenspiel vermittelt die Bronze sogar eine gewisse Leichtigkeit, die durch den sie umgebenden weiten Raum, der den Blick hinaus auf das offene Meer leitet, noch gesteigert wird. Auch die unter dem Einfluss des Tageslichts wechselnden **Farbschattierungen** des Himmels und Meeres tragen zu diesem Eindruck bei: Die Plastik scheint sich dem Farbspiel anzupassen und das auf ihr reflektierte Licht verleiht ihr beinahe etwas Lebendiges.

2. *Hinweis: Diese Aufgabe stellt den Hauptteil dar. Sie sollen die Plastik in den drei vorliegenden Ansichten systematisch analysieren. Im zweiten Schritt gilt es, den sie umgebenden Raum, Rhythmen, Richtungen und Bewegungen herauszuarbeiten und dabei detailliert die Formkomposition zu benennen sowie den Grad der Abstraktion zu beschreiben und seine Formsprache strukturanalytisch zu verstehen. Dabei ist auch der Ikonizitäts-/Abstraktionsgrad des Werkes zu erfassen. Ihre dazu angefertigten Skizzen sollen Ihre Aussagen sinnvoll belegen und zur Veranschaulichung angemessen in Ihren Text eingebracht werden.*

Die großformatige „Zweiteilige Liegende Nr. 5", die sich auf einer Länge von 373 cm erstreckt und die der Künstler Henry Moore 1963–64 schuf, besteht aus zwei Bronzeteilen. Diese monumentalen Stücke liegen oder stehen fest verschweißt auf einer rechteckigen Bronzeplatte, die wiederum auf einer hellen, flachen Steinstufe aufliegt.

Die linke Bronze stellt eine aufgerichtete Form dar, die nach oben hin in einer kleinen Kegelform ausläuft. Der darunter befindliche wuchtige Körper wölbt sich nach links und damit von der zweiten Bronze weg, er ragt fast über das linke Sockelende hinaus. In die andere Richtung, der zweiten Bronze entgegen, streckt er zwei massive, waagerecht ausgerichtete **Formelemente**, deren Enden flach abgeschnitten sind. Die linke und längere der ausgestreckten Formen kommt dabei dem zweiten massiven Bronzestück der Plastik recht nahe.

Die **Körperform** der rechten Bronze setzt an zwei Stellen auf der Platte auf und erweckt damit mehr den Eindruck einer liegenden **Formfigur**. Sie besteht aus zwei ineinander verdrehten, organischen, von der Seite monumental erscheinenden Wülsten. Geht man um diese herum und betrachtet sie vom rechten Ende des **Sockels** aus, gewinnen sie durch das Ausschwingen der Formen nach links und rechts sowie den Durchblick, den sie etwa in der Mitte ihres Aufeinandertreffens gewähren, an Leichtigkeit. Das linke Ende dieser Form ist – fast senkrecht – beschnitten und zeigt eine glatte, sauber abgetrennte Fläche.

Durch diese Fläche wie auch durch die abgeschnittenen Stümpfe der linken Form erscheinen beide Bronzestücke in der Seitenansicht deutlich voneinander getrennt. Betrachtet man sie jedoch vom rechten Ende der Sockelplatte aus, verschmelzen sie zu einer visuellen Einheit, aus deren Mitte die aufgerichtete Form herausragt. Der gleiche Eindruck vermittelt sich auch vom anderen Ende aus: Man erblickt nun die breite **Körperform** der „aufrecht Sitzenden" und links und rechts von ihr noch einige wenige Auswölbungen der zweiten Bronze. Die Distanz zwischen den beiden Teilen der Bronze ist durch die eingenommene **Perspektive** kaum noch auszumachen, was ebenfalls zur visuellen Verschmelzung der zwei Bronzen führt.

Ihre **Oberflächenstruktur** zeigt deutliche Bearbeitungsspuren. Die unebenen, angerauten Flächen vermitteln den Eindruck von Narben und aufgerissenen Stellen. Sie vertiefen damit noch das Gefühl der Verletzung und Verwundbarkeit, welches die Formstümpfe im Betrachter auslösen. Die „Liegende" ist nicht nur zerteilt in zwei Körperhälften, sondern ihre vermeintlichen Körperpartien sind auch noch teilweise abgetrennt. So erinnert die aufrechte Form an den aufrecht sitzenden Oberkörper einer Frau: Vom linken Sockelende aus meint man, einen weiblichen Rücken mit weit ausladendem Becken zu erkennen. Die Stümpfe in der Seitansicht erinnern an Beinansätze, die positiven Auswölbungen unterhalb des kegelförmigen Kopfes an Brüste. Die **fragmentarische** Fortsetzung der Figur im zweiten Teilstück, das sich mehr in die Waagrechte streckt, erinnert an wuchtige Beinstümpfe, der obere Abschluss gar an ein Knie. Es schließt damit inhaltlich an das erste Stück an. Optisch sind es die glatten Flächen der abgeschnittenen Stümpfe, die in der Wahrnehmung einmal zusammengehört haben müssten oder zwischen denen verbindende Teilstücke herausgeschnitten wurden. Skizze 1 verdeutlicht den seitlichen Formaufbau der zwei Bronzestücke.

Der Versuch der Zuordnung einzelner Formen zu weiblichen Körperteilen verdeutlicht den Grad der **Abstraktion**. Die formale Reduzierung des **Ikonizitätsgrades** macht aber auch deutlich, inwieweit durch diese Reduktion von Details eine verallgemeinernde, assoziativ-sinnliche Sichtweise evoziert wird.

Die Wahrnehmung einer weiblichen Körperhaftigkeit in der Plastik wird in erster Linie verursacht durch die Rhythmisierung von konkaven und konvexen Formen, von Höhlungen zu Wölbungen, die sich insbesondere beim Umrunden der Plastik einstellt. Augenfällig wird dabei auch die formale Gleichbehandlung aller Teile sowie die jähe Unterbrechung fließender **Bewegungsrichtungen** und Körperspannungen durch die klaren Kanten und glatten Flächen der abgetrennten Formen, die die horizontale Achse zerschneiden; sie stehen in starkem Kontrast zu den weichen, organischen Übergängen (vergleiche hierzu Skizze 2).

Die **Fragmentierung** der Formen und die damit verursachte Disproportionalität der Plastik führt aber auch zu einer Akzentuierung einzelner Körperpartien (z. B. Kopf, Beine, Rumpf) und deckt damit vereinzelt erst anthropomorphe (vermenschlichte) Bezüge auf.

Nicht zu trennen vom rhythmischen Bewegungsverlauf der Plastik ist der sie umgebende Raum. Durch die Durchbrüche und Hohlformen sowie die vereinzelten, abstehenden oder hochragenden Formelemente, die sich durch die wechselnden **Blickachsen** dem Betrachter immer wieder neu erschließen, dringt der Raum unmittelbar in die Plastik ein. Die Plastik wird damit raumoffen und raumgreifend (siehe hierzu Skizze 3). Die „Zweiteilige Liegende" kann nicht separat wahrgenommen werden, sie fließt quasi in die Landschaft hinein und bildet mit ihr eine formale Einheit sowohl im Hinblick auf ihre Form wie auch auf die Farbe: Die wechselnden **Farbnuancierungen** des Meeres und Himmels mildern den **Farbkontrast** ab und der flache **Sockel** verleiht der Plastik eine Erdverbundenheit, die auch der Betrachter – auf gleicher Höhe befindlich – erfährt.

Diese Eindrücke sind von der Gesamterscheinung der Plastik nicht zu trennen; sie vertiefen und steigern ihre Wirkung auf den Betrachter ungemein.

3. *Hinweis: In dieser Aufgabe sollen Sie zusammenfassend die Besonderheiten der Plastik herausstellen sowie Grundkenntnisse zum werkgeschichtlichen Schaffenskontext Henry Moores herausarbeiten. Schließlich sollen Sie eine schlüssige Beziehung zwischen dem Zitat Moores und der Plastik herstellen.*

Die Plastik „Zweiteilige Liegende" behandelt ein Sujet, mit dem sich der Künstler Henry Moore, der die Bildhauerei des 20. Jahrhunderts entscheidend prägte, zeitlebens beschäftigte: Das Motiv der liegenden weiblichen Figur. Moore schuf dabei nicht nur figürliche Arbeiten, sondern gestaltete auch rein **abstrakte** Plastiken, wie z. B. seine besonders in Deutschland berühmte Bronzeplastik „Large Two Forms", die vor dem ehemaligen Bundeskanzleramt in Bonn steht. In all seinen Werken, seien sie rein **abstrakt** oder lassen sie noch **figurative** Elemente erahnen, ging es Moore um das Verhältnis von Mensch und Natur. Die organischen Formen sind dabei kennzeichnend für die Arbeiten Moores wie auch ihre spannungsreiche, stets asymmetrische Erscheinung.

Zeigen beide Bronzestücke der „Zweiteiligen Liegenden" formal eine weitgehende Autonomie, so drängen sich die assoziativen Möglichkeiten der Verknüpfungen und Deutungen einzelner Teilelemente regelrecht auf. Diese natürliche, humanoide (menschenähnliche) Wirkung erreichte Moore, indem er sich inspirieren ließ von den konkreten Formen der Natur, wie er sie z. B. bei Knochen, Steinen oder Muscheln, aber zum Teil auch in **archaischen Kunstwerken** beobachtete. Mittels einer **organischen Formensprache** stellte Moore die Natur wie den Menschen in den Mittelpunkt seines Schaffens. In seinen frühen Künstlerjahren wandte er sich damit auch bewusst gegen den vorherrschenden technikorientierten **Konstruktivismus**.

Obwohl in den Formausdehnungen der „Zweiteiligen Liegenden" auch Kraft und Vitalität steckt, so ruft sie doch ein Gefühl der Verletzung, der „armlosen" Hilflosigkeit hervor. Der Betrachter erahnt zwar die fehlenden Körperelemente, die die Figur zu einem Ganzen machen würden, er ergänzt sie aber nicht, sondern nimmt sie als Verstümmelungen wahr. Genau dies liegt in der Absicht des Künstlers: In seinen Arbeiten prangerte er stets auch die Unmenschlichkeit des Krieges an und wies auf Leid und Zerstörung hin. Darin zeigt sich auch seine persönliche Reaktion auf die Ereignisse des Zweiten Weltkrieges. In der unmittelbaren Konfrontation mit der Plastik ist der Betrachter – durch den flachen **Sockel** – der spürbaren Darstellung des Leidens direkt ausgeliefert. Nimmt er einen größeren Abstand von mehreren Metern zu ihr ein, erfährt er die Wirkung der Plastik in der Landschaft. Die „Knie und Brüste" – wie Moore selbst es im angefügten Zitat ausdrückte – sind nun „Berge". Gerade durch die zweiteilige Komposition fügt sich die Form noch mehr in die Landschaft ein und verliert ihre **figurative Wirkung**. Deshalb entschied sich Moore in dieser – wie auch in vielen anderen liegenden Bronzen – für eine zweiteilige Komposition: Bewusst wollte er damit die Wahrnehmung einer weiblichen Figur erschweren und die Überraschung vergrößern, durch „unerwartete Blickwinkel" die Figur letztlich doch zu begreifen.

In allen plastischen Arbeiten Moores, seien es rein **abstrakte** oder zwei- wie auch einteilige **figurative** Werke, thematisierte er immer den Raum. Durch die Formgestaltungen seiner Plastiken, die Auswölbungen und Durchbrüche hat dieser ein besonderes Gewicht: Der Raum scheint die Figuren zu durchdringen; die Umgebung, Landschaft und Natur fließen so in die Figur ein und lassen sie umgekehrt auch in der Landschaft aufgehen. Indirekt drückte Moore in dem Zitat aus, dass für ihn die Darstellung des Körpers in der Natur einer Metapher der menschlichen Beziehung zu Landschaft, Erde und Bergen gleichkam. Diese Idee der Einswerdung von Mensch und Natur verfolgte er konsequent in seinem Kunstschaffen, indem er versuchte, die formalen Grenzen des künstlerisch Gestalteten und der Natur mittels Form und Komposition aufzuheben.

4. *Hinweis: In dieser Aufgabe sollen Sie schlüssig darlegen, inwieweit Ihre unter Aufgabe 2 und 3 gemachten Erkenntnisse Ihren ersten, unter Aufgabe 1 dargestellten Eindruck des Bildes relativieren oder verstärken.*

Der erste Eindruck der Plastik „Zweiteilige Liegende Nr. 5" wird in der Analyse sowie in der Interpretation der Plastik bestätigt: Die Wahrnehmung der Monumentalität der Figur, aber zugleich auch das Aufspüren ihrer Leichtigkeit, das Begreifen der erstarrten, beschnittenen Formstümpfe sowie der weichen, schwingenden konvexen Formen, die Lebendigkeit suggerieren, werden durch die Untersuchungsergebnisse noch bestärkt. Auch das Gefühl der Verletztheit und Hilflosigkeit, die die Formen ausdrücken, wird in der Analyse bestätigt und stellt sich darüber hinaus im Hinblick auf das gesamte Schaffen Moores als entscheidende Werkaussage dar.

Eine Vertiefung erfährt die Wahrnehmung und Auslegung des Raums, der die Figur umschließt, sie durchdringt und sie damit auch in die Natur und Landschaft gleichwertig aufnimmt und sogar – wie Moore es in dem Zitat ausdrückt – zu einem Teil von ihr („Knie und Brüste sind Berge") macht. Damit gewinnt Moores Plastik eine ungeheure Aktualität, die den ersten Gesamteindruck, dass Betrachtung und Auffassung der Plastik nicht von der Ansicht des Meeres und der Landschaft zu trennen sind, bestärkt. Vor dem Hintergrund der aktuellen Klimadiskussion rückt das Verhältnis Mensch und Natur, das Zusammenspiel beider (hier anschaulich gemacht durch die Durchdringung und Verschmelzung) mehr denn je in den Blickpunkt. Henry Moores großformatige, in der Natur aufgestellte Plastiken fordern den Betrachter – im direkten und übertragenen Sinne – zu **Blickwechseln** auf, durch die er immer wieder zu neuen An- und Einsichten gelangt.

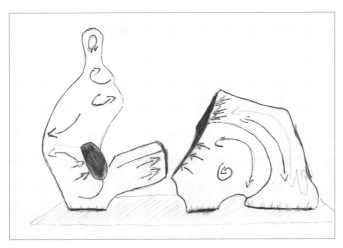

Skizze 1

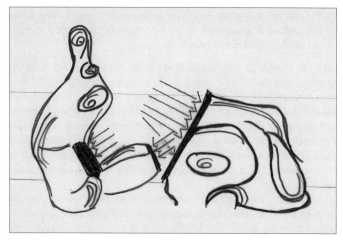

Skizze 2

Skizze 3

Abiturprüfung NRW 2009 – Kunst Leistungskurs
Aufgabe 1

Bezüge zu den Vorgaben:
Abstraktion als Grundkonzept bildnerischer Gestaltung – vom Gegenstand zur Abstraktion (bezogen auf die Bereiche Rezeption, Reflexion und Produktion)
- *Abstraktion als Veranschaulichung übergeordneter geistiger Zusammenhänge in der Figurendarstellung der amerikanischen Pop-Art*
- *Abstraktion als Methode der Ausdruckssteigerung im Sinne expressiver Tendenzen in Malerei, Grafik und Plastik am Beispiel des Expressionismus („Die Brücke")*

Kunstwissenschaftliche Methoden
- *Werkimmanentes Rezeptionsverfahren als Basis einer Interpretation*
- *Praktisch-rezeptive Verfahren als Methoden der Bildanalyse (Perzeptbildung, Kompositionsskizzen und andere Strukturskizzen)*

Aufgabenstellung

1. Benennen Sie jeweils den ersten Eindruck der beiden Bildbeispiele.   8 Punkte

2. Beschreiben Sie die Inhalte beider Werke.
   Analysieren Sie danach vergleichend die formale Gestaltung des Werks von Wesselmann und des Gemäldes von Kirchner. Berücksichtigen Sie dabei besonders
   – Farbe,
   – Form,
   – Komposition
   und erstellen Sie in diesem Zusammenhang analysierende und den Text unterstützende Skizzen zu einzelnen Untersuchungsaspekten.
   Erläutern Sie den jeweils vorliegenden Abstraktions- bzw. Ikonizitätsgrad.   50 Punkte

3. Interpretieren Sie die Arbeit Wesselmanns unter Einbeziehung Ihrer Ergebnisse aus Teilaufgabe 2.
   Erläutern Sie das Frauenbild Wesselmanns in Abgrenzung zu demjenigen von Kirchner unter Einbeziehung Ihrer kunstgeschichtlichen Kenntnisse.   26 Punkte

4. Stellen Sie abschließend einen Bezug zu den von Ihnen festgestellten subjektiven Wirkungen (Teilaufgabe 1) beider Werke her.   6 Punkte

Materialgrundlage
Bildmaterial
Tom Wesselmann, „Great American Nude # 98" (Großer Amerikanischer Akt Nr. 98), 1967, fünf Leinwände in drei Ebenen hintereinander aufgestellt, 250×380×130 cm. Museum Ludwig, Köln.
Quelle: Marco Livingstone (Hrsg.): „Pop-art" [Katalog zur Ausstellung „Die Pop-Art-Show" im Museum Ludwig in Köln 1992], Prestel Verlag, München, 1992, Abb. 74.
Orientierungshilfe zum Aufbau der Arbeit von Tom Wesselmann, „Great American Nude # 98"
Ernst Ludwig Kirchner, „Mädchen unterm Japanschirm", 1909, Öl auf Leinwand, 92,5×80,5 cm. Kunstsammlung NRW, Düsseldorf.
Quelle: „Malerei des zwanzigsten Jahrhunderts", Hrsg.: Kunstsammlung Nordrhein-Westfalen. DuMont Schauberg, Köln, 1968, S. 159.

Zugelassene Hilfsmittel
- Wörterbuch zur deutschen Rechtschreibung
- Skizzenpapier, Bleistift, Farbstifte

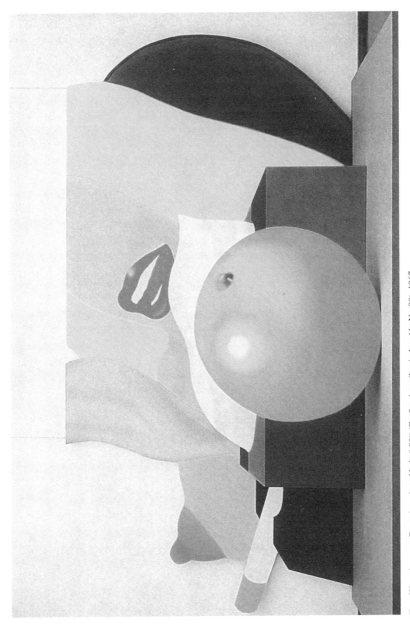

Tom Wesselmann, „Great American Nude # 98" (Großer Amerikanischer Akt Nr. 98), 1967. fünf Leinwände in drei Ebenen hintereinander aufgestellt, 250 × 380 × 130 cm. Museum Ludwig, Köln.

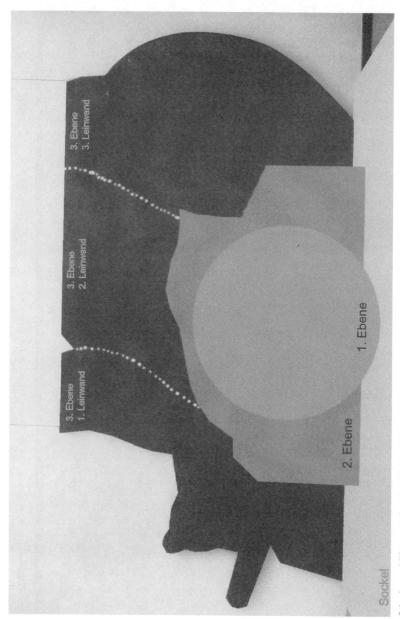

Orientierungshilfe zum Aufbau der Arbeit von Tom Wesselmann, „Great American Nude # 98", Position des Sockels, der Ebenen und der drei Leinwände in der 3. Ebene.

Ernst Ludwig Kirchner, „Mädchen unterm Japanschirm", 1909, Öl auf Leinwand, 92,5 × 80,5 cm. Kunstsammlung NRW, Düsseldorf. © picture-alliance / akg-images

Lösungsvorschläge

1. *Hinweis: Benennen Sie differenziert Ihren subjektiven, spontanen ersten Eindruck von beiden Bildern.*

   Wesselmanns 1967 entstandener „großer amerikanischer Akt Nr. 98", eine Staffelung voreinander gesetzter Leinwände, wirkt bereits auf den ersten Blick bunt, laut, schrill, sich aufdrängend in seiner ungewöhnlichen Umrissform. Sofort bemerkt man, dass das, was Wesselmann mit „Akt" betitelt hat, sich allenfalls auf eine demonstrativ hochgestellte nackte Brust mit ausgeprägt gemalter Brustwarze bezieht. Der übrige nackte Körper, den man bei einer derartigen Bezeichnung erwarten würde, wird von verschiedenen Alltagsgegenständen verdeckt bzw. vom unteren Bildrand abgeschnitten. Die Ergänzung „groß" bezieht sich bei diesem „Akt" offensichtlich nur auf die überdimensionierten Maße der gesamten Formgruppe. Das Gesicht der eindeutig weiblichen Person lockt mit einem sinnlich geöffneten, grellrot geschminkten Mund, der zwei Reihen blitzend weißer Zähne freigibt. Da Nase und Augen in dem sonst völlig platt erscheinenden Gesicht fehlen, wirkt die gezeigte Frau wie ein Pin-up-Girl. In Kombination mit den sehr simplifiziert gemalten Alltagsgegenständen macht Wesselmanns Riesenformat insgesamt einen künstlichen, sterilen Eindruck. Nicht nur die Gesamtform sieht schablonenhaft ausgeschnitten aus, auch die Gegenstände und vor allem die Frau wirken silhouettenhaft schablonisiert.

   Kirchner hat sein 1909 gemaltes nacktes junges „Mädchen unterm Japanschirm" ebenso grell und kontrastreich, aber nicht so plakativ wie das Leinwandarrangement von Wesselmann gestaltet. Sein im Verhältnis zu Wesselmanns Akt relativ kleines Querformat in den Maßen 92,5 × 80,5 cm, mit Ölfarben gemalt, wirkt viel natürlicher, fröhlicher und ungezwungener, obwohl Kirchner so ungewöhnlich bunte Farben verwendet hat. Trotz der ruhenden Haltung des Mädchens mit dem aufgespannten Sonnenschirm strahlt das Bild Lebendigkeit aus. Kirchner hat die Formen des nackten Körpers in den Details zwar stärker differenziert als Wesselmann, aber er hat sie ebenfalls vereinfacht. Dennoch wirkt sein Akt sinnlicher als der Wesselmanns. Das gesamte Bild macht keinen so distanzierten, kühlen, perfekten Eindruck wie die „große amerikanische Nackte", sondern erscheint freundlich und einladend.

2. *Hinweis: Beschreiben Sie die wesentlichen Inhalte beider Bilder sachangemessen und systematisch. Benennen Sie dazu zuerst die Gesamtszene und beschreiben Sie danach die Details vom Zentrum zum Rand oder von links nach rechts. Analysieren Sie die Bilder hinsichtlich ihrer spezifischen Gestaltungsmittel, insbesondere Farbwahl, Farbauftrag, Farbkontraste und die Art bzw. Funktion der gewählten Farbigkeit.*

Analysieren Sie die Form in Bezug auf Formkontraste, auf die Art der Formbegrenzungen und auf deren Körperhaftigkeit. Untersuchen Sie die Komposition bezogen auf die Aufteilung der Bildfläche, die Kompositionslinien und die Blickführung. Analysieren Sie die Kompositionsprinzipien wie Dynamik, Gewichtsverteilungen etc. Stellen Sie des Weiteren Überlegungen zu den Bildbegrenzungen an.
Verdeutlichen Sie Analyseergebnisse mithilfe aussagekräftiger Skizzen, z. B. zu den Formkontrasten, zur Blickführung, zu den Kompositionsachsen oder zu Farbcharakteristika und binden Sie die Erklärungen zu den Skizzen in Ihre Ausführungen ein.
Arbeiten Sie auch vergleichend heraus, welche spezifischen Ausprägungen von Abstraktion realisiert werden.

Beide Bilder zeigen auf unterschiedlich großen und unterschiedlich begrenzten Formaten **ausschnitthaft** eine liegende, nackte junge Frau, bei der ein Geschlechtsmerkmal, nämlich die Brust, deutlich hervorgehoben wurde. Beiden Frauen sind Gegenstände zugeordnet.

Bei Wesselmann sind dies mehrere enorm vergrößerte Alltagsgegenstände: eine Orange, eine Kosmetiktücher-Box mit herausgezogenem Papiertuch und ein Aschenbecher mit darin abgelegter, qualmender Zigarette. Bei Kirchner ist es ein aufgespannter, vielfarbiger, zierlicher Sonnenschirm, den das Mädchen in der linken Hand hält. Der Sonnenschirm verdeckt Kirchners Mädchen nicht; die Orange in Wesselmanns Bild überlagert jedoch die zweifarbig blaue Papierbox und diese wiederum verdeckt Teile des schwarzen Aschenbechers. Alle drei Gegenstände wurden auf verschiedene, voreinander gestaffelte Leinwände gemalt und überdecken optisch große Teile des Oberkörpers und des Kopfes der liegenden Frau.

Während Wesselmann Raum um die Liegende geschaffen hat, ohne einen gemalten Umraum anzudeuten, ist in Kirchners Bild eine farblich differenzierte, blaugrünviolette Decke zu sehen, auf der das Mädchen sich präsentiert, und darunter ein grüngelber Untergrund. Auch der Hintergrund wird bestimmt von grüngelben Farbflächen mit teilweise roter Umrandung. Am oberen Bildrand deutet eine lebhafte Musterung aus eigenartigen, teilweise organisch wirkenden und ziemlich großen orangeroten, rot und schwarz konturierten Formen eine Tapete an.

Kirchners Mädchen liegt diagonal im Bild und nimmt im Vordergrund zwei Drittel der Bildfläche ein; Wesselmanns Akt befindet sich im Hintergrund hinter den Gegenständen.

Wesselmann konfrontiert den Betrachter bei seiner „**Bildmontage**" zunächst mit der sehr starkfarbigen, auf der vorderen Ebene **mittig platzierten** riesigen Orange (siehe Skizze 1). Auf der zweiten Ebene befindet sich die Pappbox mit dem herausgezogenen, stilisierten weißen Papier und auf der dritten Ebene ist optisch am weitesten vorne ein schwarzer Aschenbecher mit einer darin liegenden, qualmenden Filterzigarette zu sehen. Auf derselben Ebene, aber optisch dahinter wirkend, wird, durch den Zigarettenrauch unterbrochen, der Blick freigegeben auf die liegende, langhaarige Blondine. Links wird ein Stück Brust mit aufgerichteter Brustwarze, rechts der völlig flache Kopf mit verführerisch geöffnetem rotem

Mund und ein Teil der ebenso flach gemalten Schulter erkennbar. Hinter dieser Frau **ohne individuelle Eigenschaften** erscheint ein violettes, zum Rand hin regenbogenartig aufgehelltes, undefinierbares Flächensegment, die einzige ganz abstrakte Form in dieser collageartigen Ansammlung von wiedererkennbaren Elementen. Obwohl durch Überschneidungen und die überdimensionierten Formen der Eindruck entsteht, dass der Aschenbecher unmöglich auf derselben Ebene liegen kann wie der Frauenkörper, zeigt die Orientierungshilfe, dass auf der hinteren Ebene 3 Leinwände genau nebeneinander fixiert wurden, auf die sowohl der Aschenbecher als auch die Frau gemalt sind. Aschenbecher und Brust der Frau nehmen zusammen die linke dieser Leinwände ein. Die vorderen beiden Bildebenen sind auf einer großen, rechteckigen, grauweißen Sockelplatte aufgestellt. Die dritte Bildebene wurde von Wesselmann hinter die Bodenplatte montiert. Speziell durch den noch weiter als die Apfelsine in den Raum nach vorne ausladenden Sockel entsteht von Weitem der Eindruck, als handele es sich bei dieser Montage nicht nur um flache, voreinander gestaffelte Leinwände, sondern um eine raumgreifende Installation. Dieser Eindruck wird bereits durch die stark plastisch gemalte Orange erzeugt, die sich optisch weit in den Vordergrund drängt.

Der Blick des Betrachters, der zunächst von dieser riesigen Orange gefesselt wird, wird danach nicht auf einem klar vorgegebenen Weg weitergeführt. Stattdessen springt das Auge von **Akzent zu Gegenakzent**, etwa von der Apfelsine zu den grellroten Lippen, dann zur ähnlich starkfarbigen Brustwarze, dann zum gelborangetonigen Filter der Zigarette und dann zu der platten gelben Haarfläche. Erst danach werden die übrigen Bildteile genauer identifiziert, z. B. die Papiertücherbox, die Rauchfahne oder der Aschenbecher und erst zuletzt wird die blauviolette Fläche rechts oben genauer wahrgenommen.

Mit den **Konturen** der Gegenstände sowie der Figur hat Wesselmann zugleich nach links und rechts die Grenzen des Gesamtbildes festgelegt, wodurch das ungewöhnliche, unregelmäßig begrenzte Format entsteht. Es ergibt sich der Eindruck einer **schablonenhaften Staffelung**. Nach oben hin hat Wesselmann dieses Prinzip aber unterbrochen und den Rauch und den Frauenkopf abrupt abgeschnitten. Dieser **Schnitt** erscheint genauso hart und brutal wie der, mit dem der Frauenkörper unten an der Hinterkante der Bodenplatte endet. Diese Schnittkanten unterstützen die strenge **Betonung der Waagerechten**, die durch den Sockel und die harten oberen und unteren Begrenzungen der Papierbox und des Aschenbechers bereits vorgegeben wurde (siehe Skizze 1). **Unruhe in den symmetrischen Aufbau** der mittig auf dem Sockel platzierten vorderen beiden Ebenen bringt das flächige, aufgerichtete weiße Papiertuch mit seiner wellenförmig endenden oberen Begrenzung. Entsprechend dazu hat Wesselmann den Brust-Schulter-Bereich der Frau wellenförmig begrenzt und auch dem Zigarettenrauch eine **schwingende Bewegung** gegeben. Dessen rechte Randgrenze wiederum wird rechts außen im Bogen der Haare wieder aufgenommen (siehe Skizze 2) und der Kreisbogen der Orange klingt in der violetten Scheibenform nach. Wesselmann erweist sich hiermit als Meister der **kalkulierten Komposition**, was sich auch darin erhärtet, dass er die **Farben als optische Verbindung** zwischen den räumlich getrennten Bildebenen eingesetzt hat. Wesselmann bediente sich wiedererkennbarer **Lokalfar-**

bigkeit, allerdings erscheint diese Farbigkeit stark übertrieben. Er beschränkte seine Farbpalette auf die **Primärfarben** Rot, Blau und Gelb und auf die **Sekundärfarben** Orange und Violett mit nur leichten Abstufungen, wodurch der anfangs erwähnte Eindruck von greller Buntheit zustande kommt. Neben den starken Kontrasten zwischen den Grundfarben sind ebenso starke **Hell-Dunkel-Kontraste** zu sehen, besonders auffällig bei der weißen Zigarette im schwarzen Aschenbecher. Auf die Dunkelheit des Aschenbechers auf der linken Bildseite antwortete Wesselmann mit der Dunkelheit der violetten Form auf der rechten. Diese Dunkelheiten wirken wie eine begrenzende Klammer um die unruhigeren Kontraste im mittleren Bereich.

Ein starker **Warm-Kalt-Kontrast** ist zwischen der ersten und zweiten Bildebene zu sehen.

Zwischen den statischen, lagernden **Formen** im Vordergrund sowie der liegenden Frau und der Richtung des schwingenden Rauches besteht ebenfalls ein **Kontrast**, wie auch zwischen den unterschiedlich ausgerichteten anderen Formen. So weist die Zigarette in eine ganz andere Richtung als das Papiertuch und die Brustwarze und die Kopfhaltung der Frau wiederum in andere Richtungen (siehe auch Skizze 2). Durch diese starken **Richtungswechsel** wird das Auge, zusätzlich zu den Farbakzenten, zu ständigem Springen veranlasst.

Auf jeder optischen Raumebene gibt es einen Ton des Gelborangespektrums. Vom warmen Ton der Apfelsine wird der Blick zu dem ähnlichen Ton des Zigarettenfilters in der optisch dahinter liegenden Ebene (die sich nicht mit den Leinwandebenen deckt) und dann zu dem noch weiter im Hintergrund befindlichen gelben Haarbereich geführt, der sich durch seine Helligkeit und durch die viel Raum einnehmende Fläche nach vorne drängt. Dasselbe geschieht durch die beiden starkfarbigen Rotakzente (Brustwarze, Lippen), die als **farbperspektivisch** vorne angesiedelte Farben nicht im Hintergrund bleiben. Somit arbeitete Wesselmann hier als Kontrast bewusst **flächenbetonend**. Auch der in den meisten Bildbereichen wie ein platter Wandanstrich wirkende **Farbauftrag ohne Nuancierung und individuelle Pinselspuren**, z. B. im Haar- und Gesichtsbereich, beim Aschenbecher oder der Papierbox, erzeugt eine flächige Wirkung.

Wesselmann hat nur die Orange und den Rauch durch leichte Aufhellungen und Abdunkelungen geringfügig differenziert und diesen somit eine **gewisse Räumlichkeit** verliehen. Aufgrund der zentralperspektivisch sich nach hinten verjüngenden Kanten und wegen der Farbwechsel im Blau erscheint auch die Papierbox räumlich, ebenso der Aschenbecher, und die Apfelsine wirkt besonders körperhaft durch den großen weißen Lichtreflexpunkt, den Wesselmann zudem mit einem hellgelben Hof umgeben hat. Neben dem dunklen Stielansatz hebt er sich stark hervor. Solche Plastizitäten, die die Gegenstände realistisch erscheinen lassen und ihnen eine gewisse Lebendigkeit verleihen, fehlen ausgerechnet im Gesicht und im Schulter- und Brustbereich der Frau, dem eigentlich lebendigen Wesen. Nur die Geschlechtsmerkmale wurden farblich übermäßig betont und mit Lichteffekten versehen. Der Warzenhof und die Brustwarze erscheinen durch Beleuchtung plastisch ausmodelliert und die Lippen wirken durch aufgesetzte Reflexe und den Kontrast zum Weiß der Zahnreihen stark räumlich. Dadurch zwingt

Wesselmann den Betrachter, sofort dorthin zu sehen. Er lässt also die toten **Gegenstände realistischer** erscheinen und behandelt die **weibliche Figur** wie eine **platte Pappschablone**, nur mit gezielt wirkenden **Signalen**.

Wesselmann hat sich hier einiger **Mittel** bedient, die **aus der Werbewelt** bekannt sind, wie die **starke Farbigkeit**, der **plakative Farbauftrag** und die **hart gegeneinander gesetzten Formen**. Diese sind deshalb sofort und klar von Weitem zu erkennen, weil sie sich durch starke Farbgegensätze scharf begrenzt voneinander abheben. Auch die überdimensionierten Formen sind hier ähnlich gigantomanisch wie die in der Werbung. Durch ihre Versimplifizierung sowie durch **das Fehlen jedweder Unregelmäßigkeiten** erinnern sie kaum an die uns umgebende Wirklichkeit. Auch wegen der scharfen Begrenzungen wirken sie **unrealistisch**. Allerdings spiegeln sie die **Wirklichkeit der allgegenwärtigen Reklamebilder:** Nackte Frauen in Kombination mit Konsumartikeln aller Art.

Im Gegensatz zum unpersönlichen Gesicht der „Great American Nude", in dem die Augen fehlen, nimmt **Kirchners** Mädchen über die Augen direkten **Kontakt zum Betrachter** auf. Der Blick des Betrachters fällt erst auf den Körper, von links unten nach rechts oben, und dann auf das Gesicht mit den weit auseinanderliegenden großen dunklen Augen, die durch die unrealistische Rot-Grün-Umrandung besonders betont erscheinen. Sofort fällt auch das ungewöhnliche Attribut neben dem nackten Körper auf, der Sonnenschirm mit seinen vielen locker aufgetragenen, kleinen Farbflecken, die einen großen Anteil an der allgemein heiteren Atmosphäre haben. Dass das Bild lebendig wirkt, liegt auch daran, dass Kirchner alle Ausrichtungen auf die Horizontale oder Vertikale vermieden hat. Das junge Mädchen liegt in **positiv aufsteigender Richtung diagonal** im Bild, und der fast ebenso diagonal ausgerichtete Schirm verstärkt diese Tendenz (siehe Skizze 4). Der Körper des Mädchens hebt sich in einem hellen, gelben Hautton vor dem dunklen, blaugrünen Untergrund der Decke stark ab, was ebenfalls die Diagonale betont. Dadurch, dass die angezogenen Unterschenkel des Mädchens, die dem Betrachter am nächsten liegen, durch den unteren Bildrand abgeschnitten wurden, bilden diese den optischen Einstieg (siehe Skizze 4). Über die weichen Backenformen wandert der Blick zu der durch stärkere Plastizität betonten linken Brust und dann zum Kopf mit den ausdrucksstark durch Kontraste hervorgehobenen Augen.

Kirchner hat im gesamten Bild sehr **kontrastreiche Farben** in starkem **Hell-Dunkel-Kontrast** gegeneinander gesetzt. Der helle Körperton der jungen Frau steht auch in deutlichem Gegensatz zu ihren Haaren. Die dunklen Töne der Decke wiederum werden gerahmt von im Klang an den Körperton angepassten, aber etwas dunkleren gelb-grünlichen Farbbereichen. Die angedeuteten hellblauen Schattenzonen im Brust- und Oberschenkelbereich bilden einen **komplementären Kontrast** zu dem ins Orange wechselnden Ton auf den Oberarmen, den Wangen und der Stirn des Mädchens. Kirchner hat auch mit den roten Konturen von Beinen, Armen, Kinn, Augen und Ohren einen Kontrast zur Komplementärfarbe Grün gesetzt. Dies ist besonders am Kinn und im Augenbereich zu erkennen. Diese Komplementärkontraste, die auch im Violett der Haare gegenüber dem Gelb des Körpers zu finden sind, prägen nicht nur den Ausdruckscharakter der jungen Frau, sondern auch den des gesamten Bildes. Im Sonnenschirm sind auf kleiner Fläche alle drei Komplementärkontraste zu finden. Dadurch, dass Kirchner die Komplementärfarben nicht im Gleichgewicht, sondern in **ungleichem Flächenverhältnis** zueinander gemalt hat, **steigern sich die Farben im Ausdruck gegenseitig.** Viel Gelb steht weniger Violett gegenüber (Körper, Haare, Schirmflecken), viel Orange wenig Blau und mehr grüne Töne (hintere und untere Grundflächen) wenigen Rotbereichen (vorwiegend in den teilweise auch breiten Konturierungen). Das Auge des Betrachters springt von einem Farbbereich zum anderen, was zum Eindruck der **Lebendigkeit** des Bildganzen beiträgt. Genauso verantwortlich dafür sind die kurzen, in viele **verschiedene Richtungen** weisenden, sonnenstrahlartig um den Rand des Japanschirmes gesetzten Linien, die spitz in den Umraum zeigen (siehe Skizze 6). Hier wie auch im übrigen Bild spielt Kirchner **Gegensätze in den Formen** gegeneinander aus. Die kleineren linearen Streben des Schirmes stehen dessen größerer ovaler Form und den weicheren, gerundeten, plastischen Körperformen gegenüber (was im Vergleich von Skizze 5 und Skizze 6 deutlich werden könnte). Größere geschlossene Farbflächen, wie sie Kirchner um die dunkle Decke gemalt hat, wurden gegen die kleinteilig getupften und gestrichelten Elemente gesetzt, die als Ganzheit den Eindruck „Sonnenschirm" ergeben. Am oberen Bildrand führen wiederum als Kontrast die orangefarbenen, organisch wirkenden, assoziativen Formen im Hintergrund ein Eigenleben. Sie wurden mit roten und schwarzen Konturen betont und wirken durch diese Verstärkung ihrer dynamischen Umrissform noch lebhafter.

Kirchner hat **keinen einheitlichen Farbauftrag** gewählt, sondern seine Malweise ständig gewechselt, was den Eindruck von Lebendigkeit zusätzlich unterstreicht. Ein pastoser Auftrag, der den Pinselduktus deutlich sichtbar werden lässt, z. B. bei den Weißerhöhungen auf den Gliedmaßen und der Brust des jungen Mädchens sowie auf der Decke unter ihr, wechselt mit weicher verstrichenen Partien, z. B. im Hintergrund. Besonders wegen dieses **individuellen Farbauftrages** unterscheidet sich Kirchners Frauendarstellung von der Wesselmanns.

Kirchner hat zwar, wie Wesselmann, die Formen fast durchweg wenig differenziert gestaltet, allein das Gesicht ist etwas genauer, aber immer noch recht grob gemalt. Seine **Formvereinfachungen** dienen aber der **Steigerung des Ausdrucks** und nicht der Verflachung der Darstellungsinhalte.

Perspektivische Verkürzungen haben Kirchner nicht interessiert, denn in dieser leichten Untersicht hätte der Unterkörper im Verhältnis zum recht großen Kopf viel kräftiger ausfallen müssen. Dadurch wäre aber der Blick des Betrachters weniger eindeutig geführt worden. Kirchner hat zwar durch die Bilddiagonale einen **Bildraum angedeutet**, aber auch er hat, wie Wesselmann, diesen **durch die Farbräumlichkeit wieder zurückgenommen.** Warme Rot- und Orangetöne befinden sich auch im Hintergrund oben und die kalten, in der traditionellen Malerei hinten verwendeten Blaugrüntöne erscheinen auch im Vordergrund. Außerdem hat Kirchner in diesem Bild weite Bereiche durch **Farbflächen** bestimmt. Diese wurden in Skizze 5 hervorgehoben.

In Kirchners Bild entsprechen nur die **Proportionen** der Körperformen in etwa der Erfahrungswelt. Die Farben lösen sich am weitesten ab von der Realität und auch in den Formen im Hintergrund ist der **Ikonizitätsgrad** so niedrig, dass dort die Grenze zu einem freien Spiel mit den bildnerischen Mitteln erreicht ist. Durch die starke **Abstraktion** hat **Kirchner** die **Ausdruckskraft** des Bildes gesteigert, während **Wesselmann** mit seiner **Abkehr von einer genauen Abbildhaftigkeit** auf eine andere Realität verweist, die in den Medien oft als **Ersatzrealität** auftritt.

3. *Hinweis: Entwickeln Sie eine begründete Deutung des Bildes von Wesselmann. Beziehen Sie dabei Ihre formalen Erkenntnisse aus Teilaufgabe 2 schlüssig ein. Erläutern Sie auch die Form der Leinwände. Stellen Sie das unterschiedliche Bild der Frau bei Wesselmann und Kirchner im jeweiligen kunsthistorischen Kontext dar.*

Dadurch, dass **Wesselmann** seine „Great American Nude" so flach wiedergegeben hat, während er den um sie arrangierten Konsumgütern mehr Lebendigkeit verliehen hat; dass er sie so brutal am Kopf beschnitten hat; dass er sie darüber hinaus nur mit grell hervortretenden **Sexmerkmalen** ausstaffiert und sie als bloßes **Reizobjekt** auf der hinteren Bildebene hinter den optisch vor ihr angeordneten Konsumgütern positioniert hat, fügte er sie als **Klischee** in ihre genauso schablonenartig erscheinenden persönlichen Alltagsobjekte ein, mit denen sie sich umgibt oder schmückt. Die Frau erscheint aufgrund ihrer farbigen und malerischen Behandlung ebenso als **Konsumgut** wie diese. Mensch wie Gegenstände sind typisierte Stereotype, die den Stempel der 60er-Jahre in Amerika tragen. Das Statussymbol der emanzipierten Frau dieser Zeit ist die Zigarette, aber sie achtet auch penibel auf Körperpflege (Kosmetiktücher) und eine gesundheitsbewusste Ernährung (Orange). Als Werbeideal muss sie klinisch sauber und gut geschminkt sein, gepflegte, reinweiße Zähne haben und jung, blond und langhaarig sein.

Dadurch, dass Wesselmann hier mit verschiedenen Bildebenen spielt, bekommt der Betrachter den Eindruck, als wären die Ebenen wie Theaterkulissen beliebig gegeneinander **austauschbar** und verschiebbar, **typisierte, nichtssagende Kulissenelemente**. Indirekt, durch seine Motivwahl, seinen malerischen und kompositionellen Umgang mit den Bildelementen und durch sein Arrangement, in dem, klar als Leinwandbegrenzung hervorgehoben, **vorne die Konsumgüter** und erst **hinten der Mensch** präsentiert werden, nimmt Wesselmann also Stellung zur **Reklameästhetik** und zur **Reizkultur** seiner Zeit. Dass seine Motive, die seit den 60er-Jahren überall im Alltag präsent sind, in einer lauten, auf weite Sicht angelegten Technik (die ebenso von den Werbetafeln vertraut ist) **im Museum** ausgestellt werden und dort „**geadelt**" erscheinen, eröffnet die Möglichkeit zur aufmerksameren Wahrnehmung und damit zur **Auseinandersetzung**.

Auch die anderen der **Pop-Art** zugeordneten Künstler wie **Warhol, Lichtenstein oder Rosenquist** bedienten sich der **Sprache der Massenmedien**, wählten deren

Realität als Motiv und präsentierten ihre die Werbewelt imitierenden Großformate ebenso laut wie diese im Museum – so wie Wesselmann. Mit dieser neuen Bildsprache wandten sich die Pop-Künstler gegen die in ihren Augen realitätsferne, zu subjektive Malerei der **abstrakten Expressionisten** in Amerika.

Wesselmann und Kirchner präsentierten beide eine nackte junge Frau in starken Farbkontrasten mit einer Beschränkung der Farbpalette auf Primär- und Sekundärfarben. Beide fokussierten den Blick auf typisch weibliche Geschlechtsmerkmale und vereinfachten die Formen in erheblichem Umfang. Beide verzichteten auf eine durchgängig tiefenräumliche Darstellung und setzten dazu an vielen Stellen als Kontrast die Betonung der Bildfläche. In der Wahl einiger künstlerischer Mittel lassen sich also Parallelen zwischen Kirchner und Wesselmann finden.

Trotzdem sind die zwei Frauendarstellungen extrem unterschiedlich in der Gesamtwirkung, der Maltechnik und der Darstellungsabsicht. Der kühlen, kulissenhaften Drapierung, in der nichts von einer persönlichen Stellungnahme Wesselmanns sichtbar wird, steht die engagierte, begeisterte, von individueller Handschrift geprägte malerische Ausführung Kirchners gegenüber. Gegenüber einem **platten, zur Schau gestellten Werbeidol bei Wesselmann**, das bei niemandem mehr Gefühle auslöst, sieht man bei **Kirchner** ein **natürliches Mädchen voll einladender Sinnlichkeit** in einer privateren Raumatmosphäre. Beide Künstler setzten sich mit einer Wirklichkeit auseinander, die zur Zeit der Entstehung der Bilder als nicht bildwürdig erachtet wurde. Wesselmann spiegelte die Realität der Werbetafeln, also eine Second-Hand-Realität, und Kirchner eine ganz subjektiv empfundene, intime Realität, die bei etlichen Bildern unter anderem auch wegen des Alters der sehr jungen Mädchen in der Gesellschaft aneckte. Beide Künstler wählten auch eine in ihrer Zeit fremdartige, revolutionäre Bildsprache, die sich bewusst gegen die künstlerischen Traditionen wandte.

Ein nacktes Mädchen durch den Bildausschnitt dem Betrachter so nah, so sinnlich hingegossen zu präsentieren, war 1909 noch ein Tabu. Ein noch größeres Wagnis bedeutete es für **Kirchner** und die Gruppe der **expressionistischen** Maler, die sich zur Künstlervereinigung „**Die Brücke**" zusammengeschlossen hatten, die Farben – wie beim „Mädchen unterm Japanschirm" – so gänzlich **gegen jede akademische Regel** verstoßend, so heftig, so kraftvoll, so das **Format sprengend**, so ungezwungen, so **spontan**, so direkt, so **ohne jede zeichnerische Vorbereitung** oder **kompositorische Planung** aufzutragen. Sie empfanden Malerei als einen spontanen, fast automatischen Zugriff auf Gesehenes oder Erlebtes. Die Modelle sollten (hierin besteht eine Verwandtschaft zu Rodin) auch in einer ruhenden Position niemals lange verharren, um einer Erstarrung in unnatürlichem Posieren vorzubeugen. Nur so schien die **Unmittelbarkeit des Augenblicks** gewährleistet.

Das Bild von Kirchner zeigt keine dahinter sichtbare literarische Absicht; es ist in seinem Spiel mit kraftvollen Farben allein Ausdruck von Lebensfreude. Künstlerisch ist es radikal, in Anlehnung an Vorläufer wie **van Gogh oder Munch**, in dem fast ruppigen Farbauftrag und der nicht an die Realität angelehnten Farbigkeit. Gesellschaftspolitisch war das immer wiederkehrende Motiv sinnlicher, nackter junger Mädchen Ausdruck und provokative Demonstration der antibürgerlichen, revolutionären Lebensweise der zu jener Zeit in sexueller Freizügigkeit verkehrenden Gruppe.

Kirchners Bild „Mädchen unterm Japanschirm" erweist sich mit der Betonung der aufsteigenden Diagonale und seinen fröhlichen, leuchtend bunten Farbkontrasten als eines aus seiner **frühen Phase**, einer, die noch von der **mutigen, stürmischen Aufbruchsstimmung** geprägt ist. Im Gegensatz zu seinen späteren Bildern, aus der Zeit des Ersten Weltkrieges und danach, in denen düstere, schrille Kontraste vorherrschen und spitzige Formen direkt bedrohlich auf weichere stoßen, präsentiert sich hier das nackte Mädchen nur sinnlich und natürlich. In Kirchners Selbstporträt als Soldat dagegen steht die Frau im Hintergrund erhöht, spitz, distanziert, für den Abgekehrten unerreichbar.

4. *Hinweis: Bestätigen oder revidieren Sie an dieser Stelle Ihren in Aufgabe 1 beschriebenen ersten Eindruck.*

Die Beobachtungen zur Dynamik des Farbauftrages, die vielen Kontraste und die Farben, die allein der Ausdruckskraft dienen, bestätigen in **Kirchners** Bild den in Aufgabe 1 konstatierten Eindruck von sinnlicher Lebensfreude.
Auch die Gesamtwirkung von **Wesselmanns** „Great American Nude Nr. 98" wurde durch die Analyse nicht in Frage gestellt. Der Eindruck distanzierter Kühle, trotz lauter bunter Farbigkeit, wurde allerdings noch erweitert durch die Beobachtungen zur Platzierung der gegenständlichen Motive auf den verschiedenen Bildebenen und Leinwänden. Hierdurch gibt Wesselmann einen deutlichen Hinweis darauf, welcher Rang, seiner Meinung nach, dem Menschen (und speziell der Frau) in einer von der Werbewelt geprägten Wirklichkeit zukommt.

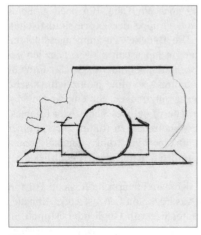

Skizze 1

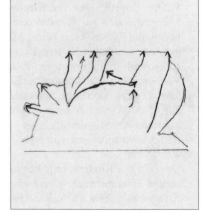

Skizze 2

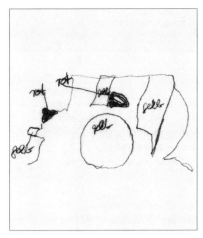
Skizze 3

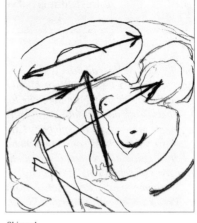
Skizze 4

Skizze 5

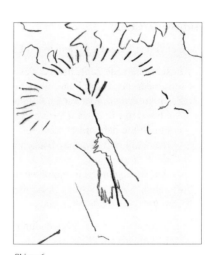
Skizze 6

Abiturprüfung NRW 2009 – Kunst Leistungskurs
Aufgabe 2

Bezüge zu den Vorgaben:
Abstraktion als Grundkonzept bildnerischer Gestaltung – vom Gegenstand zur Abstraktion (bezogen auf die Bereiche Rezeption, Reflexion und Produktion)
- *Abstraktion als Methode der Ausdruckssteigerung im Sinne expressiver Tendenzen in der Malerei am Beispiel des Expressionismus („Die Brücke")*
- *Abstraktion als Veranschaulichung übergeordneter geistiger Zusammenhänge in der Figurendarstellung der Romanik*

Kunstwissenschaftliche Methoden
- *Werkimmanentes Rezeptionsverfahren als Basis einer Interpretation*
- *Praktisch-rezeptive Verfahren als Methoden der Bildanalyse (Perzeptbildung, Kompositionsskizzen und andere Strukturskizzen)*

Aufgabenstellung

1. Benennen Sie jeweils den ersten Eindruck der beiden Bilder.   6 Punkte

2. Beschreiben Sie zunächst die wesentlichen Gemeinsamkeiten und Unterschiede der Bildinhalte, wobei Sie die beigefügten Textauszüge als Zusatzinformationen nutzen können.
   Analysieren Sie danach vergleichend die formale Gestaltung. Berücksichtigen Sie dabei insbesondere
   – die Wahl und den spezifischen Einsatz der Gestaltungsmittel,
   – die Komposition,
   – den vorliegenden Ikonizitätsgrad.
   Erstellen Sie in diesem Zusammenhang auch analysierende und den Text unterstützende Skizzen.   50 Punkte

3. Erläutern Sie unter Verwendung der Untersuchungsergebnisse Gemeinsamkeiten und Unterschiede in den Gestaltungsintentionen, die in den beiden Bildern deutlich werden. Erläutern Sie außerdem den thematischen Zugang des romanischen Künstlers vor dem Hintergrund der damaligen Weltanschauung und grenzen Sie vergleichend Noldes Herangehensweise an die Thematik davon ab.   30 Punkte

4. Beurteilen Sie abschließend, inwiefern der in 1 jeweils genannte erste Eindruck der Werke durch Ihre Analysen und Interpretationen bestätigt oder verändert wurde.   4 Punkte

Materialgrundlage
Bildmaterial
„Pfingsten", Buchmalerei/Antiphonar aus der St. Peterskirche Salzburg, spätes 12. Jh., 43×31,5 cm, Künstler unbekannt. Stiftsbibliothek, Cod. a XII.
Quelle: Zarnecki, George: „Belser Stilgeschichte", Bd. 6: Romanik, Belser Verlag, Stuttgart, 1970, S. 187.
Emil Nolde, „Pfingsten", 1909, Öl auf Leinwand, 83×100 cm. Sammlung der Staatlichen Museen zu Berlin, Stiftung Preußischer Kulturbesitz, Neue Nationalgalerie.
Quelle: Elger, Dietmar: „Expressionismus", Taschen Verlag, Köln, 1991, S. 110.
Textauszüge (Als Informationen zum Bildmotiv)
Die Bibel, Einheitsübersetzung (Hrsg. Katholisches Bibelwerk), Apostelgeschichten 2,1–4, Stuttgart, 2002.
Auszüge aus dem Artikel „Pfingsten" in: Werner Digel, Meyers großes Taschenlexikon, Bd. 17: Pers–Pup, 2. Aufl., BI-Taschenbuchverlag, Mannheim, 1987, S. 45.

Zugelassene Hilfsmittel
– Wörterbuch zur deutschen Rechtschreibung
– Skizzenpapier, Buntstifte, Bleistift, Transparentpapier

Textauszüge (als Informationen zum Bildmotiv)

Textauszug 1 (Bibelauszug, Einheitsübersetzung, kath. Bibelwerk):
1 Als der Pfingsttag gekommen war, befanden sich alle [die Jünger Jesu] am gleichen Ort [in Jerusalem].

2 Da kam plötzlich vom Himmel her ein Brausen, wie wenn ein heftiger Sturm daherfährt, und erfüllte das ganze Haus, in dem sie waren.

3 Und es erschienen ihnen Zungen wie von Feuer, die sich verteilten; auf jeden von ihnen ließ sich eine nieder.

4 Alle wurden mit dem Heiligen Geist erfüllt und begannen, in fremden Sprachen zu reden, wie es der Geist ihnen eingab.

Textauszug 2 (aus: Meyers großes Taschenlexikon):
Pfingsten (zu griech. pentekosté, „fünfzigster" (Tag nach Ostern)), in den christlichen Kirchen der festlich begangene Schlusstag der 50-tägigen Osterzeit [...]. So gilt Pfingsten in den Kirchen des Westens als Fest der Herabsendung des Heiligen Geistes und der Gründung der Kirche; [...]

„Pfingsten", Buchmalerei/Antiphonar aus der St. Peterskirche Salzburg, spätes 12. Jh., 43 × 31,5 cm, Künstler unbekannt. Stiftsbibliothek, Cod. a XII.

Emil Nolde, „Pfingsten", 1909, Öl auf Leinwand, 83 × 100 cm. Sammlung der Staatlichen Museen zu Berlin, Stiftung Preußischer Kulturbesitz, Neue Nationalgalerie.. Foto: bpk / Nationalgalerie, SMB / Jörg P. Anders. © Nolde Stiftung Seebüll

Lösungsvorschläge

1. *Hinweis: Formulieren Sie, welchen Eindruck die beiden Bilder zum gleichen Thema spontan bei Ihnen hervorrufen.*

   Die Buchmalerei aus dem späten 12. **Jahrhundert** aus dem Antiquar der Peterskirche in Salzburg ist von einem unbekannten Künstler in den Maßen 43×31,5 cm gemalt worden. Trotz des relativ kleinen Formats wirkt das Bild sehr großzügig, sehr geordnet und sehr klar, aber auch ziemlich streng. Außerdem erscheint es distanziert und durch den Goldgrund kostbar.

   Das Bild weist starke Gegensätze auf, die aber vollkommen im Gleichgewicht zu stehen scheinen. Die dargestellten, vornehm gekleideten Personen wirken ausdruckslos und stereotyp, aber in der Gestik deutlich voneinander unterschieden.

   Gegen die leuchtende Klarheit der hochformatigen Buchmalerei steht die dumpfere, dunklere Farbigkeit von **Emil Noldes** Interpretation der Erleuchtung der Jünger Jesu an Pfingsten, die er **1909** im Querformat in der Größe 83×100 cm mit Ölfarben gemalt hat.

   Im Gegensatz zur Buchmalerei fühlt sich der Betrachter bei Noldes Bild nicht sofort an ein biblisches Geschehen erinnert. Erscheinen die Gestalten der Buchmalerei vergeistigt, so hat Nolde hier eher einfache, teils grobschlächtige bäuerliche, teils übersteigert ausdruckshafte, teils naiv wirkende Gesichter dargestellt. Einige der Personen sehen etwas grotesk aus, wie der rechte Mann im Vordergrund, dem der linke Mann in fast konspirativ zugeneigter Körperhaltung den Arm hinstreckt. Dadurch wirkt die bei Nolde gezeigte Szene nicht edel, distanziert oder erhaben, sondern auf den ersten Eindruck eher rustikal und, was die Personen im Vordergrund angeht, ein wenig zwielichtig. Im Gegensatz zum großzügigen Umfeld um die Jünger auf dem romanischen Bild scheinen sich Noldes Jünger in einem düsteren, engen Raum dicht gedrängt um einen Tisch versammelt zu haben. Nur die magisch wirkende Beleuchtung und der ekstatisch oder verklärt aussehende Gesichtsausdruck der drei Männer in der hinteren Bildmitte lassen den Eindruck eines besonderen Moments entstehen. Die Gebetsgeste, die weit geöffneten Augen des rotgekleideten Mannes, auf den sich der Blick des Betrachters sofort zentriert, sowie die auch durch das Licht hervorgehobenen Gesichter der anderen, die aussehen, als würden sie glühen, lassen aufmerken, warum diese Szene im Dunkel des Raumes so hervorgehoben wurde. Erst dann fallen die violetten Flämmchen auf den Köpfen der Männer auf, die symbolisch auf das Pfingstgeschehen hindeuten sollen. Sie erscheinen eher etwas kindlich naiv gesetzt.

   Im Hintergrund wirkt das Bild relativ statisch, im Vordergrund überwiegt der Eindruck dynamischer Gestik.

2. *Hinweis: Beschreiben Sie Gemeinsamkeiten und Unterschiede der Inhalte beider Bilder in einer sinnvollen Reihenfolge. Gehen Sie beispielsweise vom Gesamtmotiv aus und erläutern Sie dann die Personen und die Details.*
Analysieren Sie beide Bilder bezogen auf ihre Gestaltungsmittel, z. B. Komposition, Farbwahl, Farbauftrag, Kontraste, Konturen, Formgestaltung und Umgang mit dem Bildraum.
Nehmen Sie klärende Skizzen zuhilfe, auf die Sie sich in Ihren Ausführungen beziehen.
Erläutern Sie den jeweils sichtbaren Abstraktionsgrad.

Emil Noldes Interpretation des in der Bibel beschriebenen Ereignisses stellt nur den irdischen Bereich des Geschehens dar, während in der **Buchmalerei** mehr als eine Bildhälfte dem Ursprung der Erleuchtung der Jünger gewidmet ist. Noldes Bild zeigt, ebenso wie die Buchmalerei, eine Reihung von Personen, die dem Betrachter frontal zugewandt sind. Es enthält ebenfalls starke Kontraste und eine beschränkte Farbskala, die Kontraste stehen jedoch deutlich im **Spannungsverhältnis**. Bei Nolde drängen sich die 11 Jünger auf engstem Raum, während die Bildfläche der Buchmalerei insgesamt großzügig gestaltet wurde; hier stehen die Jünger nur im unteren Bereich eng beieinander. In beiden Bildern wird eine Person besonders betont. Vermutlich handelt es sich um Petrus. Gegenüber diesen Gemeinsamkeiten überwiegen aber bei Weitem die Unterschiede in der Darstellung. Das **Antiphonar** ist in zwei klar getrennte Bereiche unterteilt: ein **himmlischer Bereich** oben und ein **irdischer Bereich** unten. Der obere wird von einem zentralen Bogen dominiert, der sowohl die Himmelsarchitektur versinnbildlichen kann als auch einen sakralen Raum, in dem sich die Jünger aufhalten. Dieser Bogen lagert auf zwei gedrehten Säulen rechts und links. Hinter dem zentralen Bogen werden zwei weitere, symmetrisch angeordnete Bogenformen sichtbar, die aber keinen Blick in eine weitere räumliche Tiefe eröffnen, weil der gesamte **Bildgrund** dahinter mit einer **undurchlässigen goldenen Fläche** ausgefüllt wurde. Auf der senkrechten Mittelachse ist, genau im **Schnittpunkt** der hinteren Bögen, ein **stilisierter** blauer Vogel zu sehen, dessen von oben nach unten gerichteter Körper **exakt symmetrisch von der senkrechten Mittelachse geteilt** erscheint und dessen Flügel fast identisch links und rechts von der Mittelachse angeordnet sind. Vom Schnabel des Vogels gehen, ebenso symmetrisch angeordnet, neun rote Pfeile aus, die auf die Köpfe der im unteren Bildbereich gedrängten männlichen Personen gerichtet sind. Diese Personen, die 11 Jünger Jesu, sind edel gekleidet und gruppieren sich in zwei Fünfer-Reihen hintereinander um einen Jünger in der Mitte, der als einziger zentral und vollkommen frontal zu sehen ist. Sie sind alle gleich groß, d. h. ihre Köpfe bilden einen genau **waagerechten Abschluss**, der sich dunkel gegen den goldtonigen Himmelsbereich abhebt. Ihre Füße stehen in unterschiedlicher Position auf oder vor einem Mäuerchen, das die Szene nach unten waagerecht abschließt.
Die **Egalisierung in der Größe** bewirkt neben den **standardisierten, emotionslosen Gesichtern** den anfangs konstatierten Eindruck distanzierter Strenge. Die 11 Männer unterscheiden sich im Wesentlichen nur in ihrer Blickrichtung, Kör-

perdrehung oder Handhaltung. Im Gegensatz zum himmlischen Bereich wurde bei den Jüngern die vollkommene Symmetrie aufgegeben. Durch die unterschiedlichen Körperhaltungen, die **sprechenden Gesten** und die verschiedenen Fältelungen der Kleidungsstücke entsteht trotz der Typisierung in diesem Bereich eine **gewisse Dynamik.**
Der Himmel und der irdische Bereich werden mit einem **Ornamentrahmen** aus regelmäßigen, stilisierten, kreisförmigen, blauen und grünen Blüten zusammengehalten, der über den **alle Bereiche verbindenden Goldgrund** gelegt wurde. Außerdem dient der Rahmen dazu, eine **distanzierende Abgrenzung** zum Betrachter herzustellen.
Die Gesamtkomposition ist also streng durch ein **klares Grundgerüst** gegliedert (siehe Skizze 1), das die Vertikalen und die Horizontalen betont. Die **Vertikalbetonungen** entstehen durch die Taube, die Körperachsen und die Rahmung. Die **Horizontalbetonungen** kommen zustande durch die strenge Abgrenzung der als Kante erscheinenden Reihe der Köpfe, durch die Endpunkte der Strahlen, von denen die mittleren genau waagerecht in der Bildmitte enden, durch das Mäuerchen mit der Reihung der Füße und durch die ornamentale Rahmung. Die gegen diese Strenge ausgespielten **diagonalen Elemente**, z. B. einige Arm- und Beinhaltungen und die Gesten der Hände, die das eigentliche Geschehen erkenntlich machen, werden in Skizze 2 hervorgehoben. Allein durch die Körperhaltungen und die Gestik wurde also eine **gewisse Lebendigkeit** in der sonst so streng symmetrischen Komposition erzeugt. Nur hierin ist etwas von der Aktivität enthalten, die in dem vorgelegten Bibelauszug verdeutlicht wird. Die diagonal angesetzten, von der Taube ausgehenden Strahlen sind dagegen mehr der streng symmetrischen, statischen Grundkomposition zuzuordnen und decken sich nicht mit dem „Brausen, das wie ein heftiger Sturm daherfährt".
Für den Eindruck, dass dieses Bild eine Thematik behandelt, die dem Betrachter Ehrfurcht abverlangt, sind die Behandlung der Bildgegenstände, der auf die senkrechte Mittelachse bezogene Bildaufbau und in besonderem Maße der Umgang mit den Farben verantwortlich. Dazu gehört der eine riesige, leere Fläche einnehmende Goldgrund, auf dem das Auge ausruhen kann, und die **klare, reduzierte Farbigkeit.** Das Bild wird beherrscht von den **Primärfarben** Blau, Rot und Gelb, erweitert durch den sparsameren Einsatz der **Sekundärfarben** Grün und Blauviolett. Die in der Romanik so wertvollen **Symbolfarben** Blau und Rot, die ursprünglich Gottvater und der heiligen Familie vorbehalten waren, sind hier, unter dem Einfluss des Heiligen Geistes, auch den Jüngern zugeteilt worden. Verdeutlicht wird dies durch die stilisierte Taube und die Strahlen, die auch genau in diesen Farben gemalt erscheinen. Als wichtige Person im Zentrum der Menschengruppe ist Petrus mit hellblauem Kopf- und Barthaar sowie dunkler, blauer Kleidung hervorgehoben. Selbst ein zunächst so unwichtig erscheinendes Detail wie die symmetrisch auf der senkrechten Mittelachse liegende helle Tonsur von Petrus dient hier dieser Betonung.
Die **Farben** wurden **gleichmäßig aufgetragen,** sodass eine geschlossene Bildoberfläche **ohne Spuren des Arbeitsprozesses** entstanden ist. Individuelle Malspuren zu hinterlassen entsprach ebensowenig der Aufgabe des ganz hinter der

religiösen Thematik zurücktretenden Malers wie das Bild mit einem individuellen Namen zu signieren.

Die klare Lesbarkeit des pfingstlichen Geschehens basiert besonders auf dem **Hell-Dunkel-Kontrast**. Im oberen Bildbereich stehen die Bogenformen und der Vogel im Hell-Dunkel-Kontrast zum Goldgrund, und im Bereich der Jünger ist der gesamte Menschenblock in deutlich dunklerer Farbigkeit dem Goldgrund gegenübergesetzt. Auch untereinander unterscheiden sich die Einzelpersonen durch klar gegeneinander gesetzte Farbbereiche. Hier sind Kontraste zwischen den Grundfarben Blau, Rot und Gelb zu finden sowie **Warm-Kalt-Kontraste** und **Komplementärkontraste**. Bei der mittleren Jüngerfigur z. B. stehen das Gelb und das Violettblau in der Kleidung in Kontrast zueinander. Ebenso verhält sich das Grün des Gewandes dieses hervorgehobenen Jüngers komplementär zum Rot der Gewänder der Nachbarfiguren. Die Farben wurden dadurch im Gleichgewicht gehalten, dass sie ausgewogen rechts und links von der Mittelachse verteilt wurden. Ein weit rechts am Bildrand zu sehendes Grün in der Kleidung z. B. erscheint durch größere Grünbereiche ausgeglichen, die aber näher an der Achse liegen.

Auch die Farben Rot und Blau, die sich sowohl im himmlischen als auch im irdischen Bereich finden lassen, haben nicht nur symbolische Funktion. Sie stellen, neben dem Goldgrund und dem Rahmen, die Verbindung her zwischen den so deutlich gegeneinander gesetzten Bildteilen, was mit den Skizzen 3 und 4 hervorgehoben werden soll. In Skizze 3 wurden die wichtigsten Rotbereiche verdeutlicht, in Skizze 4 die Baubereiche. Die beiden Farben sind mit geringeren Flächenanteilen im himmlischen Bereich vertreten und mit größeren im irdischen. *Beide* Grundfarben dienen, wie die Skizzen verdeutlichen sollen, der Harmonisierung, denn sie wurden auch, ein **optisches Gleichgewicht** herstellend, **ausgewogen** rechts und links von der Mittelachse verteilt.

Alle Farbbereiche sind durch schwarze oder dunklere **Konturlinien** (sichtbar z. B. bei der Taube, bei den Köpfen, Händen, Kleidungsstücken) sorgfältig gegeneinander abgegrenzt, was die klare Überschaubarkeit des Geschehens unterstützt.

Wie auch in der **romanischen Plastik** wurden die Körper der abgebildeten Personen so dargestellt, dass sich deren Volumen kaum unter der **stilisierten Fältelung** der Kleidung erahnen lässt. Nur bei einigen Knien erscheint der Farbton der Bekleidung aufgehellt, sodass sie an dieser Stelle plastischer wirken. Auf diese Weise, wie auch durch Überschneidungen und Hell-Dunkel-Kontraste, kommt eine gewisse Räumlichkeit in dem sonst **die Fläche betonenden** Bild zustande.

Mit dem **flachen Bildraum**, der **Stilisierung des Vogels, der Architektur und der Gewandfalten**, der **Normierung der Größen** sowie der **Typisierung der Gesichter** zeigt das Bild starke **Abstraktionstendenzen**. Nur in der Bemühung um eine realistische Wiedergabe der Proportionen der Figuren sowie in der leichten Differenzierung in den Haar- und Bartbereichen findet sich eine gewisse Anlehnung an die optische Wirklichkeit.

Emil Nolde beschränkte die Darstellung des Pfingstgeschehens auf eine Tischrunde mit **wenig sakralem Charakter**. Durch den Bildausschnitt und die große

Lücke, die er vorne in der Ansammlung bäuerlich wirkender Menschen freigelassen hat, wird der Betrachter direkt **ins Bildgeschehen einbezogen**, im Gegensatz zu der romanischen Buchmalerei, die durch die Rahmung eine Schranke setzt. Wegen des freigelassenen Bereichs kann der Blick direkt auf die frontal zu sehende Figur des Petrus fallen, der unter den anderen Jüngern am Tisch durch seine rote Kleidung, seinen überdimensioniert großen Kopf wie auch durch eine differenziertere Malweise der ebenfalls roten Kopf- und Bartbehaarung am stärksten hervorgehoben wurde. Petrus hat die Hände zum Gebet erhoben, sitzt aufrecht und bildet einen Ruhepol im Geschehen. Der Jünger neben ihm krallt ihm mit ekstatischem Gesichtsausdruck und weit aufgerissenen Augen die Hand in die Schulter. Die übrigen Jünger im hinteren Bildbereich werden wegen der wenig differenzierten Gesichter eher als **einförmige** Gruppe wahrgenommen. Nur die beiden Männer links und rechts im Vordergrund erscheinen **individueller;** sie sehen sich gegenseitig an und drücken sich in einer heftigen, vom linken Jünger ausgehenden Bewegung die Hand. Nolde hat sie als einzige in Rücken- oder Halbansicht, abgewandt vom Betrachter, gemalt.

Die Jünger sind, bis auf die vorderen beiden, bescheiden und unauffällig gekleidet und sitzen dicht gedrängt an einem schlichten Tisch in einem Raum, von dem man nur die Enge zu spüren glaubt, über den Nolde aber außer der blauen Hintergrundwand keine weiteren Informationen gegeben hat.

Die **Ausschnitthaftigkeit** des Bildes, in dem sich die kräftigen Personen auf kleinem Format drängen, und **die vereinfachende Malweise** der Gesichter sind in besonderem Maße dafür verantwortlich, dass der Betrachter den Eindruck gewinnt, ganz dicht vor sich eine Ansammlung eines ländlichen Menschenschlages zu sehen. Die Gesichter der hinter dem Tisch sitzenden, dem Betrachter **frontal** zugewandten mittleren Personen sind nur gekennzeichnet durch grob angedeutete Nasen, Augen und Münder unter breiten dunklen Brauen und einer sehr niedrigen Stirn, wodurch ein wenig der Eindruck einfältigen Staunens vermittelt wird. Von den übrigen Gesichtern im hinteren Bildbereich sind nur Ausschnitte zu sehen, da sie von den anderen Jüngern überdeckt bzw. vom Bildrand abgeschnitten werden.

Das Bild ist bereits in der **Komposition kontrastreich** angelegt. Betonungen der Senkrechten wie die Achse, die durch Petrus' Gesicht und Körper zu legen ist, oder die Achse durch seine dagegen leicht verschobenen, senkrecht aufgerichteten Hände stehen Betonungen der Waagerechten gegenüber: z. B. Petrus' Arme, der Arm der linken vorderen Jüngerfigur und die Tischkante. Der Kopf von Petrus und die Köpfe der vorderen beiden Jünger bilden ein **Dreieck**, was zur Stabilisierung der Komposition dient (siehe Skizze 5) und ebenfalls dazu beiträgt, diesen Personen eine besondere Wichtigkeit zu verleihen. Auch die frontale Reihung der hinteren Personen hat stabilisierenden Charakter. Durch diese Ordnungstendenzen wird der anfangs konstatierte Eindruck unterstützt, dass es sich bei diesem Bild doch um ein bedeutsames Thema handeln könnte.

Gegen die angeführten sichtbaren **Stabilisierungstendenzen** hat Nolde aber viele andere bildnerische Mittel eingesetzt, die den Eindruck von **Dynamik** erzeugen. Mit der Betonung des Jüngers, auf den der Blick des Betrachters zuerst fällt, wurde die senkrechte Bildachse nach rechts verschoben. So teilt sie die Bildfläche in der Waagerechten im Verhältnis eins zu zwei (siehe Skizze 5). Diese **asymmetrische, rechtslastige Komposition** erscheint durch die vollständige Sichtbarkeit dieses Jüngers und durch seine farbige Hervorhebung betont.

Die beiden Personen im Vordergrund fallen nicht nur deshalb auf, weil von ihnen die Hauptbewegung im Bild ausgeht. Nolde hat ihre Gesichter durch sehr stark gebogene Nasen, breite Münder mit nach unten gezogenen Mundwinkeln und sehr schwarze Haare charakterisiert, v. a. aber hat er sie mit einer sehr ausgeprägten, im Kontrast zu den anderen ganz **individuellen Mimik** ausgestattet. Während die Reihe der dem Betrachter zugewandten Personen auch in ihren Körperhaltungen **in sich gekehrt und gleichförmig** dargestellt wurde, erscheinen die beiden Männer im Vordergrund betont durch ihre **Kommunikation**. Die Geste der Zuwendung wirkt durch den Arm des linken Mannes mit dem blauen Umhang deshalb so auffällig, weil dieser die Parallele zur unteren Bildkante bildet und den gelben Tisch in zwei waagerechte Hälften teilt (siehe Skizze 5). In der heftigen Geste liegt also durch die Betonung der Waagerechten auch ein stabilisierendes Element. Zugleich bekommt durch diese kompositionelle Strenge die Zuwendungsbewegung eine enorme Wichtigkeit. Auffällig sind in diesem Zusammenhang auch die im Kontrast zu angrenzenden Helligkeiten dunkel betonten Parallelitäten in den Rücken- und Armbegrenzungen der beiden Männer. Sie wirken als **diagonal** angelegte, gerundete **Konturierungen** (siehe Skizze 6) den Senkrechten und Waagerechten im Bild entgegen.

Ebenso rätselhaft wie die Mimik der Männer bleibt der versöhnliche Händedruck. Dass die beiden so deutlich hervorgehobenen Männer aber doch zu den Jüngern Jesu gehören, wird an den violetten Flämmchen auf ihrem Kopfe verdeutlicht.

Um das unfassliche Geschehen zum Ausdruck zu bringen, hat Nolde im ganzen Bild den **Hell-Dunkel-Kontrast** besonders stark betont. Die Beleuchtung von vorne ohne sichtbare Lichtquelle, die die Gesichter und Hände so stark erhellt, erzeugt den Eindruck einer „**inneren Erleuchtung**". Anders als in der mittelalterlichen Buchmalerei wird die biblische Überlieferung hier nicht mit dem göttlichen „Geist", von dem die Veränderung ausgeht, verbunden, sondern durch ein im Inneren jedes Einzelnen entzündetes Glühen verdeutlicht.

Nolde hat dazu seine **Farbpalette reduziert**. Die dunkleren Farben aus dem Rot- und Blauspektrum befinden sich an den Bildrändern, während das helle Gelb die Bildmitte dominiert. Dadurch wird der Blick des Betrachters auf die Erleuchteten **konzentriert**.

Auch **Komplementärkontraste** bringen Spannung ins Bild, z. B. der zwischen den verschiedenen Rottönen bei Petrus (sowie dem Rot der Haare des verdeckten Jüngers auf der linken Seite) und dem Grünblau des Umhangs des Mannes im linken Vordergrund und der grünen Stirn des hintersten Jüngers auf der linken Seite. Violette Töne, z. B. im Mantel des verdeckten Mannes links, kontrastieren mit der Komplementärfarbe Gelb, die außer als Tischfarbe noch so häufig im Bild vorzufinden ist, dass aus dem **ungleichen Flächenverhältnis Spannung** entsteht. Wenig Blau (z. B. in den Augen der Jünger) steht mehr Orange gegenüber (z. B. in Gesichtern und Händen). Diese Kontraste schaffen Farbbeziehungen, die Nolde nicht auf der anderen Bildseite ausgeglichen hat.

Durch das kalte Blau oben hinten im Bild wird eine **gewisse Raumtiefe** angedeutet, ebenso durch die Überschneidungen bei den Personen. Dadurch aber, dass die jeweiligen Farben, sowohl die **kalten** Blautöne als auch die **wärmeren** Orange-Rot-Töne, **auf verschiedenen Bildebenen** gebraucht werden, wird wiederum die **Fläche** betont. Da sich auf diese Weise der Hintergrund nach vorne schiebt, besonders deutlich bei der vorwiegend warmtonig gemalten Figur des Petrus, dessen Kopf zudem übermäßig vergrößert wurde, entsteht zusätzlich der Eindruck, dass die Jünger in diesem Augenblick näher zusammenrücken.

Keine Farbe erscheint **rein aufgetragen**. Nolde hat die Farbflächen durch Strichelungen mit anderen Farbtönen aufgelockert (z. B. beim Umhang des linken Mannes oder bei der Tischdecke) oder mit Farbflecken übermalt (z. B. auf den Gesichtern). Die Flecken auf den Gesichtern machen die Erregung augenfällig, die die Jünger ergriffen hat, während die gestrichelten Farbspuren Richtungen angeben. Nolde hat z. B. den Flämmchen auf den Köpfen mit den Spuren des Farbauftrags eine aufwärtsgerichtete Bewegung verliehen, die inhaltlich zu deuten ist. Im Gegensatz zu den in der Buchmalerei von oben kommenden Strahlen des Heiligen Geistes verweist Nolde hier durch die Pinselführung von unten nach oben auf einen höheren Bereich.

Durch den unregelmäßig gesetzten, **pastosen**, die Formen nur grob anreißenden **Duktus**, der in der **Richtung variiert** (Skizze 6), wird also auch der eher statischen Sitzrunde im Hintergrund Lebendigkeit verliehen. Im Vordergrund verstärkt der Farbauftrag mit seinen individuellen Spuren zudem **ausdrucksstark** die Gesamtwirkung von innerer Bewegung, die schon in der ungleichgewichtigen Bildkomposition angelegt wurde (siehe u. a. Skizze 6). Solche richtungsbetonenden Farbspuren und -nuancierungen finden sich auch bei dem Umhang des vorderen, rechten, zurückgelehnten Mannes und dessen Haaren und auch stärker beim ausgestreckten Arm des linken Mannes.

Nolde hat also versucht, die im Bibelauszug beschriebene, heftige Bewegung durch die Aussendung des Heiligen Geistes ganz anders zum Ausdruck zu bringen als der Maler der Buchmalerei. Trotz der Zentrierung des Blickes auf den farblich betonten, am vollständigsten zu sehenden Jünger hat er versucht, durch **Verschiebung der senkrechten Kompositionsachse**, durch ein **Ungleichgewicht in der Flächenbelastung**, durch die die **Diagonale** betonende Körperhaltung der vorderen Jünger sowie durch die starke Hervorhebung des Händedrucks ausdrucksstarke Dynamik zu präsentieren. Das gelang ihm auch durch starke **Abstraktionstendenzen** wie die „primitive" **Vereinfachung** der Gesichter, durch die mit **heftigem Pinselduktus** vorgetragenen, vom gegenständlichen Vorbild abgelösten **Ausdrucksfarben** sowie durch den **zusammengedrängten Bildraum**.

3. *Hinweis: Fügen Sie die in Teilaufgabe 2 gewonnenen Erkenntnisse zu wichtigen Gemeinsamkeiten und Unterschieden zusammen.*
Stellen Sie eine Beziehung zwischen der Weltanschauung der Romanik und der vorgelegten Buchmalerei her und vergleichen Sie die Intentionen mit denen von Emil Nolde.

Die Botschaft der beiden so gegensätzlichen Bilder ist die, dass durch die Ausgießung des Heiligen Geistes Bewegung in die Gruppe der Jünger gekommen ist. Ihre neu gewonnene **Kommunikationsfähigkeit** wird in der Sprache der Gebärden und bei Nolde zusätzlich in teilweise individuellen Gesichtsausdrücken sichtbar gemacht.

Das in der Bibel beschriebene und kaum bildlich Fassbare, die Ausgießung des Heiligen Geistes, wird in der vorgelegten wie auch in anderen **romanischen Buchmalereien** zeichenhaft stilisiert wiedergegeben. Hier erscheint der Vogel als extrem reduziertes Symbol stark abstrahiert, und die Strahlen, die von seinem Schnabel ausgehen, sind als Linienbündelung **Stellvertreter** für etwas, was in **transzendenten Sphären** geschieht. In Kombination mit dem unwirklichen, den realen Raum verstellenden Goldgrund, der auf eine höhere, **spirituelle** Wirklichkeit verweist, und mit der Ruhe ausstrahlenden symmetrischen Komposition sieht sich der Betrachter einem geistigen Gebäude gegenüber, das ihm eine Botschaft vermittelt, dabei aber in starker **Distanzierung zur Alltagsrealität** verbleibt. Mit dieser Form der Vergeistigung im Moment des pfingstlichen Geschehens sollen die andächtig schauenden Betrachter konfrontiert werden. Wie auch in anderen Kunstäußerungen der Romanik wird eine in ein Oben und Unten **hierarchisch geordnete Welt** demonstriert, die, eindeutig sichtbar, von dem auf Transzendenz hinweisenden Goldgrund dominiert wird.

Im Gegensatz zur symmetrischen, in erster Linie statischen Komposition der Buchmalerei ist Noldes Bild auf Dynamik angelegt. Während die mit einem Rahmen versehene **Buchmalerei** in sich geschlossen ist, den Beobachter auf Distanz hält und auf dessen staunende **Passivität** gegenüber der **Darstellung des Erhabenen** abzielt, führt **Noldes** Ausschnittkomposition den Betrachter **mitten ins Geschehen** hinein. Sie lässt ihn teilhaben an Noldes eigener **religiöser Betroffenheit**. Der expressive Maler hat das Pfingstereignis in das Dunkel eines engen, bäuerlichen Raumes verlegt und es als innere Erregung des Einzelnen interpretiert. **Noldes individuelle malerische Handschrift**, die nicht den **Bildtraditionen** verhaftet ist wie die **Buchmalerei**, kommt besonders in der Beleuchtung, der übersteigerten Farbwahl, der Ursprünglichkeit der mit dynamischem Duktus grob bearbeiteten Formen und der asymmetrischen Komposition mit dem dicht gedrängten Bildraum zum Ausdruck.

Während der namentlich nicht überlieferte Maler der **romanischen** Interpretation des Pfingstgeschehens durch **formale Abstraktion** ein **Vorstellungsbild** des biblischen Textes erzeugen wollte, versuchte **Nolde** durch eine den **Ausdruck steigernde Loslösung von der Abbildhaftigkeit**, die **Wirkung** der Ausgießung des Heiligen Geistes in den Vordergrund zu stellen. Damit zeigte er einen ganz neuen, **emotionalen, individuellen** Zugang zur Thematik auf.

In der Wahl der bildnerischen Mittel und in der Auseinandersetzung mit **emotionalen Inhalten** besteht eine enge Verbindung dieses Bildes zu denen der anderen **expressionistischen** Maler. Nolde hatte sich für etwas mehr als ein Jahr deren Künstlervereinigung „**Die Brücke**" angeschlossen, ehe er die Gruppe dann wieder verließ, aufgrund deren freier Lebensführung, die seinen religiösen Vorstellungen nicht entsprechen konnte.

4. *Hinweis: Verknüpfen Sie hier die in Aufgabe 1 formulierten Gedanken zur Wirkung der Bilder relativierend oder verstärkend mit den Gedanken zur Deutung.*

Der Eindruck, den die Buchmalerei auf den ersten Blick vermittelte, bestätigt sich nach genauerer Analyse, aber die Deutung von Noldes zunächst etwas rätselhaft erscheinendem Bild zum gleichen Thema verändert sich bei der Auseinandersetzung damit. Dadurch, dass Nolde keine vergeistigten Wesen, sondern derbe Menschen aus dem Volk gemalt und neben naiv wirkenden, gleichförmigen Gesichtern auch unterschiedliche Charaktere vor Augen geführt hat, deren ausdrucksstarke Reaktionen auf das im Inneren Erlebte sich deutlich unterscheiden, wird beim intensiveren Hinsehen klar, dass genau das Nolde gereizt haben könnte. Was auf den ersten Eindruck wie eine zwielichtige Verschwörung im Vordergrund wirken konnte, erscheint unter diesem Blickwinkel eher als eine durch die pfingstliche Erleuchtung ausgelöste, ausdrucksstark vorgetragene Befähigung zu aussöhnenden Gesten.

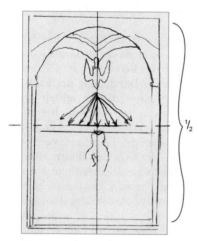

Skizze 1

Skizze 2

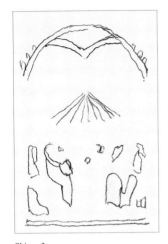
Skizze 3

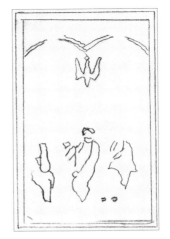
Skizze 4

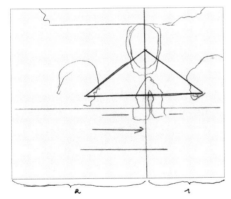
Skizze 5

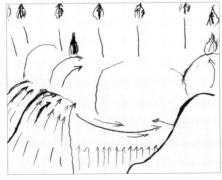
Skizze 6

Abiturprüfung NRW 2010 – Kunst Grundkurs
Aufgabe 1

Bezüge zu den Vorgaben:
Inhaltliche Schwerpunkte
Abstraktion als Grundkonzept bildnerischer Gestaltung – Umgang mit Wirklichkeit (bezogen auf die Bereiche Rezeption, Reflexion und Produktion)
- *Abstraktion als Reflexion und bildnerische Veranschaulichung der Auseinandersetzung mit Individuum und Gesellschaft (in der Renaissancemalerei: Hans Holbein d. J.; in der amerikanischen Pop-Art: Warhol)*

Kunstwissenschaftliche Methoden
- *werkimmanentes Rezeptionsverfahren als Basis einer Interpretation*
- *praktisch-rezeptive Verfahren als Methoden der Bildanalyse (Kompositionsskizzen und andere Strukturskizzen)*
- *Methoden der Kunstbetrachtung unter Nutzung werkexterner Quellen*

Aufgabenstellung   Punkte

1. Beschreiben Sie beide Bilder.   12
2. Analysieren Sie die formale Gestaltung beider Bilder und berücksichtigen Sie dabei besonders
   - die Form- und Farbgebung,
   - die Komposition unter Verwendung von Skizzen,
   - den Abstraktions- und Ikonizitätsgrad.   46
3. Interpretieren Sie die beiden Bilder vergleichend und gehen Sie dabei auf das jeweilige Darstellungsinteresse der Künstler ein. Beachten Sie hierbei die jeweiligen Zeitbezüge bzw. biografischen Bezüge und beziehen Sie unterstützend die beigefügten Zusatzinformationen ein.   32

Materialgrundlage
Bildmaterial
Hans Holbein d. J., „Heinrich VIII., König von England", um 1536/1537, Öl auf Eichenholz, 28 cm × 20 cm, Museo Thyssen-Bornemisza, Madrid.
   Fundstelle: Brinkmann, Bodo: Hans Holbeins Madonna im Städel. Petersberg: Michael Imhof Verlag, 2004, S. 173
Andy Warhol, „Mao", 1973, Siebdruck und Acryl auf Leinwand, 444,3 × 346,7 cm, The Art Institute of Chicago.
   Fundstelle: MacShine, Kynaston (Hrsg.): Andy Warhol. Retrospektive, anlässlich der Ausstellung im Museum Ludwig, Köln (20. November 1989 – 11. Februar 1990). München: Prestel-Verlag, 1989, Farbabb. 361, S. 334

Zugelassene Hilfsmittel
- Wörterbuch zur deutschen Rechtschreibung
- Skizzenpapier, Transparentpapier, Farbstifte, Bleistifte

Zusatzinformationen:
Heinrich VIII., König von England (1509–1547), galt als hervorragend gebildet, vor allem auf humanistischem und theologischem Gebiet; förderte die Künste und Wissenschaften; sagte sich 1534 vom römischen Papst los und führte, gestützt auf Parlamentsgesetze, ein Regiment, das es ihm erlaubte, romtreue Katholiken wie Anhänger der Reformation als Hochverräter zum Tode zu verurteilen. Um 1537 trat Holbein d. J. in die Dienste von Heinrich VIII. ein.

Mao Tse-tung (Zedong), Mitbegründer und bis zu seinem Tod 1976 Vorsitzender der Kommunistischen Partei Chinas, rief 1949 die Volksrepublik China aus, leitete eine radikale Umgestaltung der chinesischen Gesellschaft ein und setzte 1965/66 die Große Proletarische Kulturrevolution in Gang, mit der er seine innerparteilichen Gegner bekämpfte und den Partei- und Staatsapparat durch Revolutionskomitees ersetzen ließ. Er baute in dieser Zeit einen Führerkult um seine Person als „großer Vorsitzender und Steuermann" auf.

Die von Warhol für den Siebdruck benutzte Fotovorlage greift auf eine Kopie des im China der 1960/70er-Jahre massenhaft verbreiteten und auf riesigen Plakatwänden gezeigten Bildnisses von Mao Tse-tung zurück. Warhol fertigte mehrere Variationen des Motivs in unterschiedlichen Formatgrößen an.

Hans Holbein d. J., „Heinrich VIII., König von England", um 1536/1537, Öl auf Eichenholz, 28 cm × 20 cm. Museo Thyssen-Bornemisza, Madrid. © The Yorck Project: 10.000 Meisterwerke der Malerei. DVD-ROM, 2002. ISBN 3936122202. Distributed by DIRECTMEDIA Publishing GmbH

Andy Warhol, „Mao", 1973, Siebdruck und Acryl auf Leinwand, 444,3 × 346,7 cm. The Art Institute of Chicago. Photography © The Art Institute of Chicago

Lösungsvorschläge

1. *Hinweis: In dieser Aufgabe sollen Sie den Bildbestand der Bilder beschreiben. Dabei wenden Sie die im Unterricht erlernte Methode der Bildbeschreibung an und geben sprachlich adäquat und in einer sinnvollen Reihenfolge die Neben- und Hauptmotive wieder. Subjektive Urteile sind hier zu vermeiden.*

   Das hochformatige Gemälde in der Größe 28 cm × 20 cm zeigt das Einzelporträt „Heinrich VIII., König von England". Es wurde um 1536/1537 – in der Zeit der Renaissance – von dem deutschen Maler Hans Holbein d. J. in der damals üblichen Technik in Öl auf Eichenholz gemalt. Das Porträt befindet sich heute im spanischen Museo Thyssen-Bornemisza in Madrid.

   Der König von England wird in prachtvoller, höfischer Kleidung der damaligen Zeit in Dreiviertelansicht als Bruststück dargestellt. Er steht oder sitzt vor einem blauen Hintergrund und füllt fast das gesamte Bild aus. Heinrichs Körper ist etwas gedreht. Der Betrachter sieht das Gesicht im Dreiviertelprofil aus einer leichten Untersicht. Der König hat einen kleinen Mund und kleine Augen, ein kurzes Kinn und sein fülliges Gesicht ziert ein Bart. Sein kurzer Hals wird durch einen golddurchwirkten Kragen fast vollständig verdeckt. Der Blick des Königs wendet sich dem Betrachter zu, er schaut ihn aber nicht direkt an. Die Schultern, Arme und Hände sind stark angeschnitten. Auf seinem Haupt trägt er ein mit Edelsteinen besetztes Barett mit weißen Federn. Ein weißes Hemd mit Goldkragen und Spitze bildet die Gewandunterkleidung. Darüber sitzt ein graues Wams mit floralen Ornamenten und rötlichen Edelsteinen. Das Wams ist geschlitzt und im Brustbereich und an den Ärmeln quillt der kostbare Stoff des Hemdes hervor. Ein ärmelloser Umhang mit großem Pelzkragen und kostbar wirkendem Stoff rundet die Kleidung ab. Um den Hals trägt Heinrich eine goldene Kette mit einem runden Anhänger und viereckigem Edelstein. Die Armabschnitte sind angewinkelt und in seiner rechten Hand hält er einen unbestimmten Gegenstand, vielleicht ein Schriftstück.

   Das Einzelporträt „Mao" wurde 1973 von dem amerikanischen Pop-Art-Künstler Andy Warhol ebenfalls im Hochformat geschaffen. Mit 444,3 cm × 346,7 cm ist es riesengroß. Es befindet sich heute im Art Institute of Chicago und wurde als Siebdruck und Acryl auf Leinwand gefertigt.

   Das Bildnis von Mao Tse-tung zeigt ihn als Schulterstück. Wie eine Büste füllt er ebenfalls fast die gesamte Bildfläche aus. Der Betrachter sieht ihn aus einer leichten Untersicht und fast „en face" (Frontalansicht). Dabei hat das Staatsoberhaupt den ovalen Kopf leicht nach links gewandt und blickt den Betrachter direkt an. Sein Gesicht ist im Grundton hellorange und mit rötlichen Farbflächen überzogen, ebenso sind die Augenlider blau und die Lippen und Wangen rötlich koloriert. Mao hat schwarze, kurze Haare, einen geschlossenen Mund mit ausgeprägten Lippen und wirkt durch seine vollen Wangen rundlich. Der Staatsmann trägt einfache, graue Kleidung, die von groben, farbigen Malspuren überzogen ist. Der Bildhintergrund ist als flächiger Fond in einem hellblauen Farbton gehalten.

2. *Hinweis: Diese Aufgabe stellt den Hauptteil dar. Sie sollen nun beide Bilder strukturiert analysieren. Ausgehend vom zentralen Motiv gilt es, die Formelemente der Darstellungen, die Farbgestaltung und die Komposition strukturanalytisch zu erarbeiten. Erörtern Sie zusätzlich den unterschiedlichen Abstraktionsgrad der Porträts. Um Ihre Bildanalyse sinnvoll und anschaulich zu belegen, fertigen Sie Skizzen an, die Sie auch in den Text einbringen.*

Im Porträt „Heinrich VIII." thront das Haupt des Herrschers auf dem Oberkörper wie auf einem Sockel. Das ovale und statisch wirkende Gesicht wird von der Hutkrempe und dem Kinnbart umrahmt. Nase, Augen und Mund sind ganz in Holbein'scher Manier detailliert ausgeführt, aber es fehlen Schatten. Das Gesicht als Ganzes wirkt aufgrund seiner großen Wangen und Stirnpartie flächig. Die bekleideten Körperpartien weisen ebenfalls eine hohe **Stofflichkeit** und einen hohen **Ikonizitätsgrad** auf. Aber auch hier sind nur leichte Schattierungen zu finden, die Plastizität erzeugen. Die verschiedenen Materialien (Hemd, Edelsteine) werden nur leicht schattiert, wodurch die reich verzierte Brust flächig wirkt. Diese wird vom Pelzkragen und den gewinkelten Armen und Händen umrahmt, die in ihrer Form das Kinn imitieren und so einen Einklang entstehen lassen, der zu einer Ausgewogenheit der Bildelemente führt. Der Hintergrund des Porträts ist eine blaue Fläche, Räumlichkeit sucht man vergebens.

Das Bildnis wird durch **Gegenstandsfarben/Lokalfarben** bestimmt, die die Bildelemente in ihrer natürlichen Farbigkeit wiedergeben. Diese reichen über Grau und Gold bis hin zu feinen Orangetönen, die der zentralen Bildfigur vorbehalten sind. Ihnen gegenüber steht im **Komplementärkontrast** der dunkelblaue Hintergrund, eine **Farbkomposition**, die den Porträtierten hervorhebt und ihm so eine inhaltlich erhöhte Position zuweist. Eine Betonung erfährt der König ebenfalls durch den **Hell-Dunkel-Kontrast**. Das tiefe Blau des Hintergrundes und der fast schwarze Pelzkragen stehen der hellen Farbigkeit des Gesichtes und der Brust gegenüber (siehe Skizze 1). Die Farb- und Lichtintensität sowie die Formgebung verweisen auf das Gesicht und die Brust des Königs.

Andy Warhols „Mao" steht oder sitzt ebenfalls vor einem blauen Hintergrund. Das **Büstenbild** ist beidseitig an den Schultern und am unteren Bildrand – der Brust – stark angeschnitten, wodurch der Porträtierte noch größer wirkt. Hauptaugenmerk liegt auf dem Kopf, der sich vollständig auf der Mittelsenkrechten befindet, mit dem Kinn auf der Mittelwaagerechten, und sich durch helle Farbigkeit von der dunklen Kleidung und durch **Komplementärkontrast** vom Hintergrund abhebt. Das Gesicht ist rundlich und wird durch schwarze, rasterartige, flächige Schatten begrenzt. Auch die **Binnenformen** – wie Nase und Mund – sind durch harte Schatten modelliert, ebenso wie der spitze Kragen und der Hals. Im Gegensatz zu Holbeins Porträt strukturieren hier Farbflächen und die Raster des Siebdrucks – keine Linien oder Pinselstriche – das zentrale Bildmotiv und führen durch geschickt eingesetzte Kontraste zu einer erkennbaren Abbildung Maos (siehe Skizze 2).

Der **Siebdruck** entstand nach der Vorlage eines Fotos und wurde von Warhol mit Acryl überarbeitet und vor allem in der Farbgebung verfremdet. Deutlich zu erkennen sind die ungegenständlichen Pinselstriche in der unteren Bildhälfte, die die Gegenstandsformen des Drucks aufzulösen scheinen. Der Künstler spielt mit der Veränderbarkeit der Gegenstandsfarben. Er greift das Blau des Hintergrundes als Lidschatten auf und schafft so eine Verbindung zwischen Bildhinter- und Bildvordergrund, ein ästhetisches Stilmittel, das der farbigen Ausgewogenheit der Komposition dient. Durch den formalen Eingriff wird der Eindruck der **Zweidimensionalität**, der Flächigkeit, noch gesteigert. Gleichzeitig hebt der **Komplementärkontrast** das Gesicht des Porträtierten hervor. Es „leuchtet" dem Betrachter geradezu entgegen, ebenso wie Holbein in seinem Porträt durch Licht und Farbe das Augenmerk auf das Gesicht und die Brust Heinrich VIII. lenkt.

Das zentrale Motiv – das Porträt Heinrich VIII. – ist symmetrisch angelegt. Kopf und Brustbereich liegen auf der Mittelsenkrechten, die Schultern auf der Mittelwaagerechten, wodurch eine statische und ausgewogene Komposition entsteht. Der Oberkörper wirkt sehr wuchtig und scheint das Bild fast zu sprengen. Diesen Eindruck verstärken die starken Anschnitte zusätzlich.

Die Gesichtsform ist ein unnatürlich anmutendes „U". Senkrechte Konturen begrenzen die Gesichtshälften. Waagerechte dominieren den Oberkörper und die angewinkelten Arme. Die einzigen **Diagonalen** im Bild werden durch das Barett, das eine dynamische Achse bildet, die goldene Halskette und einige Elemente der Kleidung erreicht. Diese und die florale Zierde des Wamses – ein typisches Element der **Renaissance** – wirken der statischen, starren Komposition entgegen und lockern die strenge Anordnung auf (siehe Skizze 3). Trotz der enormen **Anschnitte** wirkt die Bildkomposition in sich geschlossen. Hierzu führen die sich wiederholenden und miteinander korrespondierenden Formen des Kinns, der Brust und der umschließenden Arme sowie die Begrenzung nach oben durch das Barett. Sie erzielen eine harmonische und abgeschlossene, in sich ruhende Darstellung.

Bei Andy Warhols Porträt steht das Gesicht im Mittelpunkt. Es konzentriert sich auf die Mittelachse und wird durch die Diagonalen des Hemdkragens hervorgehoben. Auch die Schultern weisen aufstrebend zum Gesicht. Kopf und Oberkörper stehen bei diesem Porträt proportional in einem ausgewogenen Verhältnis zueinander (siehe Skizze 4). Mao wird hier ebenfalls Bild einnehmend dargestellt. Bedenkt man jedoch die enorme Bildgröße, wird der Betrachter im Vergleich zu Holbeins kleinem Gemälde hier mit einer viel imposanteren Darstellung konfrontiert. Zusätzlich dazu wirkt Warhols Bildnis sehr statisch. Dynamisierende Effekte finden lediglich im unteren Bildteil in Form von abstrakten Farbspuren statt.

Die Beschäftigung mit der Natur führte in der **Renaissancemalerei** zu einem sehr hohen **Ikonizitätsgrad**. Auch Hans Holbein d. J. strebte in seinem Porträt des Königs eine abbildhafte Nachahmung der Natur an. Die Bildelemente sind detailliert ausgearbeitet. Auch wenn die räumliche Darstellung in den Hintergrund getreten und kaum Körperlichkeit vorhanden ist, legte Holbein großen Wert auf die **Stofflichkeit** und die zeichnerische und farbige Richtigkeit des Bildnisses, ganz in der Tradition der Renaissancemaler.

Der studierte Grafiker Andy Warhol wurde mit überarbeiteten Fotos als Siebdruck-Reihen berühmt. Durch den Druckvorgang wird ein ungenaues Raster geschaffen, das die Details im Bild gewollt reduziert. Das Porträt ist eine serielle Herstellung mit **Farbflächen** und aufgesetzten Pinselspuren, die das Motiv verfremden. Der **Ikonizitätsgrad** ist sehr gering. Weder ist die **Stofflichkeit** ausgearbeitet, noch kann man eine gestaffelte **Körper-Raumperspektive** wie in Holbeins Figur erkennen. Beide Bilder zeigen zwar ein Porträt in ähnlicher Ausrichtung, aber dennoch fehlt die bei Holbein auszumachende Abbildhaftigkeit. Warhols Porträt ist – sowohl technisch-formal als auch in seiner anschaulichen Darstellung – weder einzigartig noch naturgetreu.

3. *Hinweis: In dieser abschließenden Interpretation der Porträts sollen Sie nun unter Berücksichtigung aller durch das werkimmanente Rezeptionsverfahren gewonnenen Erkenntnisse die Bilder zueinander in Bezug setzen und vergleichen. Gehen Sie dabei auf die Abstraktion als Grundprinzip und die unterschiedliche bildnerische Veranschaulichung der Auseinandersetzung mit dem Individuum und der Gesellschaft bei den beiden Künstlern ein. Berücksichtigen Sie dabei auch die unterschiedlichen kunsthistorischen Kontexte (Renaissance/Pop-Art).*

In der Kunst der **Hochrenaissance** standen die idealisierte Abbildung der Natur und der Mensch als Maß aller Dinge im Vordergrund. Die Komposition und der Malstil weisen Hans Holbein d. J. eindeutig als Künstler dieser Epoche aus und das **Einzelporträt** demonstriert seine malerischen und kompositorischen Fähigkeiten (siehe Ausführung zu 2.). Als **Hofmaler** war das Porträt des Königs eine große Herausforderung, denn es musste nicht nur den sozialen Normen des Auftraggebers, sondern auch dem Kunstgeschmack der damaligen Zeit entsprechen. Der idealisierte Mensch rückte in den Mittelpunkt des Interesses. Dies gelang Holbein, indem er den König als selbstbewussten Herrscher darstellte. In kostbarer Robe strahlt die strenge Haltung Überlegenheit und Besonnenheit aus. Die großzügig gesetzten **Anschnitte** und der im Verhältnis zum Kopf Raum einnehmende Oberkörper lassen den Herrscher noch machtvoller erscheinen. Ein offenes, strenges Gesicht mit weichen Konturen und „intelligentem" Ausdruck deutet auf einen mächtigen Herrscher und zugleich feinsinnigen Mann hin, der dem Betrachter gegenüber distanziert bleibt. Nur der Titel des Bildes verweist auf das Oberhaupt. Standes-Attribute, etwa eine Krone, fehlen. Heinrich VIII. war ein selbstbewusster, populärer König, der sich vom Papst lossagte. Attribute waren überflüssig, denn die Darstellung selbst sollte Legitimation genug sein, und Holbein gab Heinrich als einen freundlich wirkenden Herrscher wieder, der in sich ruhend und selbstbewusst über sein Volk regierte. Das Porträt geht über eine simple Abbildhaftigkeit hinaus und ist einzigartig.

437 Jahre später reißt der Pop-Art-Künstler Andy Warhol das **Herrscherporträt** aus seiner Einzigartigkeit. Auch seinem Porträt fehlen die eindeutigen Attribute eines militärischen Herrschers. Dank der umfassenden Propaganda in China war Mao bekannt und dieses Foto wurde als Hilfsmittel massenhaft im Volk verbrei-

tet. Es diente Warhol als Vorlage für den **Siebdruck** – ein **serielles Porträt** –, den er zusätzlich überarbeitete. Ganz im Sinne seiner Zeit, in der die Massenmedien auf dem Vormarsch waren, benutzte der Künstler das Medium „**Foto**" als Ausgangslage, wie er es auch bei seinen Marylin Monroe-Porträts und anderen Serien getan hat. Der blaue Lidschatten, die rosa Lippen und Wangen der Mao-Darstellung erinnern daran und ziehen den Machthaber ins Lächerliche. Warhol zeigt so die Klischeehaftigkeit von Idolen auf, ganz gleich, ob politischer Führer oder Hollywood-Star. Das Verfahren des Siebdrucks erhebt Warhol zum Inbegriff der **Pop-Art**. Der Künstler entspricht mit seiner Herstellungsweise der „technischen Reproduzierbarkeit" eines Kunstwerkes nach Walter Benjamin und befreit das **Porträt** aus seinem Einzeldasein. Andy Warhols „Mao" ist im Gegensatz zu Holbeins „Heinrich" keine Auftragsarbeit – soziale und epochale Ansprüche entfallen. Doch die Grundelemente des **Propagandabildes** bleiben erhalten und damit auch der Allgemeinanspruch. Erst die Entfremdung entbindet das Porträt von seinen ursprünglichen Aufgaben. Sie entpolitisiert Maos Bildnis und damit seine Macht. Sollte das Foto ursprünglich die Massen überzeugen, wird es nun verzerrt und karikiert. Das Bildnis verliert so seine Aufgabe als Propagandamittel.

Gelingt es Holbein, ein herrschaftliches Porträt als Auftragsarbeit zu schaffen, das in seiner Malweise einzigartig ist, so strebt Andy Warhol in der **Postmoderne** das Gegenteil an. Die Bildkompositionen der Männerporträts ähneln sich zwar, verfolgen aber nicht das gleiche Ziel. Hans Holbeins Bildnis erfüllt die Ansprüche der Renaissance und des Königs. Er inszeniert ihn als würdevoll und gütig. Das Porträt unterstreicht seine Herrschaftsstellung, soll sie als offizielles Hofporträt bestätigen und Heinrichs Macht repräsentieren. Auch die Fotovorlage Mao Tse-tungs ist ein perfekt inszeniertes Porträt, das Maos Präsenz und Macht verdeutlicht, aber Andy Warhol „entthront" ihn und arbeitet dem Führerkult entgegen: durch den Siebdruck, durch das Prinzip der Reproduzierbarkeit, das hier die Einzigartigkeit des Machthabers aufhebt, und durch die Unnatürlichkeit der Farbgebung. So negiert Warhol das Image des Herrschers, verwirft die klaren Strukturen der politischen Inszenierung und regt mit seiner Darstellung zum Nachdenken an. Holbeins Porträt hingegen ist das wahre Propagandabild, das keine Fragen aufwirft, sondern die Macht Heinrichs mit allen künstlerischen Mitteln seiner Zeit unterstreicht.

Skizze 1

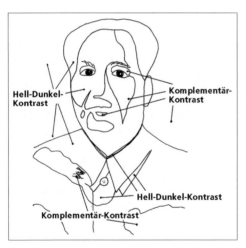

Skizze 2

Skizze 3

Skizze 4

GK 2010-11

Abiturprüfung NRW 2010 – Kunst Grundkurs
Aufgabe 2

Bezüge zu den Vorgaben:
Abstraktion als Grundkonzept bildnerischer Gestaltung – Umgang mit Wirklichkeit (bezogen auf die Bereiche Rezeption, Reflexion und Produktion)
- *Abstraktion als Methode der formalen Reduktion des Ikonizitätsgrades in Malerei und Grafik*
- *Abstraktion als Methode der Ausdruckssteigerung im Sinne expressiver Tendenzen in Malerei und Grafik: inhaltlicher Schwerpunkt Mensch – Natur – Gesellschaft, Künstlergruppe „Blauer Reiter"*
- *Abstraktion als Reflexion und bildnerische Veranschaulichung der Auseinandersetzung mit Individuum und Gesellschaft: im Rahmen inszenierter Fotografie: Gregory Crewdson*

Kunstwissenschaftliche Methoden
- *werkimmanentes Rezeptionsverfahren als Basis einer Interpretation*
- *praktisch-rezeptive Verfahren als Methoden der Bildanalyse (Perzeptbildung, Kompositionsskizzen und andere Strukturskizzen)*

Aufgabenstellung   Punkte

1. Beschreiben Sie vergleichend die Darstellung des Bildmotivs bei Marc und Crewdson.   10

2. Analysieren Sie auch unter Verwendung von Skizzen vertiefend das Gemälde von Marc. Berücksichtigen Sie dabei besonders
   - Farbe und Form,
   - Komposition (insbesondere Richtungsbezüge und Blickführung),
   - Abstraktions- bzw. Ikonizitätsgrad.   44

3. Entwickeln Sie eine begründete Deutung des Werkes von Marc und erörtern Sie den zum Ausdruck kommenden Umgang mit Wirklichkeit in Abgrenzung zu der Fotografie von Crewdson. Berücksichtigen Sie dabei auch Ihre kunst- und werkgeschichtlichen Kenntnisse.   36

Materialgrundlage
Bildmaterial
Franz Marc, „Blauschwarzer Fuchs", 1911, Öl auf Leinwand, 50 × 63,5 cm,
  Von der Heydt Museum, Wuppertal.
   Fundstelle: Partsch, Susanna: Franz Marc 1880–1916, Köln: Benedikt Taschen Verlag 1990, S. 47

Gregory Crewdson, Untitled aus der Serie „Natural Wonder", 1992–1997, C-Print (Farbfotografie), 76,1 × 101,5 cm.
Fundstelle: Berg, Stephan (Hrsg.): Gregory Crewdson 1985–2005. Ostfildern: Hatje Cantz Verlag, 2005, Plate 26

Zugelassene Hilfsmittel
– Wörterbuch zur deutschen Rechtschreibung
– Zeichenpapier, Transparentpapier, Bleistifte, Farbstifte, Lineal

Franz Marc, „Blauschwarzer Fuchs", 1911, Öl auf Leinwand, 50 × 63,5 cm. Von der Heydt Museum, Wuppertal.
© akg-images

Gregory Crewdson, Untitled aus der Serie „Natural Wonder" (1992–1997)
© Gregory Crewdson; American born 1962, Untitled, 1994, chromogenic print, image: 71,2 × 91,4 cm (28 1/16 × 36 in.), sheet: 76,1 × 101,5 cm (29 15/16 × 39 15/16 in.); frame: 89 × 108,8 cm (35 1/16 × 42 13/16 in.). Princeton University Art Museum. Museum Purchase, anonymous gift 1995-122. Photo: Bruce M. White

Lösungsvorschläge

1. *Hinweis: In dieser Aufgabe sollen Sie die Bildelemente sprachlich adäquat beschreiben. Geben Sie dabei sachlich und nüchtern den Gesamteindruck beider Darstellungen wieder. Verwenden Sie die im Unterricht erlernte Methode der Beschreibung und zeigen Sie die Unterschiede der gleichen Motive auf, ohne subjektive Urteile einfließen zu lassen.*

   Das Bild „Blauschwarzer Fuchs" wurde von dem **Expressionisten** Franz Marc im Jahre 1911 in der Größe 50 cm × 63,5 cm auf Leinwand gemalt. Heute hängt es im Von der Heydt Museum in Wuppertal.

   Das zentrale Motiv des Bildes ist, wie der Titel schon verrät, ein blauschwarzer Fuchs mit einer weißen Kinnpartie. Das Tier liegt halb eingerollt mit dem Kopf auf dem Boden in einer farbenfrohen Landschaft, in der Bildmitte. Es scheint die Augen geschlossen zu haben und sich auszuruhen, aber es ist dennoch wachsam, denn seine Ohren sind gespitzt. Der Betrachter blickt in einer leichten **Aufsicht** auf die linke Körperhälfte des Fuchses. Die Landschaft ist in verschiedene, unförmige Bildgründe eingeteilt, die **Gegenständlichkeit** nur andeuten. Man kann lediglich vermuten: eine blaue Farbfläche, wahrscheinlich ein See, direkt daneben eine gelbe Fläche, wohl ein Kornfeld. Grüne Elemente deuten Gras und Wiese an, eine rötlich-braune Fläche einen Weg, an dem ein brauner Baum steht. Die abstrahierte Landschaft wird durch die Format füllende, große Darstellung des Fuchses nur ausschnitthaft gezeigt.

   Bei Gregory Crewdsons **Farbfotografie** Untitled aus der Serie „Natural Wonder" der Jahre 1992–1997 handelt es sich in der Größe 76,1 cm × 101,5 cm ebenfalls um die Darstellung eines Fuchses in einem **Ausschnitt** einer natürlichen Umgebung. Doch dieser Rotfuchs und die Natur sind – im Gegensatz zum gemalten Bild – auf der Fotografie deutlich zu erkennen. Das Tier liegt auf dem Rücken im dunklen Unterholz und ist nur in Teilen in einer **Aufsicht** auf Kopf und Brust zu sehen. Es hat die Augen weit geöffnet. Der Fuchs ist umgeben von Beerenfrüchten und Vögeln, ein Vogel sitzt unmittelbar auf ihm. Wahrscheinlich ist der Fuchs tot. Sein Kopf befindet sich im Bildvordergrund ein Stück unterhalb der Bildmitte, umringt von abgefallenen Beeren und grünen Blättern. Im **Bildhintergrund** öffnet sich eine dunkle Szenerie und stückweise scheint ein blauer Himmel durch das Blattwerk (vielleicht auch eine schneebedeckte Landschaft?), der den Kopf des Fuchses aufhellt. Im Gegensatz zu Marcs Fuchs-Darstellung ist Crewdsons Fuchs nur in **Ausschnitten** sichtbar und von einer dunklen Farbigkeit umgeben – nicht wie bei Marc in eine leuchtend farbige Landschaft eingebettet. Crewdsons Tier liegt fast auf dem Rücken, der Kopf ist hilf- und wehrlos nach oben gedreht, während in Marcs Gemälde der Fuchs mit dem Kopf auf dem Boden liegt. In einer stabilen Form scheint er auf sich selbst konzentriert, aber dennoch aufmerksam, auszuruhen. Beiden Kompositionen gemein ist der Kreis in ihrer bilddominanten Ausrichtung sowie als zentrales Motiv der Fuchs in der Natur.

2. *Hinweis: Diese Aufgabe stellt den Hauptteil dar. Dabei beziehen Sie sich nur auf Marcs Darstellung und analysieren sie systematisch. Das zentrale Motiv und seine räumliche Situation sollen herausgearbeitet werden, ebenso die Farbgestaltung und die Komposition. Zur Veranschaulichung sollen Sie Skizzen anfertigen, die die Richtungsbezüge und/oder die Farbkompositionen sinnvoll belegen und Ihre Analyse unterstützen. Stellen Sie zusätzlich den Abstraktionsgrad als Methode der Ausdruckssteigerung heraus.*

In Franz Marcs Gemälde dominiert ein organisches, aber auch gezacktes Formgefüge. Es ist nicht durch Linien begrenzt, sondern erhält durch das Nebeneinander von angeschnittenen **Farbflächen** seine Formen. Der Fuchs liegt als halbrunder, in sich geschlossener Halbkreis im **Bildmittelpunkt**. Einzig seine Ohren und die Nase sind spitz. Dem gegenüber stehen die unruhigen Formelemente der Natur. Ausnahmen davon sind ein brauner, schräger, fast senkrechter Farbstreifen, ein Baumstamm und ein rötlich-brauner, diagonal gesetzter Streifen, ein Weg, der vom linken unteren Bildrand bis rechts zum Baum als dynamische, aufstrebende **Achse** die **Blickrichtung** begrenzt. Die Umgebungsflächen des Bildes sind ungegenständlich und wecken durch ihre Farben und Formen Assoziationen beim Betrachter, beispielsweise das Grün eines Rasens, das blaue Rund eines Sees oder das Gelb eines Feldes. Der **Ikonizitätsgrad** der Darstellung ist sehr gering. Das Motiv bleibt reduziert auf das Wesentliche. Durch die geschickte Farbwahl entwickeln die Farben einen Eigenwert, ohne Rücksicht auf das dargestellte Objekt. Ganz im Sinne der **Expressionisten** verwendete Marc Grundfarben der ersten Ordnung (Primärfarben) und die sich daraus ergebenden Mischfarben der zweiten Ordnung (Sekundärfarben). Diese setzte er im **Komplementärkontrast** ein. Das Blau neben Gelb und das Gelb neben Rottönen bildet fast die Anordnung des bekannten **Farbkreises** nach **Itten** und in diesem liegt der Fuchs in Blau/Grauschwarz als Resultat der Mischung aller Farben. Der Fuchs ist das zentrale Motiv und hebt sich zusätzlich durch dunkle und weiße Farbgebung im **Hell-Dunkel-** und **Kalt-Warm-Kontrast** von seiner grünen, gelben und rötlichen Umgebung ab. Durch eine weiße Farbmodellierung an Oberschenkel, Ohren und Kinn erhält er eine abbildhafte Betonung. Die **Umgebungsfarben** bleiben unmodelliert. Die gesamte Darstellung ist flächig, rein zweidimensional. Dabei ist der Pinselduktus sehr grob. Dies sieht man besonders dort, wo Farbflächen aufeinandertreffen. Steht der Fuchs farbig im Kontrast zu seiner Umgebung, fügt er sich dennoch durch seine Form in sie ein. Der Fuchsnacken schmiegt sich an den See und der Schwanz an die Form des Weges (siehe Skizze 1).

Franz Marc spielt mit den Farben und Formen der Bildelemente, reduziert sie bis ins Ungegenständliche und erreicht so eine ausdrucksstarke, erkennbare und gesteigerte Darstellung. Bei der Komposition handelt es sich um einen fließenden Aufbau, der sehr dynamisch und rhythmisch wirkt. Das Bild beinhaltet viele leichte auf- und abfallende Schrägen, die in der unteren Bildhälfte parallel verlaufen und fast alle auf das zentrale Motiv ausgerichtet sind. Marcs Fuchs ist Raum einnehmend genau in der Bildmitte platziert. Ihm gehört, trotz der Intensität der **Umgebungsfarben**, die volle Aufmerksamkeit des Betrachters, die durch Diagonalen und Bögen immer wieder auf den Fuchs gelenkt wird. Die **Leserichtung** des Bildes führt von links nach rechts. Sie beginnt in der unteren linken Bildecke und wird über eine kleine braune Ecke und die Schnauze des Fuchses über seinen Kopf, den Rücken und eine auffällige, gelbe Fläche zum Baum geleitet und von ihm begrenzt, sodass der Betrachter zurück zum Fuchs gelangt. Auch die obere linke Bildecke leitet den Blick über die spitzen, grünen Farbdreiecke zum Ohr, dann über den Rücken und den Fuchsschwanz hin zu seiner Pfote und damit zurück zum Fuchs (siehe Skizze 2). Trotz der großen **Anschnitte** ist die Komposition begrenzt. Die Blickführung gelangt immer wieder zurück zur zentralen Figur, zum Hauptmotiv.

Der **Expressionismus**, dem Marc durch seine Darstellungsweise eindeutig zuzuordnen ist, war Ausdruck einer neuen Malerei, der ein freier Umgang mit Form, Farbe und Dynamik zu eigen war. Marcs „Blauschwarzer Fuchs" weist einen sehr geringen **Ikonizitätsgrad** auf, bis hin zur **Abstraktion**. Im Bild sind weder zeichnerische Details noch Stoffe oder Materialien zu erkennen. Die **Materialillusion** ist unwichtig geworden und tritt zugunsten einer ausgewogenen **Farbgesamtkomposition** in den Hintergrund. Dabei entwickeln die Farben ein Eigenleben, sie erhalten einen **Symbolwert**, um beim Betrachter Assoziationen zu wecken. Auch Plastizität, hervorgerufen durch Licht und Schatten, ist nur in äußerst geringem Maß beim Fuchs als Abgrenzung von Körperteilen (weiße Umrahmung der schwarzen Ohren auf schwarzem Körper) zu finden. Dadurch hebt sich das Tier deutlich von der Landschaft im Hintergrund ab, die fast wie eine farbige Folie erscheint.

3. *Hinweis: Die abschließende Interpretation von Marcs Darstellung erfolgt auf der Grundlage der bisher gewonnenen Erkenntnisse des werkimmanenten Rezeptionsverfahrens. Dabei berücksichtigen Sie die Abstraktion als Methode der Ausdruckssteigerung und setzen dies in den kunsthistorischen Kontext der Expressionisten. Vergleichen Sie dabei die unterschiedlichen Sichtweisen von Wirklichkeit bei Marc und Crewdson und gehen Sie im Rahmen Ihrer Interpretation auf die differenzierten bildnerischen Veranschaulichungen des Verhältnisses von Natur und Mensch/Gesellschaft ein.*

Die **Abstraktion** des **Expressionismus** in Form und Farbe diente der Steigerung des seelischen Ausdrucksvermögens als „Gegenbewegung" zum äußeren Schein der Dinge, wie es bei den **Impressionisten** der Fall war. Damit stellte sich diese Bewegung in der Malerei bewusst gegen eine naturalistische Darstellungsweise. Der Münchner Künstler Franz Marc war Mitbegründer des „Blauen Reiters". Seine bevorzugten Motive waren Tiere. Sie galten für ihn als wirklich „rein", als unschuldig und ursprünglich gegenüber dem Menschen, den der Maler als hässlich und zerstörerisch empfand. Tiere leben im Einklang mit der Natur und verkörperten für Marc die Schöpfung, wie auch der blauschwarze Fuchs in eine expressive, abstrakte Natur harmonisch eingebunden ist, aber dennoch wachsam und misstrauisch – vielleicht auf der Hut vor den Menschen. Marc ging es um die

Darstellung von Gefühlen und von Erlebtem. Farbe und Form sind ins Abstrakte gesteigert und dienen als Ausdrucksmöglichkeit seiner Gefühle. Farben transportieren hier Emotionen und Marc gelang eine weitere Steigerung, denn sie besitzen für ihn einen bestimmten Symbolcharakter. Blau stand für ihn für das Männliche, Gelb für das Weibliche und Rot für die Materie. Für Marc und viele andere war der **Expressionismus** ein Lebensgefühl. Bisherige künstlerische Normen und Regeln wurden aufgegeben und so entstand eine Kunstrichtung, die nur schwer an Stilmerkmalen festzumachen ist. Doch auch Marcs Bild eines Fuchses lässt vieles erkennen. Die gezackten Formen erhalten wie die Farben einen Eigenwert und bilden als Gesamtbild einen Gegenpol zu seiner verhassten menschlichen Welt. Es ist ein Idealzustand und ein Lebensgefühl, das der Mensch nie erreichen wird. Die Komposition ist eine idealisierte Veranschaulichung von Naturdarstellung, in die der Fuchs integriert ist und als in sich geschlossene Form nicht nur als Tier Ruhe findet, sondern auch im geistigen Sinne als Existenz an sich, die jedoch wachsam ist und vielleicht schon die Bedrohung durch den Menschen fühlt.

Gregory Crewdson verwendet nicht wie Franz Marc die Malerei, sondern die **Fotografie** als Medium. Sein Foto ist jedoch alles andere als dokumentarisch. Crewdson komponiert und inszeniert seine Werke aufwendig wie ein Hollywood-Regisseur und deutet Geschichten an. In dieser hier gezeigten Fotografie handelt es sich auf den ersten Blick um eine ruhige, friedvolle Darstellung. Erst auf den zweiten Blick begreift der Betrachter die Brutalität der geheimnisvoll erscheinenden Darstellung. Ein Fuchs liegt mit offenen Augen und verdreht im Unterholz, umrahmt von abgebrochenen Beeren und Blättern. Der Betrachter sieht das Tier in der Nahaufnahme und kann sich der erschreckenden Szenerie kaum entziehen. Der verletzte Fuchs ist tot und Vögel sitzen bereits auf seinem Kadaver. Ein unbehagliches Gefühl entsteht beim Betrachter. Was ist hier passiert? Wie ist der Fuchs gestorben? Wurde er angefahren und achtlos liegen gelassen? Oder hat er sich verletzt ins Unterholz geschleppt, um dort zu sterben? Unfälle, wie sie tagtäglich passieren. Das tote Tier ist nun nicht mehr ein Teil der Natur, sondern wird von ihr bereits wieder eingenommen. Die Umrahmung durch die Beeren, die Blätter und Vögel wirken bedrohlich. Der Lauf des Lebens, so scheint es. Doch Crewdson gelingt hier eine Darstellung, die tiefer geht. Wie Marc drückt er mit dieser **Inszenierung** Gefühle aus. Auch wenn die Abbildung der Wirklichkeit im Gegensatz zum Expressionisten anscheinend noch vorhanden ist, so handelt es sich doch um eine inszenierte Wirklichkeit. Der Betrachter bleibt im Ungewissen. Er weiß nicht, ob der Fuchs wirklich tot ist und was im nächsten Moment passieren wird. Werden sich die Vögel auf den Fuchs stürzen oder sind sie nur neugierig? Crewdson gelingt es, das Alltägliche, Selbstverständliche wie den Vorgang von Leben und Tod trotz der real-abbildhaften Fotografie zu mystifizieren. Er verwirrt den Betrachter, in dem er ihn an eine Thematik heranführt, die im normalen Leben häufig im Verborgenen geschieht und auch gar nicht gesehen werden will. Damit stellt er die alltägliche **Realität** und die Sichtweisen der Menschen in Frage, ebenso wie Marc der erlebten Realität der Menschen skeptisch gegenübersteht. Es ist eine misstrauische und zugleich schon resigniert scheinende Haltung, die in Marcs Bild durch die Darstellung des Fuchses zum Ausdruck kommt. Hier weckt der Maler bereits Zweifel gegenüber der Harmonie der Natur, die bedroht ist durch den Menschen. Beide Künstler stellen einen Fuchs in der Natur dar und konstruieren jeder eine andere Form der Wirklichkeit, die hinterfragt wird. Marc stellt die idealisierte Einheit von Fuchs und Natur der gesellschaftlichen Realität gegenüber und hinterfragt sie, während Crewdson mit seiner Darstellung Verborgenes und Tabuisiertes aufdeckt und zeigt, dass auch dem Idyll das Bedrohliche innewohnt. Crewdson inszeniert eine Wirklichkeit nahe der sichtbaren Realität und stellt sie zugleich in Frage.

Franz Marc gründete zusammen mit Wassily Kandinsky die expressionistische Gruppe „Der blaue Reiter". Dabei handelte es sich nicht um eine Künstlergruppe mit festen Formen, sondern um eine Vereinigung von Gleichgesinnten, die die künstlerischen Zwänge und Maltraditionen der Akademien abstreifen und die innere und äußere Erlebniswelt, die jedes Individuum ihrer Ansicht nach besitzt, durch die Kunst vereinigen wollten. Sie orientierten sich an den französischen **Kubisten** und **Fauvisten** und wollten eine selbst bestimmte Bildwelt mit neuen Ausdrucksformen schaffen, um die menschliche Seele zu ergründen. Bildinhalte waren die Natur, die Kreatur und der Kosmos, die bis hin zur Abstraktion (Kandinsky) Wiedergabe fanden.

Durch die Entmaterialisierung und die Steigerung der Farben in Marcs hier gezeigtem Bild reduziert der Maler den Fuchs und erreicht zugleich eine Ausdruckssteigerung. Marc konzentrierte sich auf das Wesentliche und versuchte das Innere sichtbar zu machen: die gefühlte Umwelt des Fuchses, seine Empfindungen und nicht das, was er nach außen scheint. Marc interpretierte so das Erscheinungsbild des Tieres und seiner Umwelt neu. Er gibt dem Tier damit fast menschliche Züge und spricht ihm Gefühle zu.

Auch Gregory Crewdson geht es in seinen komponierten Fotos um das Sichtbarmachen von Verborgenem. Der Künstler fertigt üblicherweise Serien an, die in erster Linie Zwischenmenschliches, amerikanische Vorstadtidyllen, die wie Filmstills anmuten, und alltägliche Situationen widerspiegeln. Dabei gibt er einen Einblick in die inneren Abgründe der menschlichen Seele. Das Foto des Fuchses stellt als Thematik eine Ausnahme in seinem Schaffen dar, aber auch hier schockt der Künstler und zeigt Missstände auf. Die Lage des Fuchses ist exakt geplant, ebenso die der Vögel, von denen sich derjenige, der auf dem Kadaver sitzt, in der Bildmitte befindet. Dieses Foto ist kein Schnappschuss einer Naturszene. Jede Beere, jedes Blatt und auch der Lichteinfall ist inszeniert. Damit reiht sich das Foto des Fuchses ein in die bisherigen Serien. Nur geht es hierbei nicht um die interpretierte Wiedergabe zwischenmenschlicher Realität, sondern um die Interpretation eines scheinbar natürlichen Ereignisses. Die Natur nimmt den toten Fuchs wieder ein, aber wer hat ihn „zerstört"? Wer ist schuld an seinem Tod? Crewdson spielt mit der **Wirklichkeit** und zeigt auf, dass es nicht nur die eine gibt.

Die Bilder eines Fuchses von Marc und Crewdson lassen in ihrer Darstellungsweise Gemeinsamkeiten erkennen: Beide Künstler zeigen eine Skepsis gegenüber der erlebten Realität, die von jedem Individuum anders wahrgenommen wird. In ihren Werken schaffen sie vordergründig idyllische Scheinwirklichkeiten. Sie stellen das Verhältnis von Mensch und Natur in Frage und fordern den Betrachter so zu einem Überdenken seiner eingefahrenen Sichtweise auf.

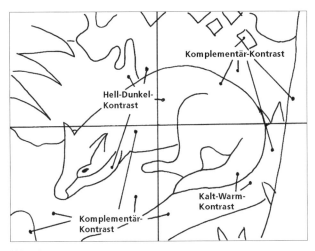

Skizze 1

Skizze 2

Abiturprüfung NRW 2010 – Kunst Leistungskurs
Aufgabe 1

Bezüge zu den Vorgaben:
Abstraktion als Grundkonzept bildnerischer Gestaltung – Umgang mit Wirklichkeit (bezogen auf die Bereiche Rezeption, Reflexion und Produktion)
- *Abstraktion als Methode der formalen Reduktion des Ikonizitätsgrades in Malerei und Grafik (z. B. gemäß den Naturalismuskriterien nach G. Schmidt)*
- *Abstraktion als Methode der Ausdruckssteigerung im Sinne expressiver Tendenzen in Malerei und Grafik (inhaltlicher Schwerpunkt: Mensch – Natur – Gesellschaft, Künstlergruppen/Künstler: Die Brücke)*
- *Abstraktion als Reflexion und bildnerische Veranschaulichung der Auseinandersetzung mit Individuum und Gesellschaft im Rahmen der inszenierten Fotografie: Gregory Crewdson*

Kunstwissenschaftliche Methoden
- *werkimmanentes Rezeptionsverfahren als Basis einer Interpretation*
- *praktisch-rezeptive Verfahren als Methoden der Bildanalyse*

Aufgabenstellung   Punkte

1. Beschreiben Sie beide Bilder.   12
2. Analysieren Sie, auch unter Verwendung von Skizzen, die formale Gestaltung beider Bilder. Berücksichtigen Sie dabei vor allem
   - die Komposition, insbesondere den Einsatz der Gestaltungsmittel Form, Farbe und Licht,
   - den Ikonizitätsgrad.   44
3. Entwickeln Sie eine schlüssige Interpretation der jeweiligen Aussageabsichten der beiden Werke. Beziehen Sie hierbei Ihr Hintergrundwissen über die Entstehungsprozesse und -kontexte der Bilder ein.
   Vergleichen Sie die Bildkonzepte hinsichtlich der spezifischen Eigenheiten der Medien „Gemälde" und „Fotografie" sowie des zum Ausdruck kommenden Verhältnisses von Mensch und Natur.   34

Materialgrundlage
Bildmaterial
Max Pechstein, „Weiblicher Akt", 1910, Öl auf Leinwand, 80 × 70 cm.
Staatliche Museen, Nationalgalerie, Berlin.
Fundstelle: Jähner, Horst: Künstlergruppe Brücke, Stuttgart: Kohlhammer, 1984, S. 313
Gregory Crewdson, Untitled aus der Serie „Twilight", 1998–2002, Digital C-Print, 121,9 × 152,4 cm.
Fundstelle: Berg, Stephan (Hrsg.): Gregory Crewdson 1985–2005. Ostfildern: Hatje Cantz Verlag, 2005, Plate 42

Zugelassene Hilfsmittel
- Wörterbuch zur deutschen Rechtschreibung
- Skizzenpapier, Transparentpapier, Farbstifte, Bleistifte

Max Pechstein, „Weiblicher Akt", 1910, Öl auf Leinwand, 80 × 70 cm. Staatliche Museen, Nationalgalerie, Berlin.
© bpk / Nationalgalerie, SMB / Klaus Göken

Gregory Crewdson, Untitled aus der Serie „Twilight[1]", 1998–2002, Digital C-Print, 127 × 152,4 cm. © Crewdson, Gregory (b. 1962), Untitled, 1998. Los Angeles (CA), Los Angeles County Museum of Art (LACMA). Photograph, Silver dye-bleach (Cibachrome) print, with laminate, image: 50 × 60 in. (127 × 152,4 cm), framed: 55 × 65 in. (139,7 × 165,1 cm). Ralph M.Parsons Fund (AC1999.71.1)

1 Das englische Wort „twilight" bedeutet *Zwielicht* oder *Dämmerung*.

Lösungsvorschläge

1. *Hinweis: In dieser Aufgabe sollen Sie den Bildbestand der Bilder sprachlich adäquat und differenziert nacheinander beschreiben. Ihre Darstellung soll die im Unterricht erlernte Methode der Beschreibung, die sachlich und nüchtern den ersten Gesamteindruck des Betrachters wiedergibt, aufzeigen. Die Bildgegenstände werden dafür in einer sinnvollen Reihenfolge beschrieben – vom Hauptmotiv zu den Nebenmotiven. Subjektive Urteile sind in der Beschreibung zu vermeiden.*

Das hochformatige Bild „Weiblicher Akt", welches Max Pechstein 1910 in Öl auf Leinwand (80 cm × 70 cm) malte und das sich heute in der Nationalgalerie in Berlin befindet, zeigt einen weiblichen Akt auf einer roten Bank in freier Natur sitzend. In einer leichten Aufsicht blicken wir auf das Gesäß, das breite Becken und den Rücken einer jungen Frau, die sich von uns in ihrer Sitzhaltung abwendet, uns ihr Gesicht hingegen mit weit geöffneten Augen und einem leicht geöffneten Mund direkt zuwendet. Die **Verdrehung** dieses Aktes wird durch die roten Balken im Bild, auf denen die Figur sitzt, noch betont: Auch diese stellen eine **Diagonale** dar, die in ihrer leuchtenden **Farbigkeit** mit dem Akt korrespondiert. Zwischen diesen Balken blitzt im rechten unteren Bildteil, dem Bildmittelgrund, die in kleinen Wellenbewegungen aufgetragene Farbe Blau auf. Sie erinnert an Wasser, sodass die roten Balken zum Steg werden, auf dem die junge Frau auf einem Handtuch sitzt. Die grüne Farbigkeit im Bildhintergrund zeigt im rechten Bildteil schwarze **Farbakzente**, die Baumstämme suggerieren. Im linken Bildteil zerschneidet ein leuchtend roter Weg das dichte Grün, das an eine üppige Vegetation erinnert.

Die groben, schnellen **Farbspuren** im Bild, die starken Farbakzente, die schwarzen **Umrisslinien** der Figur sowie die **Betrachterperspektive** unterstreichen den Eindruck der Überraschung, des Ertapptseins. Diesem flüchtigen Ausdruck widersprechen hingegen der konzentrierte Gesichtsausdruck der Figur und ihr aufgestützter rechter Arm, der vielmehr Gelassenheit und Ruhe ausstrahlt.

Die Farbfotografie aus der Serie „Twilight" von 1998–2002 von Gregory Crewdson zeigt eine im Querformat (127 cm × 152,4 cm) angelegte Inszenierung. Diese wird bestimmt durch einen tiefschwarzen Vordergrund und die Bildmitte, die eine Blumenwiese zeigt, auf der eine junge Frau fast zentral im Bild kniet, sowie durch einen Hintergrund, der im milchigen Zwielicht wenige Elemente eines Küchenraums aufdeckt. Blick und **Körperausrichtung** der Frau, die mit einem zartgrünen, fast durchsichtigen Oberteil bekleidet ist, weisen beide nach links aus dem Bild heraus. Ihre nur halb geöffneten Augen, ihre in das Blumenbeet vergrabenen Hände und ihre mit Erde verschmutzten Beine lassen sie wie im Traum erscheinen. Ist die Darstellung dieser Bildebene noch scharf fokussiert und in reinen Farben, so verwischt der Hintergrund förmlich im weichen Licht. Verursacht wird die Aufhebung jeglicher fester Formen und reiner Farben in diesem Bildteil durch die Vermischung der verschiedenen **Lichtquellen:** Späte Sonnenlichtstrahlen strömen von links und von hinten durch die Fenster in den Raum hinein; dazu mischt sich das fahle Licht der Küchenlampe, die leicht versetzt von der Bildmitte von oben herabhängt.

Durch dieses diffuse Licht rückt der klare Vorder- und Mittelgrund der **Inszenierung** näher an den Betrachter heran. Der abwesende Blick der Protagonistin jedoch schafft Distanz.

Der Eindruck eines Traumes drängt sich dem Betrachter unmittelbar auf, wobei dieser weniger durch die Absurdität der Szene hervorgerufen wird: Der blumige Erdwall mit der schlafwandlerischen Figur fügt sich so harmonisch in den Küchenraum ein, indem mit Holzverkleidungen, Holztüren und einem altmodisch bestückten Schrank warme Brauntöne dominieren, dass man diese Ungereimtheit von Innen- und Außenraum nicht als Erstes wahrnimmt.

Hat man diesen **Gesamteindruck** erfasst, lässt sich eine Irritation feststellen: Blickt man genau in das Gesicht der Frau, drückt ihr geschlossener Mund trotz ihrer offensichtlichen Entrücktheit eine gewisse Konzentration aus. Unterstrichen wird diese auch durch ihre angespannten Arme, die sie auf den Erdwall stemmt.

2. *Diese Aufgabe stellt den Hauptteil dar. Sie sollen darin die Bilder systematisch analysieren. Ausgehend vom zentralen Hauptmotiv und der Erfassung der räumlichen Situation gilt es nun, Bildkomposition sowie Farbgestaltung der Bilder strukturanalytisch zu erfassen. Dabei sollen Sie schließlich auch den Abstraktionsgrad der Bilder herausarbeiten sowie den Grad ihrer Ikonizität. Ihre dazu angefertigten Skizzen dienen dem praktisch-rezeptiven Verfahren als Methode zur Bildanalyse. Die Skizzen müssen Ihre Aussagen sinnvoll belegen und zur Veranschaulichung angemessen in Ihren Text eingebracht werden.*

Der „Weibliche Akt" von Max Pechstein weist eine große Spannung auf. Das Hauptmotiv des rückwärtig sitzenden, verdrehten Frauenaktes zeigt nicht die zu erwartende Leichtigkeit und Sinnlichkeit einer erotischen Szene, die der Titel des Bildes vermuten lässt. Der Betrachter erblickt vielmehr eine nackte Frau von hinten, die ihren Körper anspannt und uns ihren Blick sehr direkt zuwendet. Obwohl ihre Körperhaltung in ihrer **Verdrehung** eine gewisse Flüchtigkeit aufweist, zeigt sie mit ihren halb geöffneten, signalroten Lippen sowie dem Verdecken ihrer Brüste und dem Herausstrecken ihres Hinterteils auch eine Pose, die bewusst inszeniert zu sein scheint. Der körperlich angespannten Haltung zum Trotz – vom rechten, etwas ausgedrehten Bein über die ausladende Hüft- und Hinterteilrundung, die schmale Taille, den den Oberkörper stützenden rechten Arm bis hin zur verdrehten, etwas steifen Kopfhaltung – wirkt der Körper dennoch geschmeidig und bewegt. Jedoch verbirgt sie mit ihrer Körperdrehung auch den direkten Blick auf Brust und Schoß, was einen Gegensatz zu ihrem offenen Gesichtsausdruck darstellt. Durch die Kopfdrehung bekommt der Blick einen lebendigen Ausdruck. Er führt direkt aus dem **Bildraum** hinaus zum Betrachter hin. Der Raum, der den Akt umgibt, spiegelt diese Offenheit wider. Er ist perspektivisch nicht stimmig

angelegt und wirkt damit ungeordnet. Die Aufsicht, die wir auf den Akt, den Bildvorder- und Bildmittelgrund haben, wird im Hintergrund gebrochen.
Der gesamte Bildraum ist mit grellen Farben gestaltet. Außer dem Akt sind die leuchtend roten Balken, die das Bild diagonal zerschneiden, sowie der Weg, der in den Bildhintergrund führt, ohne jedoch tatsächliche **Raumtiefe** zu erzeugen, bilddominant.
So wie der Akt nach rechts unten wegzurutschen scheint, weist auch der Raum eine perspektivische Instabilität auf. Er lässt sich nicht erfassen: Die roten Balken, die blaue, an Wasser (einen See?) erinnernde Farbe und der sich durch die Vegetation schlängelnde, unebene Weg zerteilen den Bildraum in ein unklares Raumgefüge und verstärken damit den spontanen, flüchtigen Gesamteindruck des Bildes. Dadurch, dass die Beine des Aktes angeschnitten sind, nicht sichtbar oder außerhalb des Bildraums liegen, wird dieser Eindruck zusätzlich betont.
Hervorgerufen wird die Dynamik des Bildes auch durch die spezifische **Bildkomposition,** durch die **Raumzerteilung** mittels der die Fläche zerschneidenden drei Diagonalen und durch die lebendige Form des Aktes. Diese ist mit konkaven und konvexen Linien geformt und bestimmt die Komposition zentrisch. Er unterstreicht damit den spannungsreichen Bildaufbau. Der sich aufstützende Arm stellt die senkrechte Achse dar, die, leicht aus der Mitte versetzt, etwas kippt und dadurch eine statische Wirkung auf die Komposition ausübt. Skizze 1 veranschaulicht dieses zwischen runden und geraden **Konturlinien** wechselnde Kompositionsgefüge. Die skizzenhafte Kombination von Farbflächen und Linien, die mittels des flüchtigen, losen Pinselstrichs erzeugt wird, lässt einige Bildmotive nur erahnen. Sie unterstützt den dynamischen, unruhigen Bildeindruck zusätzlich.
Der verdrehte, in die Komposition eingefügte – uns ab-, aber auch zugewandte – Frauenkörper erzeugt eine Spannung, die sich in der Raumfläche ausbreitet und den Bildgesamteindruck prägt.
Schließlich korrespondieren auch noch die wiederkehrenden runden Formen des Bildes – das kreisförmige Hinterteil, die runden Knie, der Kopf, die Lippen und Augen, der gebogene Wegverlauf – miteinander und ergeben eine blickführende Einheit. Dieses Formspiel verdeutlicht ebenfalls Skizze 1.

Zeigt schon dieses **Kompositionsgefüge** der Formen und Linien deutlich die charakteristischen Merkmale des **Expressionismus** auf, werden sie durch die Wahl der Farben noch stärker sichtbar: Die weichen **Farbmodellierungen** auf dem weiblichen Körper erzeugen eine plastische Wirkung. Diese **Körperhaftigkeit** wird durch die farbigen Schatten und Konturlinien der Figur noch betont. Die **Farbkomposition** des umgebenden Raums gliedert sich in stark kontrastierende Farbflächen, die keine Tiefe erzeugen, sondern den Raum flächig erscheinen lassen. Dominant treten dabei die **Komplementärfarben** Rot und Grün auf sowie das Rotorange des Aktes, Mischfarben sind kaum auszumachen. Die schwarzen Augen der Frau wie auch ihre leuchtend roten Lippen wirken trotz der stark vereinfachten Ausführung sehr ausdrucksstark. Durch die schwarze, den Akt umreißende Konturlinie wird dieser in seiner leuchtenden Farbigkeit noch zusätzlich hervorgehoben. Vermögen schon die großen grellen **Farbflächen** in ihrer zum

Teil komplementären Kontrastwirkung keine Ruhe in das Bildgeschehen zu bringen, so sind es gerade auch die kleinen bunten **Farbinseln** (auf dem Körper, im Grün des Hintergrundes usw.), die den expressionistischen Ausdruck des Bildes noch zu steigern vermögen.

Die durch die formale Bildkomposition sowie Farbwahl spezifische Ausprägung von **Abstraktion** beschreibt den Grad der **Ikonizität** des Bildes: Durch die Betonung der Fläche, die starke **Konturierung** des Körpers, den durch Farbflächen angedeuteten Raum, eine nicht auszumachende Lichtquelle, die kaum vorhandene **Tiefenwirkung** und die Reduktion durch **Flächigkeit** der Formen wird eine verfremdete **Abbildhaftigkeit** (Bild – Realität) erzeugt, die den expressionistischen Bildcharakter ausmacht. Insbesondere auch die dynamische Strichführung und der grobe **Pinselduktus** tragen dazu bei. Und schließlich zeigt das Hauptmotiv des Aktes mit seinen verschobenen **Proportionen**, dass der Künstler auf eine natürliche Abbildhaftigkeit keinen Wert legte.

Die Fotografie aus der Serie „Twilight" von Gregory Crewdson wirkt harmonisch und strahlt Ruhe aus. Dieser Eindruck wird zum einen durch eine stimmige Farbkomposition mit der Farbe Schwarz als **Farbdominante** und zum anderen durch eine ausgewogene Bildkomposition erzeugt. Beides wird durch das jeweils andere bedingt.

Zwar treten die Farben im Bildvordergrund aus dem schwarzen Grund leuchtend hervor, werden aber nur als ausgleichender Akzent im Bildgefüge wahrgenommen: Sie scheinen der Farbe Schwarz nicht ihre Tiefe und Schwere zu nehmen.
Die Figur auf der Fotografie schwebt wie auf einem Teppich im Bild. Dieser Eindruck wird verstärkt durch den unmittelbaren Bildvordergrund, der einen waagerechten schwarzen Farbbalken darstellt – quasi ein schwarzes Loch, ein Nichts suggerierend. Die Blumenwiese mit der entrückt erscheinenden knienden Frau erscheint überhaupt vom Bildhintergrund getrennt: Die verschiedene Farbigkeit der zwei **Bildebenen**, die weichen, weiß-milchigen und sanften Brauntöne im hinteren, oberen Bildraum und die kräftigen, reinen Farben im unteren, vorderen Bildraum lösen diesen Eindruck der Nähe (vorne) und Ferne (hinten) aus. Der Gegensatz der **Bildschärfe** im unteren Bildteil zur Unschärfe in der oberen Bildhälfte steigert diese Wahrnehmung noch. Der obere Bildteil erinnert damit an den **Sfumatoeffekt** in der Malerei.
Die kompositorische Anlage dieser raumgreifenden Waagerechten wird durch einzelne Elemente im Küchenraum noch akzentuiert (Holzschrank, Holztheke, Tür- und Fensterrahmen). Diese Ausgewogenheit nicht zerstörend, sondern vielmehr leicht irritierend fallen die Sonnenstrahlen diagonal ins Bildgeschehen ein und treffen auf die Protagonistin. Durch das diffuse und breit angelegte Licht im gesamten Bild rufen sie aber kaum Dynamik hervor. Sie werden vielmehr durch die statische, senkrechte Haltung der Figur und den senkrecht ins Bild schneidenden Blumenstängel aufgehoben. Auch wenn die Lampe an der Raumdecke nicht zentral im Bild erscheint, trägt sie zur Unterstützung dieser **linearen Komposition** bei. Skizze 2 veranschaulicht diese Beobachtungen.

Die feinen Irritationen, die durch die Farb- und Formgebung der Gesamtkomposition hervorgerufen werden, manifestieren sich schließlich in der Figur: Während ihr Kopf in den sich aufzulösenden und flächig erscheinenden Bildhintergrund hineinragt, ist ihr Körper fest mit dem Boden verhaftet. Dieses Wechselspiel beschreibt auch den Grad der **Ikonizität** des Bildes: Durch die zwei unterschiedlichen formalen Bildebenen sowie den Ausdruck der Figur, die verschiedenen Lichtquellen und die sich nach hinten verflüchtigende Tiefe des Raumes wird – wie schon im Bild Pechsteins – eine verfremdete **Abbildhaftigkeit** (Bild – Realität) erzeugt. Sie widerspricht dem Anspruch der Fotografie nach realer Wahrhaftigkeit vollkommen. Dieser Widerspruch wird auch inhaltlich aufgeladen durch die Verschmelzung von innen und außen. Die Blumenwiese ist im Raum, der von dem – von außen einströmenden – Sonnenlicht durchdrungen wird. Das elektrische Licht an der Raumdecke vermag die Wiese kaum zu erhellen. Vielmehr scheint auch von vorne (von draußen?) Licht auf diese zu fallen. Der **Ikonizitätsgrad** wird dadurch zusätzlich aufgehoben.

3. *In Ihre abschließenden Interpretationen beider Bilder beziehen Sie alle bisher gemachten Erkenntnisse auf Basis des werkimmanenten Rezeptionsverfahrens ein. Darüber hinaus stellen Sie auch Ihr kunstgeschichtliches Wissen im Hinblick auf den Expressionismus und die inszenierte Fotografie dar. Neben der Abstraktion als Ausdruckssteigerung sowie der Reflexion und bildnerischen Veranschaulichung der Auseinandersetzung mit Mensch/Individuum und Natur (Pechstein) soll auch ihr Wert im Rahmen der inszenierten Fotografie (Crewdson) ermessen werden.*

Der Malstil Max Pechsteins weist ihn deutlich als **Expressionisten** aus. Er gehörte zeitweise der Dresdener Künstlervereinigung „**Die Brücke**" an, deren Mitglieder sich mit ihrem Malstil deutlich gegen die konventionelle, traditionell gegenständliche Malerei wandten, die zu jener Zeit an den Akademien gelehrt wurde. Pechsteins Bild „Weiblicher Akt" zeigt ganz bewusst keine naturgetreue Abbildung vom Menschen und den ihn umgebenden Dingen. Vielmehr verstand er seine Bilder als Gleichnisse, hinter denen mehr als nur das offensichtlich Abgebildete steckt.
Die starke Farbigkeit im Bild sowie die Vereinfachung in der Darstellung zeigen **Spontanität** und **Emotionalität**, aus der heraus der Künstler dieses Bild malte. Der Akt spiegelt mit seinen modellierten Farbflächen, den groben Umrisslinien und grellen Farben (rot, orange, gelb und grün) eine sinnliche, unmittelbare **Natürlichkeit** wider. Die Künstler des **Expressionismus** entdeckten diese zum Teil in der Kunst der **afrikanischen** „**Naturvölker**", die sich mit ihrer Auffassung von Mensch und Natur vereinten. Das Bild zeigt keinen klassisch anmutenden, sanften weiblichen Akt, sondern die Frau in einer für Pechstein unverfälschten Darstellung der Natur. Die Unruhe und Dynamik sowie die **Unvollständigkeit**, die vom Bild ausgeht, wendet sich auf geradezu provozierende Weise gegen die Ausgeglichenheit und Symmetrie der klassischen Aktdarstellung. Im Blick der

Frau schwingt diese **Provokation** mit. Ihre unmittelbare, spontane Körperdrehung sowie der perspektivisch gebrochene Bildraum suggerieren Auflehnung. Ihre bewegte Körperhaltung wirkt auch aufreizend. Sie scheint die Pose zu genießen. Ihre Beine sind selbstbewusst gespreizt. Indirekt kennzeichnet dies auch die **antibürgerliche** Lebenshaltung der **Expressionisten**. Durch die Größe des Aktes im Bild schuf Pechstein eine **Bedeutungsperspektive**, die auch sein modernes Menschenbild zu unterstreichen vermag: das der selbstbewussten Frau. Die formalen Mittel, der grobe Pinselstrich, die Flüchtigkeit der Motivgestaltungen und die reinen, kräftigen Farbakzentuierungen machen die expressive Ausdruckskraft des Bildes aus. Gerade in der etwas verdrehten Pose und der unbequemen Kopfhaltung der Frau drücken sich auch die Natürlichkeit und Schönheit ihres weiblichen Körpers aus, die jedoch der bürgerlichen Schönheitsvorstellung jener Zeit komplett widersprachen. Die Irritation gegenüber dem klassischen Motiv des Aktes wird außerdem durch die Darstellung des Aktes **im Freien** hervorgerufen. Ganz ungezwungen scheint sich die Figur in der Natur zu bewegen. Die Form- und Farbkomposition vereint den Akt sogar mit seiner Umgebung, der wuchernden, **ungeordneten Natur**. Die dadurch auch verursachte Gleichstellung der Motive im ungeordneten Bildraum drückt die persönliche Auffassung Pechsteins von Schönheit und Wirklichkeit, Mensch und Natur aus. Die Unvollständigkeit verleiht dem Bildgeschehen außerdem etwas sehr **Ursprüngliches**. In der unmittelbaren Darstellung der Natur drückte Pechstein auch seine **individuelle Sinnlichkeit** aus. Er befreite sich damit von der bis dahin üblichen Darstellung der Abbildhaftigkeit. Mithilfe der **Abstraktion** verließ er den in seiner Zeit üblichen Ikonizitätsgrad in der Malerei, wie ihn **Georg Schmidt** gemäß seiner sechs **Naturalismuskriterien** der Illusion und Richtigkeit in der Malerei später benannte. Pechstein folgte damit einem inneren Bedürfnis der **Expressionisten**.

Das Œuvre des amerikanischen Fotografen Gregory Crewdson ist bisher klein, was an dem enormen Inszenierungsaufwand seiner Fotografien liegt: Er gestaltet sie real und setzt sie nicht nachträglich digital aus verschiedenen Aufnahmen zusammen. Seine Fotografien erzeugen eine Atmosphäre, die an Filme von Hitchcock oder Lynch erinnert. Dies liegt nicht nur am Bildinhalt, sondern auch an der formalen Komposition, die bis ins kleinste Detail durchdacht ist. Die hier gezeigte Fotografie aus der Serie „Twilight" ist äußerst subtil angelegt: Sie erscheint sanft und verführt den Betrachter eindringlich zum Hinschauen. Die Ruhe und Schönheit, die das Bild ausstrahlt, wird erst nach und nach durch das **irrationale Bildmotiv** gebrochen *(Was wir sehen, kann ja so überhaupt nicht sein! Wie schaut die Frau? Ist sie wach? Schwebt sie?).* Der Titel des Bildes unterstützt diese Irritation noch, indem er zum einen das sichtbare Zwielicht beschreibt und zum anderen die – im doppelten Sinne – undurchsichtige, unheimliche Situation benennt. Wir als Betrachter bewegen uns quasi in einem undefinierten Vorraum – im schwarzen Nichts des Bildvordergrundes. Die Ansicht der im blumigen Erdwall grabenden, entrückten Frau schafft dadurch, dass sie auch an ein Grab erinnert, eine **morbide Atmosphäre**, die so offen und geheimnisvoll angelegt ist, dass wir in sie hineingezogen werden. Die **Inszenierung** der Frau verführt in seelische Untiefen, denen man sich plötzlich ausgeliefert fühlt. Fragen nach der Wirklichkeit, dem Traum, Absurditäten und der Wahrnehmung tauchen auf. Ist die Fotografie etwa ein Spiegel der Auseinandersetzung des Individuums, der Frau und ihrer Rolle in der kleinbürgerlichen Gesellschaft, wie sie das Raumambiente im Hintergrund suggeriert?

Die abbildhafte **Wirklichkeit** zählt in dieser bildnerischen Veranschaulichung Crewdsons nicht mehr. Darin lässt sich eine Parallele zum expressionistischen Werk Pechsteins aufzeigen: Wie auch er den Grad der Ikonizität zugunsten der **Abstraktion** als Methode der Ausdruckssteigerung verließ, stellt auch Crewdson Bildinhalte in neudefinierte Zusammenhänge, die emotionale Reaktionen beim Betrachter auslösen. Besonders diffizil ist dabei, dass seine Fotografien einer realen Inszenierung entspringen. Sind die perspektivischen Brüche und Farbkompositionen in Pechsteins Gemälde absolut unwirklich, treffen wir hier auf eine Wirklichkeit, die als solche zwar ebenfalls nicht existiert und künstlich inszeniert wurde, aber durch die Fotografie für uns einen **Authentizitätscharakter** besitzt. Dadurch, dass es sich um eine Fotografie handelt, der wir *per se* erst einmal Glaubwürdigkeit zusprechen, tappen wir doppelt in die Falle.

Inhaltlich beschäftigen sich beide Bilder mit dem Verhältnis von **Mensch** und **Natur**. Während Pechstein mit der Darstellung des modernen Aktes einer jungen Frau die neue, ungezwungene Natürlichkeit des Menschen in der Natur feierte, stellt Crewdson eine verstörende Irritation zwischen Natur und Mensch/Raum dar. Darüber hinaus vermögen beide Bilder auch über die **Rolle der Frau** zu berichten: Pechstein mit dem Bild des modernen Aktes in einer aufmüpfigen, selbstbewussten Art und Weise zu Beginn des 20. Jahrhunderts, der zeitgenössische Crewdson hingegen eher resignierend. Crewdson inszeniert die Frau gefangen im bürgerlichen Küchenraum. Ihr Blick geht ins Leere. Lediglich die auf sie gerichteten Sonnenstrahlen vermögen eine vage Hoffnung zu geben.

Die laute Provokation Pechsteins findet in Crewdsons Werk einen geheimnisvollen Widerhall, der nicht weniger berührt als die Werke der **Expressionisten** in ihrer Zeit.

Skizze 1

Skizze 2

Abiturprüfung NRW 2010 – Kunst Leistungskurs
Aufgabe 2

Bezüge zu den Vorgaben:
Abstraktion als Grundkonzept bildnerischer Gestaltung – Umgang mit Wirklichkeit (bezogen auf die Bereiche Rezeption, Reflexion und Produktion)
- *Abstraktion als Reflexion und bildnerische Veranschaulichung der Auseinandersetzung mit Individuum und Gesellschaft (in der Renaissancemalerei: Hans Holbein d. J.; im Rahmen inszenierter Fotografie: Cindy Sherman)*

Kunstwissenschaftliche Methoden
- *werkimmanentes Rezeptionsverfahren als Basis einer Interpretation*
- *praktisch-rezeptive Verfahren als Methoden der Bildanalyse (Kompositionsskizzen und andere Strukturskizzen)*

Aufgabenstellung   Punkte

1. Beschreiben Sie beide Bilder.   12

2. Analysieren Sie, auch unter Verwendung von Kompositionsskizzen, vergleichend die formale Gestaltung beider Werke.
   Berücksichtigen Sie dabei besonders
   - Farbe/Tonwerte und Form,
   - die Komposition, insbesondere Figur und Bildraum,
   - den vorliegenden Abstraktions- bzw. Ikonizitätsgrad.   42

3. Interpretieren Sie auf der Basis Ihrer Untersuchungsergebnisse die beiden Bilder vergleichend.
   Beziehen Sie dazu die jeweiligen kunsthistorischen und gesellschaftlichen Hintergründe mit ein. Machen Sie dabei deutlich, welche Funktion die Inszenierung für die Darstellung des Verhältnisses von Individuum und Gesellschaft in beiden Werken hat.   36

Materialgrundlage
Bildmaterial
Hans Holbein d. J., „Mary, Lady Guildford", 1527, Öl auf Eichenholz,
     87,0 × 70,5 cm, Saint Louis Art Museum, Saint Louis, USA.
     Fundstelle: Brinkmann, Bodo: Hans Holbeins Madonna im Städel. Petersberg: Michael Imhof Verlag, 2004, S. 159
Cindy Sherman, „Untitled Film Still #14", 1978, Fotografie (Gelatine/Silber-Abzug).
     Fundstelle: Cindy Sherman. The Complete Untitled Film Stills, München: Schirmer/Mosel-Verlag, 2003, S. 61

Zugelassene Hilfsmittel
- Wörterbuch zur deutschen Rechtschreibung
- Skizzenpapier, Transparentpapier, Farbstifte, Bleistifte

Erläuterungen zum Bildmotiv:
Mary Wotton war laut Aufschrift am Architrav (im Bild oben links) 27 Jahre alt, als Holbein sie porträtierte. Sie war seit ihrer Eheschließung Lady Guildford, Frau des königlichen Schatzmeisters von Heinrich VIII.
Das Buch, das Lady Guildford in der Hand hält, ist an der Oberkante des Schnitts (Kopfschnitt) mit dem Titel VITA. CHRISTI. bezeichnet. Es handelt sich um eine populäre Erzählung des Lebens Jesu, die von Ludolf von Sachsen (um 1295–1378) verfasst wurde.
Im Dekolleté befindet sich ein Rosmarinzweig: Die Pflanze symbolisiert die memoria – die Erinnerung.
Inschrift auf Architrav: ANNO. M D. XXVII. AETATIS SUAE. XXVII
Datierung 1527 und Lebensalter der Porträtierten.

Quelle: Buck, Stephanie; Sander, Jochen; van Suchtelen, Ariane: „Hans Holbein der Jüngere. Porträtist der Renaissance". Stuttgart: Belser 2003, S. 67

Hans Holbein d. J., „Mary, Lady Guildford", 1527, Öl auf Eichenholz, 87,0 × 70,5 cm, Saint Louis Art Museum, Saint Louis, USA. © www.visipix.com

Cindy Sherman, „Untitled Film Still #14", 1978, Schwarz-Weiß-Fotografie (Gelatine/Silber-Abzug), 10 × 8 inches
© Cindy Sherman, Untitled Film Still, 1978, black and white photograph, Courtesy of the Artist and Metro Pictures

Lösungsvorschläge

1. *Ihre Aufgabe ist es, die im Unterricht erlernte Methode der Beschreibung, die sachlich und nüchtern den ersten Gesamteindruck des Betrachters wiedergibt, aufzuzeigen. Die Bildgegenstände werden dafür in einer sinnvollen Reihenfolge sprachlich differenziert und nacheinander beschrieben – vom Hauptmotiv zu den Nebenmotiven. Bewertungen oder interpretatorische Ansätze sind in der Beschreibung unbedingt zu vermeiden.*

Das hochformatige Bildnis in der Größe 87 × 70,5 cm zeigt das Porträt von Mary Wotton, seit ihrer Eheschließung mit dem königlichen Schatzmeister namentlich Lady Guildford, im Alter von 27 Jahren, wie die Aufschrift auf dem Architrav oben links im Bild verrät. Das Bild malte Hans Holbein der Jüngere im Jahre 1527 in – wie es in der damaligen Zeit für Bildnisse dieser Art üblich war – Öl auf Eichenholz. Es befindet sich heute im Saint Louis Art Museum in den USA.
Lady Guildford, in höfischer Tracht und mit reichlich Schmuck als **Halbfigur** dargestellt, wendet sich dem Betrachter mit einer leichten Körperdrehung zu, sodass ihr Gesicht fast *en face* zu sehen ist. Sie blickt den Betrachter direkt an. Das dekolletierte schwarze Kleid ist mit schweren Goldketten verziert und hat weite, in Falten gelegte Ärmel aus Goldbrokat, aus denen dekorativ weiße Rüschenmanschetten herausschauen. Die Porträtierte trägt eine ihr Gesicht eng umschließende Haube, die zum Teil aus gemusterten, kostbaren Stoffen besteht. Außer den vielen Ringen an ihren Händen zieren Goldketten und ein Schmuckanhänger ihr Dekolleté sowie ein ins Kleid gesteckter Rosmarinzweig. In ihren Händen hält sie eine rote Gebetskette sowie ein grün eingebundenes Buch mit silberner Schließe, das an der Oberkante des Schnitts mit dem Titel VITA. CHRISTI. bezeichnet ist.
Die Figur sitzt oder steht vor einer niedrigen Mauer, hinter der ein wolkenloser blauer Himmel erscheint. In diesen ragt die Ranke eines Weinstocks hinein. Der linke Bildrand wird dominiert von zweifach gestuften Pfeilern und einer Säule aus rötlichem Stein, dessen Schaft eine Groteske in Flachrelief zeigt. Das darüber befindliche Kapitell wird durch ionische Voluten geschmückt sowie durch einen – an das Medusenhaupt erinnernden – Frauenkopf mit geöffnetem Mund. Abgeschlossen wird die Säule mit einem grauen Architrav, der die bereits erwähnte Inschrift zeigt. Auf gleicher Höhe, auf dem Gebälk der Pfeiler liegend, befindet sich eine Vorhangstange, an der jedoch kein Vorhang hängt.

Die hochformatige Schwarz-Weiß-Fotografie von 1978 mit dem Titel „Untitled Film Still #14" zeigt die Künstlerin Cindy Sherman selbst: In einem eleganten schwarzen Minikleid mit Perlenkette und Armbändern sowie einem wohlfrisierten Bob steht sie als **Ganzfigur** in einem Raum. Sie schaut rechts am Betrachter vorbei aus dem Bild heraus. Ihr Blick, der leicht geöffnete Mund und der an den Kopf gehobene linke Arm drücken Erstaunen aus. In der anderen Hand hält sie einen schwarzen, nicht zu identifizierenden Gegenstand. Sie steht vor einem dunklen, etwa kniehohen Sideboard, auf dem sich verschiedene Gegenstände befinden: ein kleiner Teppichläufer, ein Primelblumentopf, zwei noch nicht angezündete Kerzen sowie ein Bilderrahmen mit einem Fotoporträt von ihr selbst. Der über dem Sideboard befindliche Spiegel zeigt sie fast noch einmal vollständig in der Rückansicht und spiegelt einen Ausschnitt des Raums: Man sieht einen Tisch, auf dem ein leeres Likörglas steht, und einen einfachen Holzstuhl, über dessen Lehne eine Jacke hängt. Im Bildvordergrund der Fotografie ist der Tisch mit seiner hellgeblümten Tischplatte, die schräg ins Bild hineinragt, noch einmal zu sehen; er verdeckt hier die Füße der Frau, die auf einem Holzdielenboden steht. Rechts hinter ihr, an der dezent gestreiften, hell tapezierten Wand, hängt ein dunkles Bild (ein goldenes Flachrelief?), das von ihr etwas verdeckt wird.

2. *Diese Aufgabe stellt den Hauptteil dar. Die Bilder sollen nun systematisch analysiert und verglichen werden. Es gilt, die Bildkomposition, Form und Farbe strukturanalytisch zu erfassen und zu beschreiben. Dabei sollen Sie den Abstraktionsgrad der Bilder herausarbeiten sowie den Grad ihrer Ikonizität. Als Methode zur Bildanalyse dienen Ihre angefertigten Skizzen (praktisch-rezeptives Verfahren). Diese sollen Ihre Aussagen sinnvoll belegen und müssen in Ihren Text zur Veranschaulichung angemessen eingebracht werden.*

Das Bildnis der „Mary, Lady Guildford" stellt die Porträtierte in der typischen symmetrischen **Idealkomposition** dieser Zeit dar: Ihre den **Bildraum** füllende Gestalt als *en face*-Halbfigur stellt ein Dreieck (DR) dar, dessen Spitze genau in der Bildmitte auf ihrer Haubenspitze liegt. Die Porträtierte befindet sich damit exakt auf der Mittelsenkrechten (MS). Ihre **symmetrisch** angelegte Stirnpartie, ihr Gesicht sowie das Dekolleté unterstützen in ihrer Formfindung diesen Eindruck, der zusätzlich durch die helle Farbigkeit, die diese Partien deutlich von der dunklen Kleidung abhebt, hervorgerufen wird. Eine Ausgewogenheit der Komposition erzeugen außerdem die horizontalen Pfeiler und die Säule sowie die Vertikalen des Mäuerchens im Bildhintergrund und der Vorhangstange im oberen Bildbereich. Die eher ein Oval beschreibende Weinstockranke im rechten Bildteil lockert die streng linear angelegte Komposition auf und betont zudem das Gesichtsoval der Dargestellten.

Die Lage ihrer Schulterpartie liegt auf der **Mittelwaagerechten** (MW) des Bildes, ihr Mund etwa auf der horizontal verlaufenden Linie des **Goldenen Schnitts** (GS). Auch der durch seine kräftige Farbigkeit hervortretende linke Arm zeichnet durch die Unterstützung der Horizontalen im unteren Bildteil das **Kompositionsgefüge** nach. Er lenkt außerdem den Blick des Betrachters – von der Spitze des Dreiecks kommend, also dem Gesicht – auf die fein ausgearbeiteten Hände und das in ihnen befindliche Buch.

Die **Dreieckskomposition** sowie die Anwendung des Goldenen Schnitts spannen die Figur in das Bildformat ein und sorgen für einen harmonischen Ausgleich der Bildelemente. Skizze 1 veranschaulicht das beschriebene Liniengefüge.

Damit die Bildkomposition nicht zu starr erscheint, hat Holbein dynamisierende Elemente eingefügt: die bereits erwähnte Weinstockranke, die außer der Linearität auch den einfarbigen blauen Hintergrund durchbricht; die lose fallenden gol-

denen Ketten, die das schwere, dunkle Kleid beleben; die weißen Rüschenmanschetten an den Ärmeln sowie schließlich die Verzierung der Säule. Insbesondere auch die sorgfältige Ausgestaltung einiger Details, z. B. des Schmucks und des Rosmarinzweigs, wirken sich belebend auf die lineare Bildkomposition aus. Schließlich ist es auch die leichte Drehung der Figur zum Betrachter hin, die den Eindruck mathematischer Strenge vermeidet.
Skizze 1 verdeutlicht auch diese Bildelemente.

Während die **Stofflichkeit** der Gegenstände im unteren Bildteil (Ärmel, Buch etc.) sehr präzise wiedergegeben ist, verliert sie in der oberen Bildpartie: Ausgerechnet Gesicht und Dekolleté wirken in ihrer **Farbgestaltung** leblos und flach. Unterstützt wird dieser Eindruck durch die **flächenbetonte** Musterung der Haube. Im Gegensatz zur sorgsamen **Modellierung** der Hände verliert das Bildnis hier deutlich seinen ansonsten hohen **Ikonizitätsgrad**. Vermutlich ist dies aber vom Künstler unbeabsichtigt und evtl. einer späteren Restaurierung anzulasten.

Die **Farbkomposition** im Bild wird deutlich bestimmt durch **Lokalfarben**, also ungebrochene, reine Farben: das Schwarz der Kleidung, der kräftige Rotton am Ärmel, der Säule, den Pfeilern und der Haube sowie das Blau des Himmels. Diese Farbeinheiten unterstützen das Bild gleichfalls in seiner **linearen** Struktur, ebenso wie der Einsatz der Farbe Grün bei der Weinstockranke, dem Rosmarinzweig und dem Umschlag des Buches eine blickführende **diagonale Achse** ergibt, die durch die Kette im Dekolleté noch unterstützt wird. Des Weiteren treten **Komplementärkontraste** auf (Buchumschlag und Ärmel bzw. Säule), die den Betrachterblick anziehen. Diese lebendige farbige Ausgestaltung wird beruhigt und „aufgefangen" durch den kühlen blauen Fond im Bildhintergrund. Er erscheint zwar wie eine flächige Folie, suggeriert aber eine räumliche Ferne und erzeugt mit den warmen Farbtönen im Bildmittel- und Vordergrund eine perspektivische **Raumstaffelung (Farbperspektive):** Der Betrachter blickt in leichter Aufsicht auf das Gesicht der Porträtierten, sein Blick wandert dann auf den plastisch ausladend modellierten roten Ärmel im Bildvordergrund und wird von dort wieder in den Bildmittelgrund (Gesicht, Dekolleté, Säule) und schließlich in den Hintergrund geleitet.

Die sorgsam konstruierte Bildkomposition Holbeins gerät etwas aus dem Gleichgewicht durch die grob ausgeführte rechte Bildgestaltung: Die Fassung der rötlichen Mauer wie auch der – trotz der Wiedergabe von Lichtreflexen – einfachen Darstellung der Ranke stehen in deutlichem Gegensatz zur linken Bildhälfte, der lebendig wirkenden Kapitellplastik. Es ist anzunehmen, dass dieser Effekt nicht der künstlerischen Absicht Holbeins entspricht, sondern eventuell durch spätere Reinigungen des Bildes verursacht wurde.

Betrachtet man nun die Fotografie „Untitled Film Still #14" von Cindy Sherman, fällt eine kompositorische Übereinstimmung auf: Auch in dieses Bild lässt sich ein Dreieck einschreiben, dessen Spitze aber nicht auf der Mittelsenkrechten (MS) liegt, sondern rechts versetzt von dieser. Dafür steht das Standbein der

Figur auf der **Bildmittelachse**. Da es sich hier um ein **Ganzkörperporträt** handelt, befindet sich die Körpermitte, die Taille, auf der Linie des horizontal verlaufenden **Goldenen Schnitts** (GS). Sie wendet sich ebenfalls dem Betrachter in einer leichten Körperdrehung zu. Skizze 2 zeigt dieses Liniengefüge.

Das ausgewogene **Raumgefüge** wird nun jedoch mehrfach gebrochen und stellt darin einen deutlichen Gegensatz zum harmonischen **Renaissance-Porträt** Holbeins dar: Es beginnt mit der leichten Untersicht des Betrachters auf den **Bildraum**. Dadurch sowie durch die Schrittstellung der Frau aus dem Raum heraus gewinnt das Figur-Bildraumgefüge an **Dynamik**. Die im Bildvordergrund schräg ins Bild ragende helle Tischplatte schneidet in den Raum hinein und kippt die **Raumperspektive**.

Dieser Eindruck wird noch verstärkt durch die verdeckten Füße der Protagonistin, die dadurch an Standhaftigkeit verliert.

Auch das dunkle Sideboard stellt eine schräge Bildachse dar, die nur geringfügig durch den aufgestellten Bildrahmen sowie das Bild an der Wand aufgefangen wird. Die dadurch verursachte **Instabilität** wird auch gestisch und mimisch unterstützt: Der durch seine Haltung in der Ansicht stark verkürzte linke Arm sowie der aus dem Bild nach links herausführende Blick der Frau, in dessen Richtung auch der schwarze Gegenstand in ihrer rechten Hand weist, durchkreuzen die kompositorische **Statik** (Skizze 2, geschlossene Pfeile).

Das Spiegelbild vermag das Bildgefüge ebenfalls zu zerschneiden: Es projiziert eine nur scheinbare Raumtiefe und führt so zu einer weiteren Irritation. Skizze 2 veranschaulicht auch diese linearen Brüche.

Im Vergleich beider Bilder zeigt sich in der Ausgestaltung des Bildraums, dass sich beide zur rechten Seite hin optisch öffnen (Skizze 1 und 2, siehe offene Pfeile). Die linke Bildhälfte wird hingegen durch Säule und Pfeiler bzw. durch den Spiegel geschlossen. Beachtet man die Details in der Fotografie Shermans, d. h. die feine Spitze am Oberteil des Kleides, den Schmuck, das gerahmte Fotoporträt, die Topfpflanze, das Muster des kleinen Teppichläufers sowie die klein geblümte Tischplatte, vermögen diese ein feines Netz um die Protagonistin zu spannen, das den Blick immer wieder zu ihr zurückwirft. Mag man diese Bildelemente als feminine Attribute auffassen, so zeigt sich auch in Holbeins Porträt, dass sich die Details (Schmuck, Rosmarinzweig, Ranke, Buch, Haubenmuster, Manschettenrüschen etc.) alle unmittelbar auf die Protagonistin beziehen – unter formalen wie inhaltlichen Aspekten.

Die in Holbeins Bild beobachtete ausgewogene **Farbkomposition** zeigt sich auch in Shermans Arbeit: Die schwarzen und weißen Flächen stehen in einem ausgeglichenen, kontrastreichen Verhältnis. Grautöne treten nur sehr vereinzelt auf. Anders allerdings als die **Farbperspektive** im Bildnis Holbeins bewirkt die helle Tischplatte im Vordergrund sowie die helle Wandtapete im Hintergrund hier das Gegenteil: Der Raum wird optisch zusammengezogen und verliert so an Tiefe.

Die **abbildhafte Nachahmung** des Naturvorbildes, die Holbein in seinem Bild anstrebte, zeichnet ihn als **Renaissancemaler** aus. Sie weist den in dieser Zeit üblichen Grad an **Ikonizität** auf. Die Fotografie Shermans zeigt eine reale Raumsituation, die vordergründig nicht manipuliert zu sein scheint, jedoch durch den hohen Grad an formaler, kompositorischer **Inszenierung** an Glaubwürdigkeit verliert. Die **Perspektivbrüche** im Bildraum vermögen den **Ikonizitätsgrad** weiter aufzuheben. Die formale Realität der Abbildhaftigkeit der hier gezeigten Fotografie steht auch im Widerspruch zu ihren inhaltlichen, erzählerischen Elementen, die im Folgenden benannt werden.

3. *In Ihre abschließende vergleichende Interpretation der Bilder beziehen Sie alle bisher gemachten Erkenntnisse auf Basis des werkimmanenten Rezeptionsverfahrens ein. Darüber hinaus stellen Sie auch Ihr kunstgeschichtliches Wissen im Hinblick auf die Renaissancemalerei und im Rahmen der inszenierten Fotografie dar. Die Abstraktion soll dabei als Reflexion und bildnerische Veranschaulichung der Auseinandersetzung mit Individuum und Gesellschaft erfasst bzw. ermessen werden.*

Malstil und Komposition weisen Holbein deutlich als Maler der **Renaissance** aus. Im Porträt der Lady Guildford musste der Künstler den sozialen Normen, die ihm aufgetragen wurden, gerecht werden, was ihm auch gelang: Lady Guildford spielt im Bildnis die ihr anbefohlene Rolle, die sie standesgemäß als Ehefrau des königlichen Schatzmeisters von Heinrich VIII. zu vertreten hatte. Ihre strenge Haltung, ihre geschlossene Gestik sowie ihr gefasster, ernster Gesichtsausdruck entsprechen ganz ihrer **öffentlichen Rolle** innerhalb der Hofgesellschaft. Das Buch verweist auf ihre Bildung und der Buchtitel im Besonderen auf ihre Frömmigkeit, worauf auch die Gebetskette hindeutet. Als verheiratete Frau trägt sie die Haube, der viele Schmuck kennzeichnet ihren Wohlstand. Hinter der prächtigen Kleidung, dem Schmuck und den sie umgebenden **Attributen** wie der prächtig ausgestalteten Säule geht sie „privat" fast verloren (verstärkt wird dieser Eindruck heute noch durch die unter 2. bereits genannte falsche Restaurierung der Gesichtspartie.) Einzig die wenigen floralen Elemente (Weinstockranke, Rosmarinzweig als Symbol der Erinnerung) verleihen der Darstellung durch ihren freien Wuchs bzw. das individuelle Anstecken eine persönliche Note.

Schon allein aus dem Bewusstsein heraus, dass Cindy Sherman stets selbst die Protagonistin ihrer Fotografien ist, wird deutlich, dass auch in diesem Werk von 1978 eine **Rolle** gespielt wird. Die Künstlerin, die berühmt wurde mit ihren bis ins kleinste Detail durchdachten **Fotoinszenierungen**, stellt in „Untitled Film Still #14" eine Filmszene nach, wie bereits der Titel vermuten lässt. Aber auch diese ist inszeniert, was bedeutet, dass sie nur vorgibt, eine Filmszene nachzustellen. Vielmehr erzählt sie mit ihrem Bild eine **fiktive Geschichte** – nämlich die eines Filmstills aus einem – der Kleidung und Einrichtung nach zu urteilen – Film der 1960er-Jahre. Wie in einem Kriminalfilm aus dieser Zeit geben die **Attribute** sowie ihr erstaunt-erschrockener Gesichtsausdruck subtile Hinweise zum möglichen Geschehen: Das leere Glas, die Jacke, der verlassene Stuhl, der nicht deutlich auszumachende schwarze Gegenstand in ihrer Hand und ihre unsichere Haltung – deuten sie auf ein Verbrechen hin? Die Fantasie des Betrachters wird weiter beflügelt durch das Fotoporträt auf dem Sideboard: Wer ist in der linken, für den Betrachter verdeckten Hälfte des Rahmens zu sehen? Der Mann (ihr Mann?), der gerade den Stuhl verlassen hat? Warum ist die Frau so elegant gekleidet? Hält sie in ihrer Hand etwa eine Waffe? Was macht sie in diesem recht schmucklosen Raum? Ist es ihre Wohnung?

Im Vergleich der Werke zeigt sich, dass beide nicht nur ein **Frauenporträt** darstellen, sondern auch eine **perfekte Inszenierung**. Wird Lady Guildford jedoch in ihre eigene, ihr zugedachte **öffentliche Rolle** „hineininszeniert", tut Sherman dies in einer ausgedachten Situation, die mit ihrer persönlichen nichts zu tun hat. Schon die Verschiebung der Szene in eine andere Zeitdekade verdeutlicht dies.

In beiden Werken wird das „Private", die **Persönlichkeit der Dargestellten**, zugunsten ihrer Rollen aufgegeben. Shermans elegante Figur bleibt oberflächlich: Ihr Gesichtsausdruck wirkt aufgesetzt, ihre Gestik erscheint als Pose. Mit ihrem eleganten, schwarzen Spitzenkleid, der Frisur und Kette stellt sie den perfekten weiblichen Filmtyp der nachinszenierten Zeit dar. Die rätselhafte, ungeklärte Bildsituation trägt ebenfalls zu dieser Kühle bei: Gefährlich und verführerisch zugleich tritt die Frau auf, unerreichbar, nicht durchschaubar. Die kleinbürgerlichen Attribute (Primeltopf, Teppichläufer, klein geblümtes Muster) stehen in deutlichem **Kontrast** zu ihrem mondänen Auftreten. Sie unterstützen die undurchsichtige Situation, die gespaltene Rolle der Dargestellten und damit die von Sherman gewünschte Inszenierung.

Auch Holbein inszenierte Lady Guildfords Rolle perfekt, wobei nicht nur die genannten Inhalte sie zur frommen, braven Ehefrau machen, sondern auch der lineare, strenge Bildaufbau, die Komposition: Sprichwörtlich wird die Porträtierte in das **Dreiecksschema** eingezwängt und eingegrenzt von den architektonischen Beigaben (Säule, Pfeiler, Mäuerchen, Vorhangstange). Lediglich zu ihrer Rechten öffnet sich der Bildraum und der Blick geht ins Freie. Dieser Bildaufbau war **idealtypisch** für die Porträtisten der **Renaissance**. Es ist auch anzunehmen, dass die Zeitgenossen dieser Bildnisse in der Lage waren, diese zu dechiffrieren. So ist z. B. der **Blick ins Freie** in den Porträts der Renaissance durchaus üblich und steht für Weltgewandtheit und Offenheit. In Kombination mit dem Buch symbolisiert er Lady Guildfords hohen Bildungsstand. Durch den **linearen Bildaufbau** gelang es Holbein, den Blick des Betrachters gezielt durchs Bild zu führen, sodass alle Elemente und Bildebenen erfasst werden – er endet jedes Mal im direkten, ernsten Blick der Porträtierten. Außer der Konzentration auf die Mimik sind es auch die fein modellierten Hände, die den Betrachterblick anziehen. In ihrer ruhigen, gefassten Gestik spiegeln sie den Gesichtsausdruck und geben damit in gewisser Weise die Ernsthaftigkeit des Porträts wieder. Während Sherman eine „eingefrorene" **Momentaufnahme** zeigt, berichtet Holbeins Porträt über einen bestimmten Zeitraum aus dem öffentlichen Leben der Porträtierten.

Wenn auch mit einer ganz anderen Wirkung, so spiegelt auch der Bildaufbau bei Sherman die Bildaussage wider bzw. betont diese: Der **Bildraum** kippt und ruft damit Unruhe und ein in Kombination mit allen **erzählerischen Elementen** ungutes Gefühl beim Betrachter hervor. Auch die beschriebene **Instabilität** der Protagonistin sowie ihre angedeutete Bewegung trägt hierzu bei: Will sie aus dem Bild/Raum heraus? Womöglich aus der Situation fliehen? (Die Kerzen sind noch nicht entzündet – es ist noch alles möglich?) Die ins Bild schneidende schiefe Tischplatte scheint sie offensichtlich daran zu hindern. Und verbirgt sich vor dieser (also außerhalb des Bildraums) womöglich der eigentliche Hinderungsgrund? Ihre erstarrte Gestik, die durch ihre zentrale Position im Raum verstärkt wird, sowie ihre Mimik lassen darauf schließen. Die **Bildöffnung** zur Rechten, die auch hier anzutreffen ist, führt hinaus – zumindest aus der unmittelbaren, angespannten Szene.

Abschließend lässt sich festhalten, dass Holbeins Bild kein individuelles Porträt wiedergibt, sondern vielmehr ein **offizielles**, inszeniertes **Standesporträt** zeigt. Und auch Shermans kühle Schwarz-Weiß-Fotografie zeichnet eine Rolle in einem **inszenierten Gesellschaftsdrama** nach. In dieser Inszenierung wird jedoch weder Privates noch Offizielles, Reales über die Person, also die Künstlerin Cindy Sherman, erzählt. Sie versteckt sich perfekt in ihrer Inszenierung und taucht ab in einen ausgedachten gesellschaftlichen Rahmen. Mit diesem **Rollenspiel** gelingt es ihr, die **Glaubwürdigkeit** des gezeigten Individuums in der **Fotografie** zu hinterfragen.

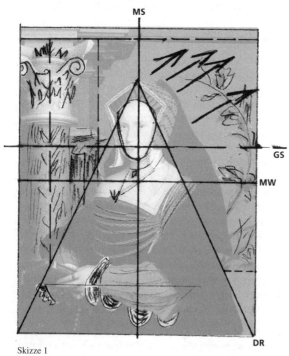

Skizze 1

GS

MS

Skizze 2

Abiturprüfung NRW 2011 – Kunst Grundkurs
Aufgabe 1

Bezüge zu den Vorgaben:
Inhaltliche Schwerpunkte
Natur- und Menschenbilder in der Kunst:
Konzeptionen des Natur- und Menschenbildes in der Bildhauerei und Installation
– Das Bild des Menschen in der Bildhauerei der italienischen Renaissance
Fachliche Methoden
– Werkbezogene Form- und Strukturanalysen einschließlich Strukturskizzen
– Werkexterne Zugänge zur Analyse und Interpretation

Aufgabenstellung Punkte

1. Beschreiben Sie die Skulptur „Adam" von Tullio Lombardo. 14
2. Analysieren Sie die formale Gestaltung der Skulptur. Beziehen Sie sich dabei insbesondere auf die Aspekte
   – Richtungs- und Körper-Raum-Bezüge (Setzen Sie für die Untersuchung zunächst Skizzen ein, die Sie anschließend erläutern.),
   – Proportion und Plastizität,
   – Material/Oberflächenstruktur. 46
3. Interpretieren Sie das Werk auf der Grundlage Ihrer bisherigen Untersuchungsergebnisse sowie des Textmaterials. Stellen Sie darüber hinaus die sich in der Skulptur manifestierende Übernahme künstlerischer Vorbilder durch den Renaissancekünstler heraus und erläutern Sie das sich in der Skulptur des Adam zeigende Menschenbild. 30

Materialgrundlage
Bildmaterial
Abbildung 1: Tullio Lombardo: „Adam", ca. 1490–1495, Marmor, Höhe 191,8 cm, New York, Metropolitan Museum of Art
  Fundstelle: Germain Bazin: 20.000 Jahre Bildhauerkunst der Welt. Vom Faustkeil bis zur Gegenwart. Herrsching: Pawlak 1985. S. 343
Abbildung 2: Tullio Lombardo: „Adam", andere Ansicht
  Fundstelle: Joachim Poeschke: Die Skulptur der Renaissance in Italien, Bd. 2. München: Hirmer 1992, Tafel 128
Abbildung 3: Tullio Lombardo: „Adam", Detail (linke Hand mit Apfel),
  Ausschnitt aus Abbildung 1
Abbildungen 4 und 5: Tullio Lombardo: „Adam", Detail
  (Stütze mit Schlange und Vogel),
  Ausschnitte aus Abbildung 2 und Abbildung 1

Textmaterial

Text 1:

Die Skulptur war Teil eines groß angelegten Grabmals des überaus reichen Dogen (Titel des damaligen Staatsoberhauptes in Venedig) Andrea Vendramin. Die Statue des „Adam" stand in einer Nische an der linken Seite des Grabmals, ihr Gegenstück, die Skulptur der „Eva", in einer Nische an der rechten Seite.

Das Grabmal wurde für die venezianische Kirche Santa Maria dei Servi geschaffen, 1494 vollendet und gelangte um 1815 in die Kirche Santi Giovanni e Paolo in Venedig.

Beide Figuren mussten bei der Umsetzung des Grabmals entfernt werden. Als ein Grund wird die provozierende Nacktheit der Figuren gesehen. Die Figur des „Adam" gelangte über den Kunsthandel nach New York, die Skulptur der „Eva" ist seitdem verschollen.

(Autorentext)

Text 2:

Und Gott der Herr nahm den Menschen und setzte ihn in den Garten Eden, daß er ihn bebaute und bewahrte. Und Gott der Herr gebot dem Menschen und sprach: Du darfst essen von allen Bäumen im Garten, aber von dem Baum der Erkenntnis des Guten und Bösen sollst du nicht essen; denn an dem Tage, da du von ihm issest, mußt du des Todes sterben. Und Gott der Herr sprach: Es ist nicht gut, daß der Mensch allein sei; ich will ihm eine Gehilfin machen, die um ihn sei. Und Gott der Herr machte aus Erde alle die Tiere auf dem Felde und alle die Vögel unter dem Himmel und brachte sie zu dem Menschen, daß er sähe, wie er sie nenne, denn wie der Mensch jedes Tier nennen würde, so sollte es heißen. [...] Aber die Schlange war listiger als alle Tiere auf dem Felde, die Gott der Herr gemacht hatte, und sprach zu dem Weibe: Ja, sollte Gott gesagt haben: ihr sollt nicht essen von allen Bäumen im Garten? Da sprach das Weib zur Schlange: Wir essen von den Früchten der Bäume im Garten; aber von den Früchten des Baumes mitten im Garten hat Gott gesagt: Esset nicht davon, rühret sie auch nicht an, daß ihr nicht sterbet! Da sprach die Schlange zum Weibe: Ihr werdet keineswegs des Todes sterben, sondern Gott weiß: an dem Tage, da ihr davon esset, werden eure Augen aufgetan, und ihr werdet sein wie Gott und wissen, was gut und böse ist.

Und das Weib sah, daß von dem Baum gut zu essen wäre und daß er eine Lust für die Augen wäre und verlockend, weil er klug machte. Und sie nahm von der Frucht und aß und gab ihrem Mann, der bei ihr war, auch davon, und er aß. Da wurden ihnen beiden die Augen aufgetan, und sie wurden gewahr, daß sie nackt waren, und flochten Feigenblätter zusammen und machten sich Schurze. [...]

Martin Luther: „Die Bibel", Übersetzung: Deutsche Bibelgesellschaft Redaktion
© 1999 Deutsche Bibelgesellschaft, Stuttgart

Zugelassene Hilfsmittel
- Wörterbuch zur deutschen Rechtschreibung
- Skizzenpapier, Transparentpapier, Farbstifte, Bleistifte, Lineal

Abb 01: Tullio Lombardo: „Adam", ca. 1490–1495, Marmor, Höhe 191,8 cm. Metropolitan Museum of Art, N. Y.
© Metropolitan Museum New York

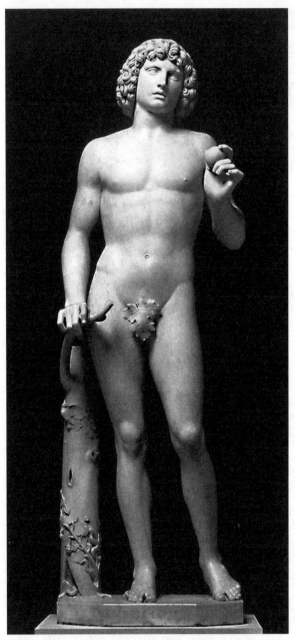

Abb 02: Tullio Lombardo: „Adam", ca. 1490–1495, Marmor, Höhe 191,8 cm.
Metropolitan Museum of Art, N. Y.
© Metropolitan Museum New York

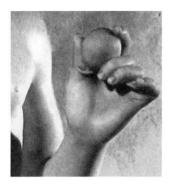

Tullio Lombardo: „Adam" (linke Hand mit Apfel)
© Metropolitan Museum New York

Tullio Lombardo: „Adam" (Stütze mit Schlange)
© Metropolitan Museum New York

Tullio Lombardo: „Adam" (Stütze mit Vogel)
© Metropolitan Museum New York

Lösungsvorschläge

1. *Hinweis: In dieser Aufgabe sollen Sie die sichtbaren Details der Skulptur „Adam" von Tullio Lombardo beschreiben. Vermeiden Sie dabei eine subjektive Beurteilung, sondern bleiben Sie sachlich.*

Die Skulptur „Adam" von Tullio Lombardo zeigt mit 191,8 cm Höhe eine lebensgroße, fast nackte Männerfigur aus Marmor. Die vollständige **Einzelfigur** steht auf einem mehreckigen, flachen Sockel neben einem Baumstamm. Sie stammt aus den Jahren 1490–1495, dem Übergang von der **Früh- zur Hochrenaissance** in Italien. Die Skulptur befindet sich heute im New Yorker Metropolitan Museum of Art.

Tullio Lombardo erschuf einen lebensgroßen „Adam" – einen aufrecht stehenden **Akt**, der nur mit einem Weinblatt über der Scham bedeckt ist. Die Gesamthaltung der Skulptur ist aufrecht und gerade, bis auf eine leicht schräge Hüfthaltung und Beinstellung. Auch der Kopf ist leicht geneigt, der Blick jedoch richtet sich gerade nach vorne oben. Die Haare fallen voll und lockig bis in den Nacken. Sie umrahmen das Gesicht und verdecken die Ohren. Sein leicht rundliches, breites Gesicht ist faltenlos. Mit hohen Wangenknochen, einer geraden Nase, einem leicht geöffneten Mund und feinen Lippen wirkt es ebenmäßig, vital und jugendlich. Adams Kopf sitzt auf einem breiten, ebenfalls faltenlosen Hals, der von geraden Schultern und einer muskulösen Brust getragen wird. Sein linker Arm ist stark angewinkelt und leicht nach vorne oben gerichtet. In dieser Hand hält der Jüngling zwischen Daumen und Zeigefinger einen Apfel. Die Haltung der Hand wirkt manieriert und der Apfel im Verhältnis zur Handgröße zu klein. Der rechte Arm ist nach unten am Körper entlang fast ausgestreckt. Seine rechte Hand ruht leicht auf dem Ast eines Baumstumpfes, der an Adams rechter Seite steht. Der Stamm ist gerade, glatt poliert und ein wenig in den Hintergrund gerückt. Ein kleiner Vogel sitzt im Efeu und eine Schlange windet sich entlang des Stamms nach oben. Der Baumstumpf reicht bis zur **Schritthöhe** der Figur und berührt sie mit seinem oberen Ende leicht am Oberschenkel. Aus dem Stamm wächst ein kurzer, gebogener Ast, der ebenfalls nach vorne zu Adam hinweist, der ihn mit seiner rechten Hand locker umfasst.

Der Jüngling stützt sich mit seinem Körpergewicht auf sein rechtes Bein. Es steht senkrecht und ausgestreckt, während das linke, leicht nach vorne angewinkelte Bein nur mit dem Vorderfuß (Zehen und Ballen) auf dem Boden aufsetzt.

Die Skulptur und der Baumstamm befinden sich auf einer **Plinthe**, einer mehreckigen, dünnen Trägerplatte, die der Standfestigkeit dient. Auf deren Front ist die **Signatur** von Tullio Lombardo in römischen Ziffern eingraviert: TULLII LOMBARDI O.

2. *Hinweis: Dies ist der Hauptteil der Aufgabe. Hierbei sollen Sie aussagekräftige Skizzen erstellen. Setzen Sie diese als Analyseinstrumente ein und beziehen Sie sich im Text darauf (z. B. im Hinblick auf die Körperachsen und die Blick- und Bewegungsrichtung). Zusätzlich sollen Sie dann die Darstellungsweise (z. B. Körperaufbau, Komposition) und die Besonderheiten der Skulptur (z. B. die Textur) eingehender untersuchen.*

Der marmorne Adam von Tullio Lombardo richtet sich in seiner Haltung und dem schräg nach vorne schauenden Blick dem Betrachter entgegen (siehe Skizze 1). Die Skulptur ist im Ansatz einer Bewegung angedeutet und nach vorne ausgerichtet. Sie öffnet sich leicht dem Raum. Darauf verweisen die Kombination der Stellung des **Spielbeins** mit dem nach oben angewinkelten Arm und vor allem die leicht geöffnete Hand, die dem Gegenüber einen Apfel durch eine gleichzeitige Vorwärts- und Aufwärtsbewegung präsentiert (siehe Skizze 1).
Der Baumstumpf an Adams rechter Seite sorgt für Halt. Ganz im Gegensatz zur menschlichen Figur und deren schräger Beinhaltung ist dieses Element sehr gerade und senkrecht angelegt. Baumstumpf und Sockel bilden einen nahezu statischen rechten Winkel, in dem die stehende menschliche Skulptur kontrastierend und in ihrer **Präsentationshaltung** dynamisch und organisch wirkt (siehe Skizze 1). Der einzige Ast des Baumstumpfes, der von der rechten Hand berührt wird, imitiert nicht nur die Vorwärtsbewegung des linken Armes, sondern auch die Aufwärtsbewegung, welche durch die sich nach oben rankende Efeupflanze zusätzlich unterstützt wird (siehe Skizze 1).
Der Ast unterstreicht die Lebendigkeit der männlichen Skulptur und gibt zugleich die **Blickführung** vor. Er fängt den Blick des Betrachters ein und führt ihn diagonal am Körper entlang zur linken Hand mit dem Apfel. Zusätzlich zeigt er wie ein Pfeil auf Adams Scham. So schafft er in **Leserichtung** von links nach rechts eine inhaltliche Verbindung zwischen Baumstumpf, Adam, Weinblatt und der Frucht (siehe Skizze 1).
Die positive Form der Adam-Skulptur ist im Raum aktiv. Trotz der geraden und stehenden Haltung wirkt sie lebendig. Durch den Einsatz des rechten Beins als **Standbein** und des linken als **Spielbein** deutet sie eine Bewegung an. Dieser **Kontrapost** (gegensätzliche Haltung der beiden Körperhälften, die durch die Ponderation ausgeglichen wird) verändert das Gewichtsverhältnis der Figur und wirkt so dem statischen Eindruck entgegen. Adams Becken tritt leicht aus der senkrechten, zentralen **Körperachse** heraus (siehe Skizze 2), wodurch sich sein Gewicht verlagert und ein leichter „Schwung" in der Hüfte und eine Schieflage des Beckens entstehen. So wird der Eindruck von Bewegung hervorgerufen. Dieser wird von der leicht schrägen Kopfhaltung, der Darstellung der Muskeln an Knien und Oberschenkeln und der Stellung der einzelnen Zehen weiter unterstrichen. Der Bildhauer spielt hier mit den Gegensätzen von Ruhe und Bewegung, Spannung und Entspannung.
Die **Proportionsverhältnisse** der Skulptur sind ausgeglichen und bewahren eine vollkommen ausgewogene Komposition, die nach den Regeln des **Goldenen Schnitts** unterteilt ist (siehe Skizze 2). Nicht nur die Figur im Ganzen, sondern

auch die Kopf- und Rumpfpartie, Ober- und Unterschenkel sind im Verhältnis des Goldenen Schnitts zueinander komponiert (siehe Skizze 2). Damit handelt Lombardo ganz im Sinne der Renaissance. Er ahmt die Natur nach und nutzt die wissenschaftlichen Gesetzmäßigkeiten, um so das größte Maß an Harmonie zu erreichen und den ideal schönen nackten Menschen darzustellen.

Ganz gemäß den Renaissance-Idealen folgt der Aufbau der **Standfigur** der klassischen Proportionslehre und den kompositorischen Gesetzen der damaligen Zeit. Dies, die Zentralperspektive und der Vitruvianische Mensch von Leonardo da Vinci werden in der Renaissance zum wesentlichen Merkmal idealer Maße und Proportionen. Zusätzlich gewinnt die **Wirklichkeitsnähe** des Dargestellten an Bedeutung. Auch Lombardo bleibt mit seiner Adam-Skulptur nahe an der Realität. Dabei liegt die Betonung der ganzen Skulptur auf der Jugendlichkeit und Unversehrtheit. Dieser Adam hat volles Haar (die Darstellung der Locken entspricht der Haartracht nach venezianischer Mode zur damaligen Zeit), keine Falte ist zu finden. Körper, Hals und Gesicht sind glatt und glänzend, makellos. Einzelne Muskelpartien wie an Oberkörper, Bauch, Oberschenkel, Waden und Knien sind ausgearbeitet und detailgetreu in jugendlicher Schönheit geformt. Dieser Adam ist eine von allen Seiten **plastisch** dargestellte Skulptur. Hände und Füße scheinen im **Verhältnis** zum Rest des Körpers jedoch ein wenig zu groß geraten. Dies deutet vielleicht darauf hin, dass sich der Jugendliche noch im Wachstum befindet. Seine vollständige „männliche" Entwicklung ist noch nicht abgeschlossen.

Auf die Ebenmäßigkeit und Makellosigkeit des Jünglings verweist ebenfalls die **Oberflächenbeschaffenheit**, die **Textur**. Obwohl es sich um ein hartes Material handelt, wirkt der polierte Marmor sanft, weich und lebendig. Lombardos Adam erscheint in seidigem Glanz – ein Glanz, der seine Jugendlichkeit hervorhebt. Die Details des Körpers sind differenziert und naturalistisch wiedergegeben. Bauchnabel, Brustwarzen und Augen sind genauestens nachgebildet. Jeder abgespreizte Finger ist zu erkennen. Dabei stehen die ausdifferenzierten, kleinteiligen Locken und das Weinblatt, das Adams Scham bedeckt, im Gegensatz zum großflächig und glatt gestalteten Körper, vor allem im Brustbereich.

Der Baumstumpf an Adams Seite erscheint ebenfalls ungewöhnlich glatt, ohne rindenartige Strukturen; die Ranke und die Astlöcher hingegen wirken organisch und weich. Hier wiederholen sich die Gegensätze, denn so, wie die Haare und das Blatt sich zu Adams Körper verhalten, kontrastieren auch die Ranken mit dem glatten Stumpf.

3. *Hinweis: In dieser letzten Aufgabe sollen Sie nun unter Berücksichtigung aller bisher gewonnenen Erkenntnisse und unter Einbeziehung der angegebenen Texte das Werk in einen Kontext (Auftraggeber/Zeit/Vorbilder) setzen und auf Grundlage der Darstellungsweise des „Adam" das Menschenbild der Renaissance ergründen.*

Die Renaissance gilt als das „Zeitalter der Entdeckung der Welt und des Menschen" und beinhaltet gleichzeitig auch die Wiederentdeckung der Antike. In der Gesellschaft findet in dieser Zeit eine Umwälzung statt. Das Bildungsmonopol liegt nicht länger nur bei der Kirche. Reiche Kaufleute treten als Kunstmäzene auf und befreien so den Künstler aus der bisherigen Anonymität eines Handwerkers. Auf der Grundlage der Zentralperspektive und der Proportionslehre wird der Künstler zum intellektuellen Wissenschaftler, der den Menschen in seiner irdischen Schönheit darstellt. Die idealisierte Abbildung der Natur und der Mensch als Maß aller Dinge stehen im Vordergrund, und dies häufig in naturalistischer Nacktdarstellung.

Dessen war sich auch Tullio Lombardo bewusst. Die Skulptur des „Adam" ist ein naturnah dargestellter, nur mit einem Weinblatt (die Verwendung des Weinblattes anstelle eines Feigenblattes verweist auf die Symbolik der Antike) bekleideter Jüngling, eine figurale Wiedergabe des Adams aus der Bibel im Garten Eden. Anhand der **ikonografischen Attribute** des Baumstumpfes, der Ranke, des Vogels und der Schlange lässt sich deutlich erkennen, wo sich der Jüngling befindet (siehe Text 2). Er hält in der Linken den verbotenen Apfel der Erkenntnis, den er gerade von Eva überreicht bekommen hat und der dazu führen wird, dass die Menschen aus dem Paradies vertrieben werden. Adams jugendliche Darstellung und seine Nacktheit, auf die auch der Ast verweist, bringen zum Ausdruck, dass er noch nicht gesündigt hat, noch nicht von der verbotenen Frucht gegessen hat.

Nur zaghaft präsentiert dieser Adam dem Betrachter seine Frucht und hält in dieser Bewegung inne.

Der weich und unschuldig wirkende Adam ist keine wirklich aktive Figur. Dies bringen seine ganze Haltung, die nur angedeutete Bewegung im **Kontrapost**, der offene Mund und der fast schon entrückte, fragende Blick zum Ausdruck. Der Jüngling ist unschlüssig. In seiner Haltung fragt er den Betrachter geradezu: „Soll ich den Apfel essen oder nicht?" Mit der rechten Hand im übertragenen Sinne am Paradies in Form des Baumstumpfes und des Astes festhaltend, verweist die linke bereits durch die bevorstehende Tat auf die Vertreibung aus demselbigen. Eva, wenn auch abwesend, ist in diesem Werk – wie auch in der Bibel – die Schuldige. Sie hat den Apfel vom Baum der Erkenntnis gepflückt und verleitet Adam zu der folgenschweren Tat.

Lombardo drückt mit seiner Darstellung Adams Unsicherheit, seine Empfindungen und Gefühle aus. Dies erreicht er durch eine sehr feine Gestik und Mimik und die durch den Kontrapost vorgegebene Haltung.

Der Bildhauer hat einen bedeutenden Moment aus der Bibel aufgegriffen. Dabei hat Lombardo die Bibelstelle nicht einfach nur figürlich umgesetzt, sondern durch die aktuelle Darstellungsweise auch in seine Zeit übertragen. Lombardos Adam ist im Stile der Renaissance – der Rückbesinnung auf die griechische und römische Antike – dargestellt.

Es ist ein Versuch, christliche Mythen in die Realität umzusetzen, um ihnen einen Anspruch von Wahrheit und Authentizität zu verleihen. Dennoch trägt die Figur schon ein Blatt, um ihre Scham zu verdecken. Dies geschieht laut Bibel jedoch erst, nachdem Adam und Eva vom Baum der Erkenntnis gegessen haben. Lombardo stellt hier aufeinanderfolgende Zeitebenen simultan dar und verweist gleichzeitig mit dem Weinblatt anstelle eines Feigenblattes auf die Symbolik der Antike.

Die Skulptur war für das Grabmal des Dogen Andrea Vendamin bestimmt, einen bedeutenden Mann der damaligen Zeit, und dieses Grabmal stand in einer Kirche (siehe Text 1).

Zwar demonstriert Lombardo durch Adams Nacktheit das neue Menschenbild der Renaissance, in der die Darstellung von nackten Menschenfiguren in der Tradition antiker Skulpturen als selbstverständlich gilt, respektiert aber durch das hinzugefügte Blatt die Ästhetik und die Konditionen der Kirche. Obwohl es sich bei Adam um eine christliche Figur handelt und er in seiner Darstellung unschuldig scheint, wurde seine Nacktheit im Kirchenraum noch immer als anstößig empfunden. Ein Blatt sollte diesen Eindruck mindern. Dennoch wurde die Figur über 300 Jahre später schließlich entfernt (siehe Text 2).

Ganz im Sinne der Renaissance bemüht sich Tullio Lombardo um die Wiedergabe des unmittelbar Sichtbaren, geht in seiner Skulptur aber noch darüber hinaus. Immerhin handelt es sich bei seinem Adam nicht um ein Motiv aus der Wirklichkeit, sondern um ein christliches Motiv, das idealisiert wird. Dabei bezieht er sich auf die Darstellungen der Antike, die als Vorbilder dienen, und komponiert seinen Jüngling mit ausgeglichenen Proportionen im Kontrapost. Bei Lombardos Adam handelt es sich um eine idealisierte Nacktdarstellung, die nicht nur das Interesse der damaligen Zeit an der Körperlichkeit widerspiegelt, sondern auch die Befindlichkeiten Adams (innerer Zweifel, Unentschlossenheit) wiedergibt.

Lombardo kombiniert Idealismus und Naturalismus. So entsteht ein überhöhtes Menschenbild (entrückter Blick) einerseits und eine naturalistische Darstellung (Proportionen, Wissenschaft) andererseits: Im Zeitalter der Renaissance gründet sich auch die Anatomie. Der Bildhauer gestaltet anatomisch genau und zeigt seinen Jüngling als einen sensiblen Menschen (siehe Mund, Augen, Kopfhaltung) mit eindeutigen Wesenszügen, der die Möglichkeit zur Selbstbestimmung hat. Dies wird durch sein Innehalten im Moment einer wichtigen Entscheidung verdeutlicht.

Lombardos Adam beschreibt das Menschenbild der Künstler der Renaissance nach den Vorbildern der Antike. Zeitgenössisches und Antike werden in einer Skulptur vereint. So entsteht das Abbild eines sensiblen, humanistischen Geistes in einem idealisierten, wohlproportionierten Körper – das Streben nach höchster Vollkommenheit und Harmonie.

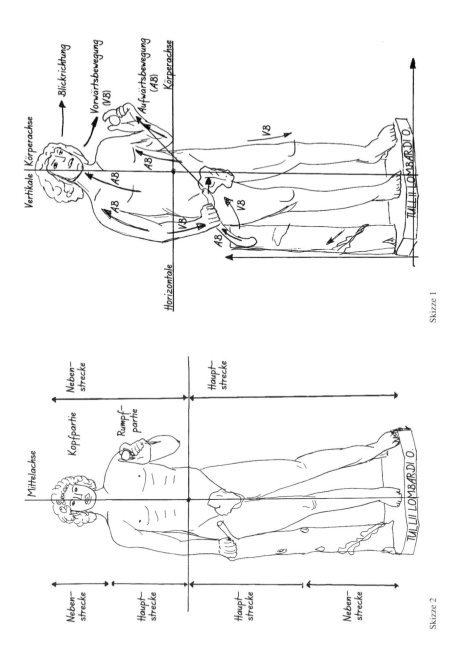

Skizze 1

Skizze 2

Abiturprüfung NRW 2011 – Kunst Grundkurs
Aufgabe 2

Bezüge zu den Vorgaben:
Inhaltliche Schwerpunkte
Natur- und Menschenbilder in der Kunst:
Individuell geprägte Naturvorstellungen als Ausgangspunkt bildnerischer Konzepte
– *Auseinandersetzung mit der Natur im Werk Cézannes*
Fachliche Methoden
– *werkbezogene Form- und Strukturanalysen einschließlich Strukturskizzen*
– *werkexterne Zugänge zur Analyse und Interpretation*

Aufgabenstellung

Punkte

1. Beschreiben Sie das Gemälde „Bahndurchstich" von Cézanne. 10

2. Analysieren Sie die formale Gestaltung zunächst mittels Skizzen und erläutern Sie anschließend Ihre hierdurch gewonnenen Erkenntnisse im Text. Berücksichtigen Sie dabei insbesondere die gestalterischen Aspekte
   – Bildfläche,
   – Bildraum,
   – Farbgebung und Farbauftrag.
   Erläutern Sie anschließend den vorliegenden Grad der Abbildhaftigkeit. 46

3. Interpretieren Sie das Bild auf der Grundlage Ihrer Untersuchungsergebnisse. Beziehen Sie dabei Ihre Kenntnisse über die Arbeitsweise und über spätere Werke sowie die Naturvorstellung Cézannes mit ein. 34

Materialgrundlage
Bildmaterial
Paul Cézanne: „Bahndurchstich", um 1871, Öl auf Leinwand, 80 × 129 cm,
   Neue Pinakothek München
   Fundstelle: Fritz Novotny: Cézanne. Köln, Phaidon-Verlag 1961, Bildtafel 8

Anmerkung
Der Begriff „Bahndurchstich" stammt aus dem Tunnelbau. Er bezeichnet die Öffnung eines Berges, um z. B. Bahngleise durch einen Berg zu führen. Hierzu wird ein Tunnel oder eine Schneise in den Berg gegraben.

Zugelassene Hilfsmittel
– Wörterbuch zur deutschen Rechtschreibung
– Skizzenpapier, Transparentpapier, Farbstifte, Bleistifte, Lineal

Paul Cézanne: „Bahndurchstich", um 1871, Öl auf Leinwand, 80 × 129 cm. Neue Pinakothek München © bpk/Bayerische Staatsgemäldesammlungen

Lösungsvorschläge

1. *Hinweis: In dieser Aufgabe wird von Ihnen eine sachliche und objektive Beschreibung von Cézannes Landschaftsbild erwartet. Dafür werden die Bildelemente in einer sinnvollen Reihenfolge und sprachlich adäquat benannt. Bewertungen oder eine Analyse der formalen Gestaltung sollen vermieden werden.*

Das 80 × 129 cm große Bild „Bahndurchstich" wurde 1871 zur Zeit des Impressionismus von dem Maler Paul Cézanne in Öl auf Leinwand geschaffen und hängt heute in der Neuen Pinakothek in München.

Cézannes Gemälde ist ein Ausschnitt einer sonnendurchfluteten Landschaft mit einem blauen Himmel. Goldgelbe, trocken scheinende Felder und Wiesen und ein ockerfarbenes Haus mit einem roten Dach verweisen auf eine südliche Region. Das **zentrale Bildmotiv** des querformatigen **Landschaftsbildes** ist, wie der Titel schon verrät, ein „Bahndurchstich". Dieser beherrscht die in erster Linie helle Landschaftsszenerie durch eine dunkle Farbfläche in der Mitte des Bildes.

Den **Bildvordergrund** bilden horizontal verlaufende, erdfarbene Farbflächen, es könnten Felder sein, die fast parallel zueinander angeordnet sind.

Darüber befindet sich ein ebenfalls horizontaler, heller Streifen, vielleicht ein Kiesweg, wie man sie oft in südlichen Gegenden findet. Dieser wird auf der linken Seite nur von einem großen Busch unterbrochen. Von diesem Busch führt eine Diagonale, wahrscheinlich ebenfalls ein Weg, eine Anhöhe hinauf zu dem Haus mit kleinem Anbau (ein Stall?). Nun befindet sich der Betrachter im **Bildmittelgrund**. In dessen Mitte liegt der Bahndurchstich an einer weiteren hellen Geraden, einem Kiesweg. Der Eisenbahndurchstich durchbricht hier eine nur spärlich bewachsene Anhöhe und teilt sie in zwei Hälften. Ein großes, rotbraunes Loch ist entstanden, durch das die Bahntrasse führt, die für den Betrachter aus diesem Blickwinkel aber nicht ersichtlich ist. Der Einschnitt für die Trasse wird durch den linken Hügelrücken ein wenig verdeckt. Auf diesem stehen das schon erwähnte Haus und zwei Bäume. Die rechte Hügelkuppe ist von mehreren grünen Büschen und Bäumen besiedelt. Beide Einschnitte des Hügels sind mit Zäunen gesäumt. Vor dem Bahndurchstich steht am Fuße der linken Hügelhälfte ein kleines, weißes Häuschen – vielleicht ein Bahnwärterhäuschen.

Den **Bildhintergrund** dominieren am rechten Bildrand ein kantiges, blaugraues Bergmassiv und links das ockerfarbene Haus, das vom Bildmittelgrund in den Hintergrund ragt. Vor dem Berg ist zusätzlich ein weißes, hohes Gebäude – vielleicht eine Kirche – auszumachen. Im Bereich des Bahndurchstichs ist nur eine nicht zu identifizierende, diffuse Landschaft in einem kleinen Ausschnitt zu erkennen. Den Rest des Bildes füllt der weiß-blaue Himmel aus.

2. *Hinweis: In diesem Hauptteil ist es Ihre Aufgabe, Cézannes Werk nach den Gesichtspunkten der formalen Gestaltung systematisch zu erfassen und zu analysieren. Mithilfe von anschaulichen Skizzen (Bildachsen/Richtungen) ergründen Sie sprachlich adäquat die Gliederung der Bildfläche, des Bildraumes und die Verwendung der Farbe. Dabei sollen das zentrale Motiv und seine Komposition herausgearbeitet werden. Abschließend untersuchen Sie den Abstraktionsgrad des Werkes (Gegenstandselement/räumliche Illusion).*

Die **Bildfläche** in Cézannes Werk „Bahndurchstich" ist horizontal in drei Ebenen gegliedert. Diese **Dreiteilung** setzt sich flächenmäßig aus **Bildvordergrund** (Felder), **Bildmittelgrund** (Bahndurchstich und Hügel) und **Bildhintergrund** (Berg und Haus) zusammen (siehe Skizze 1). Dabei bildet die waagerechte Mittelachse den Horizont. Die einzelnen waagerechten Bildebenen werden durch Bildelemente miteinander verbunden: Der Busch im linken Vordergrund ragt in den Mittelgrund hinein, das große Haus ist im Mittelgrund verankert, reicht aber zum größten Teil in den Hintergrund.

Die Kornfelder sind großflächig und fast parallel zueinander angeordnet. Dies vermittelt dem Betrachter im Vordergrund einen Eindruck von Ruhe und Harmonie. Bis auf das verbindende Element des Baumes stört kein Bestandteil die horizontalen Farbflächen. Dies ändert sich im Bildmittel- und Hintergrund. Kontrastierend zu den beruhigenden Horizontalen finden sich hier die kurvigen Flächen des durchbrochenen Hügels, das von Vertikalen bestimmte Haus und der kantig wirkende Berg im Hintergrund (siehe Skizze 1).

Dabei sind auf- und absteigende **Diagonalen** gegeneinandergesetzt. Dies erzeugt vor allem im Mittelgrund den **Eindruck von Dynamik** (Haus, Bahndurchstich, Berg) (siehe Skizze 1). Zusätzliche Bewegung entsteht durch die Gliederung des Werkes. Die Bildelemente konzentrieren sich über und unter der Mittelhorizontalen. Auch ist das zentrale Bildmotiv leicht unter der Horizontalen angelegt und nach links aus der **Mittelachse** heraus verschoben, was die Unruhe in der Landschaft unterstreicht (siehe Skizze 1).

In Cézannes Werk orientieren sich alle Bildelemente an einer horizontalen Ausrichtung. Es besteht die Gefahr, dass sich die Landschaft extrem in die Breite streckt. Dies hat der Maler geschickt abgemildert, indem er großflächige Bildelemente nutzt (Bergmassiv, Haus) und diese über die horizontale Mittelachse hinausführt. So droht das Bild nicht zu „kippen" und wirkt **kompositorisch ausgeglichen**. Hinzu kommt eine bewusst herbeigeführte Kongruenz zwischen der Größe des Hauses und des Bergs und der Form des Bahndurchstiches und des Hügels. Der Künstler schafft mit diesen Mitteln eine optische Verbindung zwischen den einzelnen Bildebenen (siehe Skizze 1). Dabei sind Bildelemente wie das Hausdach und der Hügel Dreiecksformen, die auf einem parallel ausgerichteten Untergrund stehen und dadurch schon in sich harmonisch und stabil wirken (siehe Skizze 1).

Eine Illusion von Räumlichkeit erreicht Cézanne in seiner Landschaftsdarstellung vor allem durch die **Staffelung** der Bildelemente. Vor dem Bahndurchstich steht ein kleines, weißes Haus. Auf der rechten Hügelhälfte verdecken Bäume und

Sträucher den Berg im Hintergrund, vor die wiederum Zaunpfähle gesetzt sind. Dadurch wirkt der Berg viel weiter entfernt als das Haus auf der linken Seite, obwohl beide Elemente fast auf der gleichen Ebene angeordnet sind und sich in der Größe nur wenig voneinander unterscheiden (siehe Skizze 1). Eine Plastizität der Bildelemente durch Schatten ist kaum gegeben. Nur kleine **Schlagschatten** (Bäume, kleines Haus) und **Körperschatten** (Hauswände, Berg) sind zu erkennen. Die Lichtquelle scheint von rechts zu kommen, ist aber nicht eindeutig zu lokalisieren.

Ein weiteres Mittel, das Cézanne nutzt, um räumliche Wirkung zu erzielen, ist die **Linearperspektive**. Beide Häuser sind nicht frontal, sondern in schräger Ansicht dargestellt.

Die **Farbperspektive** schafft einen zusätzlichen räumlichen Effekt. Cézanne verwendet hierzu warme, erdbezogene Farben im Bildvorder- und Mittelgrund und Blau-Weiß im Hintergrund, wodurch dem Betrachter räumliche Ferne suggeriert wird. Der Horizont über dem Bahndurchstich ist fast weiß und gewinnt so ebenfalls an Tiefenwirkung (siehe Skizze 2).

Das **Ölgemälde** „Bahndurchstich" wird überwiegend von einer natürlichen, gegenständlichen Farbigkeit (**Gegenstandsfarbe**) bestimmt: gelbe Felder, grauer Fels, grüne Blätter, die von der Sonne angestrahlt werden. Getrübte helle und dunkle Farben entstehen, die aber dennoch nicht den Bezug zu den Gegenständen verlieren. Im gesamten Werk sind die Farben ausgewogen komponiert. Unter der Mittelachse bestimmen Erdtöne die Landschaft, darüber blaue Farben. Die Farbkontraste sind gleichmäßig auf der Bildfläche verteilt (siehe Skizze 2). Nicht nur zwischen dem Bildhintergrund und dem Mittelgrund besteht ein **Kalt-Warm-Kontrast** aus blau-grauen und braun-gelben Tönen (Himmel/Berg – Hügel/Haus), sondern auch zwischen dem Mittelgrund und Vordergrund. Ebenso ist der **Komplementärkontrast** der Farben ausgeglichen. Weder das Grün der Bäume oder das Blau des Himmels noch das Gelb oder Braun der Felder überwiegt. Dem landschaftlichen Braun-Orange und Gelb steht in gleichem Maße das Blau-Weiß des Himmels gegenüber: eine farblich ausgeglichene Komposition.

Einzig und alleine die Schnittfläche des Bahndurchstiches durchbricht diese Harmonie. In dunklem Rotbraun gehalten ist sie großflächig gegenüber der Umgebung abgegrenzt. Dadurch entsteht ein starker Komplementär-Kontrast zum Grün der Bäume. Zusätzlich erzeugt der Maler einen **Hell-Dunkel-Kontrast** zur umliegenden Landschaft und dem Himmel (siehe Skizze 2). Die Aufmerksamkeit des Betrachters wird so auf das zentrale Motiv gelenkt, es wird unter den Bildelementen hervorgehoben. Zugleich führen die nebeneinandergesetzten hellen und dunklen Flächen zu einem lebhaften Kontrast, der eine gewisse Lebendigkeit in die sonst so ruhige Landschaft bringt.

Mit breiten, schwungvollen Pinselstrichen und pastosem Farbauftrag moduliert Cézanne die landschaftlichen Bildelemente als Farbflächen. Der grobe Pinselduktus ist deutlich zu erkennen und variiert je nach Dargestelltem. Dabei ist keine einheitliche Richtung auszumachen. Wie es die Form der Elemente erfordert, formt der Maler sie mit seinen Pinselstrichen in Farbe: die Geraden der Felder, die Kurven des Hügels oder die Kanten des Berges (siehe Skizze 2). Gleichzeitig nuanciert der Pinselduktus die gleichmäßigen Farbflächen (z. B. Hauswand) und erweckt so den Eindruck von Dreidimensionalität. Breite, weiße Pinselspuren lockern beispielsweise den Himmel auf und verleihen ihm durch malerische Variationen Weite.

Auf den ersten Blick sieht der Betrachter in Paul Cézannes „Bahndurchstich" ein dem Titel entsprechendes, natürlich wirkendes Landschaftsgemälde. Bei genauerer Analyse werden jedoch abstrahierende Elemente deutlich. Der **Ikonizitätsgrad** der einzelnen Bildelemente ist sehr gering. Kein Detail ist ausgearbeitet. Sträucher sind nur grüne Flächen und Zaunpfosten nur schwarze Striche. Die Gegenstände sind nicht als detailgetreue Abbildungen auszumachen, sondern nur durch die Darstellung ihrer **Grundformen** (Haus mit Dach, Berg mit Kanten, Baum mit Ästen) und vor allem durch die Gegenstandsfarben zu identifizieren. Genaue Körperschatten sucht man vergebens, ebenso eine detaillierte Stofflichkeit. Sind die gelben Parallelen im Vordergrund wirklich Felder? Vielleicht doch eine Mauer? Der Betrachter beginnt zu zweifeln und auch die Bildkomposition wirft Fragen auf. Sie ist eine konstruierte Landschaft, die sich durch grob angelegte Farbflächen positioniert und die räumliche Illusion in den Hintergrund drängt. Dies führt zu der Schlussfolgerung, dass diese Landschaft kein einfaches Abbild der Natur ist, sondern zum Zwecke einer gewünschten Bildwirkung bewusst komponiert wurde. Cézanne folgt hier nicht den zeitgenössischen Impressionisten, die direkt nach der Natur malten und ihren flüchtigen Eindruck wiedergeben wollten. Er ordnet die Naturfarben linear und farbig. Cézanne komponiert seine eigene Landschaft, verändert sie nach seinen Vorstellungen, um die erwünschte Bildwirkung zu erzielen, nicht spontan und nach dem ersten Eindruck, sondern geplant und zielgerichtet.

3. *Hinweis: In dieser abschließenden Aufgabe sollen Sie aufgrund ihrer bisher gewonnenen Erkenntnisse eine begründete inhaltliche Deutung des Werkes entwickeln (Einschnitt in die Landschaft, Natur vs. Zivilisation). Berücksichtigen Sie dabei Cézannes Arbeitsweise (räumliche Illusion/Farbe) und bringen Sie Ihre Kenntnisse über die künstlerische Weiterentwicklung des Malers und seine Naturvorstellung und deren Umsetzung mit ein (Konzentration auf Wesen der Natur/harmonische Darstellung).*

Paul Cézannes Gemälde „Bahndurchstich" fällt in die **impressionistische Phase** des Künstlers. Er hatte Paris verlassen und zog in die Provence. Dies stellte auch einen Umbruch in seinem künstlerischen Schaffen dar. Cézanne befasste sich nun mit der Landschaftsmalerei und der „Bahndurchstich" ist eine seiner ersten Freilichtmalereien.

Die Impressionisten wollen den flüchtigen Schein eines Gegenstandes einfangen. Dazu verwenden sie die reine Farbe. Klare Linien verschwinden und ein Farbteppich entsteht. Cézanne hingegen forscht in der Natur nach festen Strukturen. Diese findet er in der Landschaft seiner provenzalischen Heimat. So ist sein Werk „Bahndurchstich" eine Konstruktion nach der Natur, in der er aber die Malweise

der Impressionisten verwendet. Über die Dreiteilung, die Ausgewogenheit der Bildelemente und die ausgeglichene Farbverteilung entwickelt er eine harmonische Komposition, in der die Naturformen linear und farbig geordnet sind.
So entsteht eine provenzalische Landschaft mit dem von Cézanne später so oft dargestellten Berg Montagne Sainte-Victoire im Hintergrund. Eine scheinbar idyllische Umgebung, die jedoch gewaltsam durchbrochen wird. Der Bahndurchstich gleicht in seiner Farbe (Rotbraun) und seiner Form einer Wunde. Dies ist das zentrale Motiv: der schroffe Gegensatz zwischen der Unversehrtheit der Natur und dem brutalen Eingriff des Menschen. Ein Einschnitt in das Erdreich, der das Gelände für den Eisenbahnverkehr ebnet und so – im übertragenen Sinne – den Weg für die industrielle Revolution bereitet. Demgegenüber steht Cézannes menschenleere Naturdarstellung. Trotz Häusern und Bahnweg ist kein Leben zu sehen. Der Maler verweist auf die „Zivilisation", auf eine Landschaft, die vom Menschen rücksichtslos funktionalisiert worden ist, doch ohne den Menschen selbst darzustellen. Er thematisiert in diesem Werk nicht den „Urheber", sondern die Auswirkungen seines Tuns und so die Disharmonie, die durch das Eingreifen des Menschen in die Natur entsteht. Dabei stellt er der lockeren, impressionistischen Darstellungsweise eine in sich gefestigte Bildform entgegen, die das absolute Sein des Bildelementes wiedergeben will. Das augenscheinlich harmonische Landschaftsgemälde entpuppt sich nach einer genaueren Betrachtung als Zivilisationskritik.
Künstlerisch stellt der „Bahndurchstich" einen Wendepunkt in Cézannes Arbeitsweise dar. Der Maler verlässt die dunkle Dramatik seines Frühwerks und wendet sich nun mit seiner aufgehellten Landschaftsmalerei dem Impressionismus zu. Auch im „Bahndurchstich" liegt der Schwerpunkt auf der Farbe und nicht auf den Bildelementen. Form und Farbe sind Cézannes Ausgangspunkte, nicht die Natur. Er setzt sie geschickt ein, um ein harmonisches Zusammenspiel zwischen z. B. dem Berg und dem Himmel sowie dem großen Haus und dem Hügel zu erzeugen. Selbst die Farbkontraste bleiben ausgeglichen. Die Farbflächen sind sorgfältig nach den Tonwerten moduliert und Bildgegenstände entstehen nicht allein durch Konturlinien oder Detailgenauigkeit, sondern durch die Modulierung der Farbe. Dennoch bleiben die Grundzüge der Landschaft erhalten und der Betrachter kann sie deuten. Auch räumliche Illusion ist vorhanden. Der Vordergrund wurde zwar bewusst flächig gestaltet, aber durch Staffelung und Kontraste entsteht dennoch eine gewisse räumliche Illusion. Diese ist in Cézannes späteren Werken kaum noch zu finden, da der Künstler versucht, die Perspektive allein durch die Farben wiederzugeben.
Cézanne sucht nach einer Möglichkeit, aus dem „flüchtigen" Impressionismus (franz. *l'impression*: Eindruck) etwas Dauerhaftes entstehen zu lassen. Dies erreicht der Maler, indem er seine Bilder nach der Natur konstruiert, aber die Leuchtkraft der impressionistischen Darstellungen beibehält. Es entsteht eine streng in sich gefestigte Bildform. Für den Maler bedeutet dies, die Natur ihrem Wesen nach abzubilden. Cézanne vertritt die Auffassung, dass die Farben die Form der inneren Erscheinung widerspiegeln. In seinen späteren Werken erreicht er allein durch die Farbe Plastizität und nicht mehr durch Hell-Dunkel. Die For-

men werden reduzierter und das Bild flächiger. Dabei gibt Cézanne keine Handlung oder Stimmung wieder, sondern Form, Farbe und Struktur. Seine Landschaften werden kompakter, die Farben immer dichter. Überall im Bild – ob im Hinter- oder Vordergrund – ist die Farbe gleich intensiv. Eine farbliche Einheit entsteht und die Darstellung löst sich immer mehr von den Formen der Natur, wie wir sie kennen. Cézanne folgt seinen eigenen Bildgesetzen und findet so den Weg hin zu immer größerer Abstraktion. Dabei sieht der Maler selbst dies nicht als Abkehr von der Wirklichkeit, sondern als eine Darstellungsform „parallel zur Natur". Sein Malstil entwickelt sich zu einer naturnahen Zeichensprache.

Erst Künstler nach ihm werden den Schritt zur reinen, abstrahierten Kunstsprache vollziehen, aber eines steht fest: Paul Cézanne setzt sich malerisch mit dem Wesen der Natur auseinander und sucht nach einer Möglichkeit, dieses angemessen wiederzugeben. Dadurch wird er zum Wegbereiter der Moderne und beeinflusst viele Künstler wie Picasso und vor allem auch die Kubisten.

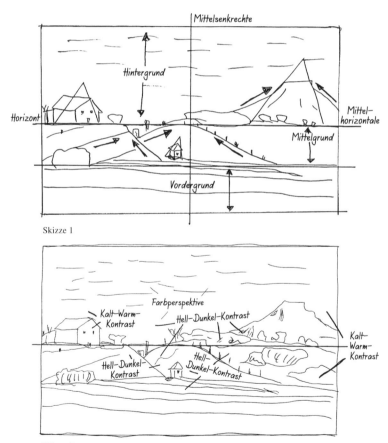

Skizze 1

Skizze 2

Abiturprüfung NRW 2011 – Kunst Leistungskurs
Aufgabe 1

Bezüge zu den Vorgaben:
Natur- und Menschenbilder in der Kunst
- *Bildnerische Gestaltungen als Spiegel und Reflexion gesellschaftlicher Normen und Vorstellungen*
  - *Das neue Selbstbewusstsein des Menschen in der Malerei Holbeins d. J.*
  - *Inszenierungen von Identitäten im Werk Cindy Shermans*

Fachliche Methoden
- *werkbezogene Form- und Strukturanalysen einschließlich Strukturskizzen*
- *werkexterne Zugänge zur Analyse und Interpretation*

Aufgabenstellung   Punkte

1. Beschreiben Sie beide Bilder.   12
2. Analysieren Sie vergleichend die formale Gestaltung zunächst mittels Skizzen und erläutern Sie anschließend Ihre hierdurch gewonnenen Erkenntnisse im Text. Berücksichtigen Sie dabei insbesondere die gestalterischen Aspekte.
   - Farb- und Formgebung
   - Komposition   36
3. Interpretieren Sie Holbeins Gemälde „Porträt Christina von Dänemark, Herzogin von Mailand" (Abbildung 1) auf der Grundlage Ihrer formalen Analyse und beziehen Sie hierbei Kenntnisse über das Menschenbild seiner Zeit und über Holbeins Arbeit als Porträtmaler ein.   30
4. Vergleichen Sie Ihre Ergebnisse mit den Intentionen der fotografischen Arbeit Cindy Shermans (Abbildung 2). Berücksichtigen Sie dabei, welche Funktion die Inszenierung für die Darstellung der Porträtierten in beiden Werken hat.   12

Materialgrundlage
Bildmaterial
Abb. 1: Hans Holbein d. J.: „Porträt der Christina von Dänemark, Herzogin von Mailand", um 1538, Öl auf Holz, 179,1 × 82,6 cm, London, National Gallery
Abb. 2: Cindy Sherman: „Untitled" („Woman in Sun Dress"), 2003, Farbfotografie, 76,2 × 50,8 cm, New York, Sammlung Phyllis Tuchman

Textmaterial (Erläuterungen zu Abbildung 1:)
Für den englischen König Heinrich VIII. wurde das Gemälde der sechzehnjährigen Witwe Christina bei Holbein in Auftrag gegeben, weil sie als mögliche Ehefrau in Betracht kam. Der König hatte sie selbst aber noch nie gesehen.

Zugelassene Hilfsmittel
- Wörterbuch zur deutschen Rechtschreibung
- Skizzenpapier, Transparentpapier, Farbstifte, Bleistifte, Lineal

Hans Holbein d. J., „Porträt der Christina von Dänemark, Herzogin von Mailand", um 1538, Öl auf Holz, 179,1 × 82,6 cm.
National Gallery, London © www.visipix.com

Cindy Sherman, „Untitled (Woman in Sun Dress)", 2003, color photograph, (image) 26 × 16 inches, (paper) 30 ¼ × 20 inches, Edition of 350. Courtesy of the artist and Metro Pictures

Lösungsvorschläge

1. **Hinweis:** *In dieser Aufgabe sollen Sie den Bildbestand des Holbein-Porträts und der Sherman-Fotografie sprachlich adäquat und differenziert beschreiben. Ihre Darstellung soll die im Unterricht erlernte deskriptive Methode, die sachlich den ersten Gesamteindruck des Betrachters wiedergibt, aufzeigen. Die Bildgegenstände werden dafür in einer sinnvollen Reihenfolge beschrieben – vom Hauptmotiv zu den Nebenmotiven. Subjektive Urteile sind in der Beschreibung, die der Analyse vorangestellt wird, zu vermeiden.*

Das Bildnis im extremen **Hochformat** (179,1 × 82,6 cm) zeigt das lebensgroße Porträt von Christina von Dänemark, Herzogin von Mailand, als **Ganzfigur**. Das Bild malte Hans Holbein der Jüngere um 1538 in Öl auf Holz für den englischen König Heinrich VIII., der die damals 16-jährige, bereits verwitwete Christina als mögliche Ehefrau in Betracht zog. Er selbst war ihr noch nie begegnet. Das Bild ist heute im Besitz der National Gallery in London.

Die Dargestellte steht dem Betrachter **frontal** gegenüber, wobei ihre linke Schulter leicht nach vorne gedreht ist. Sie hebt sich deutlich von einem blaugrünen Hintergrund ab und blickt uns *en face* – aus einer leicht erhöhten Position – eindringlich an. Ihr tiefschwarzes, hochgeschlossenes Kleid schließt am Hals sowie an den Händen mit weißen Rüschenmanschetten ab. Darüber trägt sie einen weiten, schweren, aber weich fallenden dunklen Samtmantel, der am Kragen und am Revers von einem Nerz geziert wird. Die Ärmel des Mantels sowie der glockige untere Abschluss sind in üppige Falten gelegt.

Die Porträtierte trägt eine ihren Kopf eng umschließende, einfache, schwarze Haube. In ihren Händen, die sich vor dem Körper leicht berühren, hält sie hellbeige Handschuhe; am linken Ringfinger trägt sie einen roten Ring. Über ihren Händen befindet sich eine kaum sichtbare, samtene Schleife, die das Kleid dezent schmückt. Die Raumtiefe ist durch das wenige von rechts einfallende Licht kaum zu erfassen. Links zeigt die Figur einen Schlagschatten. Der feine Inkarnatston ihres gleichmäßigen, oval geformten Gesichtes sowie ihrer Hände sticht hell hervor. Ihr Gesicht mit der hohen Wangenpartie und dem natürlich roten Mund verrät ihr junges Alter. Der warme, sandfarbene Boden, auf dem sie steht und mit dem das Bild nach unten abschließt, korrespondiert mit den hellen Bildpartien. Er betont die hochgewachsene, stattliche Figur Christinas noch einmal, in dem er sie optisch „hochhebt".

Die Farbfotografie von Cindy Sherman aus dem Jahre 2003 im Hochformat (Maße 76,2 × 50,8 cm) trägt den Titel „Untitled (Woman in Sun Dress)". Das Foto zeigt eine blonde, sonnengebräunte und stark geschminkte Frau, die sich uns als sitzende Halbfigur mit einer leichten Körperdrehung zuwendet. Ihr Gesicht ist *en face* zu sehen. Ihr linker, auf die Taille aufgestützter Arm ragt aus dem Bildausschnitt heraus. Sie blickt den Betrachter nicht an, sondern schaut starr über ihn hinweg. Neben ihrem grellen Outfit und ihrem übertrieben bunt geschminkten Gesicht fällt besonders der gelborange Verlauf des Hintergrunds auf, der mit seinen Farben an einen Sonnenaufgang bzw. -untergang erinnert und so zum „Sun

Dress" der Frau passt. Das „Sun Dress" besteht aus einem blau gemusterten, trägerlosen Kleid, das viel nackte Haut zeigt. Es ist im Bustierbereich gerüscht und hat links eine Schleife, auf die die Frau ihren linken Arm stützt. Zu ihrer Ausstattung gehört außerdem eine auffallende Kette mit großen goldfarbenen Perlen, Armbänder und Armbanduhr sowie ein Sommerhut aus Bast, unter dem einige ihrer blond gesträhnten, langen Haare hervorschauen. Ein helles Schaltuch, das sie um ihre Ellbogen geschlungen hat, und die weißen, ungebräunten Stellen mit dem Umriss eines Bikinitops betonen ihre starke Hautbräunung. Ihre **Körperhaltung** wirkt wenig natürlich; den rechten Arm hat sie gekünstelt zur Schulter erhoben. Das starke Make-up im Gesicht erinnert an eine Kriegsbemalung: Ihre cremefarbenen Lippen sind dunkel umrandet, ihre Augen weiß untermalt und mit dunklem Lidschatten hervorgehoben, ihre Wangen mit rotem Rouge betont. Die aufgemalten schwarzen **Mimik-Linien**, die ihre Augenpartie sowie das Dreieck von der Nase zum Mund umschließen, wirken befremdlich.

2. *Hinweis: In dieser Aufgabe sollen Sie die Bilder auf ihre Farb- und Formgebung bezogen systematisch analysieren. Ausgehend vom zentralen Hauptmotiv, der Erfassung der zentralen Kompositionslinien und der räumlichen Situation, ist die Bildkomposition sowie die Farbgestaltung der Bilder nachvollziehbar aufzuzeigen. Dazu dienen die Skizzen als praktisch-rezeptives Verfahren der Bildanalyse. Sie sollen schlüssig und aussagekräftig als Analyseinstrument angewandt werden und Ihre formale Bildbeschreibung angemessen unterstützen.*

Wie die Skizze zeigt, steht Christina von Dänemark in Holbeins Porträt zentral auf der Mittelsenkrechten (MS, siehe Skizze 1) des Bildformats. Diese läuft entlang der linken Gesichtshälfte, dann entlang des Mantelsaums, durch die linke Hand und weiter am Mantelsaum hinunter. Das Hochformat und Christinas mittige Ausrichtung werden damit stark betont. Ausgleichende **Waagerechte** befinden sich am Haubenende an der Stirn (W1), an der Halsmanschette (W2), den Schultern mit den Puffärmeln (W3), den Händen mit den Handschuhen (W4), dem unteren Mantelsaum (W5) sowie der Horizontlinie des hellen Bodens (W6). Die Arme (R1), die Haube (R2) und der Schlagschatten (R3) zeigen dagegen eine ellipsenförmige Gestaltung, die unseren Blick einfängt. Die leicht herzförmige Form des Gesichtes und der Hände wird zusätzlich durch den starken **Farbkontrast** betont.

Das Bildnis stellt die Porträtierte in der für die Zeit typischen symmetrischen Idealkomposition dar. Ihre Bildraum füllende Ganzkörperdarstellung zeichnet ein langgezogenes Dreieck (DR) nach. Der nach unten ausladende Mantelrock unterstützt in seiner Formfindung diesen Eindruck und lässt die Figur größer erscheinen. Ein zweites und drittes Dreieck (DR2, DR3) lassen sich in der oberen Bildhälfte ausmachen: So zeichnet der Nerzkragen ein auf den Kopf gestelltes Dreieck nach (DR2), dessen Spitze auf den sich kreuzenden Fingern liegt – und damit ungefähr auf dem Goldenen Schnitt (GS, gleich W4). So werden die Hände nicht nur durch ihre helle Farbmodellierung betont, sondern auch kompositorisch stark akzentuiert. Der Blick wird von hier über den farblich sich vom dunklen Mantel absetzenden Pelzbesatz nach oben in das bereits durch seine helle Farbe stark hervorgehobene Gesicht gelenkt. Das dritte Dreieck (DR3), ebenfalls auf den Kopf gestellt, lässt sich im Gesichtsfeld entdecken. Die Unterkante der Haube markiert den „Dreiecksboden", das Kinn seine Spitze.

Sind schon die ausgewogene **Formkomposition**, die die Figur einspannt, und der Bildaufbau betont einfach, beschränkte sich der Maler auch auf wenige Farben. Die Farbkomposition ist dennoch äußerst nuanciert und hebt die wichtigen Merkmale des Porträts, Gesicht und Hände, hervor. Die Palette zeigt starke **Hell-Dunkel-** und **Farbkontraste** wie die prächtig gemalte schwarze Kleidung, das leuchtende, schimmernde Inkarnat und das kräftige Blaugrün des Hintergrunds. Mit dem Schlagschatten, den die Figur auf den Hintergrund wirft, wird die Tiefe des Raums angedeutet, aus dem uns die Herzogin entgegentritt: Die vorgezogene linke Schulter wie der auf der rechten Seite leicht verschobene Rocksaum deuten eine vage, anmutige Bewegung an. Der dunkle Farbton der Kleidung bindet die Figur an die Fläche und betont die leuchtenden Partien des Inkarnats. Die warme Farbe des Bodens lässt diesen optisch nach vorne treten und die Figur trotz ihrer schwer erscheinenden Kleidung fast schwebend wirken. Der rötlich-gelbe Farbton wiederholt sich in den Handschuhen, den Lippen und dem Ring, die damit einen Komplementärkontrast zum Hintergrund darstellen.

Diese formalen Mittel verhalfen Holbein zu einer **Inszenierung** in malerischer Perfektion. Durch die Kreis- und Dreieckskomposition sowie die leichte Körperdrehung erscheint das Bildgefüge nicht starr. Dazu tragen auch die lebendigen, bewegt erscheinenden Hände mit dem leicht manieriert abgespreizten kleinen Finger bei. Das kreuzende Spiel der Finger wiederholt sich dezent in der Schleife des Kleides. Auch der auf den Betrachter leicht herabschauende, direkte Blick der Porträtierten trägt zu einer Belebung der Bildkomposition bei.

Die meisterliche Stofflichkeit in der Ausgestaltung der Kleidung sowie die nuancierte Schattenmodellierung der Gesichts- und Handpartien verhelfen ebenfalls zu einer beeindruckenden Körperlichkeit, die durch die lebensgroße Darstellung noch unterstrichen wird.

Vergleicht man diese formalen Erkenntnisse mit der Farbfotografie Cindy Shermans, so zeigt die Kompositionsskizze, dass Shermans Arbeit symmetrisch ausgerichtet ist. Eine dominante Mittelsenkrechte (MS, siehe Skizze 2), die durch den geraden Oberkörper entlang der langen Haarsträhne und durch die Nase verläuft, betont auch hier das schmale Hochformat. Die Waagerechte (W) in der Oberkante des Kleides dient dem Ausgleich. Obwohl die abgerundeten Formen und Linien überwiegen (siehe Skizze), lassen sich auch hier Dreiecksformen finden: Die als *en face* angelegte Halbfigur stellt ein Dreieck (DR1) dar, ebenso die aufgemalten Mimik-Linien im Gesicht (DR2) und die Unterkante des Huts (DR3). Einander spiegelnde – also auf den Kopf gestellte – Dreiecke entdeckt man auch in dieser Komposition: im linken, abwärtsgerichteten Arm und im rechten, aufwärtsgerichteten Arm (siehe Skizze). Vergleichen lassen sich zudem die „behüteten" Kopfpartien, die in beiden Porträts das Bild nach oben hin abschließen und den Blick ins Gesichtsfeld lenken. Im Unterschied zur ausgewogenen Komposition Holbeins sind in Shermans Arbeit bewusst formale Brüche eingearbeitet. In der Formgebung sind dies der angeschnittene linke Arm, der leicht eingedrehte Oberkörper, die dynamisch nach links und rechts herabfallenden Haarsträhnen, die nach links schwingende Kette bzw. die nach unten rutschenden Armbänder sowie das faltenreiche Tuch und Kleid (siehe Skizze). Diese Elemente durchbrechen die Dreieckskomposition der Darstellung.

Am auffälligsten ist der Unterschied in der Farbkomposition der Werke. Während Holbein mithilfe eines starken Hell-Dunkel-Kontrastes die Hauptaspekte des Porträts betont, lenkt die Vielfarbkomposition bei Sherman von diesen ab. Der gelborange changierende Hintergrund korrespondiert farblich mit der großen Goldkette. Die stark blau-weiß geschminkten Augen spiegeln die Farbe des Kleides wider, wodurch sie an Wirkung verlieren. Durch den Komplementärkontrast zum gelborangen Hintergrund leuchten sie dennoch auf. Anders als bei Holbein wirft die Frau in Shermans Fotografie keinen Schatten, wodurch der grelle Farbhintergrund jegliche Raumtiefe vermissen lässt und als Folie erscheint. Das Werk wirkt deshalb wie eine Fotocollage. Helle Reflexe im Gesicht und an der Schulter sowie der Schatten unter dem Basthut deuten auf einen leicht von oben kommenden, frontalen **Lichtspot** hin.

Auch die **Blickrichtung** der dargestellten Personen ist verschieden. Die Augenhöhe der sitzenden Frau in Shermans Werk scheint etwas unter der des Betrachters zu liegen: Sie blickt uns nicht an, sondern starrt über uns hinweg ins Leere. In Holbeins Porträt schaut uns die Figur aus einer leicht erhöhten Position direkt an.

Neben der grundsätzlich verschiedenen Bildtypendarstellung (hier Bruststück, dort Ganzkörperfigur) ist das wesentlich kleinere Format der Farbfotografie, das die formale Gestaltung und die damit verbundene Präsenz des Porträts beeinflusst, noch bemerkenswert.

3. *Hinweis: In die Interpretation des Bildes beziehen Sie alle bisher gemachten Erkenntnisse auf Basis der formalen Werkanalyse aus Aufgabe 2 ein. Stellen Sie auch die Erkenntnisse, die Sie zur Gestaltungsintention Holbeins gewonnen haben, dar sowie Ihr kunstgeschichtliches Wissen über den Maler und seine Zeit, indem Sie eine Beziehung zwischen dem Menschenbild der Renaissance und Holbeins Porträt herstellen. Berücksichtigen Sie den Umstand der Auftragsarbeit als Brautschaubild und die Tatsache, dass das Bildnis dennoch keine idealisierte Repräsentationsfunktion besitzt, sondern vielmehr realistisch die Porträtierte wiedergibt. Erschließen Sie zudem den Charakter der Dargestellten. Begründen Sie all Ihre Aussagen mithilfe der Beobachtungen aus den Aufgaben zuvor.*

Das ganzfigurige **Tafelbildnis** von Christina von Dänemark weist in Komposition und Malstil Hans Holbein d. J. deutlich als Maler der Renaissance aus. Holbein war zu seiner Zeit ein berühmter, begehrter Porträtist, der in Europa viel herumkam und Porträts im Auftrag verschiedener Höfe, Fürstenhäuser und sogar

Könige anfertigte. Mitte der 30er-Jahre des 16. Jahrhunderts wurde er Hofmaler des englischen Königs Heinrich VIII., in dessen Auftrag er auch das Porträt von Christina malte. Wie die angegebene Quelle verrät, war diese schon im Alter von 16 Jahren zur Witwe geworden und stand nun als Herzogin von Mailand dem adeligen Hochzeitsmarkt wieder zur Verfügung. Zu jener Zeit wurden Ehen in diesen Kreisen nicht aus Liebe, sondern aus **politischem Machtkalkül** heraus geschlossen: Adelshäuser konnten sich durch eine Heirat verbünden und gelangten so zu noch mehr Reichtum, Ländereien und Einfluss. König Heinrich VIII. befand sich nach dem Tod seiner Frau gerade wieder auf **Brautschau** und schickte aus diesem Grund seinen Hofmaler Holbein los, um die „frei gewordene", noch sehr junge Herzogin zu malen. Dies war seinerzeit durchaus üblich. Der König musste so nicht die damals beschwerliche Reise auf sich nehmen.

Holbein entschied sich für ein Ganzfigurenporträt, da er damit Christina als potenzielle Braut Heinrichs VIII. in ihrer ganzen **Körperlichkeit** und **Pracht** zeigen konnte. Es ist anzunehmen, dass Holbein mehrere Sitzungen mit Christina hatte, in denen er ihr Gesicht und ihre Hände genau studierte und skizzierte. Betrachtet man das Gesicht, so erkennt man außer den makellosen, gleichmäßig gestalteten Gesichtszügen, die für eine **Idealisierung** der Dargestellten sprechen (Holbein inszenierte sie als potenzielle Ehefrau natürlich in bestmöglichem Licht), auch **individuelle Züge**, die eine Wiedererkennbarkeit der Person sehr wahrscheinlich machen. War es in den Jahrhunderten zuvor noch üblich, Porträts nach **Stereotypen** zu malen bzw. in sehr starkem Maße zu idealisieren, so begann mit der Renaissance eine Epoche mit einer völlig neuen Geisteshaltung. Das Bürgertum erstarkte zu neuem Selbstbewusstsein. Es war nicht mehr länger die Kirche, die alle Macht innehatte. Der Mensch war nun das „Maß aller Dinge". Neben neuen Errungenschaften in der Wissenschaft, die u. a. auch die Entwicklung der Zentralperspektive hervorbrachte, mit deren Hilfe es den Künstlern gelang, einen bisher nicht gekannten Ikonizitätsgrad in ihren Werken zu erreichen, galt es nun auch, den Menschen als individuelle Person darzustellen. Dazu gehörte nicht nur die abbildhafte Nachahmung der Person, sondern auch die Darstellung ihrer charakteristischen Merkmale. Holbein gelangte hier zu großer Meisterschaft: Er verstand es, neben der absolut lebendigen Darstellung der Persönlichkeiten auch ihr Inneres in ihren Gesichtern, ihrer Mimik und Gestik herauszuarbeiten.

Das noble Porträt zeigt Christina in schwarzer Witwenkleidung. Ihr direkter Blick übt auf uns eine auffordernde Wirkung aus, der wir uns kaum entziehen können. Wie die formale Analyse zeigt, wird unser Hauptaugenmerk immer wieder auf Gesicht und Hände geführt – also zu den wesentlichen Merkmalen des Porträts. Die **Monumentalität** des Gemäldes wie auch das Bildformat, die Christinas Körper in die Länge strecken, lassen sie sehr groß und würdig erscheinen. Die schwere, kostbare Kleidung zieht sie nicht herab, sondern verleiht ihr vielmehr Standhaftigkeit und Stärke. Ihr konzentrierter Blick von oben lässt sie wesentlich reifer erscheinen, als es ihre 16 Jahre vermuten lassen. Christinas Jugendlichkeit verrät der Maler nur in wenigen Details, etwa ihrem fein modellierten Gesicht, das ein Lächeln andeutet, und der verspielten Bewegung der Finger ihrer rechten Hand. Außerdem gewinnt die Figur durch den hellen Boden an Leichtigkeit.

Betrachtet man nur Christinas jugendliches Gesicht und ihre Hände, drängt sich kurz der Eindruck einer Figur in Verkleidung auf, so stark ist der Kontrast zwischen dem bodenlangen Gewand mit Haube und ihrem hellen Antlitz. Doch gerade durch den ihren Körper umkleidenden Stoff erscheint Christina so präsent und gegenwärtig. Aus Körperhaltung und Mimik sprechen Selbstbewusstsein und Eigensinn. Ihr fast herausfordernder Blick drückt sowohl noble Zurückhaltung als auch Selbstsicherheit aus. Christina geht unter der Wucht der dunklen Farbe und der Schwere der körperlichen Form „privat" nicht verloren. Der etwas strenge Gesichtsausdruck zeugt von einer erwachsenen Ernsthaftigkeit, die auf ihr bereits bewegtes Leben hindeutet. Auch gewinnt man den Eindruck, dass sie sich trotz der Stofffüllen ihres Gewandes nicht ungelenk darin bewegt. Es handelt sich hierbei um das obligatorische Trauergewand, das sie als Witwe auszeichnet. Stellt sie die glaubhafte Art und Weise, in der sie darin auftritt, vielleicht auch als wirklich trauernde Person dar? Der **monochrome Hintergrund** und die Zurücknahme der **Attribute** (bis auf den schmalen roten Ring trägt Christina keinen Schmuck) betonen ihre **standesgemäße Rolle** als verwitwete Herzogin. Als dezentes **Symbol** tritt lediglich der Handschuh als Zeichen der Eleganz und ihres hohen Standes in Erscheinung. Der Nerzkragen ist ein Hinweis auf ihren Wohlstand.

Trotz der Auftragsarbeit ist es Holbein gelungen, das Brautschaubild nicht zu überidealisieren. Seine Darstellung geht weit über die der reinen Repräsentationsfunktion hinaus. Es stellt die unmittelbare Präsenz der Porträtierten heraus und hält dennoch keinen Augenblick fest. Der unbestimmte Raum, der die Porträtierte umgibt, löst sie aus der Zeit heraus und scheint ihre Jugend unvergänglich zu machen.

4. *Hinweis: Vergleichen Sie abschließend die zentralen Ergebnisse aus der Analyse und Interpretation zu Holbeins Werk mit den Intentionen der Arbeiten Shermans. Berücksichtigen Sie dabei besonders die Funktion der Inszenierung der Porträtierten. Stellen Sie sowohl Gemeinsamkeiten als auch Unterschiede – etwa die unterschiedlichen Normen und Vorstellungen der jeweiligen Zeit – heraus.*

Bei beiden Arbeiten handelt es sich um ein Frauenporträt, und zwar um die **Inszenierung** einer Frau durch Kleidung, Beleuchtung und Komposition. Sowohl Holbein als auch Sherman richten die Dargestellte zum Betrachter hin aus und akzentuieren bestimmte Körperteile mithilfe des Bildaufbaus. Der Hintergrund bleibt in beiden Werken undeutlich und zeigt keine zusätzlichen Attribute.

Die zeitlose Darstellung Holbeins steht im Gegensatz zur Künstlichkeit in Shermans Fotografie. Während bei Sherman eine Identität durch ein **Stereotyp** inszeniert wird, malte Holbein ein **lebensnahes Abbild**. Zwar wird Christina in ihrem Porträt in der ihr zugedachten Rolle als potenzielle adelige Ehefrau gezeigt, dennoch stellte Holbein sie auch als Individuum dar.

Holbein handelte im **Auftrag**, Cindy Sherman hingegen als **freie Künstlerin**, die stets selbst als Protagonistin in ihren Fotografien auftritt. Auch im vorliegenden Werk inszeniert sie sich selbst in einer von ihr ausgedachten Rolle. Während das

Porträt Christinas ihre augenblickliche Lebenssituation abbildet, ist die Darstellung in Shermans Porträts stets eine **Fiktion**. Die Persönlichkeit der Figur in Shermans Fotografie tritt zurück, ihr Gesicht wird hinter der maskenhaften Bemalung und dem unbewegten Blick versteckt, die gekünstelte Körperhaltung wirkt angespannt und aufgesetzt. Die Accessoires wie auch das tiefgerutschte Kleid, das viel Dekolleté freigibt, wirken im Zusammenspiel mit den grellen Farben des Hintergrundes plump. Der Blick der Frau, der ins Unbestimmte gerichtet ist, unterstreicht diesen Eindruck noch. Er wirkt – ganz im Gegensatz zu Christinas ernsthaftem, konzentriertem Ausdruck – leer. Wie in vielen ihrer Arbeiten spielt die amerikanische Künstlerin Sherman auch hier auf eine sehr ironische Art und Weise mit dem klischeebeladenen **Rollenbild** der Frau. Beschäftigte sie sich schon in den 1980er- und 1990er-Jahren mit den **Stereotypen** von Weiblichkeit und dem Bild des zur Schau gestellten weiblichen Körpers, stellt sie auch in dieser **Selbstinszenierung** von 2003 eine Frau dar, die sich offensichtlich dem Betrachter anbietet. Die Ironisierung liegt hier im Streben nach jugendlichem Aussehen. Die stark geschminkte Figur stellt mit ihrer Gestik und Mimik einen gesellschaftlichen Frauentyp einer bestimmten sozialen Herkunft dar. Hier lässt sich eine vergleichbare Intention zu Holbeins Porträt ausmachen. Beide Frauen bewegen sich zwischen **Selbst**- und **Fremdbestimmung**: die prestigeträchtige Darstellung Holbeins im christlich-patriarchalischen Weltbild, in dem die Frau vom Mann erwählt wird, und Shermans aufreizende Inszenierung, die sich vorwiegend an ein männliches Publikum richtet. Pose und Aufmachung der Dargestellten provozieren zumindest diese Annahme beim Betrachter, der mit seiner Vermutung aber in die inszenatorische Falle der Künstlerin tappt. Zwar entlarvt Sherman mit ihren Inszenierungen bestimmte Frauentypen, doch werden diese weniger vorgeführt als der Betrachter selbst mit seinen vorgefertigten Meinungen über Herkunft und Gesellschaft. Sherman hinterfragt vielmehr bewusst die Ästhetik des Weiblichen, an der eben auch Konventionen und Legitimationen hängen. Ihre übertriebene Darstellung einer bestimmten Frauenrolle, eines Stereotyps, zeigt einen Gegensatz zum individuellen, lebensnahen Porträt Holbeins. Eine Überhöhung seiner Dargestellten versucht jedoch auch Holbein, indem er mit dem riesigen Format zu beeindrucken versucht. Beide Porträts vermögen so den Betrachter visuell zu überraschen.

Möchte Sherman mit ihren **Selbstinszenierungen** Klischees und vorgefertigte Meinungsbilder aufdecken, sind Holbeins Porträts Zeugnisse bestimmter gesellschaftlicher Stände einer historischen Epoche. Während das „Private", die Persönlichkeit der Dargestellten, zugunsten ihrer Rollen in Shermans Fotografie aufgegeben wird, ist dies in Christinas Porträt trotz der standesgemäßen Kostümierung nicht der Fall. Genau darin liegt die große Meisterschaft Holbeins: Christina tritt uns in ihrem Porträt so präsent und gegenwärtig entgegen, dass sie auch heute noch aktuell erscheint. Der hohe Ikonizitätsgrad, den der Renaissance-Künstler in seinem Porträt erzielt, wird in Shermans formaler Bildgestaltung bewusst vermieden. Zwar fotografiert sie eine reale Person, diese verliert jedoch durch den hohen Grad an kompositorischer Inszenierung an Glaubwürdigkeit.

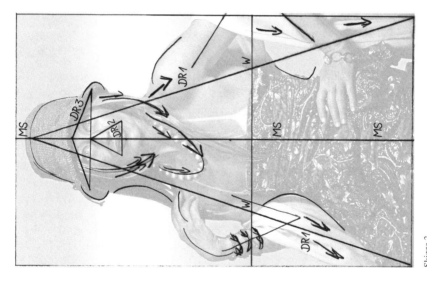

Skizze 2

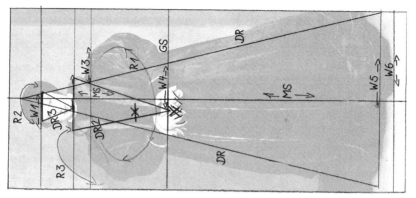

Skizze 1

LK 2011-11

Abiturprüfung NRW 2011 – Kunst Leistungskurs
Aufgabe 2

Bezüge zu den Vorgaben:
Natur- und Menschenbilder in der Kunst
– Konzeptionen des Natur- und Menschenbildes in der Bildhauerei und Installation: Mensch und Natur als Bezugsaspekte in Objekten und in den Installationen von J. Beuys
– Individuell geprägte Naturvorstellungen als Ausgangspunkt bildnerischer Konzepte: Naturvorstellungen bei C. D. Friedrich
Fachliche Methoden
– werkbezogene Form- und Strukturanalysen einschließlich Strukturskizzen
– werkexterne Zugänge zur Analyse und Interpretation

Aufgabenstellung   Punkte

1. Beschreiben Sie das Gemälde „Eiche im Schnee" von C. D. Friedrich und das Objekt „Schneefall" von J. Beuys.   10

2. Analysieren Sie die formale Gestaltung beider Werke.
   – Berücksichtigen Sie bei C. D. Friedrichs Gemälde insbesondere die Komposition (Farbe und Form), indem Sie zunächst analysierende Skizzen anfertigen. Erläutern Sie anschließend Ihre hierdurch gewonnenen Erkenntnisse in einem Text.
   – Berücksichtigen Sie bei J. Beuys' Objekt insbesondere den Einsatz der Materialien und ihre Anordnung und fertigen Sie den Text erläuternde Skizzen an.
   – Vergleichen Sie anschließend die von den Künstlern jeweils gewählte Kunstform bzw. Gattung und die spezifische Materialität.   46

3. Interpretieren Sie vergleichend die beiden Arbeiten auf der Grundlage Ihrer bisherigen Untersuchungen. Stellen Sie den künstlerischen Umgang mit Objekten/Phänomenen der Natur durch C. D. Friedrich und J. Beuys vergleichend einander gegenüber. Erläutern Sie darüber hinaus das dadurch deutlich werdende Verhältnis von Natur und Kunst in den Vorstellungen beider Künstler. Beziehen Sie dabei auch politische Aspekte mit ein.   34

Materialgrundlage
Bildmaterial
Abb. 1: Caspar David Friedrich: „Eiche im Schnee" („Eichbaum mit Tümpel im Schnee"), 1827/28, Öl auf Leinwand, 44 × 34 cm, Wallraf-Richartz-Museum Köln
Abb. 2: Joseph Beuys: „Schneefall", 1965, 32 Filzdecken über 3 Tannenstämmen, 23 × 120 × 375 cm, Emanuel-Hoffmann-Stiftung, Depositum in der öffentlichen Kunstsammlung Basel
Abb. 3: Joseph Beuys „Schneefall", 1965 (Detailansicht)

Textmaterial
Informationen zum Werk „ Eiche im Schnee" von C. D. Friedrich:
C. D. Friedrich verwendete u. a. zwei ältere eigene Zeichnungen (aus den Jahren 1806 und 1809) als Vorlage für das Gemälde. Die eine zeigt die Eiche in etwas abgewandelter Form, die andere nur die zwei am Boden liegenden Äste.

Zugelassene Hilfsmittel
– Wörterbuch zur deutschen Rechtschreibung
– Skizzenpapier, Transparentpapier, Farbstifte, Bleistifte, Lineal

Caspar David Friedrich, „Eiche im Schnee" („Eichbaum mit Tümpel im Schnee"), 1827/28, Öl auf Leinwand, 44 × 34 cm. Wallraf-Richartz-Museum, Köln © picture alliance / akg-images

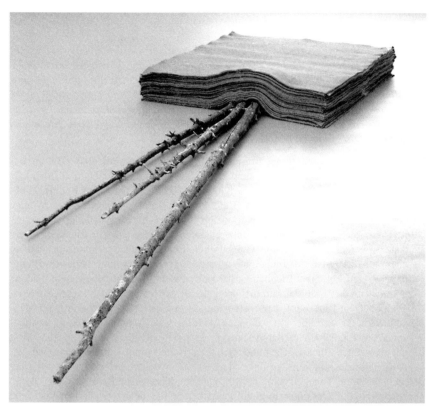

Joseph Beuys, „Schneefall", 1965, 32 Filzdecken über 3 Tannenstämmen, 23 × 120 × 375 cm.
Emanuel-Hoffmann-Stiftung, Depositum in der öffentlichen Kunstsammlung Basel
Fotos © Kunstsammlung Basel

Lösungsvorschläge

1. *Hinweis: In dieser Aufgabe sollen Sie die wesentlichen Aspekte beider Werke unter Einbeziehung der Informationen dazu (den Bestandsangaben) beschreiben. Ihre Darstellung soll die im Unterricht erlernte Methode der Beschreibung (deskriptive Methode), die objektiv das Gesehene wiedergibt, aufzeigen. Beschreiben Sie dafür die Bildgegenstände in einer sinnvollen Reihenfolge. Beginnen Sie beim Hauptmotiv und gehen Sie dann auf die Nebenmotive ein. Subjektive Urteile sind in der Beschreibung zu vermeiden.*

   Im Zentrum des kleinen, hochformatigen Bildes mit den Maßen 44 × 34 cm, das C. D. Friedrich 1827/28 malte, steht ein großer, entlaubter Eichbaum in einer kargen Winterlandschaft. Stamm und Äste des mächtigen, knorrigen Baums durchmessen das Bild in seiner ganzen Breite und nahezu der gesamten Höhe. Wenige Äste der Baumkrone berühren den oberen Bildrand. Im **Bildvordergrund** erkennen wir im Schnee neben- und übereinander liegende, abgebrochene, schwere Äste sowie Strauchwerk und Grasbüschel. Ein lückenhafter Schneebelag liegt auch auf den Ästen der Eiche, an deren Zweigen noch wenige verdorrte Blätter hängen. Am Fuße des Eichbaums hat sich aus dem Schmelzwasser ein Tümpel gebildet, in dem sich der Himmel spiegelt. Dieser reißt nur an wenigen Stellen – ganz oben im Bild – auf. Ansonsten zeigt er eine geschlossene braungraue Wolkendecke, die sich über einer dunklen Waldfront weit erhebt. Das üppig gewachsene Astwerk der Eiche, deren knorrige Äste sich zu allen Seiten strecken, wirkt auf den ersten Blick fast symmetrisch. Der Hauptstamm jedoch spaltet sich zur dreigeteilten Krone hin; die linke Seite ist weiter emporgewachsen, die Äste der rechten Seite hingegen sind teilweise abgebrochen. Die Baumstruktur ist mit zeichnerischer **Detailgenauigkeit** gemalt, wie die unterschiedlichen Ast- und Zweigformationen und die feine **Farbausgestaltung** der an wenigen Stellen bemoosten Baumrinde zeigen. Im Gegensatz dazu steht der **Bildhintergrund:** Der bewaldete Landschaftsstreifen ist in einem diffusen, dunklen Braungrauton gemalt, der hohe Himmelsbereich zeigt eine geschlossene Farbdecke, die nur nach oben hin aufgelöst wird. Der durchscheinende blaue Himmel sowie die gleichmäßige Ausleuchtung des Bildmotivs verweisen auf die Tageszeit: Mittag oder früher Nachmittag.

   Joseph Beuys' sockelloses Objekt „Schneefall" von 1965 zeigt drei schmale Tannenbaumstämme, die leicht aufgefächert nebeneinander auf dem **Ausstellungsboden** liegen. Sie sind nahezu astlos und teilweise ohne Rinde. Ihre zusammenlaufenden Enden liegen, wie die Materialangabe verrät, unter 32 hellgrauen Filzdecken. Diese wenige Zentimeter dicken Decken sind etwa quadratisch und ungefähr gleich groß. Sie liegen beinahe exakt aufeinander gestapelt. An der Stelle, an der die Filzdecken die Stämme bedecken, wölbt sich der Deckenstapel mit einer weichen **Bewegung** nach oben. Diese Welle verliert sich schon bald wieder, was zeigt, dass die Stämme nicht allzuweit unter den Deckenberg hineinragen. Die Tannenstämme sind von unterschiedlicher Länge und haben zudem verschiedene Durchmesser. In der abgebildeten Ausstellungssituation zeigen die Stämme in den Raum hinein; die Decken sind mehr zur Wand hin gestapelt, berühren diese aber nicht.

2. *Hinweis: Mithilfe von Skizzen sollen Sie in dieser Aufgabe die Erkenntnisse zur Form, Farbe und Komposition im Werk Friedrichs ausführlich und in klarer Ordnung erläutern. Den spezifischen Einsatz der Materialien sowie ihre Anordnung gilt es anschließend bei Beuys' Objekt verständlich und umfassend darzustellen. Auch hierbei dienen Ihnen Ihre Analyseskizzen zur visuellen Unterstützung Ihrer Aussagen. Letztlich sollen Sie beide Werke in den von Ihnen herausgearbeiteten Aspekten systematisch vergleichen: in der gewählten Kunstform, der Gattung, den Materialien und den Kompositionen bzw. Kombinationen.*

Ein **Einzelmotiv**, der große, knorrige Eichbaum, ist das zentrale Bildthema in Friedrichs Werk „Eiche im Schnee". Der Baum ist raumgreifend und flächenfüllend ins Bild gestellt. Sein Stamm befindet sich exakt auf der Mittelsenkrechten (MS, siehe Skizze 1) und betont durch die vertikale Ausrichtung das Hochformat. Die Bildwaagerechte (BW) wird gleich doppelt hervorgehoben, einmal durch den dunklen Waldstreifen, ein weiteres Mal durch die große, beinahe strukturlose Himmelszone. Die Entzweiung des Hauptstamms liegt etwa auf dem Goldenen Schnitt (GS). Die Aststruktur bildet zusammen mit dem horizontalen Waldrand eine nahezu gleichschenklige Dreieckskomposition (DR). Als dynamisierende Elemente, die die Statik der Bildanlage durchkreuzen, dienen die linke Baumkrone, die großen Äste im **Bildvordergrund** und der fast parallel dazu verlaufende Tümpel. Ihre diagonalen Ausrichtungen dienen auch dem optischen Ausgleich der Komposition.

Ein besonderes Merkmal des Gemäldes ist das abrupte Zusammenfügen gegensätzlicher **Landschaftszonen**. Wie in einer Montage werden verschiedene landschaftliche Motive miteinander **kombiniert**. Dadurch teilt sich der Bildraum in drei Zonen: das Wiesenstück im Bildvordergrund (BZ 1), der schmale Waldstreifen (BZ 2) und der hohe Himmelsbereich (BZ 3) im **Bildhintergrund**. Da die schneebedeckte Ebene ohne Vermittlung erfolgt, gehen **Vorder-** und **Mittelgrund** in perspektivischer Stauchung ineinander über. Diese **Geometrisierung** der Fläche wird durch die Senkrechten und Waagerechten im Bild noch betont. Wie die Analyseskizze zeigt, obliegt dem Gemälde damit fast ein **konstruktivistischer Charakter**. Dieser vermag die Empfindung beim Betrachter nicht zu steigern, sondern führt durch seine unnatürliche **Abstraktion** eher zu einer nüchternen Auseinandersetzung. Mit dieser Vermeidung von Sentimentalität lenkt der Maler den Blick unverstellt auf die inneren, sinnbildlichen Vorstellungen, um die es ihm hier geht. Verstärkt wird die Wirkung durch eine Motivkargheit, die sich einer einfühlsamen Vielfalt bewusst entzieht. Alles wird auf die charakteristischen Wesensmerkmale einer kargen Winterlandschaft mit wenigen Elementen beschränkt. Auf Figuren wird ganz verzichtet. Schon das Motiv fordert so eine ernsthafte Betrachtung heraus; ein genussvolles Schwelgen in schöner Landschaft wird dem Betrachter bewusst versagt. Auch die begrenzte **Farbpalette**, die offensichtliche Ton-in-Ton-Malerei, unterstützt diese Vorstellung: Es dominieren unbunte Farben, Weiß-, Schwarz- und Brauntöne. Nur oben im Bildbereich an der aufreißenden Himmelsdecke ist etwas Blau zu erkennen, das sich im Tümpel widerspiegelt. Diese Reflexion spannt das **Hauptmotiv** gekonnt in die **Bildstruktur** ein. An wenigen Stellen der Himmelspartie lassen sich außerdem rosafarbene und rötliche Verfärbungen erkennen. Das Weiß-Graublau des winterlichen Himmels sowie der im dunstigen Nebel sich aufzulösen scheinende graubraune Waldstreifen treten vor unserem Auge zurück, wohingegen der rötlichbraune Stamm und die Äste des Baums in den Vordergrund rücken. Die Ferne des Bildgrunds wird auch durch die starken Hell-Dunkel-Kontraste erreicht, etwa durch den dunklen Baum vor hellem Hintergrund. Der überwiegend weißgelbliche Bildvordergrund hebt den Baum optisch in die Höhe. Der dunkle Farbbalken des Waldes betont seine Breite und die Aufhellung im oberen Bildbereich streckt ihn nach oben. Die Körperlichkeit des Astwerks wird durch Hell-Dunkel-Kontraste – wie der weiße Schnee auf dunkler Rinde – wie auch durch eine feine Abstufung der Brauntöne erreicht. Ein Grünton an manchen Stellen der zeichnerisch sehr präzise ausgearbeiteten Äste und Zweige belebt den plastischen Eindruck noch.

Das **Helligkeitsgefälle** im Hintergrund (BZ 3) lässt den Himmel noch weiter erscheinen und die himmelblauen Lücken ziehen unseren Blick hoch, aus dem Bild hinaus. Mit der gleichmäßigen Ausleuchtung der Bildszene verzichtete der Maler auf Schatten und damit auf eine Dramaturgie der **Lichtführung**. Er erzielte so eine Ausgewogenheit im Bildgefüge, die den ruhigen Werkcharakter betont.

Die Form- und Farbanalyse zeigt, wie Friedrich die Aufmerksamkeit des Betrachters gekonnt auf sein Hauptmotiv lenkt. Verfängt sich unser Auge in den fein ausgestalteten Details des Baums und verweilt damit auch besonders lange bei diesen, führt auch der leicht erhöhte Betrachterstandpunkt (wir müssten auf eine Leiter klettern, um den Baum in dieser Ansicht zu sehen) zu seiner prägnanten Positionierung.

Das Objekt „Schneefall" ist eine Kombination von zwei realen Objekten, die auf dem Boden ausgebreitet in einer bestimmten Anordnung und Komposition zueinander liegen: Filzdecken sowie in der Natur gefundene Tannenstämme. Beide Objekte bestehen aus **Naturmaterialien**. Das erste (die Decken) wurde von Menschenhand gefertigt, das zweite (die Stämme) von Menschenhand bearbeitet. Die ordentlich übereinander gelegten Filzdecken stellen einen eckigen, aber nachgebenden Körper dar (F 1, siehe Skizze 2 und 3). Die Welle der plastischen Ausformung der Stämme verstärkt diesen weichen Charakter. Die drei Baumstämme ragen aus dem Stapel hervor (ST 1–3), der längste von ihnen (ST 1) fast senkrecht im rechten Winkel. Die beiden anderen Stämme (ST 2, 3) liegen diagonal abgespreizt und weisen von ihm weg. Der lange Stamm überragt die zwei kürzeren außerhalb der Decken um fast ein Drittel und ist etwa doppelt so lang wie die Decken. Sein Stamm zeigt den größten Durchmesser; die anderen beiden sind etwa gleich dick und gleich lang. Alle drei Stämme enden in dünnen Spitzen. Sie zeigen Astlöcher sowie abgesägte, kurze Aststummel, die sich über ihre ganze Länge gleichmäßig verteilen. Die Baumrinde ist an einigen Stellen abgerieben.

Diese unebene Oberfläche steht in deutlichem Kontrast zum gleichmäßig erscheinenden Deckenstapel, wie auch der **geometrische Körper** der Decken einen starken Gegenpol zur **Linearität** der Stämme bildet.

Im direkten Vergleich beider Arbeiten fällt zuerst der Unterschied der Gattungen auf: hier das zweidimensionale Ölgemälde Friedrichs, dort das dreidimensionale Objekt von Beuys. Sucht man in diesen beiden in ihrer Formalität wie **Materialität** offensichtlich so verschiedenen Werken nach Gemeinsamkeiten, ist es der Schnee, der sich sowohl im Titel als auch in den Arbeiten als Schnee-„Decke" zeigt. Die abgestorbenen Äste bzw. Baumstämme, die in beiden Arbeiten auf dem Boden liegen, zeigen gleichfalls eine Übereinstimmung. Ebenso wie Friedrich in seinem Bild konkrete Naturobjekte „verarbeitet", etwa die Eiche, die Grasbüschel, die Wolkenformation, den Tümpel, die er draußen in der ursprünglichen Landschaft genau studierte und skizzierte, so fand auch Beuys seine Baumstämme in der Natur. Beide bearbeiteten anschließend ihre naturalistischen Studien bzw. ihre gefundenen Objekte: Der Maler kombinierte seine Motive zu einem ausgewogenen **Formgefüge** (bestehend aus Dreieckskomposition und einer bilddominanten Vertikalen sowie Waagerechten); der Bildhauer bearbeitete die Tannenstämme zu drei gleichen Zuständen (bestehend aus abgeriebener Rinde, abgesägten Ästen und Aststummeln). Darüber hinaus fügte Beuys dem realen Naturobjekt ein vom Menschen geschaffenes Ding, die Filzdecken, hinzu, die allerdings ebenfalls aus einem Naturmaterial bestehen. Er beließ es bei diesen beiden Elementen und arrangierte sie auf eine ganz einfache Weise, was stark im Gegensatz zu Friedrichs **komplexer Komposition** steht. Jedoch beschränkte sich auch Friedrich in seinem Werk auf sehr wenige Landschaftselemente und entschied sich für ein Hauptmotiv, den Eichbaum. Seine **Farbpalette** besteht hauptsächlich aus den Unfarben und ist sehr begrenzt, wie auch die Farbe in Beuys' Werk durch die Wahl der Objekte sehr reduziert ist. Die Brauntöne der Tannenstämme sowie das helle Graublau der Filzdecken können als bestimmende Farben im Gemälde Friedrichs ausgemacht werden. In beiden Werken sind die ausgewählten Motive bzw. Objekte **symbolhaft** aufgeladen, weniger aufgrund ihrer unverwechselbaren Erscheinung, sondern vielmehr durch ihre **Komposition** (signifikantes Baumporträt bei Friedrich) und **Kombination** (zwei sonderliche, unkonforme Gegenstände bei Beuys). Durch die Alleinstellung des Hauptmotivs, die kompositorisch erreichte Betonung und optische Ausdehnung, stellt der Eichbaum bei Friedrich ein unverwechselbares **Baumindividuum** dar, dem man sogleich auch charakterliche Eigenschaften zuweisen möchte. Die sonderlichen, unkonformen Gegenstände bei Beuys waren auch im Jahre 1965, in dem Beuys diese zusammenfügte, für den Betrachter befremdlich. Sowohl für sich genommen als auch in ihrer Kombination weisen sie über eine herkömmliche Symbolik hinaus.

3. **Hinweis:** *Unter deutlicher Bezugnahme auf die in Aufgabe 2 gewonnenen Erkenntnisse verfassen Sie nun eine stimmige Interpretation von C. D. Friedrichs Bild, in der alle genannten Aspekte wieder aufgegriffen werden. Im Anschluss daran entwickeln Sie eine schlüssige Interpretation von Beuys' Objekt, indem Sie wieder die zuvor dargestellten Erkenntnisse von Aufgabe 2 auswerten. Im abschließenden Werkvergleich stellen Sie auch das Verhältnis von Kunst und Natur bei beiden Künstlern mit Blick auf die genannten Werke heraus.*

Das Gemälde „Eiche im Schnee" gehört zu einer Werkgruppe Friedrichs, in der die Eiche als Hauptmotiv immer wieder auftritt. In diesen Gemälden geht es nicht um das Abbild einer tatsächlich vorgefundenen Landschaft, vielmehr stellt der Eichbaum ein **Baumporträt** dar, das wie bei einem Menschen Charakter und Schicksal ausdrückt. Der Baum steht stellvertretend für den Menschen im Zentrum des Bildes. Die sehr komplexe, geometrisch-konstruktivistische Bildkomposition des Gemäldes, die in Aufgabe 2 erschlossen wurde, kann schon als Hinweis verstanden werden für eine äußerst vielschichtige, sinnbildliche Funktion. Es handelt sich im vorliegenden Gemälde um ein **Baumindividuum**, das in seiner Gestalt so nicht in der Natur vorkam. Es wurde vom Künstler aus mehreren Einzelskizzen **zusammenkombiniert**, aus mindestens zwei Zeichnungen, die Friedrich höchstwahrscheinlich direkt in der Natur anfertigte. Sie zeigen das Bildhauptmotiv sowie die am Boden liegenden Äste in leichter Abwandlung, wie der Textinformation zu entnehmen ist. Friedrich gestaltete den Baum sowie seine Umgebung also für seine Zwecke aus und lud damit jedes Element mit Bedeutung auf. In der technischen Ausführung, den vorangegangenen, detaillierten Zeichenstudien in der Natur, der plastischen Motivausgestaltung mithilfe feiner **Farbmodellierungen** (vgl. Astwerk und Himmelszone) sowie der klaren Aufteilung des Bildraums in vorne und hinten hielt sich Friedrich an die traditionelle, **akademische Ateliermalerei**. Zwar liegen allen Bildelementen Naturvorbilder zugrunde, doch gestaltet er mit ihnen eine Landschaft, die Träger einer Botschaft ist, die er dem Betrachter mitteilen möchte. Für Friedrich, der ein tiefgläubiger Mensch war, war die Natur wie ein Buch, aus dem man das gesamte Werk Gottes sowie das Schicksal aller Menschen herauslesen konnte. Alle Bildelemente haben bei Friedrich somit immer auch eine **ikonologische Valenz**. Der Künstler bediente sich dabei häufig gängiger Symbole, die sich in seinem Œuvre wiederholten. Am verbreitetsten dürfte die vaterländische Symbolik des Eichbaums sein: der kräftige, wohlgeformte, große Baum als Symbol eines stolzen Nationalbewusstseins. Er trotzt der kargen Winterlandschaft und symbolisiert so Kraft und Dauer, triumphiert über Winter und Tod. In ihm schlummert das Leben – nach dem Winter folgt der Frühling. Auf der anderen Seite kann der kahle, krüppelige Baum, dessen Krone gespalten ist, mit den zum Teil abgestorbenen, abgefallenen Ästen und vertrockneten Blättern auch für Elend, Leid und die zeitgeschichtliche Krise stehen, in der Friedrich zu leben glaubte. Der formlose Schmelzwassertümpel am Fuße des Baums kann als Sinnbild für den Zustand Deutschlands verstanden werden: die Aufhebung der deutschen Einheit, die dem überzeugten Patrioten Friedrich nicht gefallen haben dürfte. Jedoch scheint Friedrich diesem Tatbestand ein

„Dennoch" entgegengesetzt zu haben: So ist die sich nach oben streckende, scheinbar aus dem Bild wachsende Eiche auch ein **Sinnbild** für das Leben. Und der graue Wolkenhimmel klart nach oben hin auf, wo ihn rosa Wolken durchziehen und ein sommerliches Himmelsblau aufblitzt. Hier drückt sich eine Aufheiterung der Winterstimmung aus, eine Hoffnung auf andere, bessere politische Zeiten – aber auch die Hoffnung auf das ewige Leben, womit sich eine weitere, nämlich christliche **Sinnebene** erschließt. So mahnte Friedrich mit seinem Werk auch vor Vergänglichkeit und Eitelkeit: Selbst die stolze Eiche ist vom Verfall bedroht, wie die abgestorbenen, großen Äste im Bildvordergrund, die an einen Torso erinnern und auf den zukünftigen Zustand der Eiche hinweisen, vor Augen führen. Die kalte, schneebedeckte Winterlandschaft findet sich häufig in Friedrichs Gemälden. Sie verhindert, wie in Aufgabe 2 bereits aufgezeigt, bewusst den harmonischen Genuss des Betrachters, und fordert stattdessen ein ernsthaftes Sehen heraus. Die düsteren Motive der vierten Jahreszeit sollen an Einsamkeit und Tod erinnern. Das stehende Gewässer des kleinen Tümpels kann im christlichen Sinne als Übergang vom Leben zum Tod verstanden werden, mit der Spiegelung des Himmelblaus wird die Hoffnung auf ewiges Leben noch einmal betont. Liegen vor der Eiche die Zeugen der heidnischen Perspektive auf den Tod (Aststümpfe, vertrocknete Grasbüschel, dürres Strauchgeäst), so deutet die Himmelsöffnung im Bildhintergrund auf die christliche Hoffnung hin.

Der Verzicht auf Figuren in diesem Bild spiegelt die Spannung der gesamten Epoche der deutschen Romantik, zu dessen Hauptvertretern C. D. Friedrich zählt, wider: das Gefühl der Entfremdung zwischen Mensch und Natur, das mit dem Beginn der frühen Industrialisierung sowie der Entwicklung neuer Wissenschaften einsetzte, die die Wahrnehmung von Natur stark veränderten. Mit ihren Bildern setzten die Romantiker der Zivilisation bewusst die Natur entgegen. Ihre Landschaftsbilder wurden zu Ausdrucksmitteln für Hoffnungen, Ängste und Sehnsüchte ihrer Zeit und damit zu einer eigenständigen Bildgattung. Die Landschaftsmalerei diente nicht länger bloß als historische Kulisse, sondern wurde, wie die Interpretation von Friedrichs „Eiche im Schnee" zeigt, zum Sinnbild für das menschliche Dasein schlechthin. Darin zeigt sich auch der große Respekt, den die Romantiker, und speziell Friedrich, der Natur entgegenbrachten: Sie sahen in der Natur, in jeder Landschaftsformation, versteckte Botschaften an den Menschen. Ihrem **Naturverständnis** nach konnte man in ihr lesen wie in einem Buch Gottes, alle Gleichnisse des Menschen stünden darin. Ihre Kunst diente als Spiegel dessen.

Auch in Beuys' Werk „Schneefall" spielt die Natur eine überragende Rolle. Die kombinierten Objekte stammen direkt oder indirekt aus der Natur. Sie sind ebenfalls nicht naturbelassen, sondern wurden vom Künstler bearbeitet (Baumstämme) oder aus Natur(-Materialien) gefertigt (Filzdecken). Sie stehen nicht für sich, sondern sind wie im Werk Friedrichs **symbolisch** aufgeladen und weisen über ihre bloße Erscheinung hinaus. Wie im Gemälde spielt auch bei Beuys die **Kombination** der Dinge eine entscheidende Rolle für die Interpretation des Werks. Anders als Friedrich bediente sich Beuys hier weniger einer tradierten, allgemein

verständlichen Symbolik. Die wesentlichen Elemente seiner Plastik, in diesem Beispiel Filz und Holzstämme, tauchen in seinem **Gesamtwerk** immer wieder auf. Der persönliche Bezug zu den **Materialien**, eine konkret erlebte gemeinsame Vergangenheit mit ihnen, spielt dabei eine wesentliche Rolle. Beim Material Filz ist es die sogenannte Tatarenlegende, die Beuys selbst verbreitete, die jedoch nie belegt werden konnte: Angeblich stürzte er im Zweiten Weltkrieg mit dem Flugzeug auf der Krim ab und wurde von Tataren gerettet. Sie nahmen ihn schwer verletzt auf, wickelten ihn in wärmende Filzdecken und pflegten ihn gesund. Filz also als isolierendes, vor Kälte und der äußeren Welt schützendes Material, als Lebensretter (im Idealfall enthält es Hasenhaare – der Hase ist ebenfalls ein wichtiges Symbol im Werk Beuys'). Auch der Baum kommt als Element im Œuvre von Beuys häufig vor. Insbesondere seine spektakuläre „7 000 Eichen"-Aktion aus dem Jahr 1981 auf der documenta in Kassel zeigt Beuys' großes **ökologisches Bewusstsein**. Natur, Aktion und Kunst stellten für ihn eine vollkommene Einheit dar. So wie hier zeigen sich Parallelen zur Bedeutungsebene in Friedrichs Werk: Wie im christlichen Sinne „Christus in jedem Menschen lebt", ist die **Natur/Kunst** auch in jedem Menschen, weshalb nach Beuys jeder Mensch auch ein Künstler sein müsse. Kann die Aktion „7 000 Eichen", bei der langfristig 7 000 Eichen in der baumlosen Stadt Kassel gepflanzt wurden, als „Auferstehungsprozess" verstanden werden, so steckt dieser Gedanke auch im Werk „Schneefall". Trotz der in Aufgabe 2 beschriebenen formalen Gegensätze ergeben die spröden, am Boden liegenden Baumstämmchen und der weiche, in sich ruhende Filz, der sich an die Körper der Stämme anschmiegt, ein merkwürdig stimmiges Bild. Ähnlich wie bei Friedrich zeigen sich in diesen Elementen die **Gegensätze** des Abgestorbenen und Lebenspendenden als Kräfte, die zusammengehören. Die Filzmatten liegen weich und nachgiebig auf den gefallenen, toten Stämmchen, wie eine Schneedecke halten sie diese geschützt. Auch hier kann neues Leben entstehen. Hier und dort verbirgt die abgestorbene Kargheit auch Hoffnung auf ein Leben danach: die Filzdecke als „Geburtshöhle", in der die wurzelnahen Partien der Stämme ruhen. Ebenso, wie die winterliche Schneedecke im Bild dem verbrauchten Erdboden Erholung gewährt, vermag vielleicht der Filz Lebensspuren, die noch in den Stämmen vorhanden sind, zu bewahren. Bietet die Schneedecke in der Natur Schutz und bildet sich nach und nach, so liegt auch der Filz mehrschichtig, in Lagen, über den Stämmen.
Das **organische Material** Filz weist darauf hin, dass die Natur nichts wegwirft, sondern durch **Transformation** auferstehen lässt, und auch die horizontale Ausrichtung der Arbeit, die Hinwendung zum Boden, trägt zur Werkaussage bei. Beuys' Werke liegen häufig auf dem Boden, womit sie einen direkten Bezug zur Erde herstellen, einer im gesamten Beuys-Kanon überaus wichtigen Materie, da der Mensch (laut Schöpfungsgeschichte) aus dieser stammt. Der **zentrale Bildgedanke** ist dabei der Verlauf des absterbenden Lebens, das in die Erdmaterie eingeht, um danach wieder neu zu entstehen. Auch hier lässt sich der Vorstellungshorizont der christlichen Inkarnation von Leben und Tod finden. Die drei Baumstämme agieren in diesem Sinne sogar mehrfach: So sind sie einst in der Natur herangewachsen (wie die kräftige Eiche bei Friedrich), verweisen auf tote Körper

(wie die abgestorbenen Äste) und treten isoliert, fast vereinsamt auf, sind nur teilweise bedeckt und damit auch nur begrenzt beschützt (wie die Eiche als Baumindividuum). Letztlich erinnern die Tannenbaumstämme auch an Weihnachtsbäume, deren Nadeln am Ende ihrer Existenz herabrieseln wie Schnee.

Als zentrales Thema zeigt sich in beiden Werken der **Tod** als Übergang vom einen in einen anderen Zustand. Dies stellt den Glauben beider Künstler an einen fortwährenden **Kreislauf** dar. Lediglich der **Energiezustand** der Elemente erfährt eine Veränderung. Im Beuys'schen Energiebegriff liegt die Substanz all seines Schaffens und Wirkens. Energie war für ihn keine materielle, messbare Größe, sondern ein **menschliches Potenzial**, in dem die Freiheit zum emotionalen, individuellen Denken und Handeln lag. In jedem Einzelnen steckte für ihn eine unerschöpfliche Kraft, die letztlich aus der Natur und – in einem weiteren christlichen Sinn – von Gott kam. In diesem Verständnis von Kunst und Natur kommen sich beide Künstler in ihrem künstlerischen Ausdruck sehr nahe – wie auch in ihrem **persönlichen Respekt** vor der Natur, die sie als **Sinnbild** für ihre Botschaften nutzten. Letztlich vermögen sogar die behutsam zugedeckten Baumstämme im „Schneefall" an Beuys' eigenes erlebtes Schicksal zu erinnern. So können beide Werke auch als **indirekte Porträts** ihrer Schöpfer verstanden werden.

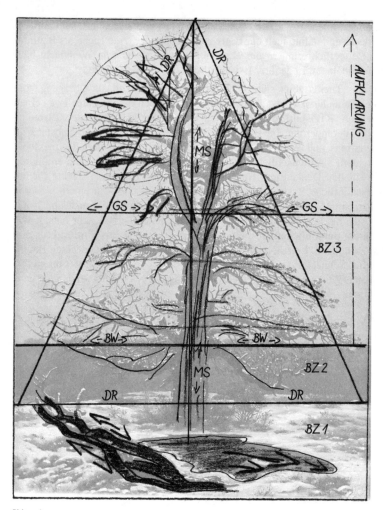

Skizze 1

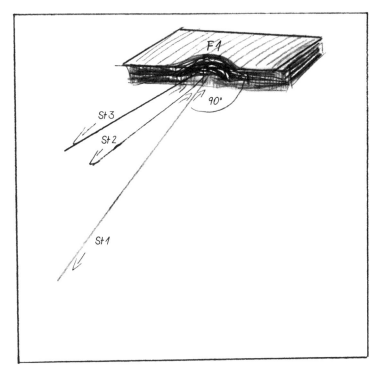

Skizze 2

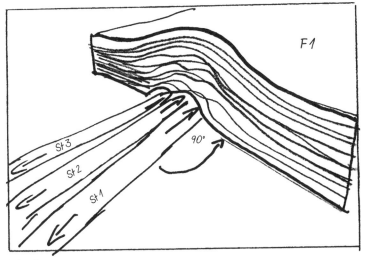

Skizze 3

Abiturprüfung NRW 2012 – Kunst Grundkurs
Aufgabe 1

Bezüge zu den Vorgaben:
Natur- und Menschenbilder in der Kunst
Bildnerische Gestaltungen als Spiegel und Reflexion gesellschaftlicher Normen und Vorstellungen
– Das neue Selbstbewusstsein des Menschen in der Malerei Holbeins d. J.
Fachliche Methoden
– Werkbezogene Form- und Strukturanalysen einschließlich Strukturskizzen
– Werkexterne Zugänge zur Analyse und Interpretation

Aufgabenstellung Punkte

1. Beschreiben Sie das Bild „Porträt des Erasmus von Rotterdam" von Hans Holbein d. J.   10

2. Analysieren Sie die formale Gestaltung des Bildes. Ergründen Sie zunächst die Struktur der Bildfläche mittels Skizzen und erläutern Sie anschließend Ihre hierdurch gewonnenen Erkenntnisse im Text.
Analysieren Sie darüber hinaus auch die Farbgebung, die Körper- und Raumdarstellung sowie deren Beziehung zueinander.   50

3. Interpretieren Sie das Bild auf der Basis Ihrer bisherigen Untersuchungen unter Einbeziehung der Zusatzinformationen. Berücksichtigen Sie dabei auch Kenntnisse über den Künstler und sein Werk.   30

Materialgrundlage
Bildmaterial:
Hans Holbein d. J., „Porträt des Erasmus von Rotterdam", Öl auf Holz, 1523, 76 × 51 cm, The National Gallery, London

Textmaterial:
Zum Bildmotiv:
Als bedeutender Gelehrter des europäischen Humanismus war Erasmus von Rotterdam (*1465 [oder 1469], †1536) Philosoph, Theologe und Autor zahlreicher Bücher. Durch seine kirchenkritische Haltung gilt er als Vorreiter der Reformation. Mit einer ausgeprägten religiösen Toleranz nahm er oft vermittelnde Positionen ein. Als sogenannter Universalgelehrter hatte er Kontakt zu vielen einflussreichen zeitgenössischen Persönlichkeiten. 1521 ließ sich Erasmus für acht Jahre in Basel nieder. Dort hat er Hans Holbein d. J. (*1497/98 in Augsburg; † 1543 in London) 1523 für mehrere Bilder beauftragt, der ihn daraufhin malte.

(Autorentext)

Zur Abbildung:
Das rote Buch in den Händen des Erasmus trägt zwei Inschriften auf dem Schnitt. Die eine ist griechisch und lautet übersetzt: „Die Taten des Herkules", d. h. die Taten des größten griechischen Helden; die andere (halb verdeckt) ist lateinisch und lautet: „ERASMI ROTERO(DAMI)". Das dunkle Buch im Regal trägt auf dem Einband u. a. das Datum 1523.

(Autorentext)

Zugelassene Hilfsmittel
– Wörterbuch zur deutschen Rechtschreibung
– Skizzenpapier, Transparentpapier, Farbstifte, Bleistifte, Lineal

Hans Holbein d. J., „Porträt des Erasmus von Rotterdam", Öl auf Holz, 1523, 76 × 51 cm, The National Gallery, London

Lösungsvorschläge

1. *Hinweis: In dieser Aufgabe beschreiben Sie den Bildbestand. In einer sinnvollen Reihenfolge beschreiben Sie das Hauptmotiv und die Nebenmotive sprachlich differenziert und sachlich klar. Vermeiden Sie subjektive Eindrücke und vorgreifende Analysen.*

   Das hochformatige Bild von Hans Holbein d. J. in der Größe 76 × 51 cm zeigt das **Porträt** von Erasmus von Rotterdam. Das Bild wurde 1523 in Öl auf Holz gemalt und hängt heute in der National Gallery in London.
   Erasmus von Rotterdam ist als **Halbfigur** dargestellt. Er trägt vornehme Kleidung, einen schwarzen, pelzbesetzten, hochgeschlossenen Mantel und ein schwarzes **Barett** auf dem Kopf. Der Mantel mit ausladendem Kragen wird vorne kurz unter der Brust mit einem Band zusammengehalten. Die weiten Ärmel sind am unteren Rand ebenfalls pelzverbrämt.
   Erasmus' Oberkörper ist nicht *en face* ausgerichtet, sondern er steht leicht schräg, vom Betrachter aus gesehen zur linken Seite gedreht hinter einer schmalen, hüfthohen Brüstung. Sein fein geschnittenes Gesicht mit markanter Nase ist im **Dreiviertelprofil** dargestellt. Er schaut mit leicht gesenkten Lidern nach links. Die äußeren Mundwinkel der schmalen, zusammengepressten Lippen sind nach oben gezogen, sodass sich eine deutliche Mimikfalte im Wangenbereich zeigt. Insgesamt wirkt seine Mimik ruhig und konzentriert.
   Sein Barett ist tief über die Ohren gezogen, sodass sein ergrautes Haar nur in zwei kurzen gewellten Strähnen zu beiden Seiten unter der Kopfbedeckung herausschaut. Seine schmalen Hände, die linke mit einem steinbesetzten Ring am Ringfinger und nur zur Hälfte unter dem weiten Ärmel sichtbar, ruhen auf einem roten, ledergebundenen, mit Goldprägung verzierten Buch, das auf der Brüstung, die angeschnitten im Vordergrund sichtbar ist, vor ihm liegt. Auf dem **Schnitt** des Buches ist oben eine griechische und rechts eine lateinische Inschrift zu erkennen. Zwei seidene Bänder, die die Einbände des Buches oben und seitlich zusammenhalten sollen, sind geöffnet.
   Im Hintergrund, angeschnitten vom linken und oberen Bildrand, steht ein mit Pflanzenranken ornamentierter **Pilaster**. Der wahrscheinlich in den Mauerverbund eingearbeitete **Wandpfeiler** ist ein typisches vertikales Gliederungselement der Innenarchitektur der **Renaissance**. Er hat ein antikisierendes **korinthisches Kapitell**, das mit einer aus **Akanthusblättern** wachsenden Figur und zwei **Voluten** geschmückt ist. Auf gleicher Höhe, auf dem **Gebälk** des Pfeilers liegend, befindet sich am oberen Bildrand eine Stange, an der ein grüner Vorhang direkt hinter Erasmus' Kopf hängt. Auf der rechten Seite wird neben dem Vorhang eine Wand mit einem durch eine geschnitzte Volute gestützten Holzregal sichtbar, auf dem sich, vom rechten und oberen Bildrand angeschnitten, drei Bücher und eine Glaskaraffe befinden. Zwei der Bücher liegen übereinandergestapelt auf dem Regalbrett, das dritte Buch lehnt schräg an der Karaffe, die auf den beiden Büchern steht.

2. *Die Analyse der Gestaltungsweise des Bildes ist der Hauptteil der Aufgabe. Zunächst sollen Sie die formale Gestaltung des Bildes analysieren, indem Sie die Struktur des Bildes mittels verschiedener Skizzen z. B. zur Strukturierung der Bildfläche, zu Kompositionsachsen und Formkontrasten untersuchen. Achten Sie darauf, dass Sie **nicht** alle Aspekte in nur **einer** Skizze bearbeiten, um klare, anschauliche Ergebnisse zu erzielen. Auch sollten Sie z. B. durch farblich differenzierte Markierungen und eine Bildlegende Ihre Analyseergebnisse deutlich nachvollziehbar machen. Erläutern Sie anschließend in Ihrem Text die gefundenen Ergebnisse und Erkenntnisse schlüssig mit Rückbezug auf Ihre Skizzen.*
Im Folgenden analysieren Sie die Farbgebung und die Körper-Raum-Darstellung sowie deren Beziehung zueinander.

Die Person des Gelehrten Erasmus von Rotterdam steht zentral im Bild. Die Figur nimmt ca. zwei Drittel der Bildfläche ein und ist somit **bildfüllend** ins Format gesetzt. Die **Mittelsenkrechte** des Bildes verläuft an der rechten Gesichtshälfte vorbei durch die Mitte des Oberkörpers über den Ansatz des kleinen Fingers bis zum Ende des gelösten Bandes des Buches. Als Gesamtform beschreibt der Körper ein Dreieck mit einer breiten Basis. Durch diese prominente Platzierung wirkt das Hauptmotiv, die Person des Erasmus, zentriert, ruhig und standfest. Es entsteht ein Wechselspiel zwischen den vertikalen Linien (wie dem Pfeiler, dem Vorhang, dem herabhängenden Gürtelband) und den Schrägen der Dreieckskomposition. Die dominierenden Senkrechten bedingen in Verbindung mit einigen waagerechten Achsen einen **tektonischen** Bildaufbau. Waagerechte Linien finden sich z. B. an der unteren Brüstung, in der Verbindung der Hände zueinander und im Gürtel des Mantels (vgl. Skizze 1).

Die Aufteilung entsprechend des **Goldenen Schnitts** stellt eine weitere wichtige **Flächengliederung** dar, die die Ausgewogenheit der Bildstruktur gewährleistet und in der Renaissance ein häufig eingesetztes Kompositionsmittel darstellt, da sie auf ein antikes **Harmoniegesetz** zurückgeht. Teilt man eine Strecke im Goldenen Schnitt, so verhält sich die kürzere zur längeren Strecke wie die längere zur Gesamtstrecke. Diese Proportionsregel garantiert eine ausgewogene Gewichtung der Teilstrecken. Ein Goldener Schnitt bezogen auf die Breite des Bildformats verläuft senkrecht entlang der Nasenspitze von Erasmus, markiert die untere Spitze des Pelzeinsatzes und trifft auf die vordere Ecke des roten Buches, das in den Händen des Gelehrten liegt. Der Fokus verschiebt sich so harmonisch in die linke Bildhälfte. Auf der Teilungsachse des Goldenen Schnitts verbinden sich Kopf und Buch, und diese **Bildachse** betont damit gleichzeitig wesentliche Motivteile des Bildes. Ein Goldener Schnitt bezogen auf die Bildhöhe verläuft waagerecht unterhalb des Kopfes von Erasmus, berührt die untere Spitze der Regalstütze und fokussiert den Blick des Betrachters so verstärkt auf den Kopf, das geistige Zentrum des Gelehrten (vgl. Skizze 1).

Die **Blickführung** ist weiterhin bedingt durch die **Dreieckskomposition**, die den Blick des Betrachters zur Spitze leitet und auf den Kopf von Erasmus fokussiert (vgl. Skizze 1). Der Blick wird vom Kopf nach rechts über die Schräge des Schulterbereichs über die Arme/den Mantel diagonal im Bogen zu den Händen und zum Buch geführt, links führt der Blick vom Kopf über den gerundeten Kragen zur Hand und zum Buch. Auch der pelzeingefasste Mantelausschnitt lenkt den Blick in leichtem Bogen zum Buch. Der Blick wandert so in ruhigen Kreisbahnen durch die statisch-stabil aufgebaute Gesamtkomposition. Von entscheidender Bedeutung für die Komposition ist zudem die **Diagonale** vom Kopf des Gelehrten über den V-förmig diagonal verlaufenden Pelzeinsatz des Mantels im Brustbereich nach links unten zum Buch. Diese diagonale Ausrichtung findet in einer **fallenden Schräge** vom unteren Kapitellabschluss über die Augenpartie zum Regalbrett rechts einen Ausgleich. Die hierzu entgegengesetzte **steigende Schräge** der Vorhangstange wiegt die Richtungen im oberen Bildabschnitt aus (vgl. Skizze 2).

Formkorrespondenzen wie die rechteckigen Formen der Bücher, die volutenartig geschwungenen Formen in Kapitell und Regalstütze und die Dreiecksformen der Ärmelumschläge verbinden die beiden Bildhälften über die Mittelsenkrechte (vgl. Skizze 3).

Durch diese insgesamt ausgewogene Komposition der formalen Elemente wirkt das Bild ruhig, harmonisch und ideal komponiert. Um den Kopf herum entsteht durch den Vorhangabschluss rechts und den Pilaster links ein **Quadrat**, eine für die Renaissance typische ideale harmonische Form, die absolut vollkommen ist. Durch die auf die Mittelsenkrechte bezogene **Achsialkomposition** wirkt das Bild geschlossen. Dies wird auf der linken Seite durch die den Rand stabilisierenden Senkrechten des Pilasters betont, rechts erzeugt die Senkrechte des Vorhangs eine Randparallele, die den angeschnittenen Regalausschnitt beruhigt und schließt, zumal die rechteckige Wandfläche nahezu gleich breit angelegt ist wie der Pilaster auf der linken Seite. Die Ansammlung der Gegenstände auf dem Regal in ihrer Formkomplexität wiederholt sich zudem annähernd symmetrisch in der Kleinteiligkeit des Kapitellschmucks links. Auch im unteren Bereich kann man von einer **geschlossenen Komposition** sprechen, da die vordere Ecke des Buches und die Ärmelkante genau bis zum unteren Bildrand reichen. Zudem nimmt das Buch unten wiederum eine ähnliche Fläche ein wie die beiden rahmenden Flächen rechts und links (vgl. schraffierte Flächen in Skizze 3). Damit erhält das Bild eine geordnete, klare, ausgewogene und auf das Format zugeschnittene Gesamtstruktur.

Die Ergebnisse der formalen Analyse werden durch die **Farbkomposition** gestützt. Formkorrespondenzen werden durch **Farbkorrespondenzen** verstärkt. Blickt man auf die goldbraunen Ärmelaufschläge, die roten Bücher oder das helle, warme, ockertonige **Inkarnat** der Hände und des Gesichts, so verbindet das Auge diese Farb-/Formbereiche unmittelbar. Die Dreieckskomposition der Figur wird durch die schwarze Farbe von Mantel und Barett betont. Der dominierende Hell-Dunkel-Kontrast von Kleidung und hellem Inkarnat lässt den Blick des Betrachters auf das Gesicht als den hellsten Punkt im Bild fallen. Von da aus folgt der Blick den abgetönten Beige- und Brauntönen bis zu den Händen (vgl. Skizze 4).

Der zweite herausragende Kontrast neben dem **valeuristischen** Hell-Dunkel ist der **Komplementärkontrast** Rot/Grün. Er verbindet bildwichtige Teile, nämlich das Buch und den Vorhang, der das Gesicht des Gelehrten hinterfängt. Gleichzeitig hat Holbein darauf geachtet, dass das Farbpaar sowohl in der unteren (vorderen) Bildfläche vorkommt als auch oben. In der Farbgestaltung des Buches mit den geöffneten grünen Bändern dominiert quantitativ das Rot, im Hintergrundmotiv des Vorhangs neben den roten Büchern im Regal dominiert quantitativ das Grün. So wiegt Holbein seine farbige Gestaltung harmonisch aus, verbindet in seiner Farbkomposition flächenmäßig betrachtet das Unten und Oben, räumlich betrachtet das Vorne und Hinten durch den verwendeten Komplementärkontrast und setzt geplante Akzente durch die **Farbintensität** der Buntfarben im Kontext der eher gedeckten Gesamtfarbigkeit (vgl. Skizze 5).

Insgesamt ist die Farbgebung des Bildes an einem **naturalistischen Darstellungskonzept** orientiert. Es dominieren **Lokalfarben** mit vorwiegend gedeckten, abgestuften Farbtönen, die dem Bild eine harmonisch ausgewogene, vornehme Zurückhaltung verleihen.

Die Körperdarstellung ist naturgetreu. Sowohl die **Anatomie** als auch die **Proportionen** des Körpers sind stimmig wiedergegeben, wie die differenzierte Darstellung von Gesichtsmerkmalen und Händen beweist. Augenlider, Nase und Kinngrübchen genauso wie Fingerglieder und -nägel sind detailgenau herausgearbeitet. Durch den Einsatz von **Körperschatten** werden anatomische Details wie die Wangenpartie plastisch modelliert. Das Licht kommt von links oben, setzt deutliche **Reflexlichter** auf Stirn und Nasenrücken und betont die Fingerknöchel der locker aufgelegten Hände auf dem roten Buch. **Schlagschatten**, besonders im Bereich der Hände, betonen den plastisch-räumlichen Bezug zwischen Händen und Buch. Auch der weite Mantelärmel rechts unten und das Regal rechts oben werfen weiche Schlagschatten auf Brüstung bzw. Rückwand.

Der **Bildraum** insgesamt ist vorn durch die Brüstung, hinten links durch den Pilaster und hinten rechts durch den Vorhang und die Rückwand relativ begrenzt. Die Hauptfigur ist eng zwischen Brüstung und Rückwand im Raum positioniert und betont durch die leichte Drehung des Körpers die Räumlichkeit. Auch das Buch vorne liegt leicht schräg zum Betrachter und stärkt so die **Raumillusion**. Eine Übereckperspektive ist angedeutet, jedoch ohne schlüssige Anlage. So haben Pilaster, Vorhang und Wand verschiedene Ausrichtungen.

Die Darstellung unterschiedlicher Materialien wie Haut, Pelz, Tuch, Stein, Holz und Leder ist von hoher **Stofflichkeitsillusion**. **Detailgenauigkeit**, z. B. in der Darstellung der Ornamentik, hat Holbein mit feiner Pinselführung berücksichtigt. Insgesamt ist der **Ikonizitätsgrad** der Darstellung sehr hoch. Die Person des Erasmus ist wirklichkeitsnah dargestellt und wirkungsvoll in Szene gesetzt. Sein Abbild wirkt lebendig, individuell und durch die Art und Weise der Präsentation bedeutsam und idealisiert.

3. In diesem Aufgabenteil sollen Sie auf der Basis Ihrer bisherigen Untersuchungen und unter Einbeziehung der Zusatzinformationen das Bild interpretieren. Hier sollen auch unterrichtliche Kenntnisse über den Künstler und sein Werk Berücksichtigung finden. Ebenso kann kunstgeschichtliches Wissen zur Epoche der Renaissance, zum Bild des Menschen in der Renaissance, zu Auftraggebern oder zur gesellschaftlichen Rolle des Künstlers hier einfließen und das Werkverständnis vertiefen.

Darstellungsweise und Komposition weisen das Porträt deutlich als Werk der Renaissance aus. Holbein ist einer der herausragenden Vertreter der deutschen Bildnismalerei dieser Epoche.

Er malt Erasmus von Rotterdam in **Auftragsarbeit** als bedeutenden und wohlhabenden Gelehrten. Entsprechend seiner Profession und Rolle als angesehener **Universalgelehrter**, Philosoph, Theologe und Autor zahlreicher Bücher stellt Holbein Erasmus in hochwertiger, vornehmer Kleidung aufrecht in repräsentativem Rahmen dar und veranschaulicht so seine herausragende Stellung im Geistesleben der Renaissance. Die Inszenierung des Gelehrten ist minutiös geplant und umfasst die selbstbewusste Körperhaltung ebenso wie die ruhige und doch konzentrierte Mimik und Gestik und gipfelt in einer wohlüberlegten Auswahl aller **Attribute**. So weisen ihn das Buch mit den beiden lateinischen und griechischen Inschriften wie auch die übrigen Bücher auf dem Regal als gebildeten, mit den antiken Sprachen und den antiken Wissenschaften vertrauten, dem **Humanismus** verpflichteten Menschen aus. Der Bezug zur Antike wird auch durch die Verwendung des Pilasters mit antikisierendem Kapitell im Hintergrund verstärkt. Das rote Buch, das durch Farbintensität, Komposition und Lage prominent im Vordergrund herausgehoben wird, weckt durch den Titel der Inschrift Assoziationen zur griechischen **Mythologie**, zu den Taten des Herkules, also den Taten des größten griechischen Helden. Dieses Buch bildet quasi die Basis des Bildaufbaus, auf dieses Buch stützt Erasmus von Rotterdam seine Hände. Zwischen den Taten des Helden und Erasmus Handeln (Hände) werden durch Holbeins Komposition Bezüge konstruiert, die den Gelehrten in seiner Bedeutung für die Zeitgenossen aufwerten und seine Position zwischen Humanismus und Kirche als Vorreiter der Reformation für die Nachwelt überliefern. Über weiteres Kontextwissen lässt sich ergänzen, dass Erasmus von Rotterdam das Buch über Herkules selbst geschrieben hat und dass Holbein diesen Text mit Illustrationen versehen hat. Insofern vermittelt dieses Bildmotiv sowohl über den Auftraggeber wie auch über den Maler indirekte biografische Aussagen.

Der **Betrachter** wird direkt ins Bild eingebunden. Das Buch auf der Brüstung ist nicht nur sehr nah an den Betrachter herangeschoben, es ist auch umgedreht und damit direkt in dessen Richtung liegend dargestellt, so, als würde Erasmus das Buch dem Betrachter präsentieren.

Zum anderen zeigt Holbein den Gelehrten als **Individuum** mit individuellen Zügen und feingliedrigen Händen sowie als nachdenklichen Menschen. Der Mensch Erasmus steht im Mittelpunkt der Betrachtung, sein Aussehen wie seine Charaktermerkmale sind im Porträt festgehalten. Holbein, ein feinsinniger Beobachter und versierter Porträtist, vermittelt dem Betrachter ein standesgemäßes und gleichzeitig privates Bild des Universalgelehrten.

Das Bild zeigt, dass Holbein auch in seiner Basler Zeit schon ein Meister des Porträts war. Er schafft Abbilder, die sehr wahrscheinlich die Wiedererkennbarkeit der Person ermöglichen. Er legt Wert auf die malerische Wiedergabe der Individualität seiner Auftraggeber und gleichzeitig ist er bestrebt, diese in möglichst überzeugender Weise ideal zu inszenieren und durch die Darstellung typischer und bedeutsamer Attribute zu charakterisieren und aufzuwerten.

Seine Auftraggeber waren bereits in Basel erfolgreiche Kaufleute und bekannte Humanisten und Wissenschaftler seiner Zeit, wie eben Erasmus von Rotterdam. Später, in seiner Londoner Zeit, waren es die wohlhabenden, erfolgreichen Mitglieder der deutschen Hanse, die im Londoner Stalhof ihren Sitz hatten und die für Holbein, als er 1532 nach England ging, zu einem zahlungskräftigen Kundenkreis wurden. Es waren aber auch Mitglieder der höfischen und klerikalen Gesellschaft wie Schatzmeister, Erzbischöfe und Gesandte, die er in seiner Zeit als **Hofmaler** unter Heinrich VIII. wahrscheinlich ab 1533 in England malte. Der englische König schätzte seine malerischen Fähigkeiten, ließ sich selbst von ihm in Macht und Würde als idealer Herrscher inszenieren und vertraute ihm auch die Aufgabe an, seine zukünftigen potentiellen Ehefrauen zwecks Brautschau zu porträtieren. Die Porträts, die Holbein als Hofmaler schuf, waren offizielle **Standesporträts**, meist idealtypisch inszeniert, und doch von hoher Naturtreue und einer lebendigen Wirkung auf die Zeitgenossen.

Erasmus von Rotterdam erteilte den Auftrag, ihn zu malen, 1523 während seines siebenjährigen Aufenthalts in **Basel**, wo Holbein zu dieser Zeit lebte, eine Meisterwerkstatt betrieb, geheiratet hatte und auch als Altarmaler und Illustrator reüssierte. Das Datum der **Bildentstehung** ist – wie für seine späteren Werke typisch – im Bildraum dokumentiert, hier als Aufschrift auf einem Buch im oberen Regal. Neben dem vorliegenden Bild gibt es zwei weitere ähnliche Porträts des Gelehrten aus dem gleichen Jahr. Beide zeigen ihn direkt bei der Arbeit jeweils als **Profildarstellung**. Sie folgen damit einer **Gattungstradition**, die auf die Darstellungsweise antiker Kaiserporträts auf Münzen zurückgeht und nur für politische und geistige Eliten genutzt wurde. In diesen beiden Bildern reduziert Holbein den Hintergrund noch stärker auf eine **monochrome** Fläche und fokussiert den Blick des Betrachters damit noch unmittelbarer auf die Person und ihren Ausdruck.

Das Porträt wurde mehr und mehr zu Holbeins **Hauptsujet** und konnte im Kontext des **anthropozentrischen Weltbilds** der Renaissance zur vollen Blüte aufsteigen. Die hohe Sachgenauigkeit, die greifbare Stofflichkeit, die anatomische Stimmigkeit und die überzeugende Darstellung persönlicher Merkmale lassen die von ihm gemalten Menschen bis heute präsent wirken. Die Porträts Hans Holbeins vermitteln uns ein nachvollziehbares, ausdrucksstarkes Bild des zu **Selbstbewusstsein** erstarkten Menschen der Renaissance, der sich stolz seiner Gaben und Fähigkeiten bewusst ist, sei es auf dem Gebiet der Wissenschaft und des Geistes, der Kunst, der Politik oder der Wirtschaft. Sie verkörpern damit in anschaulicher Weise das **Menschenbild** der Renaissance.

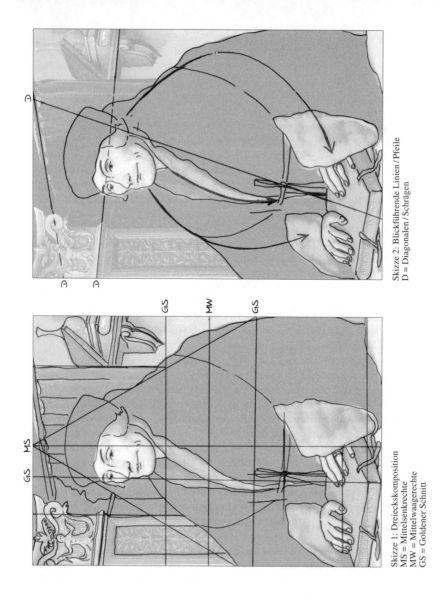

Skizze 1: Dreieckskomposition
MS = Mittelsenkrechte
MW = Mittelwaagerechte
GS = Goldener Schnitt

Skizze 2: Blickführende Linien / Pfeile
D = Diagonalen / Schrägen

Skizze 3: Quadrat, Rahmenbezüge, Formkorrespondenzen
MS = Mittelsenkrechte

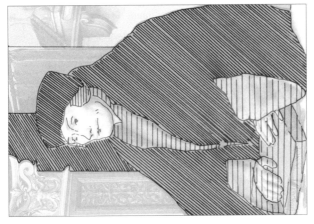

Skizze 4: Hell-Dunkel-Verteilung Figur

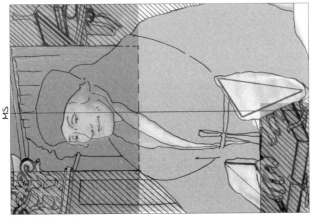

Skizze 5: Komplementärkontrast

Abiturprüfung NRW 2012 – Kunst Grundkurs
Aufgabe 2

Bezüge zu den Vorgaben:
Natur- und Menschenbilder in der Kunst
Konzeptionen des Natur- und Menschenbildes in der Bildhauerei
– Das Bild des Menschen in der Bildhauerei der italienischen Renaissance
Fachliche Methoden
– Werkbezogene Form- und Strukturanalysen einschließlich Strukturskizzen

Aufgabenstellung Punkte

1. Beschreiben Sie die Skulptur „Gefangener" von Michelangelo Buonarroti unter Verwendung der drei vorliegenden Ansichten. 12

2. Analysieren Sie die formale Gestaltung der Skulptur. Beziehen Sie sich dabei insbesondere auf die Aspekte:
   – Aufbau und Proportionierung der Figur,
   – Richtungs- und Körper-Raum-Bezüge.
   Setzen Sie für diese beiden Untersuchungsaspekte zunächst Skizzen ein, die Sie anschließend erläutern.
   Analysieren Sie darüber hinaus die Aspekte Material und Oberflächenstruktur. 48

3. Interpretieren Sie das Werk auf der Grundlage Ihrer bisherigen Untersuchungsergebnisse und vor dem Hintergrund Ihrer werk- bzw. kunstgeschichtlichen Kenntnisse. Erläutern Sie dabei auch das sich in dieser Skulptur manifestierende Bild des Menschen. 30

Materialgrundlage
Bildmaterial:
Abb. 1: Michelangelo Buonarroti, „Gefangener", 1513–16, Marmor, Höhe 215 cm, Paris, Musée du Louvre
Abb. 2: Michelangelo Buonarroti, „Gefangener" (Seitenansicht 1)
Abb. 3: Michelangelo Buonarroti, „Gefangener" (Seitenansicht 2)

Zugelassene Hilfsmittel
– Wörterbuch zur deutschen Rechtschreibung
– Skizzenpapier, Transparentpapier, Farbstifte, Bleistifte, Lineal

Abb. 1: Michelangelo Buonarroti, „Der rebellische Sklave" („Gefangener"), 1513–16,
Marmor, Höhe 215 cm, Paris, Musée du Louvre
http://www.wikipaintings.org/en/michelangelo/the-rebellious-slave-1513, Public Domain

Abb. 2: Michelangelo Buonarroti, „Der rebellische Sklave" („Gefangener"), 1513–16, Marmor, Höhe 215 cm, Paris, Musée du Louvre, http://upload.wikimedia.org/wikipedia/commons/thumb/1/12/Michelangelo-Buonarroti-Rebellious-Slave-Louvre.jpg/768px-Michelangelo-Buonarroti-Rebellious-Slave-Louvre.jpg, Public Domain

Abb. 3: Michelangelo Buonarroti, „Der rebellische Sklave" („Gefangener"), 1513–16, Marmor, Höhe 215 cm, Paris, Musée du Louvre © bpk / Agence Photographique de la Réunion des musées nationaux et du Grand Palais des Champs- Elysées / Musée du Louvre, Dist. RMN / Raphaë. Chipault

Lösungsvorschläge

1. *Hinweis: In dieser Aufgabe sollen Sie die Skulptur „Gefangener" von Michelangelo Buonarroti sachangemessen beschreiben. Dabei benennen Sie zunächst Werkbestand, Material, Verfahren und Größe der Figur. Den drei vorliegenden Ansichten können Sie entnehmen, dass die Figur vollplastisch ist. Sie erläutern unter Berücksichtigung der vorliegenden Ansichtsseiten Motiv, Körperhaltung und sichtbare Details. Die Beschreibung sollte gegliedert sein, auf die verschiedenen Ansichten Bezug nehmen und vom Standpunkt des Betrachters aus vorgenommen werden. Vermeiden Sie subjektive Beurteilungen und Eindrücke.*

Die Skulptur „Gefangener" von Michelangelo Buonarroti zeigt mit 215 cm Höhe eine überlebensgroße, vollplastische männliche **Aktfigur** aus Marmor. Sie ist zwischen 1513 und 1516 im **subtraktiven Verfahren** entstanden und der italienischen **Hochrenaissance** zuzurechnen. Die **Skulptur** befindet sich heute im Musée du Louvre in Paris.

Die Figur zeigt einen muskulösen männlichen Akt, dessen Schambereich durch ein schmales, um die Hüften gebundenes, über den linken Oberschenkel geschlungenes Tuch verdeckt wird. Schmale Bänder um seine Brust und seinen rechten Oberarm, die sichtbar eng in den muskulösen Körper des „Gefangenen" einschneiden, verweisen auf eine Fesselung.

Die Figur steht auf einem zweistufigen, sockelförmigen, grob bearbeiteten Stein, der sich hinter der Figur als statische Stütze nach oben fortsetzt und in den Rückenbereich übergeht. Im unteren Bereich ist das **Sockelelement** eher kubisch, im oberen Bereich passt es sich zunehmend der Körperform an.

Die Gesamthaltung der Figur ist aufrecht. Ein Arm ist nach hinten gedreht und quer über den Rücken gelegt, der andere ebenfalls ansatzweise sichtbar ausgestreckt nach hinten gedreht. Dort werden beide womöglich durch Fesseln zusammengehalten.

Das rechte Standbein ist leicht, das linke Bein stark angewinkelt, da es auf einer erhöhten Sockelstufe steht. Die Hüften sind durch das Standmotiv in Schräglage. Der Oberkörper ist stark gedreht. Ausgehend von Abb. 1, der Vorderansicht der Skulptur, dreht sich der Oberkörper nach links hinten, sodass er in seitlicher Position sichtbar wird, die rechte Schulter ist dadurch extrem nach vorne gedreht und leicht nach unten gezogen. Dies erlaubt dem Betrachter eine Aufsicht auf die Schulterpartie.

Von dieser Ansichtsseite erscheint das Gesicht des „Gefangenen" frontal, der Kopf insgesamt ist, wie auch deutlich in Abb. 2 ersichtlich, schräg in den Nacken gelegt, wodurch das Kinn nach oben zeigt und der Adamsapfel aufgrund der Überstreckung des Kopfes deutlich am Hals sichtbar wird. Um diese Position zu realisieren, ist der Kopf extrem aus der Körperachse nach rechts, also in die im Vergleich zum Oberkörper entgegengesetzte Richtung gedreht. Mit der Schräglage des Kopfes ist auch der Blick der Figur vermutlich leicht nach oben gerichtet. Das Gesicht ist relativ breitflächig, das kurze wellige Haar in einzelnen Strähnen locker nach hinten gestrichen.

2. *Hinweis: Die Analyse der formalen Gestaltung der Skulptur ist der Hauptteil der Aufgabe. Sie erstellen zunächst aussagekräftige Skizzen als Analyseinstrumente für die beiden Untersuchungsaspekte „Aufbau" und „Proportionierung der Figur" sowie für die „Richtungs- und Körper-Raum-Bezüge". Bearbeiten Sie die Aspekte in mehreren Skizzen, um klare, anschauliche Ergebnisse zu erzielen. Auch sollten Sie z. B. durch farblich differenzierte Markierungen und eine Bildlegende Ihre Analyseergebnisse deutlich nachvollziehbar machen. Nehmen Sie in Ihrem Text Bezug auf die in Ihren Skizzen erarbeiteten Analyseergebnisse. Anschließend untersuchen Sie die Aspekte Material und Oberflächenstruktur.*

Die **Körperproportion** der männlichen Figur entspricht der klassischen Proportionslehre: Die Mitte des Körpers liegt im Lendenbereich, der Kopf entspricht etwa einem Achtel der Gesamtgröße. Diese Maßverhältnisse gehen auf den antiken römischen Baumeister Vitruvius Pollio zurück, der die Größenverhältnisse der Körperteile als festgelegte Bruchteile des ganzen Mannes bestimmte. Der **klassische Kanon** ist auch in Michelangelos Figur nachweisbar. Durch diese Proportionsverhältnisse schafft Michelangelo eine dem klassischen Schönheitsideal entsprechende ideale menschliche Figur.

Zusätzlich gewinnt die **Wirklichkeitsnähe** des Dargestellten an Bedeutung. Die extreme Haltung, die der „Gefangene" zeigt, spiegelt sich für den Betrachter in einer genauestens wiedergegebenen **Anatomie** des Körpers. Das extreme Muskelspiel im Schulterbereich, das die Anstrengung und Anspannung des sich gegen die Fesselung auflehnenden Menschen zeigt, ist überzeugend wiedergegeben. Im Besonderen ist die Funktionalität des Körpers berücksichtigt. Durch die extreme Drehung des Oberkörpers wird die gegenseitige Abhängigkeit aller organischen Teile wie Schultergelenk, Wirbelsäule und Rückenmuskulatur sichtbar und nachvollziehbar dargestellt. Die Organisation aller Bewegungszusammenhänge ist stimmig realisiert. So tritt, um ein weiteres Beispiel zu nennen, durch die starke Rückwärtsbewegung des Kopfes der Adamsapfel am Hals hervor (vgl. Abb. 1).

Der **Aufbau** der Skulptur basiert auf einer senkrechten, mittigen **Statikachse**, die durch die Senkrechten von Standbein und Stützkonstruktion ergänzt wird. Während der untere Teil der Skulptur besonders auch durch die Sockellösung ein hohes Maß an Stabilität aufweist, vermittelt die schräge Oberkörperachse in Verbindung mit der Gegenschräge des Kopfes einen Bewegungseindruck. Während der Oberkörper durch die vorgezogene Schulter extrem nach vorne drängt, ist der Kopf schräg in den Nacken geworfen (vgl. Skizze 2 b).

Aus der Vorderansicht dagegen wirkt die **Komposition** der Figur eher ausgewogen. In Skizze 1 a zeigt sich beispielsweise eine **Achsenparallelität** zwischen Oberarm und Knieachse, als Gegenbewegung fungieren die Schräge des Kopfes und die hierzu parallele Schulterachse.

Einerseits schafft Michelangelo eine harmonische Ausgewogenheit der Hauptachsen der Skulptur und eine harmonisch wirkende **Stabilität** durch Verweis auf das klassische Standmotiv des **Kontrapostes**, denn die Figur steht auf einem annähernd gestreckten Standbein und einem stärker gebeugten Bein, die Hüfte ist dadurch verschoben. Allerdings scheinen beide Beine belastet zu sein, was durch die Muskelanspannung deutlich wird. Insofern kann man nur bedingt von der Verwendung eines Kontrapostes, also eines ausbalancierten Stehens mit belastetem **Standbein** bzw. entlastetem **Spielbein** sprechen. Doch vermittelt dieses Standmotiv Stabilität und Kraft, einen festen Stand mit leicht gebeugten Knien als Voraussetzung für die extreme Bewegung im oberen Teil der Figur.

Die Drehung zeigt ungestüme **Dynamik**, innere und äußere gespannte Bewegtheit. Die Muskeln sind angespannt, ihre Teilvolumen sind am ganzen Körper definiert und als gespannte Wölbungen tastbar. Diese plastische Ausgestaltung wird in Skizze 1 c sichtbar. Die extreme Drehung des Körpers, insbesondere des Oberkörpers, wie sie Skizze 1 b zeigt, erzeugt diese dynamische Bewegung – eine sich fast spiralförmig um eine imaginäre Achse windende, gegen die Fesselung aufbäumende Kraft der Figur. Fast schon könnte man von einer „**figura serpentinata**" sprechen, wie man sie aus dem Spätwerk Michelangelos kennt.

Die **Richtungsbeziehungen** insgesamt zeigen Dynamik. Die spiralförmige Drehung der Figur, die Schrägen durch die angewinkelten Beine, die Schrägachse der Hüfte, die gedrehte Schulterachse und der schräg in den Nacken gelegte Kopf vermitteln Bewegtheit.

Betrachtet man die Vorderansicht der Skulptur, so stellt sich der „Gefangene" durch die **Frontalität** seines Gesichts in seiner Haltung dem Betrachter entgegen. Sein extrem vorgeschobenes Schultergelenk stößt scheinbar nach vorne in den Raum, auf den Betrachter zu, auch der Fuß seines Standbeins ist dem Betrachter direkt gegenübergestellt. Die geballte Kraft des Körpers richtet sich aktiv nach vorne. Der Blick des Betrachters fällt auf den muskulösen Körper des „Gefangenen", seine Fesselungen liegen, bedingt durch die **Überlebensgröße** der Figur, etwa auf Augenhöhe. Die **Körper-Raum-Beziehungen** zeigen, dass die Figur in den Raum drängt. In der Seitenansicht (Abb. 2) stößt auch das Knie deutlich in den Raum, ebenso wie der schräg nach vorn gerichtete Oberkörper (vgl. Skizze 2 b).

Insgesamt kann man von einer ansatzweise **raumgreifenden**, spiralförmigen, die Schrägachsen betonenden Aufwärtsbewegung sprechen. Kontrastierend dazu steht der relativ stabile Aufbau des unteren Teils der Statue, d. h. die feste Verbindung der Füße mit dem massiven Sockelblock und die senkrechte Ausrichtung von Sockelblock und Standbein. Die im oberen Teil durch die an den Oberkörper gepressten Arme eher geschlossene **Blockform** der Figur wird im unteren Teil durch den **Durchbruch** kontrastiert (vgl. Skizze 2 a). Der Sockel zeigt eine breite und damit die Stabilität unterstützende **Standfläche**, die als Basis der Gesamtfigur Rückschlüsse auf den Ausgangsblock zulässt und damit anzeigt, dass insgesamt die Ausmaße des Sockels auch im oberen Teil nicht überschritten werden (vgl. Skizze 2 a). Auch die **Umrissanalyse** der Vorderansicht in Flächenansicht verdeutlicht die Geschlossenheit der sich nach oben hin verjüngenden Gesamtform der Skulptur. Die leicht geschwungene Schlangenlinie veranschaulicht in Skizze 1 d den Verlauf der Bewegungsrichtung innerhalb der Gesamtfläche und bestätigt die bereits vorliegenden Analyseergebnisse anhand der Strukturskizzen.

Das **Material** Marmor ermöglicht durch die Härte des Steins Dauerhaftigkeit und Monumentalität. Das subtraktive Verfahren erfordert eine aufwendige, aber präzise Arbeitsweise, die eine differenzierte Gestaltung von **Wölbungen, Höhlungen** und Durchbrüchen zulässt. Skizzen 1 d und 2 a vermitteln einen Eindruck des Arbeitsaufwandes des Bildhauers, indem hier die maximale Größe der notwendigen Blockform für das Kunstwerk als **linienhaft-flächenhafte Erscheinung** simuliert ist. Die Form der Figur ist im Marmorblock enthalten und muss vom Bildhauer, so beschreibt es Michelangelo, stückweise befreit werden. Hieran wird deutlich, wie die Konzeption einer bildhauerischen Arbeit immer direkt an das Material, seine Form und Größe gebunden ist.

Ist die plastische Form herausgearbeitet, muss die Oberfläche des Steins bearbeitet werden. Die **Oberflächenstruktur** von Haut- und Muskelpartien ist beim „Gefangenen" überwiegend glatt gestaltet, sie wirkt dadurch weich, was der Wirkung von Haut und Gewebe (vgl. z. B. Brustwarzen), von durch die Haut durchscheinenden Knochen (vgl. Kniescheibe, Wadenbein) und von Muskelvolumen (vgl. Rückenmuskulatur, Bizeps) entspricht. Das **Licht** erzeugt auf so gestalteten Oberflächen weiche Körperschatten, die die Plastizität betonen und die Übergänge fließend erscheinen lassen.

Die seidig glänzende, helle Oberfläche erzeugt zudem den Eindruck einer auch der Farbigkeit des **Inkarnats** entsprechenden Stofflichkeit der Haut. Mit Ausnahme des Gesichts und der Haare, die abstrahiert (vgl. Haare) bzw. nicht so fein ausgearbeitet sind (vgl. Gesichtszüge), lässt das Material Marmor durch unterschiedliche Oberflächenstrukturen verschiedene Materialassoziationen zu: die Glätte der Haut, die Glätte angespannter Muskulatur, die rauere Oberfläche der Tücher und Fesselbänder, die gewellte, reliefartige Struktur der Haare sowie die grobe Struktur des Steins in der Stützkonstruktion und im Sockelbereich. Einen extremen Kontrast in der Oberflächentextur, der vorrangig in den Seitenansichten deutlich wird, zeigt das Material im Rohzustand, in seiner unmittelbaren Materialität direkt neben dem durch die Künstlerhand „verwandelten" Stein, der scheinbar lebendig und organisch den Körper veranschaulicht (siehe Skizzen 2 c und 3 a). Die teilweise sichtbaren Bearbeitungsspuren im Marmor geben der Gesamtskulptur etwas **Unvollendetes**.

In der Seitenansicht der Skulptur (Abb. 3) wirkt der Körper durch den Betrachtungswinkel fast wie ein **Torso**. Besonders die Brustpartie, die eindrucksvoll durch abwechslungsreiche Wölbungen und Höhlungen ausgearbeitet ist und durch das Band der Fessel scheinbar eingeschnürt wird, ist körperhaft plastisch modelliert und lässt den Oberkörper äußerst lebendig erscheinen. Und trotz des vermeintlichen Fehlens des rechten Arms wirkt dieses Teilstück in seiner anatomischen und proportionalen idealen Schönheit vollkommen (siehe Skizze 3 b).

3. *Hinweis: In der dritten Aufgabe sollen Sie unter Berücksichtigung aller bisher gewonnenen Untersuchungsergebnisse einen sinnvollen Deutungsansatz entwickeln. Dabei sollen weitere Kenntnisse zum Werk, zum Künstler wie auch zur kunstgeschichtlichen Epoche der Renaissance einfließen und Ihren Deutungsansatz stützen. Außerdem sollen Sie das sich in der Skulptur manifestierende Menschenbild erläutern und begründen.*

Während die eng an den Körper gepressten Arme und die kaum sichtbaren schmalen äußeren Fesseln an Brust und Oberarm Beleg sind für das Gefangensein, dem Titel der Skulptur entsprechend, veranschaulicht die Gesamtkörperhaltung der Figur ein statisches und ein dynamisches Moment – die standfest stehende Figur ist im Begriff, sich gegen die von außen auferlegten Bindungen aufzubäumen.

Der Freiheitsdrang, nachgewiesen durch die spiralförmige Bewegung des Oberkörpers, die entschlossene Zurückwerfung des Kopfes, die Gespanntheit der Muskulatur, wird ausgeglichen durch die statisch senkrechten Achsen des Standmotivs und der Stützkonstruktion sowie durch eine ruhige, eher ausdrucksarme Mimik. Dies entspricht einer idealisierten Darstellung bewegter und doch ausgewogener Körperlichkeit, die am Vorbild der **antiken Kunst** orientiert ist. Das Ideal antiker Schönheit spiegelt sich so auch im gefangenen, gefesselten Körper. Michelangelo betont den unversehrten jugendlichen Körper, der in seiner Dynamik auch innere Kräfte veranschaulicht und mobilisiert. Er greift auf **Idealproportionen** zurück und bestätigt damit das von der Renaissance neu geschaffene Menschenbild idealer klassischer Schönheit, zeigt aber im bewegten **Pathos** der Aktfigur, dass der Körper auch Ausdrucksträger innerer Befindlichkeit ist, wie er es in der Motivsprache der späthellenistischen Skulptur kennengelernt hat. Klassische Gestaltungsmittel wie Kontrapost, **Ponderation** und der **fruchtbare Augenblick** werden bei Michelangelo aufgegriffen und übersteigert, um auch die **innere Bewegtheit** auszudrücken.

Schon während seiner Studienjahre 1489 bei Bertoldo di Giovanni, einem Schüler Donatellos, hatte Michelangelo die Möglichkeit, die antike Skulptur zu studieren, denn Bertoldo war Leiter der Antikensammlung von Lorenzo il Magnifico. **Lorenzo de Medici** war bekannt für seine großzügige Förderung von Kunst und Literatur, er förderte auch Michelangelo und machte **Florenz** zur wichtigsten Stadt der Künste während der Renaissance. In Florenz kam Michelangelo am Hof der Medici in Kontakt mit dem Kreis der **Humanisten**, die von antikem philosophischem Gedankengut inspiriert waren. 1506 war Michelangelo in Rom bei der Auffindung der späthellenistischen „**Laokoon-Gruppe**" anwesend und war beeindruckt von Schönheit und Ausdruckskraft der antiken Skulpturengruppe.

Gleichzeitig zeigt die naturgetreue Ausgestaltung des Körpers des „Gefangenen", die stimmigen anatomischen Details und die proportionale Richtigkeit, sein nahezu wissenschaftliches Interesse am menschlichen Körper. Michelangelo setzte sich intensiv mit der Anatomie des Körpers auseinander, auch indem er Leichen sezierte. Wie seine Zeitgenossen Leonardo da Vinci oder Albrecht Dürer zeigte Michelangelo ein gesteigertes **universales Erkenntnisinteresse** am Körper des

Menschen und an der diesseitigen Welt. Mit dem Wissen um die Funktionen des menschlichen **Organismus**, dem Studium der **Anatomie** und **Physiognomie** gaben die Künstler dem menschlichen Körper in ihren Werken eine seit der Antike nie dagewesene physische Präsenz und organische Bewegtheit, verbunden mit idealer Jugendlichkeit, wie sie auch Michelangelos Skulptur zeigt. Als Bildhauer erweckt er den kalten, rauen Marmor zum Leben, zu etwas Organischem, zu einer Figur, die lebendig und gleichzeitig idealschön erscheint.

Eine naturalistische und gleichzeitig idealisierte, vollkommene Darstellung war das Ziel der Künstler in der Renaissance. Das Streben nach dem Schönheitsideal führte die Künstler zum Studium der Natur, aus dem nachfolgend Regeln und Gesetze für ein harmonisches System, für das Ideal, entwickelt wurden. So entstanden auch die verschiedenen **Proportionslehren**.

Das Menschenbild dieser Zeit war vorwiegend humanistisch und christlich von der Vorstellung geprägt, der Mensch sei der Mittelpunkt der Schöpfung, der Mittelpunkt des Universums. Die Humanisten hoben die Würde des Menschen hervor, seine Fähigkeiten, die es ihm ermöglichen, die Natur zu begreifen und sie in eine eigene Welt umzuformen. Mit diesen Lehren war Michelangelo schon früh am Hofe von Lorenzo il Magnifico in Florenz in Berührung gekommen, und diese Auffassungen spiegeln sich in seinem Bild vom Menschen, in seinen Skulpturen wider.

Michelangelo entsprach dem neuen **Künstlerbild** der Renaissance. Der Künstler ist Gelehrter, Forscher, „**Schöpfer**". Er ist nicht mehr nur der Handwerker, wie noch im Mittelalter. Die Rolle des Künstlers wird dem Wissenschaftler und Philosophen gleichgestellt. Die Kunst wird als ein Weg zur Entschlüsselung der Geheimnisse der Natur aufgewertet.

In seiner Auseinandersetzung mit dem Marmor spiegelt sich Michelangelos Temperament, sein ungestümes Wesen, aber auch sein künstlerischer Ansatz. Er will dem Stein die innewohnende Schönheit entreißen. Sein Ausspruch „Der beste Meister kann kein Werk beginnen, das nicht der Marmor schon umhüllt, gebannt in Stein, ..." macht deutlich, welche Ausdrucksdimension das Material, der Marmorblock, für ihn hat und welcher Anstrengung es bedarf, die Figur aus ihrem Steinkerker zu befreien. Oftmals scheitert er, lässt Statuen unvollendet und schafft so die für ihn typische Gestaltungslösung des **Non-finito**. Das Non-finito lässt den Steinblock teilweise unbearbeitet, unfertig und trägt durch diesen Kontrast gleichzeitig zur Ausdrucksstärke der Figur bei. Wie in der vorliegenden Skulptur stehen ausgearbeitete Details des menschlichen Körpers im Kontrast zu weniger bearbeiteten Bereichen, die die Materialität des Marmors sichtbar machen. Der Kontrast betont mit Intensität die körperliche Schönheit der bereits befreiten, ausgearbeiteten anatomischen Partien und steigert gleichzeitig die Expressivität der Gesamtform.

Vieles ließ Michelangelo unvollendet, ob nun beabsichtigt oder aus anderen Gründen, auch führte er viele Projekte nicht in der ursprünglich konzipierten Weise zu Ende. Der „Gefangene" präsentiert sich dem heutigen Betrachter als eine einzelne, freistehende Figur, doch entspricht dies nicht den ursprünglichen Absichten des Künstlers. Entstanden ist die Figur als Teil eines monumentalen, für **Papst**

Julius II. bestimmten Grabmals, das dieser 1505 in Auftrag gab. Der „Gefangene" war mit einer motivähnlichen Figur, dem „Sterbenden Sklaven", und der Figur des „Moses" bereits im ersten Entwurf von 1505 wie auch im zweiten, vereinfachten Entwurf von 1516 enthalten. 1513–16 schuf Michelangelo die Figuren, allerdings wurde nur die Mosesfigur für das erst 1545 fertig gestellte Grabmal verwendet.

Schon die zeitgenössischen Interpreten waren sich nicht einig, welche Bedeutung den Figuren im unteren Geschoss des Grabmals, dem „Sterbenden Sklaven" und dem „Gefangenen" (heute auch „rebellischer Sklave" genannt), zukommt. Der Michelangelo-Biograf Condivi deutet die Figuren als **Allegorien** der Kunst. Durch den Tod des großen Kunstförderers Papst Julius II. habe die Kunst ihre Freiheit der Entfaltung verloren, sie sei in Fesseln gelegt, sie drohe zu sterben.

Laut **Vasari**, dem bekanntesten italienischen Künstlerbiografen der Renaissance, sollten die Figuren die heidnischen Völker symbolisieren, die schließlich den wahren Glauben erkennen und sich damit von ihrer Fesselung befreien. Da Michelangelo bei beiden „Gefangenen" auf Attribute verzichtete, ist eine eindeutige Identifikation nicht möglich.

Welche **ikonografische** Bedeutung den Figuren als Einzelfiguren nach ihrer Herauslösung aus dem Konzept des Grabmals zukommt, bleibt ebenso offen. Michelangelo verlieh ihnen allgemeingültige Züge des Leidens und des Sich-Befreien-Wollens und ermöglicht so dem Betrachter Freiräume in der assoziativen Deutung der Figuren.

So betrachtet könnte man die vorliegende Skulptur als eine für das **anthropozentrische Weltbild** der Renaissance programmatische Figur deuten: Wir erleben einen Menschen, der sich in seinem Streben nach höchster Vollendung dank seines idealisierten, jugendlich-muskulösen, wohlproportionierten Körpers und mittels der Kraft seiner inneren, seiner geistigen Stärke aus seinen Fesseln zu befreien sucht.

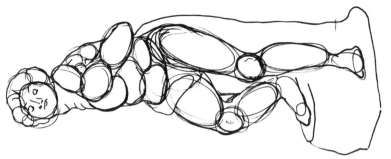

Skizze 1 c: Teilvolumen

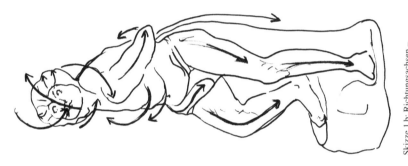

Skizze 1 b: Richtungsachsen – Körperdrehung, Richtungsachsen – Standmotiv

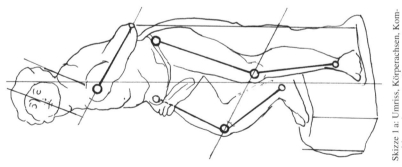

Skizze 1 a: Umriss, Körperachsen, Kompositionsachsen – parallele Schrägen, Statikachse – parallele Senkrechten

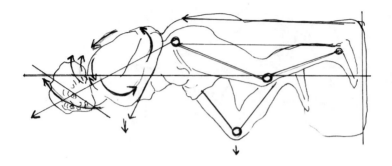

Skizze 2 b: Körperachsen, Statikachse – parallele Senkrechte, Körper-Raum-Beziehungen – Diagonale / Gegendiagonale / Oberkörper – Kopf, blickführende Linien / Pfeile

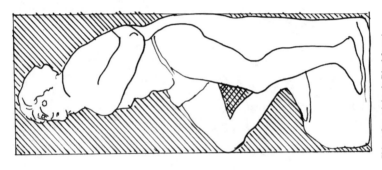

Skizze 2 a: minimale Blockform / Fläche, Durchbruch

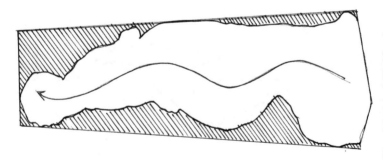

Skizze 1 d: minimale Blockform / Fläche, Umrissanalyse / Flächenform, imaginärer Flächenverlauf

Skizze 3 b: Torsoanmutung. Non-finito

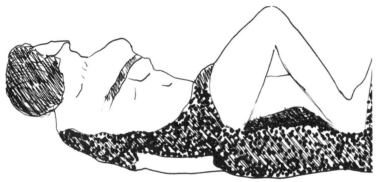

Skizze 3 a: Oberflächenstrukturen, Non-finito

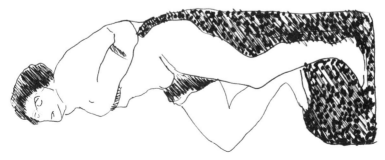

Skizze 2 c: Oberflächenstrukturen, Non-finito

**Abiturprüfung NRW 2012 – Kunst Leistungskurs
Aufgabe 1**

*Bezüge zu den Vorgaben:
Natur- und Menschenbilder in der Kunst
– Bildnerische Gestaltungen als Spiegel und Reflexion gesellschaftlicher Normen
und Vorstellungen*
- *Das neue Selbstbewusstsein des Menschen in der Malerei Holbeins d. J.*
- *Inszenierungen von Identitäten im Werk Cindy Shermans*

*Fachliche Methoden
– werkbezogene Form- und Strukturanalysen einschließlich Strukturskizzen
– werkexterne Zugänge zur Analyse und Interpretation*

Aufgabenstellung

Punkte

1. Beschreiben Sie beide Bilder vergleichend. Nutzen Sie dabei den beigefügten Textauszug als Zusatzinformation.
   12

2. Analysieren Sie die formale Gestaltung der Bilder.
   Fertigen Sie zunächst analytische Skizzen zur kompositorischen Gliederung der Bildfläche durch Farbe und Form an.
   Erläutern Sie anschließend Ihre hierdurch gewonnenen Erkenntnisse und vergleichen Sie diese.
   46

3. Interpretieren Sie auf der Grundlage Ihrer Analyseergebnisse beide Bilder, indem Sie vergleichend auf die Gestaltung der Motive eingehen. Erläutern Sie weiterhin das Darstellungsinteresse der Bildautoren vor dem jeweiligen zeitlichen Hintergrund.
   32

Materialgrundlage
Bildmaterial:
Abb. 1: Hans Holbein d. J., „Darmstädter Madonna", um 1525/26 und 1528/29 überarbeitet, Öl auf Holz, 146,5 × 102 cm, Johanniterhalle, Schwäbisch Hall
Abb. 2: Cindy Sherman, „Untitled # 223", 1990, Fotografie, 147,3 × 106,7 cm

Textmaterial:
Erläuterungen zu Abbildung 1:
Die Madonna steht auf einem teppichbedeckten Podest in einer von herausragendem Mauerwerk flankierten Muschelnische. Sie ist umgeben von der Familie des Stifters. Zu ihrer Rechten kniet der Stifter Jakob Meyer, vor ihm vermutlich zwei seiner Söhne. Zur Linken Marias knien drei Frauen mit Rosenkränzen (Zählkette für das vielteilige Rosenkranzgebet) in den Händen. Der Gottesmutter am nächsten und durch Haube, Kinnbinde und Umhang fast ganz verhüllt Meyers erste Frau, die 1511 verstorbene Magdalena Baer. Davor ist Meyers zweite, noch lebende Gattin, Dorothea Kannengießer, dargestellt. Vor ihr die Tochter Anna, deren Haare unter einer sogenannten „Jungfernschapel" hochgesteckt sind und sie als heiratsfähig ausweisen.
Im Hintergrund sind Zweige eines Feigenbaumes abgebildet, die als ein Symbol für Erlösung stehen.
(Nach: Norbert Wolf: „Hans Holbein d. J.", Köln: Taschen Verlag 2006, S. 55)

Zugelassene Hilfsmittel
- Wörterbuch zur deutschen Rechtschreibung
- Skizzenpapier, Transparentpapier, Farbstifte, Bleistifte, Lineal

Abb. 1: Hans Holbein d. J., „Darmstädter Madonna", um 1525/26 und 1528/29 überarbeitet, Öl auf Holz, 146,5 × 102 cm, Johanniterhalle, Schwäbisch Hall

Abb. 2: Cindy Sherman, „Untitled #223", 1990, Fotografie, 147,3 × 106,7 cm

Lösungsvorschläge

1. *Hinweis: Beschreiben Sie in dieser Aufgabe, was Sie im Holbein-Gemälde und in der Sherman-Fotografie sehen. Beziehen Sie dabei die textliche Zusatzinformation zur Holbein-Tafel mit ein. Geben Sie sachlich Ihren ersten Gesamteindruck wieder und vermeiden Sie subjektive Urteile. Beginnen Sie mit Ihrer Beschreibung beim Hauptmotiv und gehen Sie dann auf die Nebenmotive ein. Stellen Sie Gemeinsamkeiten wie auch Unterschiede der Inhalte beider Bilder heraus.*

Das von Hans Holbein d. J. um 1525/26 (und 1528/29) in Öl auf Holz detailgetreu gemalte **Tafelbild** „Darmstädter Madonna" mit den Maßen 146,5 × 102 cm befindet sich in der Johanniterhalle in Schwäbisch Hall. Das oben in einem eingezogenen Halbkreis geschlossene Tafelbild zeigt die stehende Gottesmutter nahezu in frontaler **Gesamtansicht** mit dem Christuskind auf dem Arm im Zentrum des Bildes vor einer steinernen Nische, die hinter und über ihrem Kopf mit einer braunmarmorierten Muschel abschließt.

Um ihr dunkelblaues, faltenreiches Kleid aus Samtstoff mit weiten zweiteiligen Ärmeln herum trägt Maria einen scharlachroten, vor dem Bauch geknoteten Gürtel, der lose herabfällt. Ein ebenfalls scharlachrotes, schmales Band hält, befestigt an großen runden Goldknöpfen, den weiten, dunkelgrauen Umhang, der sich um die Schulter der Madonna legt. Ihr **Dekolleté** ziert eine zart goldene Brosche, die Unterarme sind mit einem goldfarbigen, glänzenden Stoff bedeckt. Ihren Kopf krönt eine goldene, perlenbesetzte Bügelkrone, unter der ihre goldblonden Haare wellig auf die Schulter fallen. Unterhalb des weiten Gewandes schaut die mit einem schwarzen Schuh bekleidete Spitze ihres rechten Fußes hervor. Maria hält den Kopf geneigt und blickt mit halbgesenkten Lidern nach unten auf das nackte Jesuskind, das auf ihrem linken Arm sitzt. Es stützt den rechten Arm und Kopf an ihre Schulter und deutet mit dem ausgestreckten linken Arm nach vorn. Maria hält es mit beiden Händen, die locker übereinander gelegt sind, an sich. Das Gesicht des Kindes ist von blonden Locken umrahmt, sein Blick ist ernst.

Einem **Schutzmantel** gleich öffnet sich Marias Umhang und beschirmt die links und rechts zu ihren Füßen knienden Personen. Zu ihrer Rechten befindet sich der betende Stifter Jakob Meyer, der im **Halbprofil** mit gefalteten Händen auf die Madonna blickt. Begleitet wird er von einem aufwendig gekleideten Knaben, der ein unbekleidetes Kleinkind zärtlich an Schulter und Brust festhält und bei seinen noch etwas unbeholfenen Gehversuchen zu stützen scheint. Es handelt sich vermutlich um zwei Söhne Jakob Meyers. Zur Linken Marias knien drei Frauen in **Profil**- bzw. Halbprofildarstellung. Sie tragen Rosenkränze (Gebetsschnüre für das vierteilige Rosenkranzgebet) in ihren Händen. Der Gottesmutter am nächsten ist Meyers 1511 verstorbene erste Frau Magdalena Baer, die durch Haube, Kinnbinde und Umhang fast ganz verhüllt ist. Davor knien seine zweite, noch lebende Gattin Dorothea Kannengießer und die gemeinsame Tochter Anna. Während Magdalena Baer und Dorothea Kannengießer als verheiratete Frauen im schwarzen, pelzverbrämten Sonntagsstaat und „unter der Haube" dargestellt sind, trägt die noch unverheiratete Anna zu einem aufwändig mit Silber und Gold bestickten

weißen Kleid eine kostbare Kopfbedeckung, die einen Teil der zum Zopf geflochtenen, hochgesteckten Haare sichtbar macht. An diesem sog. Jungfernschapel sind rote und weiße Nelkenblüten sowie Rosmarinzweiglein aufgesteckt.
Die acht Figuren auf dem Bild halten keinen **Blickkontakt** zueinander. Sie wirken alle seltsam unbeteiligt. Nur der aufblickende Jakob Meyer scheint in bewusster Beziehung zu Maria und dem Kind zu stehen.
Links und rechts im **Bildhintergrund** neben der prachtvoll ausgestalteten Muschelnische sind Zweige eines Feigenbaums vor blauem Himmel zu erkennen. Im **Bildvordergrund** ist ein Podest zu sehen, auf dem die Figuren stehen. Dieser ist mit einem kostbar ornamentierten Teppich bedeckt. Zu Füßen der Maria wirft er eine auffällige Falte und unterstreicht damit die **wirklichkeitsgetreue** Malweise.
Die **Farbfotografie** von Cindy Sherman aus dem Jahre 1990 im **Hochformat** (Maße 147,3 × 106,7 cm) mit dem Titel „Untitled #223" zeigt eine Frau mit Kind: In sitzender Position im Halbprofil füllt ihr Oberkörper vor sehr dunklem **Hintergrund** mit angedeuteten floralen Elementen das Bildformat. Sie trägt ein rotes, am Ausschnitt hochschließendes Kleid, über das ein blauschimmernder Umhang fällt. Um den Kopf hat sie einen gelb-rot-schwarz gemusterten Schal geschlungen, unter dem zum Teil ihr braunes, glattes, am Mittelscheitel geteiltes Haar zum Vorschein kommt. Ihr Gesicht ist an den markanten Stellen (Nasenrücken, Wangenknochen) auffallend weiß gepudert. Augenlider und Lippen sind geschminkt, die Brauen künstlich nachgezogen. Sie hält ihren Kopf geneigt und blickt auf das Kind, das vollkommen mit einem weißen Tuch verhüllt ist. Lediglich die winzigen Hände und Füße sind sichtbar. Es wird von der Frau mit beiden Händen gehalten. Mit der linken stützt sie seinen Rücken und drückt es an sich bzw. an eine Brustprothese, die auf das rote Kleid aufgesetzt ist; mit der rechten Hand gibt sie ihm von unten Halt. Rechts vom Kind ist in der unteren Bildhälfte noch ein Streifen des schwarzen Hintergrunds zu sehen. Auf der linken Bildseite ist der Hintergrund vom Oberkörper der Frau verdeckt.

2. *Hinweis: In dieser Aufgabe sollen die Bilder nachvollziehbar auf ihre Farb- und Formkomposition hin analysiert werden. Dies soll ausgehend vom zentralen Hauptmotiv, der Erfassung der zentralen Kompositionslinien und der räumlichen Situation aufgezeigt werden. Dazu dienen die Skizzen als praktisch-rezeptives Verfahren der Bildanalyse. Sie sollen von Ihnen schlüssig als Analyseinstrument angewandt werden und Ihre formale Bildbeschreibung angemessen unterstützen. Im Anschluss daran vergleichen Sie Ihre analytischen Ergebnisse miteinander.*

Maria, die im Zentrum des Bildes steht, ragt über den eigentlichen Bildrahmen hinaus: Auf das breite rechteckige **Bildformat** wurde hierzu ein **Halbkreis** aufgesetzt, dessen Durchmesser in etwa der Hälfte der Bildbreite entspricht. Die Bildfläche wird gegliedert durch die überlappende Anordnung der Figuren um die zentrale Madonnenfigur. Dadurch wird die **Vertikale** betont wie auch die dreieckige **kompositorische Grundform:** Der Schutzmantel Marias bildet die äußeren Konturen einer gedachten Pyramide. Die Position aller Figuren stellt außerdem einen Kreis bzw. ein Oval dar, in dem Maria die oberste Position einnimmt. In der **Konstellation** der Stifterfiguren zu ihrer Rechten wird die **Dreiecksform** erneut aufgegriffen. Auch der Gürtel Marias betont die **Bildvertikale**. Darüber hinaus zerteilt er das Bild optisch in zwei Hälften.

Der Frauengruppe fällt etwa ein Drittel des **Bildraums** zu, den männlichen Figuren etwa die Hälfte. Sie sind, der Größe nach angeordnet, zur vorderen Mitte hin versetzt und bilden so eine zur Bildmitte hin ausgerichtete **Diagonale**. Öffnet sich die Männergruppe zum Betrachter hin, so ist die Frauengruppe mehr abgewandt. Nur die etwas nach rechts gerückte mittlere Figur, Dorothea Kannengießer, wendet sich dem Betrachter ein wenig zu. Insgesamt überwiegt aber der Eindruck der Öffnung des Motivs nach vorne zur **Bildmitte** hin. Nach oben wird es durch die Muschelnische geschlossen, an den Seiten durch die sich gegenüberstehenden Figurengruppen begrenzt. Dieser kompositorische Aufbau führt zur Rahmung und Betonung des **Hauptmotivs**: Madonna mit dem Kinde.

Kopf und Arme von Maria, die das Jesuskind halten, nehmen einen eigenen, fast abgetrennten Bildraum oberhalb der Stifterfigurengruppe ein. Vervollständigt man gedanklich das Halbrund der Muschelnische, die den Kopf Marias umfängt, zum Kreis, so entsteht ein **rundes Medaillon** mit Maria und dem Kind im Zentrum. Den Mittelpunkt dieses Kreises bildet die goldene Brosche am Ausschnitt ihres Kleides, unten kreuzt die Kreislinie den Knoten des roten Gürtels. Der Gürtel gliedert damit erneut den Bildraum, indem er nun den oberen Bereich vom Rest, in dem sich die Stifterfamilie befindet, abteilt. Betont wird dieser Eindruck noch durch die konkav ausgewölbte Muschelform, die zusammen mit dem nach vorne ausgestreckten Arm des Jesuskindes die Form einer Kugel andeutet. Skizze 1 veranschaulicht diese Erkenntnisse.

Dadurch, dass Jakob Meyer als einzige der Figuren aufblickt zur Madonna mit dem Kind, ist seine Beziehung „nach oben" auch formal eine verbindlichere. Die anderen Figuren senken den **Blick** und/oder schauen ins Unbestimmte. So auch das Jesuskind, das aus dem Bild herausschaut, aber nichts Bestimmtes fixiert. Nur die verstorbene Frau des Stifters blickt ihn, Meyer, direkt an (vgl. Skizze 1).

Der gleichmäßige **Farbauftrag** unterstützt die ausgewogene **Bildkomposition**. Starke **Hell-Dunkel-Kontraste** rufen die weißen Kleidungsstücke in der rechten Figurengruppe (weißes Kleid der Tochter, weiße Hauben der Ehefrauen) sowie die Hautfarben aller Figuren im Gegensatz zur dunklen Kleidung der Madonna im Zentrum hervor. Die hellen **Inkarnattöne** vermögen dabei die Konzentration auf die Gesichter zu steigern. Durch die Kleidung der Frauen wirkt die rechte Seite insgesamt heller. Da in beiden Gruppen je die vorderste Figur am Hellsten erscheint, wird die **Tiefenwirkung** des Bildes verstärkt.

Noch weiter vorne als diese beiden Figuren liegt optisch die Teppichfalte. Die gestaffelten Figurengruppen komplettieren das Bildtiefe erzeugende Oval. Der **Bildvordergrund** wird optisch auch durch das kleinteilige Muster sowie die überwiegend **warmen Farbtöne** des Teppichs „nach vorne geholt". Zur Bildmitte hin sind die Farben der Gewänder dunkel und kalt (dunkelblau, schwarz, dunkelgrün). Überwiegt diese Farbgruppe (zu den Gewändern kommen der architektonische Aufbau in Grau sowie der hellblaue Himmel und die grünen Zweige hinzu) **quantitativ** in der **Farbkomposition**, stellen die warmen Farbtöne einen deutlichen Qualitätskontrast dar: Die Rot- und Goldtöne des Teppichs finden sich im Gewand des Knaben links wieder. Die Farbe Gold leuchtet außerdem kräftig in Marias Krone und den Blusenärmeln. Diesen goldgelben Farbton zeigen, wenn auch in etwas abgemilderter Weise, auch ihre Haare, der Haarschopf des Christuskindes und der beiden Stiftersöhne sowie der „Jungfernschapel" Annas und ihr bestickter Kragen. Besonders auffällig sind neben dem roten Gürtel der rote Strumpf des Knaben, der rote Rosenkranz Annas, ihr rotes Haarband und das rote Band, das Marias Umhang vor ihrer Brust zusammenhält. Diese scharlachroten Gegenstände beschreiben in etwa ein Dreieck, das beide Seiten des Bildes mit der zentralen Madonnengestalt verbindet. Skizze 2 verdeutlicht den Farbeinsatz der kalten und warmen Farbtöne sowie die Hell-Dunkel-Verteilung.

Der Teppich im Vordergrund erzeugt nicht nur Bildtiefe, sondern hat noch weitere Funktionen: Dient der kostbare Orientteppich inhaltlich der Nobilitierung der Madonna, bezieht er dadurch, dass er sich über die volle Breite des Bildes erstreckt, auch formal die Stifterfamilie in den intimen Raum der Marienszene mit ein (vgl. Skizze 1). Unterstützt wird der Eindruck der **Zusammenführung** durch den überwiegend goldbraunen Farbton des Teppichs, der in der Muschel im oberen Bildabschluss wieder auftaucht; er hält das Bildgeschehen optisch zusammen.

Ein besonderer Kunstgriff gelang Holbein überdies mit der von links vorne nach rechts verlaufenden **Teppichfalte:** Sie führt den Blick des Betrachters nach oben zum Gürtel Marias und schließlich zum zentralen Hauptmotiv, Madonna mit dem Kind. Zudem bringt die Falte ein **Moment der Bewegung** ins Bild, so, als hätten sich die knienden Personen eben erst dort niedergelassen und dabei versehentlich den Teppich verrutscht und als wäre Maria gerade erst hinzugekommen; ihr Kleidsaum schwingt noch aus, sogar ihre Fußspitze schaut noch hervor.

Die Formanalyse von „Untitled #223" von Cindy Sherman (vgl. Skizze 1) zeigt, dass die Künstlerin mit dem Bildaufbau eine klassische Dreieckskomposition inszenierte. Die Dreiecksspitze liegt auf dem Gesicht der Frau, sodass die **Blickachsen** auf dieses hinführen. Durch das Weiß des verhüllten Kindes ist zudem eine **vertikale** Richtung im Bild gegeben. Zusammen mit der leichten **Untersicht** auf das Gesicht der Frau – der Betrachter befindet sich etwa auf ihrer Brusthöhe – werden so die Größe und das Aufrechte ihrer Erscheinung betont. Folgt man ihrer **Blickrichtung**, die auf das säugende Kind fällt, so wird der Blick des Betrachters über die linke Hand, die ungefähre **Parallele** der rechten Hand und des Arms bis zur Schulter und wieder hinauf zum Kopf gelenkt. Diese Linienführung beschreibt ein schräg ins Bild gesetztes Oval. Zusammen mit den starken Hell-Dunkel-Kontrasten erzeugt diese in den **Bildaufbau** gezogene **diagonale** Ausrichtung eine **Dynamik**, die den vordergründig statischen Bildaufbau durchbricht. Skizze 1 veranschaulicht dies wie auch die weiteren **Rundformen** im Bild: den Kopf des Kindes, die linke Hand der Frau, die Brustprothese, die Verknotung des Tuchs auf ihrem Kopf. Die ovalen und runden Formen steigern die Lebendigkeit der Komposition und schaffen zudem **Raumtiefe**, z. B. das große Oval, das vom linken Arm der Frau ausgehend nach hinten in den **Bildmittelgrund** zieht. Die

Neigung des Kopfes zeichnet in der Formkomposition ein weiteres Oval nach. Seine Position sowie die **Körperlichkeit** der Frau von der Brust abwärts, insbesondere die im Bild nach rechts unten verlaufende Beinposition, wirken ungelenk, fast wie verkehrt zusammengefügt. Das eingeschriebene **Dreieck** in der Komposition ist es, das die Ruhe und Konzentration im Bildaufbau ausmacht.
Unterstützt wird der artifizielle körperliche Eindruck durch das unnatürlich weiß geschminkte Gesicht der Frau. Wie bei einer Porzellanfigur sind Augen- und Mundpartie maskenhaft nachgezeichnet. Ihr Gesichtsfeld wird durch diesen hellen Farbton stark betont, so wie auch das Kind, eingehüllt im grellweißen Stoff, deutlich hervorgehoben wird. Fast kann man den Eindruck gewinnen, die Farbe des Tuchs würde sich im Gesicht der Mutter widerspiegeln. Die formale Verbindung beider Figuren wird damit unterstrichen.
Der starke Hell-Dunkel-Kontrast in der Fotografie gehört zur klassischen Farbkomposition, die die Künstlerin für ihre **Inszenierung** wählte. Auch die Farbverteilung von Blau, Rot und Weiß entspricht der, die man in den Madonnenbildern der Renaissance vorfindet. Die Farbbereiche sind dabei deutlich voneinander abgegrenzt und durch den extrem dunklen Hintergrund hervorgehoben (vgl. Skizze 2). Die bereits erwähnte leichte körperliche Unförmigkeit der Frau könnte auch evoziert werden durch das Blau des Umhangs und das Rot des Kleides: Tritt das kühle Blau optisch zurück, drängt das leuchtend warme Rot in den Vordergrund. Dadurch, dass Arm und Schulterpartie sich räumlich aber vor dem Kleid befinden, tritt ein optisches Unbehagen ein. Der etwas ins Rot changierende Seidenstoff des Umhangs vermag diesen Eindruck geringfügig abzumildern.
Die in ihrer Formgebung **detailreichen Partien** wie die linke Hand, das geschlungene verknotete Kopftuch und der faltenreiche Umhang sind auch durch eine vielfältig **differenzierte Farbgebung** herausgehoben.
Die im Bild verteilten Lichtakzente, Reflexionen auf dem Gesicht der Frau, ihrem Umhang, der Brustprothese, den Händen und dem Stofftuch des Kindes, zeigen, dass die **Lichtquelle** rechts außerhalb des Bildraums liegt. Zu dieser wendet sich die Frau mit einer leichten Körperdrehung. Das Kind hält sie dem Licht entgegen. Durch die etwas nach vorne geschobene rechte Körperpartie der Frau öffnet sich die gesamte Komposition nach rechts. Der Eindruck der Öffnung wird unterstützt durch die helle, kontrastreiche Farbe, die fast zwei Drittel des rechten Bildraums ausmacht im Gegensatz zur dunklen, kühlen Farbigkeit in der linken Bildpartie.
Vergleicht man die Arbeiten Holbeins und Shermans, lassen sich **motivisch-thematische** („Madonna/Frau mit Kind", vgl. Aufgabe 3) wie **formale** Gemeinsamkeiten feststellen. So zeigen sich in der Form- und Farbkomposition Übereinstimmungen: In beiden Bildern wird die **Mittelsenkrechte** durch die Ausrichtung der Madonna/Frau betont und beide Künstler wählten die **Dreieckskomposition** für ihren Bildaufbau. Die oval eingeschriebene Ellipse, die Shermans **Inszenierung Tiefenraum** und Lebendigkeit verleiht, ist in ihrer Funktion vergleichbar mit der **gestaffelten Figurengruppe** zu Füßen der Madonna in Holbeins Bild. Auch diese vermag die Komposition aufzulockern und **Raumtiefe** zu schaffen.

Die Farben nehmen in beiden Werken eine besondere Rolle ein, indem sie die Bilder gliedern in helle rechte Bildpartien (Holbein: Hauben der Frauen, weißes Kleid der Tochter/Sherman: Tuch des Kindes) und die **Bildvertikale** unterstreichen (Holbein: roter Gürtel/Sherman: rotes Gewand). Der **Hintergrund** – hinter dem Kopf Marias bzw. der Frau – ist in beiden Werken kaum ausgestaltet. Dadurch, wie auch durch die wenigen, dafür gezielt gesetzten **Farbakzente** und starken **Farbkontraste**, treten die Figuren in den Bildern deutlich hervor. Der **Betrachterstandpunkt** bewirkt eine weitere Steigerung dieses Eindrucks: Der Blick in das Gesicht Marias bzw. der Frau ist in beiden Werken in leichter **Untersicht** angelegt. Die Hauptfiguren (Madonna/Frau und Kind) erscheinen so erhabener. In beiden Bildern wenden sie sich vom Betrachter aus gesehen nach rechts, wodurch sich die Kompositionen leicht dorthin öffnen. Der **Lichteinfall** im Werk Holbeins (gut zu beobachten an der Steinarchitektur links und rechts der Muschelnische) fällt hingegen von links ins Bild und nicht wie bei Sherman von rechts. Gemeinsam ist beiden Werken die Symbolhaftigkeit der Farbgebung. Die Farben Weiß, Blau und Rot werden inhaltlich aufgeladen (vgl. Aufgabe 3).
Neben diesen Gemeinsamkeiten lassen sich aber auch Unterschiede ausmachen. So entsteht durch Shermans **Ausschnitthaftigkeit** und die **Beschränkung** allein auf die Frau mit Kind eine größere **Direktheit** in der Werkinszenierung. Dieser Eindruck wird verstärkt durch die starke Akzentuierung mit **Helligkeit**, wie sie im Gesicht der Frau und im ungebrochenen Weiß vom Tuch des Kindes sichtbar wird. Zwar treten **Farbkontraste** auch im Tafelbild Holbeins auf, doch sind diese im farblichen Gesamtkontext wesentlich mehr eingebunden. Gut beobachten lässt sich dies etwa an den hellen Farbakzenten, die nicht nur bei der Madonna mit Kind zu sehen sind, sondern sich auch in den Stifterfiguren (Inkarnatstöne und Kleidung) wiederfinden. Sie sind damit recht gleichmäßig über das Bild verteilt.
Neben der grundsätzlich verschiedenen Bildtypendarstellung (Ganzkörperfigur der Madonna/Bruststück der Frau) sind die Maße der Werke annähernd identisch, wenn auch ihre Formen durch die ungewöhnliche Auswölbung im Werk Holbeins unterschiedlich sind. Und letztlich ist natürlich die Verschiedenheit der **Materialität** signifikant: Holbein malte in Öl auf Holz, Sherman inszenierte ihr Bild als Farbfotografie.

3. *Hinweis: Berücksichtigen Sie bei der Interpretation der Bilder die bisher gemachten Erkenntnisse auf Basis der formalen Werkanalyse aus Aufgabe 2. Gehen Sie darüber hinaus nun vergleichend auf die Motivgestaltung ein, indem Sie Ihre Erkenntnisse zur Gestaltungs- sowie Motivintention Holbeins und Shermans einbeziehen. Dabei hilft Ihnen Ihr kunstgeschichtliches Wissen über die Künstler und ihre Zeit. Berücksichtigen Sie auch die Absichten, in der die Künstler ihre Arbeiten erstellt haben mögen.*

Das ganzfigurige Tafelbildnis der „Darmstädter Madonna" weist in Komposition und Malstil Hans Holbein d. J. deutlich als Maler der Renaissance aus. Dürfte die Hauptfunktion des **Auftragswerks** die eines religiösen Andachtsbildes gewesen sein (die Schutzmantelmadonna stellte zu jener Zeit einen weit verbreiteten traditionellen Bildtypus dar), so ist die Bildgattung dennoch nicht eindeutig zuzuordnen. Anders als damals in **Stifterbildnissen** üblich, ist der Stifter hier mit seiner Familie nicht mehr winzig klein dargestellt, sondern nur noch in kniender Position vor der Madonna mit dem Kind. Dadurch, dass der traditionelle Größenunterschied fehlt, streift Marias Schutzmantel den Stifter nur noch lose. Ungewöhnlich ist auch die direkte Einbeziehung der Stifterfamilie ins göttliche Geschehen. Verursacht wird dies durch das Fehlen weiterer Heiligenfiguren. So lässt sich als Bildtypus auch der des Familienporträts feststellen. Besonders deutlich wird dies, wenn man die **idealisierten Gesichtszüge** Madonnas mit den **charakteristischen Porträts** der Stifterfamilie vergleicht. Holbein war zu dieser Zeit bereits ein berühmter Porträtist, der in Europa viel herumkam und Porträts im Auftrag verschiedener Höfe und Fürstenhäuser malte. Das Bild mit seinen **symbolisch** aufgeladenen Porträts weist schon auf seine späteren erfolgreichen Jahre als Porträtist am englischen Königshof hin. Die unterschiedliche Hautfarbe der dargestellten Figuren lässt sich als Hinweis auf ihre familiäre bzw. göttliche Rolle interpretieren. So sind die Gesichter der drei Kinder, Marias sowie des Christuskindes mit einem sehr hellen, fast weißen **Inkarnatston** gemalt, der – wie das weiße Kleid Annas – als Symbol für Unschuld, Frömmigkeit und Reinheit verstanden werden kann. Jakob Meyer und die beiden Frauen weisen hingegen einen dunkleren Hautton auf – vermutlich als Verweis auf ihre bereits verlorene Unschuld.

Mit der Darstellung der Madonna stehend vor der Muschelnische und der Anordnung der Stifterfiguren erinnert das Werk neben dem traditionellen Typus der Schutzmantelmadonna auch an den weit verbreiteten der *Sacra Conversazione,* der stehenden Madonna vor dem Thron. Das Nicht-Sichtbar-Machen des Throns kann dabei als Innovation Holbeins verstanden werden, wie auch der Mantel der Madonna, der sich nicht mehr wie bisher üblich zeltartig über den Köpfen der Stifter ausbreitet. Die Muschel als oberer Bildabschluss und als Rahmung einer stehenden Figur ist hingegen in der Renaissancemalerei als Zitat aus der Antike häufiger anzutreffen. Sie vermag in diesem Kontext auf die Perle und damit auf die Vollkommenheit, die Jungfräulichkeit Mariens hinzuweisen: Die Perle wächst in der Muschel, ohne die Muschelschale zu verändern. **Traditionell** ist auch die kostbare blaue Farbe von Marias Gewand, die zusammen mit den Goldärmeln als Symbol für das Himmelreich steht. Den Verzicht auf einen Heiligenschein zugunsten einer goldenen Krone findet man auch auf anderen Andachtsbildern des 16. Jh. Die wertvolle Krone unterstreicht ihre **königlich-göttliche Rolle**.

Rechts und links hinter dem Mauerwerk deutete der Maler einen Garten mit Feigenbäumen an. Dieser kann als *hortus conclusus* als Metapher für den Garten Eden gelten, in dem die Feigenzweige als **Symbol** für die Erlösung stehen.

Das nackte Jesuskind, das sich, an seine Mutter geschmiegt, vom Betrachter abwendet und ihm abwehrend seine linke Hand entgegenstreckt, kann als Hinweis gegen die **Reformation** verstanden werden, die sich für eine inhaltliche Trennung von Maria und Jesus ausgesprochen hatte (mehr dazu später).

Die im Bild an verschiedenen Stellen auffallend kräftige Farbe Rot hat neben ihrer formalen (vgl. Aufgabe 2) auch eine symbolische Funktion: Sie weist auf das Blut und die Passion Christi hin. Der Gürtelknoten, der im optischen Zentrum der Komposition steht, stützt diese **Interpretation:** Das Jesuskind deutet mit einem Fuß direkt auf diese Gabelung, die ans Kreuz erinnert. Dies kann als Verweis auf seine künftige Passion verstanden werden.

Mit der warmherzigen, dem Jesuskind innig verbundenen Mutter einerseits und der majestätischen, mit königlichen Attributen ausgestatteten Maria andererseits folgte Holbein noch ganz dem traditionellen Verständnis der Marienfigur im katholischen Glauben. Durch die **kompositorische Einheit** aller Figuren wie auch die prachtvolle Kleidung der Stifterfamilie stellte Holbein jedoch auch die Zugehörigkeit der Familie zum Kreise der Heiligen und Mächtigen dar. Das Werk überträgt damit die reale Situation einer tiefgläubigen Stifterfamilie (dafür sprechen die charakteristischen Porträts sowie die aufgezeigte „Familienchronik" mit der verstorbenen und der noch lebenden Ehefrau) in eine Bildsprache, die einen **repräsentativen** und für seine Zeit **innovativen Charakter** aufweist.

Vergleicht man nun im Zuge der Interpretation die Gestaltung des Bildmotivs bei Holbein mit Shermans Farbfotografie „Untitled #223", liegt beiden Bildern auf den ersten Blick eine hohe **Abbildhaftigkeit** zugrunde. Die Vorstellungen einer Marienfigur werden auch bei Sherman in Farb- und Formkomposition transportiert, indem sie sich auf die bildnerische Tradition bezieht: Ihre Frau mit Kind ist im traditionellen roten Gewand mit blauem Umhang zentral ins Bildgeschehen gesetzt. Das Kind ist in ein weißes Tuch gehüllt. Die Licht- und Farbakzente sowie Hell-Dunkel-Kontraste unterstreichen die symbolhafte, auf traditionelle religiöse Darstellungen zurückgreifende Farbgebung. Auch Haltung und Positionierung der Mutter mit dem Kind nehmen Bezug zu typischen Mutter-Kind-Motiven der Renaissance- und Barockmalerei.

Werden bei Holbein die (Stifter-)Figuren real dargestellt und Maria mit dem Kind den Vorstellungen ihrer Zeit entsprechend, greift Sherman zwar auf scheinbar bekannte Motive der Kunstgeschichte zurück, verfremdet sie aber durch **Hinzufügung** und **Variation**. So verhüllt sie das Kind nahezu vollständig, schminkt das Gesicht der Frau unnatürlich maskenhaft weiß und verziert den Kopf mit einem seltsam geknoteten Tuch. Die einfache Stoffqualität des Gewandes und die erwähnte körperliche Unförmigkeit darunter werden noch übertroffen durch die auf das Gewand aufgesetzte Brustprothese. Es treten **Irritationen** beim Betrachten des Bildes auf, die die klassische Rezeption der Marienfigur infrage stellen.

Wie üblich in ihren Werken hat sich die Künstlerin Cindy Sherman in dieser Fotografie **selbst inszeniert**. Sie betitelte ihre Arbeit nicht, sondern versah sie nur mit einer Ziffer – auch dies ist häufig in ihrem Œuvre. Mit ihren Bildzitaten stellt sie **Rezeptionsgewohnheiten** infrage. Es ist hier das weibliche Rollenverständnis, das sie mit ihrem Werk provozierend ins (falsche) Licht rückt: die Rolle der aufopferungsvollen Mutter und ihr Rollenverständnis in der Gesellschaft heute wie auch unter (kunst-)historischen Gesichtspunkten. Auch hinterfragt sie mit dieser **traditionsbezogenen Inszenierung** die religiöse Überhöhung der Mutter Gottes sowie ihre **Glaubwürdigkeit:** Was ist wahrhaftig oder aufgesetzt (die Brustprothese als ironisches Symbol der unbefleckten Empfängnis), über- oder unnatürlich (das geschminkte andächtige Gesicht)?

Betrachtet man Holbeins Tafelbild im Kontext seiner Entstehungszeit, so erkennt man wie erwähnt traditionelle formale wie auch inhaltliche Aspekte. Sie deuten auf die **gegenreformatorische**, an den **katholischen Traditionen** festhaltende Glaubensausrichtung Holbeins (wie vermutlich auch seines Auftraggebers) hin. Vermochten die Reformatoren die Rolle Marias im Heilsgeschehen anzugreifen bzw. schwächer einzuordnen, stützte Holbein hier im Gegensatz dazu Marias Rolle als königlich-göttliche **Heilsbringerin**. Darüber hinaus zeigt das Bild auch eine **Innovation**: Durch die wie aufgezeigt unmittelbare kompositorische Eingebundenheit der Stifterfamilie in den heiligen Kreis Marias mit dem Kinde wird Maria zur persönlichen Schutzpatronin der Gläubigen. Das sakrale Geschehen wird damit an die **irdische Realität** gebunden. Auch die personalisierten Porträts der Familie sprechen dafür. Die Visualisierung dieses veränderten religiösen Bewusstseins kann als Intention Holbeins in seiner Zeit verstanden werden.

Obwohl es sich bei Shermans Bild um eine Fotografie handelt, wirkt die Darstellung durch die verfremdenden Elemente auf den zweiten Blick doch nur **bedingt naturalistisch**. Der Betrachter wird so aufgefordert, sich mit seinen eigenen Sehgewohnheiten auseinanderzusetzen. Er beginnt, sie im Hinblick auf die Fotografie, die als **Inszenierung** nicht wirklich das abbildet, was man vordergründig zu sehen meint, zu überprüfen. Die traditionellen Bildmotive verlieren so ihre „kunsthistorische Deutungshoheit". Der Umgang mit kulturellen Mustern und Bildanschauungen wird im vorliegenden Werk Shermans auf ironische Weise beanstandet. Die Künstlerin stellt Sakralität und Profanität in ein vielsagendes **Spannungsverhältnis**, indem sie die Rolle der Frau als Mutter wie auch die Transzendenz des religiösen Glaubens als **Provokation** thematisiert.

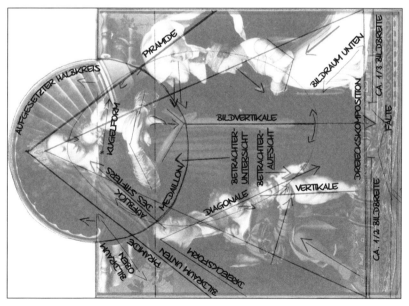

Skizze 1 zu Holbein

LK 2012-13

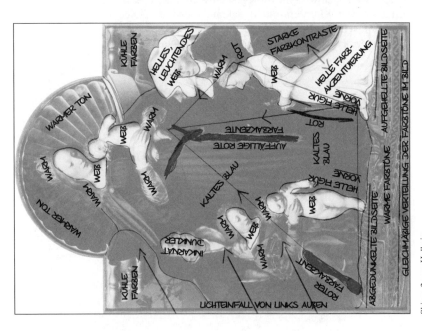

Skizze 2 a zu Holbein

Skizze 2 b zu Holbein

LK 2012-14

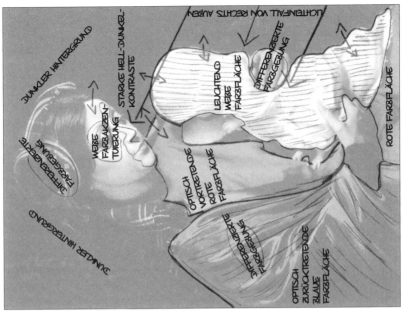

Skizze 2 zu Sherman

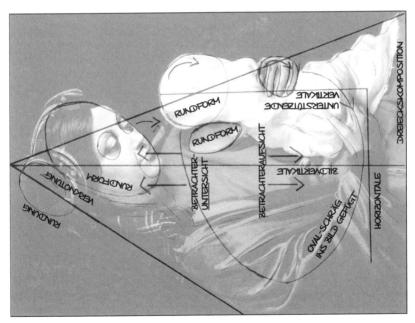

Skizze 1 zu Sherman

LK 2012-15

Abiturprüfung NRW 2012 – Kunst Leistungskurs
Aufgabe 2

Bezüge zu den Vorgaben:
Natur- und Menschenbilder in der Kunst
Konzeptionen des Natur- und Menschenbildes in der Bildhauerei und Installation
- *Mensch und Natur als Bezugsaspekte in Objekten und in den Installationen von J. Beuys*
- *Individuell geprägte Naturvorstellungen als Ausgangspunkt bildnerischer Konzepte, hier im Werk Paul Cézannes*

Fachliche Methoden
- *Werkbezogene Strukturanalysen einschließlich veranschaulichender Strukturskizzen*
- *Werkexterne Zugänge zur Analyse und Interpretation*

Aufgabenstellung Punkte

1. Beschreiben Sie das Gemälde „Stillleben mit Äpfeln" von Paul Cézanne und das Objekt „Capri-Batterie" von Joseph Beuys. 10

2. Analysieren Sie die formale Gestaltung beider Werke.
   Berücksichtigen Sie bei Cézannes Werk „Stillleben mit Äpfeln" insbesondere die Komposition (Farbe und Form), indem Sie zunächst analysierende Skizzen anfertigen. Erläutern Sie anschließend Ihre hierdurch gewonnenen Erkenntnisse in einem Text.
   Berücksichtigen Sie bei Beuys Werk „Capri-Batterie" insbesondere den spezifischen Einsatz von Farbe und Form und fertigen Sie hierzu erläuternde Skizzen an.
   Vergleichen Sie anschließend die von den Künstlern jeweils gewählte Kunstform bzw. Gattung und die spezifische Materialität. 46

3. Interpretieren Sie die beiden Werke auf der Grundlage Ihrer Analyse. Stellen Sie den künstlerischen Umgang mit Objekten der Natur durch Cézanne und Beuys vergleichend einander gegenüber und erläutern Sie das dadurch deutlich werdende Verhältnis von Natur und Kunst in den Vorstellungen beider Künstler. 34

Materialgrundlage
Bildmaterial:
Abb. 1: Paul Cézanne, „Stillleben mit Äpfeln", ca. 1890, Öl auf Leinwand, 35,2×46,2 cm, Staatliche Eremitage St. Petersburg, Russland

Abb. 2: Joseph Beuys, „Capri-Batterie", 1985, Multiple (Auflage 200 Stück), Objekt, bestehend aus einer gelben Zitrone, einem schwarzen Stecker mit Glühbirnenfassung und einer eingeschraubten gelben Glühbirne, dazu hölzerner Versandkasten mit abnehmbarem Deckel (8 × 11 × 6 cm) mit gelbem Aufdruck: „Joseph Beuys Capri-Batterie; nach 1 000 Stunden Batterie auswechseln; Edizione Lucio Amelio Napoli 1985"

Abb. 3: Joseph Beuys, „Capri-Batterie" (Detailansicht)

Textmaterial:
Zu Abbildung 2
Die Zitrone stabilisiert wegen ihrer Querlage und ihres Gewichts Glühbirne und Fassung, sodass diese aufrecht stehen.

Die „Capri-Batterie" wurde vom Galeristen Lucio Amelio 1985 anlässlich eines Genesungsurlaubs Beuys', der sich von einer Lungenerkrankung in Neapel und auf der vorgelagerten Insel Capri erholte, in einer Auflage von 200 Stück produziert und jeweils in einem hölzernen Kasten verpackt.

Die Zitrone könnte aufgrund ihrer Fruchtsäure, wären die ins Fruchtfleisch gesteckten Polstäbe der Lampenfassung aus Zink und Kupfer, tatsächlich etwas (!) Strom erzeugen.

(Autorentext)

Zugelassene Hilfsmittel
– Wörterbuch zur deutschen Rechtschreibung
– Skizzenpapier, Transparentpapier, Farbstifte, Bleistifte, Lineal

Abb 1: Paul Cézanne, „Stillleben mit Äpfeln", ca. 1890, Öl auf Leinwand, 35,2 × 46,2 cm, Staatliche Eremitage St. Petersburg, Russland Photograph © The State Hermitage Museum/photo by Vladimir Terebenin, Leonard Kheifets, Yuri Molodkovets

Abb 2: Joseph Beuys, „Capri-Batterie", 1985, Multiple (Auflage 200 Stück), Objekt, bestehend aus einer gelben Zitrone, einem schwarzen Stecker mit Glühbirnenfassung und einer eingeschraubten gelben Glühbirne, dazu hölzerner Versandkasten mit abnehmbarem Deckel (8 × 11 × 6 cm) mit gelbem Aufdruck: „Joseph Beuys Capri-Batterie; nach 1 000 Stunden Batterie auswechseln; Edizione Lucio Amelio Napoli 1985"
© Ex. Nr. 143/200, Städtische Museen Heilbronn, Depositum Ernst Franz Vogelmann-Stiftung,
Foto: Frank Kleinbach

Abb. 3: Joseph Beuys, „Capri-Batterie" (Detailansicht) © bpk / Nationalgalerie im Hamburger Bahnhof, SMB, Verein der Freunde der Nationalgalerie, Roman März

Lösungsvorschläge

1. *Hinweis: Beschreiben Sie in dieser Aufgabe den sog. Bildbestand. Ihre Darstellung soll die im Unterricht erlernte deskriptive Methode, die sachlich den ersten Gesamteindruck des Betrachters wiedergibt, aufzeigen. Gehen Sie in einer sinnvollen Reihenfolge vor, die beim Hauptmotiv beginnt und dann auf die Nebenmotive eingeht.*
Heben Sie Gemeinsamkeiten wie auch Unterschiede der Inhalte beider Bilder sachangemessen heraus. Vermeiden Sie subjektive Urteile.

Das zweidimensionale Bildnis im Querformat (35,2×46,2 cm) zeigt ein von Paul Cézanne ca. im Jahre 1890 gemaltes **Stillleben** in Öl auf Leinwand. Es befindet sich heute in der Staatlichen Eremitage in St. Petersburg. Wie der Titel schon verrät, zeigt das Stillleben rote Äpfel, die sorgsam pyramidal aufeinander aufgetürmt auf einem weißen Teller liegen. Auf dem Teller befindet sich zudem ein nicht eindeutig zu definierendes, gelbes, etwa pflaumengroßes Objekt. Links vom Teller liegen drei weitere Obststücke auf dem braungrünen Tischtuch: zwei große grüne, hintereinander liegende Äpfel sowie eine gelbe Zitrone, die vom Betrachter aus gesehen vor den Äpfeln liegt. Ein metallener Blumentopf (vermutlich aus Zink) mit grüner Pflanze steht so weit links auf dem Tisch, dass er vom linken Bildrand schon angeschnitten wird.
Der Bildhintergrund zeigt eine gelb- und grünschattierende Fläche, die hinter dem Tisch (Tischtuch) sichtbar wird und als Wand verstanden werden kann. Tischtuch und Wand gliedern die **Bildfläche** fast in der Bildmitte horizontal in zwei Bereiche, wobei die Tischkante auf der rechten Seite leicht ansteigt. Hierdurch entsteht der Eindruck einer leicht verschobenen, nicht frontal ausgerichteten **Perspektive** in leichter Aufsicht auf die ausgestellten Objekte. Diese befinden sich etwa in der Bildmitte, wobei der „Apfelturm" überwiegend auf der rechten Bildhälfte steht. Die verschobene Perspektive wie auch die aufwendige **Farbkomposition** tragen zum lebendigen Gesamteindruck des Stilllebens bei. Zwar ist die **Farbpalette** begrenzt (es überwiegen Grün-, Braun- und Gelbtöne sowie die Farbe Rot des Hauptmotivs, der Äpfel), doch werden die **Eigenfarben (Lokalfarben)** der Bildgegenstände durch Nachbarfarben überflutet. Farbreflexe sowie Licht- und (Halb-)Schatten, zu sehen besonders gut am rechten Tellerrand, zeigen eine Fülle anderer Farbtöne (Erscheinungsfarben). Wie die Schatten am Teller, der Zitrone und den Äpfeln zeigen, fällt das Licht bildextern von vorne links auf das Arrangement.
Das dreidimensionale sockellose Objekt „Capri-Batterie" aus dem Jahr 1985 von Joseph Beuys besteht aus einer gelben Zitrone, einem handelsüblichen schwarzen Stecker mit Glühbirnenfassung, in die eine gelbe Glühbirne eingeschraubt ist, sowie einem dazugehörigen würfelförmigen Versandkasten aus Holz mit abnehmbarem Deckel (8×11×6 cm). Der gelbe Aufdruck besagt: „Joseph Beuys/ Capri Batterie/nach 1 000 Stunden Batterie auswechseln/Edizione Lucio Amelio Napoli 1985". Es handelt sich bei dem Objekt um ein Multiple in einer Auflage von 200 Stück. Die Objekte „Glühbirne in Fassung mit Stecker" und „Zitrone"

bilden ein Ensemble, da die beiden Polstäbe des Steckers in die Zitrone gesteckt sind – wie eine Lichtquelle an einen Energiespender. Die Zitrone bewahrt die Glühbirne vor dem Umkippen und wird von dieser gehalten. Die Glühbirne steht durch diese **Kombination** aber nicht ganz eben auf dem Boden. In ihrer diagonalen Ausrichtung bringt sie optisch Bewegung in das inhaltlich so verschiedene Paar Glühbirne/Zitrone. Formal sind sie jedoch durch ihre leuchtend gelbe Farbigkeit sowie ihre ovale Form verbunden. Die schwarze Fassung mit Stecker stellt einen großen **Farbkontrast** im Ensemble dar. Der gelbe Farbaufdruck auf dem Deckel des quadratischen Kastens greift den Farbakzent der ausgestellten Objekte auf und unterstreicht diesen damit noch. Trotz der hellbraunen Farbigkeit des Holzkastens hebt sich die gelbe Beschriftung von diesem deutlich, fast grell, ab. Auch durch die Positionierung des Deckels – er ist aufgestellt an die Kiste gelehnt – ist der Aufdruck gut zu lesen. Durch den aufgestellten Deckel ist die Kiste ganz geöffnet und der Betrachter kann von oben in sie hineinblicken.

2. *Hinweis: Hier sollen Sie Cézannes charakteristischen Umgang mit Komposition und Farben aufdecken, seine ganz spezifische Farbwahl, Farbkombinatorik und Art der Bildkomposition sowie seinen Umgang mit Bildraum und Perspektive analysieren. Zum besseren Verständnis, zur Vertiefung und Unterstreichung Ihrer Beobachtungen fertigen Sie zunächst analysierende Skizzen an. Diese stützen Ihre textlichen Ausführungen und werden verständlich und sinnführend in Ihre Texte einbezogen.*
Die spezifische Farb- und Formkombination stellen Sie auch im Werk von Joseph Beuys dar. Achten Sie besonders auf die Materialität der Gegenstände. Erläuternde Skizzen begleiten auch hier Ihre textlichen Ausführungen.
Im anschließenden formalen Vergleich versuchen Sie die Gattung bzw. Gattungen der vorgestellten Werke begründet zu benennen.

Paul Cézanne sagte einmal: „Alles in der Natur modelliert sich wie Kugel, Kegel und Zylinder." Seine **Stillleben** bilden nicht die im Titel genannten oder vermeintlich sichtbaren Objekte ab, vielmehr gab er die „Richtigkeit" der Darstellung zugunsten einer „Objekt-Meditation" auf. So ging es Cézanne nicht um die Abbildung von Gegenständen, vielmehr nahm er sie zum Anlass, **Farb-** und **Formmodulationen** zu gestalten. Tatsächlich wirken die gemalten Obststücke etwas ungeschickt und erinnern an geometrische Formen: die Äpfel an einen Kreis, die kleine hellgelbe Frucht und die beiden Äpfel an ein Oval, die Zitrone an ein Oval mit spitz zulaufenden Enden (Dreiecken), der Teller ebenfalls an ein Oval, der Blumentopf an ein Rechteck und sein Rand wiederum an ein Oval. Skizze 1 verdeutlicht diese Beobachtung.
Es zeigt sich dabei aber, dass es dem Maler durchaus daran lag, den Eindruck von Bildtiefe zu erzielen. Dadurch, dass er alle genannten Objekte in Beziehung zueinander stellte, werden sie zu **geometrischen Körpern:** die Äpfel auf dem Teller zu Kugeln, die Äpfel neben dem Teller zu Volumen bildenden Ovalen, die Zitrone zum Kegel und der Blumentopf zu einem Zylinder, in dem sich eine weich

auswölbende Pflanze befindet, vergleiche hierzu auch Skizze 1. Um die **Überschneidung** der Obststücke genau studieren zu können, neigte Cézanne die Tischplatte leicht nach vorn, sodass man sie besser sehen kann. Er nahm die dadurch entstehende **Verzerrung** der dargestellten Objekte in Kauf. Ihm lag es an einer ausgewogenen Komposition, der **Bildraum** sollte harmonisch gestaltet werden. Dafür wählte er auch die perspektivisch etwas verschobene Aufsicht.

Außer den genannten Formen wird der Bildraum – wie schon unter Aufgabe 1 beschrieben – von einer etwa in der Bildmitte verlaufenden **Waagerechten** zerteilt, die nach rechts leicht ansteigt, sodass wir auch von einer leichten **Diagonalen** sprechen können, die das Bild in zwei Flächen gliedert. Das Arrangement von Äpfeln und Zitrone sowie der Aufbau der roten Äpfel auf dem Teller spiegeln die Diagonale wider und verstärken den Eindruck von „Schiefheit" und einer dadurch verursachten Unstabilität. Die Ränder von Teller und Blumentopf stellen einen Ausgleich dazu dar: Sie sind auf die Bildwaagrechte ausgerichtet und vermögen die Komposition wieder ins Lot zu holen, zu harmonisieren (siehe Skizze 2). Die Formkomposition zeigt in der Gesamtbetrachtung eine klassische, leicht nach rechts verschobene Dreieckskomposition mit breiter Basis, die – wie beschrieben – Ruhe in den Aufbau bringt. Gleichzeitig ist jedoch auch eine Spannung zwischen der horizontalen Grundlage und den betont runden Formen der Objekte auszumachen.

Im Gegensatz zu diesem klaren, reduzierten Bildaufbau, der sich nicht durch **Formenvielfalt** auszeichnet, steht die Fülle der chromatischen Gegebenheiten. Mit dem quantitativen Vorherrschen von Grün, Grüngelb, Blau und Weißblau bis Dunkelgrün und Dunkelblau ist das Bild zwar vorwiegend in **kalten Farben** ausgeführt, dennoch findet man auch **temperierte Farben** wie Rot, Rotorange und Gelb. Diese bringen eine antagonistische Komponente in die Farbkomposition ein und tragen damit zur Vielseitigkeit bei. Die kontrastierende Wirkung der Farben wird durch den klassischen Hell-Dunkel-Kontrast – vornehmlich zwischen Vorder- und Hintergrund, aber auch zwischen Obst und Teller – noch gesteigert. Darüber hinaus hebt sich das Rot der Äpfel deutlich von den übrigen Farbtönen ab. Betont wird dieser Eindruck durch den weißen Teller, der sie einem Podest gleich präsentiert und für den Farbeindruck einen nüchternen, hellen Fond darstellt. Mit einem sehr hellen, kühlen Blau abgemischt, zeigt sich der Farbton als Widerschein auch im Hintergrund des „Apfelturms".

Die gemalten Flächen im Bild zeigen Cézannes charakteristische **Farbfelder**, die im unteren Bildbereich auf der grünen und ein wenig blau schimmernden Decke (oder Tischplatte) mit dazwischen gestreuten warmen Ocker- und Brauntönen Kontraste aufweisen. Auch zeigen sich Komplementärkontraste wie das Rot/Grün des Obstes, aber auch das Gelb/Violett bei Tisch und Obst. Die gelbe Wand im Bildhintergrund wird kontrastiert mit grünen und blauen Farbstrichen, die die Schatten der gemalten Objekte in ihren Erscheinungsfarben widerspiegeln. Den Farbton der Wand finden wir im kleinen Obststück auf dem Teller wie auch in der Zitrone wieder und die Äpfel sind wie die Pflanze mit Topf in den Farben des Tischtuchs gestaltet (zur Farbkomposition siehe Skizze 3).

Es zeigt sich in der Gesamtbetrachtung, dass Cézanne seine **Farbpalette** sehr beschränkte. Diese kontrollierte Bildkomposition aus **Farbflecken** ist bei fast allen seinen Gemälden zu finden. Mit seiner **Farbkomposition** zielte er nicht auf eine naturalistische Darstellung ab, sondern versuchte vielmehr alle Elemente im Bild gleichwertig zu verbinden: Die räumlich-kompositorische Anordnung der Objekte, die **Staffelung** der Obststücke sowie die von vorne (unten) in den Bildmittelgrund verlaufende Tischplatte werden durch die Farbkorrespondenzen und das Zusammenspiel aller Farben fast aufgehoben. Ein „Vorne", „Hinten", „Oben" oder „Unten" ist nicht mehr wirklich auszumachen. Durch eine Abdunkelung der Farben zur Bildmitte hin (siehe Tischplatte) wird zwar eine geringe **Tiefenwirkung** erzeugt, diese wird jedoch perspektivisch nicht konsequent durchgesetzt: So drängen die aufgetürmten Äpfel durch ihre warme rote Farbigkeit optisch nach vorne. Der **Farbkontrast**, den die Äpfel erzeugen, belebt die gesamte Komposition. Und auch die Spuren des Pinsels, die im unteren wie im oberen Bildbereich mal senkrecht, mal diagonal verlaufen, erwecken – trotz des statischen Motivs des Stilllebens – den Eindruck von **Dynamik** (vgl. Skizze 2). Dazu trägt auch die Farbkonzentration, die Verdichtung aller Farben im Bildmittelstreifen, bei. Die **waagerechte Mittelachse** (Skizze 2) stellt das Hauptgewicht der Komposition dar und sorgt für die Klarheit und Ordnung, die das Bild ausstrahlt, trotz des Verzichtes auf perspektivische Richtigkeit: Die untere Bildkante zeigt, dass Cézanne verschiedene **Betrachterstandpunkte** verwendete. Dies hat eine Reduktion des Tiefenraums zur Folge.

Trotz des angeschnittenen Blumentopfes wirkt das Stillleben nicht ausschnitthaft: Die ausgewogene Anordnung der Fruchtstücke bringt die Komposition ins Gleichgewicht und trägt zur **Harmonisierung** bei.

Die Glühbirne mit Steckerfassung in Zitrone, die sog. Capri-Batterie von Joseph Beuys, stellt formal in Farbe und Form zwischen den – von ihrer Materie offensichtlich so verschiedenen – Objekten Glühbirne und Zitrone eine Verbindung her: Das leuchtende Gelb der Zitrone wird optisch reflektiert von der gelben Glühbirne. Deren ovale Birnenform spiegelt sich in der Form der Zitrone wider. Skizze 1 veranschaulicht dies.

Liegt das Naturprodukt Zitrone in natürlicher Position **waagerecht** auf dem Boden, bildet die leicht **diagonal** gekippte Glühbirne in ihrer Fassung ein **dynamisches Gegengewicht** dazu. Erst durch die kompositorische **Kombination**, durch das Stecken der Polstäbe in die Zitrone, wird die Glühbirne in ihre Lage versetzt. Die schwarze Fassung der Glühbirne mit integriertem Stecker bildet einen deutlichen **Farbkontrast** zwischen den leuchtend farbigen Objekten. Der Stecker erzeugt auch einen „kippeligen" Eindruck: Dadurch, dass er nicht eben auf dem Boden steht, sondern durch die Verbindung zur Zitrone leicht angehoben ist, wird der Anschein von Dynamik gesteigert (siehe Skizzen 1 und 2).

Der schwarze Stecker absorbiert Licht, die Glühbirne reflektiert es wieder. Bei der Zitrone lässt sich hier ein wechselhafter Prozess beobachten: Als frische Zitrone gibt sie das Licht wieder (vgl. Abbildung 3); als leicht schrumpelte Zitrone (vgl. Abbildung 2) hingegen saugt sie es förmlich auf (siehe Skizze 2). So besteht je nach natürlichem Verfallsprozess der Zitrone – auch, da sie mit der Zeit zunehmend an leuchtend gelber Farbigkeit verliert – später eine optisch größere Verbindung zwischen Zitrone und Stecker.

Von der **Formgebung** und **Materialität** her sondert sich die Zitrone durch ihren natürlichen Verfall mit der Zeit mehr und mehr von dem Ensemble ab: Ihre schrumpelige, fleckige Schale steht dann in deutlichem **Kontrast** zur maschinell gefertigten ebenen, monochromen Glühbirne und dem Stecker. Und auch bei der noch frischen Zitrone überwiegt beim zweiten Blick doch die Erkenntnis des Formgegensatzes: Uneben ausgewölbt und schief erscheint sie nun gegenüber der formvollendeten Glühbirne.

Die Holzkiste mildert diesen Eindruck leicht ab. Durch die Holzmaserung der Kiste kommt ein weiteres natürliches Element in die **Installation**, das von Kiste zu Kiste verschieden ist und mitunter auch noch einer zeitlichen Veränderung unterliegt (Nachdunkelung).

Der leuchtend gelbe Aufdruck auf dem Deckel dient als inhaltliche Erklärung und formale Verbindung des Ensembles. Das Naturprodukt „Zitrone" wie das Kulturprodukt „Glühbirne mit Stecker" sind der – aus **Naturmaterial** gefertigten – Kiste entnommen.

Vergleicht man nun die beiden fast ein Jahrhundert auseinanderliegenden Werke der berühmten Künstler Paul Cézanne und Joseph Beuys miteinander, scheint das klassische **Künstlerunikat** mit durchkomponiertem Motiv mit der „Capri-Batterie" als minimalistisch komponiertes **Multiple** auf den ersten Blick nichts gemein zu haben, sieht man einmal von der Zitrone ab. Erinnert Cézannes Zitrone mehr an die nicht mehr ganz frische im Ensemble von Beuys, so findet ihre Darstellung im Bild ebenfalls ein Farb- und Formpendant in der kleinen Frucht auf dem Teller. Darüber hinaus lässt sich inhaltlich ein **Motivkontrast** zwischen den natürlichen Obststücken und dem „unnatürlichen" metallenen Blumentopf sowie dem Teller finden.

Zwar belässt Beuys alle zusammengetragenen Objekte in ihrer natürlichen Form, jedoch bringt er sie durch die Kombinatorik in ein ungewohntes Bild. Dieses Vorgehen kann verglichen werden mit Cézannes Malweise, in der es nicht mehr auf die Abbildhaftigkeit der Wirklichkeit ankommt.

Beide arbeiten darüber hinaus in ihrer spezifischen **Materialität**, den mit sichtbarem **Pinselduktus** aufgetragenen **Farbfeldern** (Cézanne) sowie dem Prinzip der Kombinatorik von **Alltagsgegenständen** (Beuys). Ist ihre Kunstform – da die **Malerei**, dort die Installation – so verschieden, ist die Kunstgattung beider doch das **Stillleben**. Interessanterweise bleibt dieses bei beiden Künstlern nicht **statisch**, sondern wird formal auch **dynamisch** ausgestaltet – bei Beuys sogar auch inhaltlich, wie die folgende Interpretation zeigt.

3. *Hinweis: Unter Bezugnahme auf die in Aufgabe 2 gewonnenen Erkenntnisse interpretieren Sie nun die Werke von Cézanne und Beuys. Greifen Sie möglichst viele benannte Aspekte darin wieder auf. Im Anschluss daran entwickeln Sie eine verständliche Schlussfolgerung, in der Sie die Intention der Künstler im Hinblick auf ihren Umgang mit Natur und Kunst und ihr Kunstverständnis im Allgemeinen darlegen. Der Werkvergleich der vorgestellten Werke stützt dabei Ihre Aussage.*

Paul Cézannes' „Stillleben mit Äpfeln" zeigt mit der nuancierten **Farbpalette**, den sichtbaren Pinselstrichen sowie der Aufhebung von Details und des perspektivischen Bildraums die Übernahme von **impressionistischen Merkmalen**. Er betonte damit bewusst den Gesamteindruck des Bildes. Alle Bildelemente werden gleichwertig behandelt. Hinter-, Mittel- und Vordergrund stellen bei Cézanne nicht nur einen monochromen Fond dar, sondern tragen wesentlich zur **farbigen Bildkonstruktion** bei. Mit seiner logisch aufgebauten Farb- und Formkomposition steht er jedoch auch im Gegensatz zur Flüchtigkeit der Impressionisten. Wie in der Analyse (siehe Aufgabe 2) dargelegt, reduzierte der Maler den Bildraum zugunsten einer harmonischen Komposition, was die Relativierung von Figur und Grund zur Folge hat. (Die „Fauves" und Kubisten arbeiteten später diese Malrichtung weiter aus).
Stellten die holländischen Maler in ihren altmeisterlichen Stillleben noch ihre Virtuosität zur Schau und luden sie symbolisch auf, so stehen bei Cézanne die Gegenstände nicht mehr für sich selbst. Vielmehr wählte Cézanne seine Motive aus, um an ihnen spezifische **Form- und Farbprobleme** zu studieren. Sie repräsentierten für ihn formale und farbliche Charaktere, deren Beziehungen untereinander ein Studium der Form- und Farbanordnung ermöglichte. Ihn faszinierte dieses Zusammenspiel von Form- und Farbgegensätzen, die sich auch in der Analyse von „Stillleben mit Äpfeln" (siehe Aufgabe 2) zeigt. Bei allen Gegensätzen war Cézanne jedoch auch stets um Ausgleich und **Harmonie** in seinen **Kompositionen** bemüht. Er schuf damit für seine Stillleben immer auch ein stabiles Gebäude. Cézanne verstand die Kunst als eine „Harmonie parallel zur Natur." In seiner Vorstellung hatten sich beide gleichwertig zu begegnen. Im Studium der Natur offenbarten sich für Cézanne alle künstlerischen Freiheiten. Und losgelöst von den Zwängen der Abbildhaftigkeit nahm er sich diese Freiheit auch von ihr, der Natur. So blieb zeitlebens diese auch das wesentliche Thema seiner Werke. Obwohl Cézanne durch seine Bilder die Natur, den Blick auf diese veränderte, wollte er sie dadurch auch verewigen. Seine Stillleben zeigen einen Naturprozess, in dem die Natur neu „realisiert" wird. Cézanne versuchte, den **inneren Aufbau** und die Ordnung seiner Motive durch die verwendeten Farben für den Betrachter deutlich zu machen. Die Konturen der „Dinge" wurden von ihm dafür bewusst aufgehoben. Die Farbe ist dabei das wichtigste Element in Cézannes Bildern. Dies verdeutlicht im vorliegenden Bild der Hintergrund, der nicht wie üblich farblich abgeschwächt erscheint, sondern intensiv und farbig kompakt wie die Farbe im gesamten Bild. Mithilfe der Farbe versuchte der Maler die Natur in ihrer „Tiefe" auszudrücken, wie er es selbst einmal formulierte. Das äußerlich Sichtbare ersetzte er durch eine **formale Bildstruktur**, in der die Gegenstände

auf **Grundformen** wie Kreis, Kubus und Zylinder reduziert wurden. Diese Abstrahierung der Motive erzeugt inhaltlich und formal ganz neue Blickweisen. (Pablo Picasso u. v. a. ließen sich von diesen z. B. zum Kubismus inspirieren.) Zusammenfassend lässt sich feststellen, dass der Künstler Cézanne sich weniger für das einzelne, individuelle Objekt oder Motiv interessierte. Ihm ging es vielmehr um das Zusammenspiel von Formen und Farben, von Natur und Grund – letztlich um die Bildkomposition.

Beuys' Umgang mit Objekten der Natur ist hingegen viel inhaltlicher aufgeladen. Auch wenn seine **Installation** „Capri-Batterie" eine formale Ausgewogenheit (Form-, Farbübereinstimmungen, siehe Aufgabe 2 und dazugehörige Skizze) zeigt, spiegelt das Werk doch vielmehr die für den Künstler typische **sozial-kritische Haltung** wider, wie auch den Begriff der „Energie", der als **Zentralbegriff** im Schaffen von Beuys auftaucht. Die Installation suggeriert einen tatsächlichen Stromkreislauf zwischen Zitrone und Glühbirne, so als würde die Birne dauerhaft (selbst beim eingetretenen Verfallsprozess der Zitrone) brennen. Durch die Kistenaufschrift „Joseph Beuys, Capri-Batterie, nach 1 000 Stunden auswechseln" unterstrich Beuys die Vergänglichkeit und Endlichkeit einer natürlichen Energiequelle, für die in diesem Zusammenhang eine „echte" Zitrone als Symbol steht. Unsere Umwelt unterliegt – u. a. durch nur begrenzt vorhandene Ressourcen – einer ständigen Bedrohung durch ausgelaugte Energiequellen. Formal deutet die in Aufgabe 2 beschriebene „Schieflage" der Stecker/Glühbirnen-Installation darauf hin (vgl. Skizzen 1 und 2). Das Werk kann so als **Metapher** für die fragile, ökologische Balance der modernen Gesellschaft verstanden werden und hat damit an Aktualität bis heute nichts verloren. Darüber hinaus kann ein weiterer Bezug in der persönlichen Lebenssituation von Beuys gesehen werden. Er war zu dieser Zeit schon gesundheitlich stark angeschlagen, seine Lebens-Energie entwich. Hinzu kommt das **Paradox** der Verbindung zwischen Zitrone und Glühbirne, in dem die Zitrone ja als Batterie, als Energiespender für die Glühbirne verstanden werden muss. Die Zitrone fungiert dann als Metapher für die Sonne. Ihre stabile, waagerechte Lage (vgl. Skizze 1) kann hier auch als Hinweis für die Dauerhaftigkeit verstanden werden. Auch ist sie sauer, und Säure ist auch in Batterien enthalten (Zitronensäure in Kombination mit bestimmten Metallen, Zink und Kupfer, könnte Strom erzeugen!).

So klein, alltäglich und unbedeutend die Objekte auf den ersten Blick anmuten, so spielte Beuys mit dieser Installation auf vieles an. Insbesondere auch als **ökonomisches Multiple** mit einer Auflagenhöhe von 200 Stück diente dieses Objekt dazu, sein Denken und Handeln in die Gesellschaft zu tragen. Beuys zeigte mit der „Capri-Batterie", dass sich Organisches und Technisches, Naturmaterie und Künstliches gegenseitig bedingen und durchdringen. Vergleichbar mit der kompositorischen Malweise Cézannes wird in der Anordnung dieser Objekte die Verschmelzung von Natur und Kultur sichtbar. Beide Künstler wandelten die **Naturprodukte** für ihre persönlichen Zwecke in **Kulturprodukte** um. Cézanne verwandte dafür seine spezifische Farbkombinatorik und Beuys sein Konzept des „Ideentransports". Ist Cézanne mit seinem Werk Schöpfer eines einmaligen Werks, das der Einmaligkeit der Natur gleichberechtigt gegenübersteht, so entspringt Beuys' **Multiple** seiner Vorstellung von einer „sozialen Plastik", die alle erreicht und die letztlich auch alle schaffen können (Zitat Beuys: „Jeder Mensch ist ein Künstler").

Die **Natur** ist bei beiden Künstlern vergänglich (die Sonnen/Zitronen-Metapher ist dabei nur bei einer frischen Zitrone anzuwenden), nur die Technik – formal bei Cézanne und inhaltlich bei Beuys – bleibt bestehen. So liegen die Vorstellungen und das Verhältnis der Künstler zu Natur und Kunst – so grundverschieden die **Materialität** ihrer Werke auch ist – doch näher beieinander, als es der erste Blick vermuten lässt.

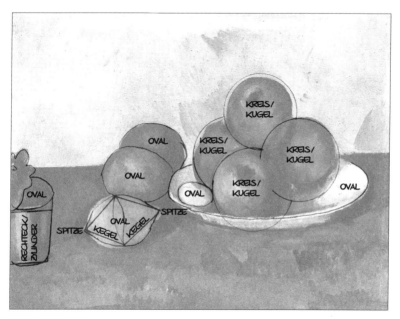

Skizze 1 zu Cézanne

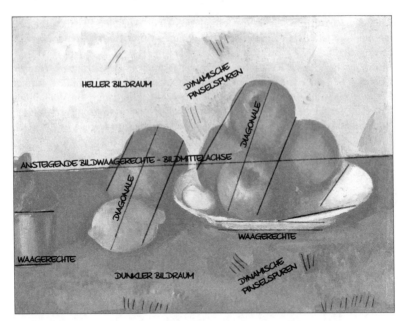

Skizze 2 zu Cézanne

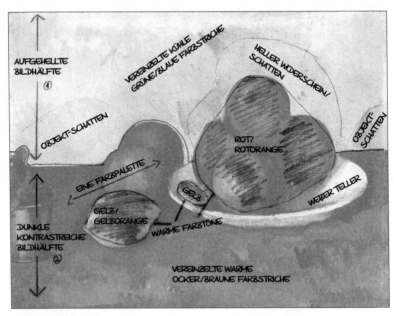

Skizze 3 zu Cézanne

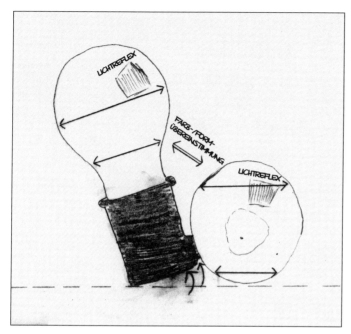

Skizze 1 zu Beuys

Skizze 2 zu Beuys

Farbtafel 10: Albrecht Dürer, „Das große Rasenstück" (1503), Albertina, Wien

Farbtafel 11: Albrecht Dürer, „Hieronymus Holzschuher" (1526), Staatliche Museen zu Berlin, Gemäldegalerie
© www.visipix.com

Farbtafel 1: Alberto Giacometti, „Der Wald" („Sieben Figuren und ein Kopf") (1950)
Metropolitan Museum, New York © bpk / Metropolitan Museum of Art

Farbtafel 2: Caspar David Friedrich, „Klosterfriedhof im Schnee" (um 1810)
© bpk / Nationalgalerie, SMB

Farbtafel 3: Paul Cézanne, „Mont Sainte-Victoire", o. J., Kunsthaus Zürich
© bpk / Scala

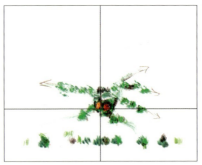

Farbtafel 4: Skizze 1 zu Paul Cézanne, „Mont Sainte-Victoire"

Farbtafel 5: Skizze 2 zu Paul Cézanne, „Mont Sainte-Victoire"

Farbtafel 8: Otto Dix, „Die Eltern des Künstlers II" (1924), Sprengel-Museum, Hannover

Farbtafel 9: Alberto Giacometti, „Die Mutter des Künstlers" (1950), New York, Museum of Modern Art

Farbtafel 6: Albrecht Dürer, „Selbstbildnis im Pelzrock" (1500)
© www.visipix.com

Farbtafel 7: Cindy Sherman, „Untitled # 299" (1994), Farbfotografie, 122 × 81 cm, Edition 6 + 1 AP
Courtesy Sammlung Goetz, Foto: Raimund Koch, New York